René Guénon

El error espiritista

René Guénon
(1886-1951)

El error espiritista
1923
Título original: "*L'Erreur spirite*"
Primera publicación en 1923 - Paris, Marcel Rivière

Publicado por
Omnia Veritas Ltd

www.omnia-veritas.com

PREFACIO 7

PRIMERA PARTE..13
DISTINCIONES Y PRECISIONES NECESARIAS 13

CAPÍTULO I..15
DEFINICIÓN DEL ESPIRITISMO 15

CAPÍTULO II 24
LOS ORÍGENES DEL ESPIRITISMO 24

CAPÍTULO III...38
COMIENZOS DEL ESPIRITISMO EN FRANCIA 38

CAPÍTULO IV...47
CARÁCTER MODERNO DEL ESPIRITISMO 47

CAPÍTULO V..66
ESPIRITISMO Y OCULTISMO 66

CAPÍTULO VI...79
ESPIRITISMO Y PSIQUISMO 79

CAPÍTULO VII 96
LA EXPLICACIÓN DE LOS FENÓMENOS 96

SEGUNDA PARTE...127
EXAMEN DE LAS TEORÍAS ESPIRITISTAS.. 127

CAPÍTULO I..129
DIVERSIDAD DE LAS ESCUELAS ESPIRITISTAS 129

CAPÍTULO II 137
LA INFLUENCIA DEL MEDIO 137

CAPÍTULO III...150
INMORTALIDAD Y SUPERVIVENCIA 150

CAPÍTULO IV...160
LAS REPRESENTACIONES DE LA SOBREVIDAD 160

CAPÍTULO V..182

La comunicación con los muertos 182

CAPÍTULO VI 196
La reencarnación 196

CAPÍTULO VII 224
Extravagancias reencarnacionistas 224

CAPÍTULO VIII 243
Los límites de la experimentación 243

CAPÍTULO IX 270
El evolucionismo espiritista 270

CAPÍTULO X 294
La cuestión del satanismo 294

CAPÍTULO XI 321
Videntes y curanderos 321

CAPÍTULO XII 339
El antonismo 339

CAPÍTULO XIII 353
La propaganda espiritista 353

CAPÍTULO XIV 375
Los peligros del espiritismo 375

CONCLUSIÓN 388

PREFACIO

Al abordar la cuestión del espiritismo, tenemos que decir de inmediato, tan claramente como es posible, en qué espíritu entendemos tratarla. Ya se han consagrado una multitud de obras a esta cuestión, y, en estos últimos tiempos, han devenido más numerosas que nunca; sin embargo, pensamos que todavía no se ha dicho en ellas todo lo que había que decir, ni que el presente trabajo se arriesgue a hacer doblete de ningún otro. Por lo demás, no nos proponemos hacer una exposición completa del tema bajo todos sus aspectos, lo que nos obligaría a reproducir muchas cosas que se pueden encontrar fácilmente en otras obras, y que, por consiguiente, sería una tarea tan enorme como poco útil. Creemos preferible limitarnos a los puntos que hasta aquí han sido tratados de manera más insuficiente: por eso es por lo que nos dedicaremos primeramente a disipar las confusiones y los equívocos que frecuentemente hemos tenido la ocasión de constatar en este orden de ideas, y después mostraremos sobre todo los errores que forman el fondo de la doctrina espiritista, si es que se puede consentir en llamar a eso una doctrina.

Pensamos que sería difícil, y por lo demás poco interesante, considerar la cuestión, en su conjunto, desde el punto de vista histórico; en efecto, se puede hacer historia de una secta bien definida, que forma un todo claramente organizado, o que posee al menos una cierta cohesión; pero no es así como se presenta el espiritismo. Es necesario hacer observar que, desde el origen, los espiritistas han estado divididos en varias escuelas, que después se han multiplicado todavía más, y que han constituido siempre innumerables agrupaciones independientes y a veces rivales las unas de las otras; y aunque fuera posible confeccionar una lista completa de todas esas escuelas y de todas esas agrupaciones, la fastidiosa monotonía de una tal enumeración no se compensaría ciertamente por el provecho que se podría sacar de ella. Y todavía es menester agregar que, para poder llamarse espiritista, no es indispensable pertenecer de ninguna manera a una asociación cualquiera; basta con admitir ciertas teorías, que se acompañan ordinariamente de prácticas correspondientes; muchas gentes pueden hacer espiritismo aisladamente, o en pequeños grupos, sin vincularse a ninguna organización, y ese es un elemento que el historiador no podría alcanzar. En eso, el espiritismo se comporta de modo muy diferente que el teosofismo y que la mayoría de las escuelas ocultistas; este punto está lejos de ser el más importante entre todos los que le distinguen de ellas, pero es la consecuencia de algunas otras diferencias menos exteriores, sobre las cuales tendremos la ocasión de explicarnos. Pensamos que lo que acabamos de decir hace comprender suficientemente por qué no vamos a introducir aquí las consideraciones históricas sino en la medida en que nos parezcan susceptibles de aclarar nuestra exposición, y sin hacer de ellas el objeto de una parte especial.

Otro punto que no entendemos tratar tampoco de una manera completa, es el examen de los fenómenos que los espiritistas invocan en apoyo de sus teorías, y que otros, aunque admiten igualmente su realidad, los interpretan de una manera enteramente diferente. De ellos diremos suficiente como para indicar lo que pensamos a este respecto, pero la descripción más o menos detallada de esos fenómenos se ha dado tan frecuentemente por los experimentadores que sería completamente superfluo volver aquí sobre ello; por lo demás, no es eso lo que nos interesa aquí particularmente, y, a propósito de esto, preferimos señalar la posibilidad de algunas explicaciones que los experimentadores de que se trata, espiritistas o no, ciertamente no sospechan. Sin duda, conviene hacer observar que, en el espiritismo, las teorías jamás se separan de la experiencia, y nos tampoco entendemos separarlas enteramente en nuestra exposición; pero lo que pretendemos, es que los fenómenos no proporcionan más que una base puramente ilusoria a las teorías espiritistas, y también que, sin estas últimas, ya no se trata en absoluto de espiritismo. Por lo demás, eso no nos impide reconocer que, si el espiritismo fuera únicamente teórico, sería mucho menos peligroso de lo que es y no ejercería el mismo atractivo sobre muchas gentes; e insistiremos tanto más sobre ese peligro cuanto que constituye el más apremiante de los motivos entre los que nos han determinado a escribir este libro.

Ya hemos dicho en otra parte cuan nefasta es, a nuestro parecer, la expansión de esas teorías diversas que han visto la luz desde hace menos de un siglo, y que se pueden designar, de una manera general, bajo el nombre de "neoespiritualismo". Ciertamente, en nuestra época hay muchas otras "contraverdades" que es bueno combatir igualmente; pero éstas tienen un carácter muy especial, que las hace más dañinas quizás, y en todo caso de una manera diferente, que aquellas que se presentan bajo una forma simplemente filosófica o científica. Todo eso, en efecto, es más o menos "pseudoreligión"; esta expresión, que hemos aplicado al teosofismo, podríamos aplicarla también al espiritismo; aunque este último proclame frecuentemente pretensiones científicas en razón del lado experimental en el que cree encontrar, no solo la base, sino la fuente misma de su doctrina, en el fondo no es más que una desviación del espíritu religioso, conforme a esta mentalidad "cientifista" que es la de muchos de nuestros contemporáneos. Además, entre todas las doctrinas "neoespiritualistas", el espiritismo es ciertamente la más extendida y la más popular, y eso se comprende sin esfuerzo, ya que es su forma más "simplista", diríamos de buena gana la más grosera; está al alcance de todas las inteligencias, por mediocres que sean, y los fenómenos sobre los que se apoya, o al menos los más ordinarios de entre ellos, pueden ser obtenidos también por no importa quién. Así pues, es el espiritismo el que hace el mayor número de víctimas, y sus desmanes se han acrecentado aún en estos últimos años, en proporciones inesperadas, por un efecto de la perturbación que los recientes acontecimientos han aportado a los espíritus. Cuando hablamos aquí de desmanes y de víctimas, no son simples metáforas: todas las cosas de ese género, y el espiritismo más todavía que las demás, tienen como resultado desequilibrar y trastornar irremediablemente a una multitud de infortunados que, si no las hubieran encontrado en su camino, habrían podido continuar viviendo una vida normal. Hay ahí un peligro que no podría tenerse por desdeñable, y que, en las circunstancias actuales sobre todo, es particularmente necesario y oportuno denunciar con insistencia; y estas consideraciones vienen a reforzar, para nos, la preocupación de orden más general, de salvaguardar los derechos de la verdad contra todas las formas del error.

Debemos agregar que nuestra intención no es quedarnos en una crítica puramente negativa; es menester que la crítica, justificada por las razones que acabamos de decir, nos sea una ocasión de exponer al mismo tiempo algunas verdades. Aunque, sobre muchos puntos, estaremos obligados a limitarnos a indicaciones bastante resumidas para permanecer en los límites que entendemos imponernos, por ello no pensamos menos que nos será posible hacer entrever así muchas cuestiones ignoradas, susceptibles de abrir nuevas vías de investigaciones a aquellos que sepan apreciar su alcance. Por lo demás, tenemos que prevenir que nuestro punto de vista es muy diferente, bajo muchos aspectos, del punto de vista de la mayoría de los autores que han hablado del espiritismo, tanto para combatirle como para defenderle; nos nos inspiramos siempre, ante todo, en datos de la metafísica pura, tal como las doctrinas orientales nos la han hecho conocer; estimamos que es solo así como se pueden refutar plenamente algunos errores, y no colocándose en su propio terreno. Así mismo, sabemos muy bien que, desde el punto de vista filosófico, e incluso desde el punto de vista científico, se puede discutir indefinidamente sin haber avanzado más por ello, y que prestarse a tales controversias, es frecuentemente hacer el juego al adversario, por poco que éste tenga alguna habilidad en hacer desviar la discusión. Así pues, estamos más persuadidos que nadie de la necesidad de una dirección doctrinal de la que jamás debe uno apartarse, y que es la única que permite tocar ciertas cosas impunemente; y, por otra parte, como no queremos cerrar la puerta a ninguna posibilidad, y no elevarnos más que contra lo que sabemos que es falso, esta dirección no puede ser, para nosotros, más que de orden metafísico, en el sentido en que, como hemos dicho en otra parte, se debía entender esta palabra. No hay que decir que una obra como ésta no debe considerarse por eso como propiamente metafísica en todas sus partes; pero no temamos afirmar que, en su inspiración, hay más metafísica verdadera que en todo aquello a lo que los filósofos dan este nombre indebidamente. Y que nadie se escandalice de esta declaración: esta metafísica verdadera a la que hacemos alusión no tiene nada de común con las farragosas sutilezas de la filosofía, ni con todas las confusiones que ésta crea y mantiene por placer, y, además, el presente estudio, en su conjunto, no tendrá nada del rigor de una exposición exclusivamente doctrinal. Lo que queremos decir, es que somos guiados constantemente por principios que, para quienquiera que los ha comprendido, son de una absoluta certeza, y sin los cuales uno corre mucho riesgo de extraviarse en los tenebrosos laberintos del "mundo inferior", así como tantos exploradores temerarios, a pesar de todos sus títulos científicos o filosóficos, nos han dado ya el triste ejemplo de ello.

Todo eso no significa que despreciemos los esfuerzos de aquellos que se han colocado en puntos de vista diferentes del nuestro; bien al contrario, estimamos que todos esos puntos de vista, en la medida en que son legítimos y válidos, no pueden sino armonizarse y completarse. Pero hay distinciones que hacer y una jerarquía que observar: un punto de vista particular no vale más que en un cierto dominio, y es menester respetar los límites más allá de los cuales cesa de ser aplicable; es lo que olvidan demasiado frecuentemente los especialistas de las ciencias experimentales. Por otra parte, aquellos que se colocan en el punto de vista religioso tienen la inapreciable ventaja de una dirección doctrinal como ésta de la que hemos hablado, pero que, en razón de la forma que reviste, no es universalmente aceptable, y que, por lo demás, bastaría para impedirles perderse, pero no para proporcionarles soluciones adecuadas a todas las cuestiones. Sea como sea, en presencia de los acontecimientos actuales, estamos persuadidos de que nunca se hará suficiente para oponerse a ciertas actividades malhechoras, y de que todo esfuerzo que se cumpla en este sentido, provisto que esté bien dirigido, tendrá su utilidad, al estar quizás mejor adaptado que otro para incidir sobre tal o cual punto determinado; y para hablar un lenguaje que algunos comprenderán, diremos también que nunca habrá demasiada luz difundida para disipar todas las emanaciones del "Satélite sombrío".

PRIMERA PARTE

DISTINCIONES Y PRECISIONES NECESARIAS

René Guénon

CAPÍTULO I

Definición del espiritismo

Puesto que nos proponemos distinguir primero el espiritismo de diversas otras cosas que se confunden muy frecuentemente con él, y que sin embargo son muy diferentes de él, es indispensable comenzar por definirle con precisión. A primera vista, parece que se pueda decir esto: el espiritismo consiste esencialmente en admitir la posibilidad de comunicar con los muertos; es eso lo que le constituye propiamente, es decir, aquello sobre lo que todas las escuelas espiritistas están necesariamente de acuerdo, cualesquiera que sean sus divergencias teóricas sobre otros puntos más o menos importantes, puntos que consideran siempre como secundarios en relación a éste. Pero eso no es suficiente: el postulado fundamental del espiritismo, es que la comunicación con los muertos no es solo una posibilidad, sino un hecho; si se admite únicamente a título de posibilidad, no se es verdaderamente espiritista. Es cierto que, en este último caso, uno se impide así rechazar de una manera absoluta la doctrina de los espiritistas, lo que ya es grave; como tendremos que demostrarlo después, la comunicación con los muertos, tal como ellos la entienden, es una imposibilidad pura y simple, y solo así se pueden cortar todas sus pretensiones de una manera completa y definitiva. Fuera de esta actitud, no podría haber más que compromisos más o menos penosos, y, cuando uno se introduce en la vía de las concesiones y de los acomodos, es difícil saber dónde se detendrá. Tenemos la prueba de ello en lo que les ha ocurrido a algunos, teosofistas y ocultistas concretamente, que protestarían enérgicamente, y con razón por lo demás, si se les tratase de espiritistas, pero que, por razones diversas, han admitido que la comunicación con los muertos podría tener lugar realmente en casos más o menos raros y excepcionales. Reconocer eso, es en suma conceder a los espiritistas la verdad de su hipótesis; pero éstos no se contentan solo con eso, y lo que pretenden, es que esta comunicación se produce de una manera en cierto modo corriente, en todas sus sesiones, y no solo una vez de cada cien o de cada mil. Así pues, para los espiritistas, basta con colocarse en ciertas condiciones para que se establezca la comunicación, que no consideran así como un hecho extraordinario, sino como un hecho normal y habitual; y ésta es una precisión que conviene hacer entrar en la definición misma del espiritismo.

Hay todavía otra cosa: hasta aquí, hemos hablado de comunicación con los muertos de una manera muy vaga; pero, ahora, importa precisar que, para los espiritistas, esta comunicación se efectúa por medios materiales. Éste es un elemento completamente esencial para distinguir el espiritismo de algunas otras concepciones, en las que se admiten solo comunicaciones mentales, intuitivas, una suerte de inspiración; los espiritistas las admiten también, sin duda, pero no es a éstas a las que les conceden la mayor importancia. Discutiremos este punto más tarde, pero podemos decir de inmediato que la verdadera inspiración, que estamos muy lejos de negar, tiene en realidad una fuente completamente diferente; pero tales concepciones son ciertamente menos groseras que las concepciones propiamente espiritistas, y las objeciones a las que dan lugar son de un orden algo diferente. Lo que consideramos como propiamente espiritista, es la idea de que los "espíritus" actúen sobre la materia, que produzcan fenómenos físicos, como desplazamientos de objetos, golpes u otros ruidos variados, y así sucesivamente; aquí no mencionamos más que los ejemplos más simples y más comunes, que son también los más característicos. Por lo demás, conviene agregar que esta acción sobre la materia se supone que no se ejerce directamente, sino por la intermediación de un ser humano vivo, que posee facultades especiales, y que, en razón de este papel de intermediario, se llama "médium". Es difícil definir exactamente la naturaleza del poder "mediumnico" o "medianímico", y, sobre este punto, las opiniones varían; lo más ordinariamente parece que se le considera como de orden fisiológico, o, si se quiere, psicofisiológico. Hacemos observar desde ahora que la introducción de ese intermediario no suprime las dificultades: a primera vista, no parece que a un "espíritu" le sea más fácil actuar inmediatamente sobre el organismo de un ser vivo que sobre un cuerpo inanimado cualquiera; pero aquí intervienen consideraciones un poco más complejas.

Los "espíritus", a pesar del apelativo que se les da, no se consideran como seres puramente inmateriales; se pretende al contrario que están revestidos de una suerte de envoltura que, aunque demasiado sutil para ser percibida normalmente por los sentidos, por ello no es menos un organismo material, un verdadero cuerpo, y que se designa bajo el nombre más bien bárbaro de "periespíritu". Si ello es así, uno puede preguntarse por qué ese organismo no permite a los "espíritus" actuar directamente sobre no importa cuál materia, y por qué le es necesario recurrir a un médium; eso, a decir verdad, parece poco lógico; o bien, si el "periespíritu" es por sí mismo incapaz de actuar sobre la materia sensible, debe ser lo mismo para el elemento correspondiente que existe en el médium o en cualquier otro ser vivo, y entonces ese elemento no sirve para nada en la producción de los fenómenos que se trata de explicar. Naturalmente, nos contentamos con señalar de pasada esas dificultades, que incumbe a los espiritistas resolver si pueden; carecería de interés proseguir una discusión sobre esos puntos especiales, porque hay cosas mucho mejores que decir contra el espiritismo; y, en cuanto a nos, no es ésta la manera en que la cuestión debe plantearse. No obstante, creemos útil insistir un poco sobre la manera en que los espiritistas consideran generalmente la constitución del ser humano, y decir de inmediato, a fin de descartar todo equívoco, lo que reprochamos a esa concepción.

Los occidentales modernos tienen el hábito de concebir el compuesto humano bajo una forma tan simplificada y tan reducida como es posible, puesto que no le hacen consistir más que en dos elementos, de los cuales uno es el cuerpo, y al otro se le llama indiferentemente alma o espíritu; decimos los occidentales modernos, porque, ciertamente, esa teoría dualista no se ha implantado definitivamente sino después de Descartes. No podemos emprender hacer aquí una historia, siquiera sucinta, de la cuestión; solo diremos que, anteriormente, la idea que se hacían del alma y del cuerpo no conllevaba esta completa oposición de naturaleza que hace su unión verdaderamente inexplicable, y también que había, incluso en occidente, concepciones menos "simplistas", y más aproximadas a las de los orientales, para quienes el ser humano es un conjunto mucho más complejo. Con mayor razón se estaba muy lejos de pensar entonces en este último grado de simplificación que representan las teorías materialistas, más recientes todavía que todas las demás, y según las cuales el hombre ya no es ni siquiera un compuesto, puesto que se reduce a un elemento único, el cuerpo. Entre las antiguas concepciones a las que acabamos de hacer alusión, sin remontar a la Antigüedad, y yendo solo hasta la Edad Media, se encontrarían muchas que consideran en el hombre tres elementos, al distinguir el alma y el espíritu; por lo demás, hay una cierta fluctuación en el empleo de estos dos términos, pero, lo más frecuentemente, el alma es el elemento medio, el elemento al que corresponden en parte lo que algunos modernos han llamado el "principio vital", mientras que solo el espíritu es entonces el ser verdadero, permanente e imperecedero. Es esta concepción ternaria la que los ocultistas, o al menos la mayoría de entre ellos, han querido renovar, introduciendo en ella una terminología especial; pero no han comprendido su sentido verdadero, y le han quitado todo alcance por la manera fantasiosa en que se representan los elementos del ser humano: así, hacen del elemento medio un cuerpo, el "cuerpo astral", que recuerda singularmente al "periespíritu" de los espiritistas. Todas las teorías de este género tienen el defecto de no ser en el fondo más que una suerte de transposición de las concepciones materialistas; este "neoespiritualismo" nos aparece más bien como una suerte de materialismo ensanchado, y este ensanche mismo es también algo ilusorio. Aquello a lo que estas teorías se acercan más, y donde es menester buscar probablemente su origen, son las concepciones "vitalistas", que reducen el elemento medio del compuesto humano a la función de "principio vital" solo, y que apenas parecen admitirle más que para explicar que el espíritu pueda mover el cuerpo, problema insoluble en la hipótesis cartesiana. El vitalismo, porque plantea mal la cuestión, y porque, al no ser en suma más que una teoría de fisiólogos, se coloca en un punto de vista muy especial, da pie a una objeción de lo más simple: o se admite, como Descartes, que la naturaleza del espíritu y la del cuerpo no tienen el menor punto de contacto, y entonces no es posible que haya entre ellos un intermediario o un término medio; o se admite al contrario, como los antiguos, que tienen una cierta afinidad de naturaleza, y entonces el intermediario deviene inútil, ya que esta afinidad basta para explicar que uno pueda actuar sobre el otro. Esta objeción vale contra el vitalismo, y también contra las concepciones "neoespiritualistas" en tanto que proceden de él y en tanto que adoptan su punto de vista; pero, entiéndase bien, no puede nada contra las concepciones que consideran las cosas bajo relaciones completamente diferentes, que son muy anteriores al dualismo cartesiano, y por consiguiente enteramente extrañas a las preocupaciones que éste ha creado, y que miran al hombre como un ser complejo para responder tan exactamente como es posible a la realidad, y no para aportar una solución hipotética a un problema artificial. Por lo demás, desde diversos puntos de vista, se pueden establecer en el ser humano un número más o menos grande de divisiones y de subdivisiones, sin que semejantes concepciones dejen por eso de ser conciliables; lo esencial es que no se divida a este ser humano en dos mitades que parezcan no tener ninguna relación entre ellas, y que no se busque tampoco reunir después estas dos mitades por un tercer término cuya naturaleza, en esas condiciones, no es ni siquiera concebible.

Podemos ahora volver a la concepción espiritista, que es ternaria, puesto que distingue el espíritu, el "periespíritu" y el cuerpo; en un sentido, puede parecer superior a la de los filósofos modernos, puesto que admite un elemento más, pero esta superioridad no es más que aparente, porque la manera en que se considera este elemento no corresponde a la realidad. Volveremos sobre esto después, pero hay otro punto sobre el que, sin poder tratarle completamente por el momento, tenemos que llamar la atención desde ahora, y ese punto es éste: si la teoría espiritista es ya muy inexacta en lo que concierne a la constitución del hombre durante la vida, es enteramente falsa cuando se trata del estado de este mismo hombre después de la muerte. Tocamos aquí el fondo mismo de la cuestión, que entendemos reservar para más tarde; pero, en dos palabras, podemos decir que el error consiste sobre todo en esto: según el espiritismo, no habría cambiado nada por la muerte, si no es que el cuerpo ha desaparecido, o más bien que ha sido separado de los otros dos elementos, que permanecen unidos uno al otro como precedentemente; en otros términos, el muerto no se diferenciaría del vivo sino en que tendría un elemento menos, el cuerpo. Se comprenderá sin esfuerzo que una tal concepción sea necesaria para que se pueda admitir la comunicación entre los muertos y los vivos, y también que la persistencia del "periespíritu", elemento material, sea no menos necesaria para que esta comunicación pueda tener lugar por medios igualmente materiales; entre estos diversos puntos de la teoría, hay un cierto encadenamiento; pero lo que se comprende mucho menos bien, es que la presencia de un médium constituya, a los ojos de los espiritistas, una condición indispensable para la producción de los fenómenos. Lo repetimos, una vez admitida la hipótesis espiritista, no vemos por qué un "espíritu" actuaría diferentemente por medio de un "periespíritu" extraño que por medio del suyo propio; o bien, si la muerte modifica el "periespíritu" quitándole ciertas posibilidades de acción, la comunicación aparece entonces bien comprometida. Sea como sea, los espiritistas insisten tanto sobre el papel del médium y le dan tanta importancia, que puede decirse sin exageración que hacen de él uno de los puntos fundamentales de su doctrina.

Nos no contestamos de ninguna manera la realidad de las facultades dichas "mediumnicas", y nuestra crítica no recae más que sobre la interpretación que dan de ellas los espiritistas; por lo demás, experimentadores que no son espiritistas no ven ningún inconveniente en emplear la palabra "mediumnidad", simplemente para hacerse comprender conformándose con ello al hábito recibido, y aunque esta palabra ya no tenga entonces su razón de ser primitiva; así pues, nosotros continuaremos haciendo lo mismo. Por otra parte, cuando decimos que no comprendemos bien el papel atribuido al médium, queremos decir que es colocándonos en el punto de vista de los espiritistas como no lo comprendemos, al menos fuera de algunos casos determinados: sin duda, si un "espíritu" quiere llevar a cabo tales acciones particulares, si quiere hablar por ejemplo, no podrá hacerlo más que apoderándose de los órganos de un hombre vivo; pero ya no es la misma cosa cuando el médium no hace sino prestar al "espíritu" una cierta fuerza más o menos difícil de definir, y a la cual se han dado denominaciones variadas: fuerza neúrica, ódica, ecténica y muchas otras todavía. Para escapar a las objeciones que hemos planteado precedentemente, es menester admitir que esta fuerza no forma parte integrante del "periespíritu", y que, al no existir más que en el ser vivo, es más bien de naturaleza fisiológica; nos no contradecimos esto, pero el "periespíritu", si hay "periespíritu", debe servirse de esta fuerza para actuar sobre la materia sensible, y entonces uno puede preguntarse cuál es su utilidad propia, sin contar con que la introducción de este nuevo intermediario está lejos de simplificar la cuestión. Finalmente, parece que sea menester, o distinguir esencialmente el "periespíritu" y la fuerza neúrica, o negar pura y simplemente el primero para no conservar más que la segunda, o renunciar a toda explicación inteligible. Además, si la fuerza neúrica basta para dar cuenta de todo, lo que concuerda mejor que toda otra suposición con la teoría mediumnica, la existencia del "periespíritu" ya no aparece sino como una hipótesis enteramente gratuita; pero ningún espiritista aceptará esta conclusión, tanto más cuanto que, a falta de toda otra consideración, hace ya bien dudosa la intervención de los muertos en los fenómenos, que parece posible explicar más simplemente por algunas propiedades más o menos excepcionales del ser vivo. Por lo demás, al decir de los espiritistas, estas propiedades no tienen nada de anormal: existen en todo ser humano, al menos en el estado latente; lo que es raro, es que alcancen un grado suficiente como para producir fenómenos evidentes, y los médiums propiamente dichos son los individuos que se encuentran en este último caso, ya sea que sus facultades se hayan desarrollado espontáneamente o por el efecto de un entrenamiento especial; por lo demás, esta rareza no es sino relativa.

Ahora, hay todavía un último punto sobre el que juzgamos útil insistir: cuando se habla de "comunicar con los muertos", se emplea una expresión cuya ambigüedad muchas gentes, comenzando por los espiritistas mismos, ni siquiera sospechan; si se entra realmente en comunicación con algo, ¿cuál es exactamente su naturaleza? Para los espiritistas, la respuesta es extremadamente simple: eso con lo que se comunica, es lo que ellos llaman impropiamente "espíritus"; decimos impropiamente a causa de la presencia supuesta del "periespíritu"; un tal "espíritu" es idénticamente el mismo individuo humano que ha vivido anteriormente sobre la tierra, y, salvo que ahora está "desencarnado", es decir, despojado de su cuerpo visible y tangible, ha permanecido absolutamente tal cual era durante su vida terrestre, o más bien es tal como sería si esta vida hubiera continuado hasta ahora; en una palabra, es el hombre verdadero el que "sobrevive" y el que se manifiesta en los fenómenos del espiritismo. Pero sorprenderíamos mucho a los espiritistas, y sin duda también a la mayoría de sus adversarios, al decir que la simplicidad misma de esta respuesta nada tiene de satisfactoria; en cuanto a aquellos que hayan comprendido lo que ya hemos dicho a propósito de la constitución del ser humano y de su complejidad, comprenderán también la correlación que existe entre las dos cuestiones. La pretensión de comunicar con los muertos en el sentido que acabamos de decir es algo muy nuevo, y es uno de los elementos que dan al espiritismo un carácter específicamente moderno; antiguamente, si ocurría que se hablaba también de comunicar con los muertos, era de una manera completamente diferente como se entendía; sabemos bien que eso parecerá muy extraordinario a la gran mayoría de nuestros contemporáneos, pero no obstante es así. Explicaremos esta afirmación después, pero hemos tenido que formularla antes de ir más lejos, en primer lugar porque, sin eso, la definición del espiritismo permanecería vaga, imprecisa e incompleta, aún mucho más de lo que algunos podrían apercibirse, y después porque es sobre todo la ignorancia de esta cuestión la que hace tomar al espiritismo por otra cosa que la doctrina de invención completamente reciente que es en realidad.

CAPÍTULO II

LOS ORÍGENES DEL ESPIRITISMO

El espiritismo data exactamente de 1848; importa precisar esta fecha, porque diversas particularidades de las teorías espiritistas reflejan la mentalidad especial de su época de origen, y porque es en los periodos agitados y perturbados, como lo fue éste, donde las cosas de este género, gracias al desequilibrio de los espíritus, nacen y se desarrollan de preferencia. Las circunstancias que rodearon los comienzos del espiritismo son lo bastante conocidas y ya se han contando muchas veces; así pues, nos bastará con recodarlas brevemente, insistiendo solo sobre los puntos más particularmente instructivos, y que son quizás los que se han subrayado menos.

Como muchos otros movimientos análogos, se sabe que es en América donde el espiritismo tuvo su punto de partida: los primeros fenómenos se produjeron en diciembre de 1847 en Hydesville, en el Estado de New York, en una casa donde acababa de instalarse la familia Fox, que era de origen alemán, y cuyo nombre era primitivamente Voss. Si mencionamos este origen alemán, es porque, si un día se quieren establecer completamente las causas reales del movimiento espiritista, no deberá descuidarse dirigir algunas investigaciones del lado de Alemania; luego diremos por qué. Por lo demás, parece que la familia Fox no haya jugado en el asunto, al comienzo al menos, más que una función completamente involuntaria, y que, incluso después, sus miembros no hayan sido más que instrumentos pasivos de una fuerza cualquiera, como lo son todos los médiums. Sea como sea, los fenómenos en cuestión, que consistían en ruidos diversos y en desplazamientos de objetos, no tenían en suma nada de nuevo ni de inusitado; eran semejantes a los que se han observado siempre en lo que se llaman las casas "encantadas"; lo que hubo allí de nuevo, es el partido que se sacó de ello ulteriormente. Al cabo de algunos meses, se tuvo la idea de hacer al golpeador misterioso algunas preguntas a las que respondió correctamente; al comienzo solo se le preguntaban números, que él indicaba por series de golpes regulares; fue un cuáquero llamado Issac Post quien tuvo la idea de numerar las letras del alfabeto latino invitando al "espíritu" a designar por un golpe las que componían las palabras que quería hacer escuchar, y quien inventó así el medio de comunicación que se llamó *spiritual telegraph*. El "espíritu" declaró que era un cierto Charles B. Rosna, buhonero en vida, que había sido asesinado en esa casa y enterrado en la bodega, donde se encontraron efectivamente algunos restos de osamentas. Por otra parte, se observó que los fenómenos se producían sobre todo en presencia de las señoritas Fox, y es de ahí de donde resultó el descubrimiento de la mediumnidad; entre los visitantes que acudieron cada vez más numerosos, los hubo que, con razón o sin ella, creyeron constatar que estaban dotados del mismo poder. Desde entonces, el *moderm spiritualism*, como se le llamo primero, estaba fundado; su primera denominación era en suma la más exacta, pero, sin duda para abreviar, en los países anglosajones, se ha llegado a emplear lo más frecuentemente la palabra de *spiritualism* sin epíteto; en cuanto al nombre de "espiritismo" es en Francia donde se inventó un poco más tarde.

Pronto se constituyeron reuniones o *spiritual circles*, donde se revelaron nuevos médiums en gran número; según las "comunicaciones" o "mensajes" que se recibieron en ellas, este movimiento espiritista, que tenía como meta el establecimiento de relaciones regulares entre los habitantes de los dos mundos, había sido preparado por "espíritus" científicos y filosóficos que, durante su existencia terrestre, se habían ocupado especialmente de investigaciones sobre la electricidad y sobre otros diversos fluidos imponderables. A la cabeza de los dichos "espíritus" se encontraba Benjamin Franklin, que se pretende que dio frecuentemente indicaciones sobre la manera de desarrollar y de perfeccionar las vías de comunicación entre los vivos y los muertos. En efecto, desde los primeros tiempos se las ingeniaron para encontrar, con el concurso de los "espíritus", medios más cómodos y más rápidos: de ahí las mesas giratorias y golpeantes, los cuadrantes alfabéticos, los lápices atados a canastas o a planchas móviles, y otros instrumentos análogos. El empleo del nombre de Benjamin Franklin, además de que era bastante natural en el medio americano, es bien característico de algunas tendencias que debían afirmarse en el espiritismo; ciertamente, él no intervino para nada en este asunto, pero los adherentes del nuevo movimiento no podían hacer verdaderamente nada mejor que colocarse bajo el patronazgo de este "moralista" de la más increíble vulgaridad. Y, sobre este punto, conviene hacer otra reflexión: los espiritistas han conservado algo de algunas teorías que tuvieron curso hacia fines del siglo XVIII, época en que se tenía la manía de hablar de "fluidos" a propósito de todo; la hipótesis del "fluido eléctrico", hoy día abandonada desde hace mucho tiempo, sirvió de tipo a muchas otras concepciones, y el "fluido" de los espiritistas se parece tanto al de los magnetizadores, que el mesmerismo, aunque está muy alejado del espiritismo, puede considerarse en un sentido como uno de sus precursores y como habiendo contribuido en una cierta medida a preparar su aparición.

La familia Fox, que se consideraba ahora como especialmente encargada de la misión de difundir el conocimiento de los fenómenos "espiritualistas", fue expulsada de la iglesia episcopal metodista a la que pertenecía. Después, fue a establecerse a Rochester, donde los fenómenos continuaron, y donde al comienzo estuvo expuesta a la hostilidad de una gran parte de la población; hubo incluso un verdadero tumulto en el que estuvo a punto de ser masacrada, y no debió su salvación más que a la intervención de un cuáquero llamado George Willets. Es la segunda vez que vemos a un cuáquero desempeñar un papel en esta historia, y eso se explica sin duda por algunas afinidades que esta secta presenta incontestablemente con el espiritismo: no hacemos alusión solo a las tendencias "humanitarias", sino también a la extraña "inspiración" que se manifiesta en las asambleas de los cuáqueros, y que se anuncia por el temblor al que deben su nombre; hay algo ahí que se parece singularmente a ciertos fenómenos mediumnicos, aunque la interpretación difiera naturalmente. En todo caso, se concibe que la existencia de una secta como la de los cuáqueros haya podido contribuir a hacer aceptar las primeras manifestaciones "espiritualistas"[1]; quizás hubo también, en el siglo XVIII, una relación análoga entre las hazañas de los convulsionarios jansenistas y el éxito del "magnetismo animal"[2].

Lo esencial de lo que precede está tomado del relato de un autor americano, relato que todos los demás se han contentado después con reproducir más o menos fielmente; ahora bien, es curioso que este autor, que se ha hecho el historiador de los comienzos del *modern spiritualism*[3], sea Mme Emma Hardinge-Britten, que era miembro de la sociedad secreta designada por las iniciales "H. B. of L." (*Hermetic Brotherhood of Luxor*), de la que ya hemos hablado en otra parte a propósito de los orígenes de la Sociedad Teosófica. Decimos que ese hecho es curioso, porque la H. B. of L., aunque se oponía claramente a las teorías del espiritismo, por ello no pretendía menos haber estado mezclada de una manera muy directa en la producción de este movimiento. En efecto, según las enseñanzas de la H. B. of L., los primeros fenómenos "espiritualistas" no habrían sido provocados por los "espíritus" de los muertos, sino más bien por hombres vivos que actuaban a distancia, por

---

[1] Por una coincidencia bastante curiosa, el fundador de la secta de los cuáqueros, en el siglo XVII, se llamaba George Fox; se pretende que tenía, así como algunos de su discípulos inmediatos, el poder de curar las enfermedades.
[2] Para explicar el caso de los convulsionarios, Allan Kardec hace intervenir, además del magnetismo, "espíritus de una naturaleza más elevada" (*Le Livre des Esprits*, pp. 210-212).
[3] History of modern american spiritualism.

medios conocidos solo por algunos iniciados; y esos iniciados habrían sido, precisamente, los miembros del "círculo interior" de la H. B. of L. Desafortunadamente, es difícil remontar, en la historia de esta asociación, más allá de 1870, es decir, del año mismo en que Mme Hardinge-Britten publicó el libro de que acabamos de hablar (libro en el que, bien entendido, no se hace ninguna alusión a lo que estamos tratando ahora); algunos han creído poder decir también que, a pesar de sus pretensiones a una gran antigüedad, apenas databa de aquella época. Pero, incluso si eso fuera verdad, no lo sería más que para la forma que la H. B. of L. había revestido en último lugar; en todo caso, ésta había recibido la herencia de diversas otras organizaciones que, ellas sí, existían muy ciertamente antes de mediado el siglo XIX, como la "fraternidad de Eulis", que estaba dirigida, al menos exteriormente, por Pascal Beverly Randolph, personaje muy enigmático que murió en 1875. En el fondo, poco importan el nombre y la forma de la organización que haya intervenido efectivamente en los acontecimientos que acabamos de recordar; y debemos decir que la tesis de la H. B. of L., en sí misma e independientemente de esas contingencias, nos aparece al menos como muy plausible; vamos a intentar explicar las razones de ello.

A este efecto, no nos parece inoportuno formular algunas observaciones generales sobre las "casas encantadas", o sobre lo que algunos han propuesto llamar "lugares fatídicos"; los hechos de ese género están lejos de ser raros, y han sido conocidos siempre; se encuentran ejemplos de ello tanto en la Antigüedad como en la Edad Media y en los tiempos modernos, como lo prueba concretamente lo que se cuenta en una carta de Plinio el Joven. Ahora bien, los fenómenos que se producen en parecido caso ofrecen una constancia completamente destacable; pueden ser más o menos intensos, más o menos complejos, pero tienen ciertos rasgos característicos que se encuentran siempre y por todas partes; por otra parte, el hecho de Hydesville no debe contarse ciertamente entre los más destacables, ya que no se constatan en él más que los más elementales de esos fenómenos. Conviene distinguir al menos dos casos principales: en el primero, que sería el de Hydesville si lo que hemos contado es bien exacto, se trata de un lugar donde alguien ha perecido de muerte violenta, y donde, además, el cuerpo de la víctima ha permanecido oculto. Si indicamos la reunión de estas dos condiciones, es porque, para los antiguos, la producción de los fenómenos estaba ligada al hecho de que la víctima no hubiera recibido la sepultura regular, acompañada de algunos ritos, y porque es solo cumpliendo estos ritos, después de haber encontrado el cuerpo, como se los podía hacer cesar; es lo que se ve en el relato de Plinio el Joven, y hay ahí algo que merecería retener la atención. A propósito de esto, sería muy importante determinar exactamente lo que eran los "manes" para los antiguos, y también lo que éstos entendían por diversos otros términos que no eran de ningún modo sinónimos, aunque los modernos ya no saben apenas hacer su distinción; las investigaciones de este orden podrían esclarecer de una manera bien inesperada la cuestión de las evocaciones, sobre la que volveremos más adelante. En el segundo caso, ya no se trata de manifestaciones de un muerto, o más bien, para permanecer en la vaguedad que conviene aquí hasta nueva orden, de algo que proviene de un muerto; se trata al contrario del hecho de la acción de un hombre vivo: hay, en los tiempos modernos, ejemplos típicos, que han sido cuidadosamente constatados en todos sus detalles, y el que se cita más frecuentemente, que ha devenido en cierto modo clásico, está constituido por los hechos que se produjeron en el presbiterio de Cideville, en Normandía, de 1849 a 1851, es decir, muy poco tiempo después de los acontecimientos de Hydesville, y cuando éstos eran todavía casi desconocidos en Francia[4]. Digámoslo claramente, son hechos de brujería bien caracterizados, que no pueden interesar en nada a los espiritistas, salvo en que parecen proporcionar una confirmación a

---

[4] Los hechos de Cideville han sido contados desde 1853 por Eudes de Mirville, quien había sido testigo ocular de los mismos, en un libro titulado *Des esprits et de leurs manifestations fluidiques*, donde se encuentra también la indicación de varios hechos análogos, y que fue seguido de cinco volúmenes más que tratan del mismo orden de cuestiones.

la teoría de la mediumnidad entendida en un sentido bastante amplio: es menester que el brujo que quiere vengarse de los habitantes de una casa llegue a tocar a uno de ellos que devendrá desde entonces su instrumento inconsciente e involuntario, y que servirá por así decir de "soporte" a una acción que, en adelante, podrá ejercerse a distancia, pero solo cuando ese "sujeto" pasivo esté presente. No es un médium en el sentido en que lo entienden los espiritistas, puesto que la acción de la que es el medio no tiene el mismo origen, pero es algo análogo, y se puede suponer al menos, sin precisar más, que en ambos casos son fuerzas del mismo orden las que se ponen en juego; es lo que pretenden los ocultistas modernos que han estudiado estos hechos, y que, es menester decirlo, han sido influenciados todos más o menos por la teoría espiritista. En efecto, desde que el espiritismo existe, cuando una "casa encantada" se señala en alguna parte, en virtud de una idea preconcebida, se comienza por buscar el médium, y, con un poco de buena voluntad, se llega siempre a descubrir uno, o varios incluso; no queremos decir que siempre se esté equivocado; pero ha habido también ejemplos de lugares enteramente desiertos, de casas abandonadas, donde se producían fenómenos de obsesión en ausencia de todo ser humano, y no puede pretenderse que testigos accidentales, que frecuentemente no los observaron sino de lejos, hayan jugado en ellos la función de médiums. Es poco verosímil que las leyes según las cuales operan ciertas fuerzas, cualesquiera que sean, hayan sido cambiadas; así pues, mantendremos, contra los ocultistas, que la presencia de un médium no es siempre una condición necesaria, y que, aquí como en otras partes, es menester desconfiar de los prejuicios que arriesgan falsear el resultado de una observación. Añadiremos que la obsesión sin médium pertenece al primero de los dos casos que hemos distinguido: un brujo no tendría ninguna razón para apartarse a un lugar deshabitado, y, por lo demás, puede que tuviera necesidad, para actuar, de condiciones que no son requeridas para fenómenos que se producen espontáneamente, aunque esos fenómenos presenten apariencias casi similares por una y otra parte. En el primer caso, que es la verdadera obsesión, la producción de los fenómenos está vinculada al lugar mismo que ha sido el escenario de un crimen o de un accidente, y en donde ciertas fuerzas se encuentran condensadas de una manera permanente; así pues, es en ese lugar donde los observadores deberían poner entonces su atención principalmente; ahora bien, el hecho de que la acción de las fuerzas en cuestión sea intensificada a veces por la presencia de personas dotadas de algunas propiedades, eso nada tiene de imposible, y es quizás así como las cosas han pasado en Hydesville, admitiendo siempre que los hechos se hayan contado exactamente, lo que, por lo demás, no tenemos ninguna razón especial para ponerlo en duda.

En el caso que parece explicable por "algo" que no hemos definido, que proviene de un muerto, pero que no es ciertamente su espíritu, si por espíritu se entiende la parte superior del ser, ¿debe esta explicación excluir toda posibilidad de intervención de hombres vivos? No lo creemos necesariamente, y no vemos por qué una fuerza preexistente no podría ser dirigida y utilizada por ciertos hombres que conozcan sus leyes; parece más bien que eso deba ser relativamente más fácil que actuar allí donde ninguna fuerza de ese género existía anteriormente, lo que, no obstante, hace un simple brujo. Naturalmente, debe suponerse que los "adeptos", para emplear un término rosicruciano cuyo uso ha devenido bastante corriente, o iniciados de un rango elevado, tienen medios de acción superiores a los de los brujos, y por lo demás muy diferentes, no menos diferentes que la meta que se proponen; bajo esta última relación, sería menester precisar también que puede haber iniciados de muchos tipos, pero, por el momento, consideraremos la cosa de una manera completamente general. En el extraño discurso que pronunció en 1898 ante una asamblea de espiritistas, y que hemos citado largamente en nuestra historia del teosofismo[5], Mme Annie Besant pretendió que "adeptos", que habían provocado el movimiento "espiritualista", se habían servido de las "almas de los muertos"; como

---

[5] Discurso pronunciado en la Alianza Espiritualista de Londres el 7 de abril de 1898: ver *El Teosofismo*, pp. 133-137, ed. francesa.

se proponía intentar un aproximamiento con los espiritistas, pareció tomar, con más o menos sinceridad, esta expresión de "almas de los muertos" en el sentido que los espiritistas le dan; pero en nuestro caso, que no tenemos ningún trasfondo "político", podemos entenderlo de manera muy diferente, es decir, como designando simplemente ese "algo" de que venimos hablando. Nos parece que esta interpretación concuerda mucho mejor que toda otra con la tesis de la H. B. of L.; ciertamente, no es eso lo que más nos importa, pero esta constatación nos da que pensar que los miembros de la organización de que se trata, o al menos sus dirigentes, sabían verdaderamente a qué atenerse sobre la cuestión; en todo caso, lo sabían ciertamente mejor que Mme Besant, cuya tesis, a pesar del correctivo que aportaba en ella, no era mucho más aceptable para los espiritistas. Por lo demás, creemos que, en la circunstancia, es exagerado querer hacer intervenir a "adeptos" en el sentido estricto de esta palabra; pero repetimos que puede ser que iniciados, cualesquiera que sean, hayan provocado los fenómenos de Hydesville, sirviéndose para ello de las condiciones favorables que allí encontraron, o que, al menos, hayan impreso una cierta dirección determinada a esos fenómenos cuando ya habían comenzado a producirse. No afirmamos nada a este respecto, solo decimos que la cosa no tiene nada de imposible, sea lo que sea lo que algunos puedan pensar de ello; no obstante, agregaremos que hay todavía otra hipótesis que puede parecer más simple, lo que no quiere decir forzosamente que sea más verdadera: es que los agentes de la organización en causa, ya sea la H. B. of L. o cualquier otra, se hayan contentado con aprovechar lo que pasaba para crear el movimiento "espiritualista", actuando por una especie de sugestión sobre los habitantes y los visitantes de Hydesville. Esta última hipótesis representa para nos un mínimo de intervención, y es menester aceptar al menos este mínimo, ya que sin eso, no habría ninguna razón plausible para que el hecho de Hydesville haya tenido consecuencias que jamás habían tenido los otros hechos análogos que se habían presentado anteriormente; si un tal hecho fuera, por sí mismo, la condición suficiente para el nacimiento del espiritismo, éste habría aparecido ciertamente en una época mucho más remota. Por lo demás, apenas sí creemos en los movimientos espontáneos, ya sean del orden político, o del orden religioso, o de ese dominio tan mal definido del que nos ocupamos al presente; es menester siempre un impulso, aunque las gentes que devienen después los jefes aparentes del movimiento puedan ignorar frecuentemente su proveniencia tanto como los demás; pero es muy difícil decir exactamente cómo han pasado las cosas en un caso de este género, ya que es evidente que ese lado de los acontecimientos no se encuentra consignado en ningún proceso verbal, y es por eso por lo que los historiadores que quieren apoyarse a toda costa únicamente en documentos escritos no los tienen en cuenta y prefieren negarlos pura y simplemente, cuando es quizás lo más esencial de todo. Estas últimas reflexiones tienen, en nuestro pensamiento, un alcance muy general; las dejaremos aquí para no lanzarnos a una disgresión demasiado larga, y volveremos sin más dilación a lo que concierne especialmente al origen del espiritismo.

Hemos dicho que había habido casos similares al de Hydesville, y más antiguos; el más semejante de todos, es el que ocurrió en 1762 en Dibbelsdorf, en Sajonia, donde el "espectro golpeador" respondió exactamente de la misma manera a las preguntas que se le hacían[6]; así pues, si no hubiera sido menester otra cosa, el espiritismo, habría podido nacer muy bien en esta circunstancia, tanto más cuanto que el acontecimiento fue bastante sonado como para atraer la atención de las autoridades y la de los expertos. Por otra parte, algunos años antes de los comienzos del espiritismo, el Dr. Kerner había publicado un libro sobre el caso de la "vidente de Prevorst", Mme Hauffe, alrededor de la cual se producían numerosos fenómenos del mismo orden; se observará que este caso, como el precedente, tuvo lugar en Alemania, y, aunque los haya habido también en Francia y en otras partes, ésta es una de las razones por las que hemos hecho observar el origen alemán de la familia

---

[6] Un relato de este hecho, según los documentos contemporáneos, ha sido publicada en la *Revue Spirite* en 1858.

Fox. Es interesante, a este propósito, indicar otras aproximaciones: en la segunda mitad del siglo XVII, algunas ramas de la alta masonería alemana se ocuparon particularmente de evocaciones; la historia más conocida en ese dominio es la de Schroeper, que se suicidó en 1774. No era de espiritismo de lo que se trataba entonces, sino de magia, lo que es extremadamente diferente, como lo explicaremos después; pero por ello no es menos verdad que las prácticas de este género, si hubieran sido vulgarizadas, habrían podido determinar un movimiento tal como el espiritismo, a consecuencia de las ideas falsas que el gran público se habría hecho inevitablemente a su respecto. Hubo ciertamente también en Alemania, desde el comienzo del siglo XIX, otras sociedades secretas que no tenían el carácter masónico, y que se ocupaban igualmente de magia y de evocaciones, al mismo tiempo que de magnetismo; ahora bien, la H. B. of L., o aquella de la que tomó la sucesión, estuvo precisamente en relación con algunas de estas organizaciones. Sobre este último punto, se pueden encontrar indicaciones en una obra anónima titulada *Ghostland*[7], que fue publicada bajo los auspicios de la H. B. of L., y que algunos han creído incluso poder atribuirla a Mme Hardinge-Britten; por nuestra parte, no creemos que ésta haya sido realmente su autora, pero al menos es probable que se ocupara de editarla[8]. Pensamos que habría que dirigir por ese lado investigaciones cuyo resultado podría ser muy importante para disipar ciertas obscuridades; no obstante, si el movimiento espiritista no fue suscitado primero en Alemania, sino en América, es porque debía encontrar en esta última región un medio más favorable que en cualquier otra parte, como lo prueba por lo demás la

---

[7] Esta obra ha sido traducida al francés, aunque bastante mal, y solamente en parte, bajo este título: *Au Pays des Esprits*, que es demasiado equívoco y que apenas sí traduce el sentido real del título inglés.

[8] Otros han creído que el autor de *Ghostland* y de *Art Magic* era el mismo que el autor de *Light of Egypt*, de *Celestial Dynamics* y de *Language of the Stars* (Sédir, *Histoire des Rose-Croix*, p. 122); pero podemos afirmar que se trata de un error. El autor de las tres últimas obras, igualmente anónimas, es T. H. Burgoyne, que fue secretario de la H. B. of L. Las dos primeras son muy anteriores.

prodigiosa eclosión de sectas y de escuelas "neoespiritualistas" que se han podido constatar allí desde ese entonces, y que continúa actualmente más que nunca.

Nos queda plantear aquí una última cuestión: ¿qué meta se proponían los inspiradores del *modern spritualism* en sus comienzos? Parece que el nombre mismo que se dio entonces a este movimiento lo indica de una manera bastante clara: se trataba de luchar contra la invasión del materialismo, que alcanzaba efectivamente en aquella época su mayor extensión, y al cual se quería oponer así una suerte de contrapie; y, al llamar la atención sobre fenómenos para los que el materialismo, al menos el materialismo ordinario, era incapaz de proporcionar una explicación satisfactoria, se le combatía en cierto modo sobre su propio terreno, lo que no podía tener razón de ser más que en la época moderna, ya que el materialismo propiamente dicho es de origen muy reciente, no menos que el estado de espíritu que acuerda a los fenómenos y a su observación una importancia casi exclusiva. Si la meta fue ciertamente la que acabamos de definir, y al referirnos a las afirmaciones de la H.B. of L., ahora es el momento de recordar lo que hemos dicho más atrás de pasada, a saber, que hay iniciados de tipos muy diferentes, y que, frecuentemente, pueden encontrarse en oposición entre ellos; así, entre las sociedades secretas alemanas a las que hemos hecho alusión, las hay que, al contrario, profesaban teorías absolutamente materialistas, aunque de un materialismo singularmente más extenso que el de la ciencia oficial. Entiéndase bien, cuando hablamos de iniciados como lo hacemos en este momento, no tomamos esta palabra en su acepción más elevada, sino que queremos designar simplemente a hombres que poseen ciertos conocimientos que no son del dominio público; por eso es por lo que hemos tenido cuidado de precisar que debía haber un error en suponer qué "adeptos" hayan podido estar interesados, al menos directamente, en la creación del movimiento espiritista. Esta precisión permite explicar que existan contradicciones y oposiciones entre escuelas diferentes; naturalmente no hablamos más que de escuelas que tienen conocimientos reales y serios, aunque de un orden relativamente inferior, y que no se parecen en nada a las múltiples formas del "neoespiritualismo"; estas últimas serían más bien sus contrahechuras. Ahora, otra cuestión se presenta todavía: si suscitar el espiritismo para luchar contra el materialismo, era en suma combatir un error con otro error, ¿por qué actuar así? A decir verdad, puede ser que el movimiento se desviara prontamente al extenderse y al popularizarse, que escapara al control de sus inspiradores, y que el espiritismo tomara desde entonces un carácter que no respondía apenas a sus intenciones; cuando se quiere hacer obra de vulgarización, se deben esperar accidentes de este género, que son casi inevitables, ya que hay cosas que no pueden ponerse impunemente al alcance del primero que llega, y esta vulgarización corre el riesgo de tener consecuencias que es casi imposible prever; y, en el caso que nos ocupa, si los promotores habían previsto estas consecuencias en una cierta medida, pudieron haber pensado, con razón o sin ella, que se trataba de un mal menor en comparación con el que se trataba de impedir. En cuanto a nos, no creemos que el espiritismo sea menos pernicioso que el materialismo, aunque sus peligros sean enteramente diferentes; pero otros pueden juzgar las cosas de otro modo, y estimar también que la coexistencia de dos errores opuestos, que se limitan por así decir uno al otro, sea preferible a la libre expansión de uno solo de esos errores. Puede ser incluso que muchas corrientes de ideas, tan divergentes como es posible, hayan tenido un origen análogo, y que hayan sido destinadas a servir a una suerte de juego de equilibrio que caracterice a una política muy especial; en este orden de cosas, se estaría en un gran error al atenerse a las apariencias exteriores. Finalmente, si una acción pública de alguna extensión no puede operarse más que en detrimento de la verdad, hay algunos que toman bastante fácilmente su partido, demasiado fácilmente quizás; ya se conoce el adagio: *vulgus vult decipi*, que algunos completan así: *ergo decipiatur*; y en eso hay también un rasgo, más frecuente de lo que se creería, de esta política a la que hacemos alusión. Uno puede guardar así la verdad para sí mismo y difundir al mismo tiempo errores que uno sabe que son tales, pero que se juzgan oportunos; agregaremos que puede haber también una actitud completamente diferente, que consiste en decir la verdad para aquellos que son capaces de comprenderla, sin preocuparse demasiado de los demás; estas actitudes contrarias tienen quizás su justificación las dos, según los casos, y es probable que solo la primera permita una acción muy general; pero ese es un resultado en el que no todos se interesan igualmente, y la segunda actitud responde a preocupaciones de un orden más puramente intelectual. Sea como sea, nos no apreciamos, nos solo expresamos, a título de posibilidades, las conclusiones a las que conducen algunas deducciones que no podemos pensar en exponer enteramente aquí; eso nos llevaría demasiado lejos, y el espiritismo no aparecería ahí más que como un incidente enteramente secundario. Por lo demás, no tenemos la pretensión de resolver completamente todas las cuestiones que hemos sido llevados a plantear; no obstante, podemos afirmar que, sobre el tema que hemos tratado en este capítulo, hemos dicho ciertamente mucho más de lo que jamás se había dicho hasta aquí.

CAPÍTULO III

COMIENZOS DEL ESPIRITISMO EN FRANCIA

Desde 1850, el *modern spiritualism* se había extendido por todos los Estados Unidos, gracias a una propaganda en la que, hay que hacer notar, los periódicos socialistas se señalaran muy particularmente; y, en 1852, los "espiritualistas" tuvieron en Cleveland su primer congreso general. Es también en 1852 cuando la mueva creencia hizo su aparición en Europa: fue importada primero a Inglaterra por médiums americanos; desde allí, al año siguiente, ganó Alemania y luego Francia. No obstante, no hubo entonces en estos diversos países nada comparable a la agitación causada en América, donde, durante una docena de años sobre todo, fenómenos y teorías fueron el objeto de las discusiones más violentas y más apasionadas.

Es en Francia, como lo hemos dicho, donde se empleó por primera vez la denominación de "espiritismo"; y esta palabra nueva sirvió para designar algo que, aunque se basaba sobre los mismos fenómenos, era efectivamente bastante diferente, en cuanto a las teorías, de lo que había sido hasta entonces el *modern spiritualism* de los americanos y de los ingleses. En efecto, se ha observado frecuentemente, que las teorías expuestas en las "comunicaciones" dictadas por los pretendidos "espíritus" están generalmente en relación con las opiniones del medio donde se producen, y donde, naturalmente, son aceptadas con la mayor diligencia; esta observación puede permitir darse cuenta, al menos en parte, de su origen real. Así pues, las enseñanzas de los "espíritus", en Francia, estuvieron en desacuerdo con lo que eran en los países anglosajones sobre un número de puntos que, por no ser de aquellos que hemos hecho entrar en la definición general del espiritismo, por eso no son menos importantes; lo que constituyó la mayor diferencia, fue la introducción de la idea de la reencarnación, de la que los espiritistas franceses hicieron un verdadero dogma, mientras que los otros se negaron casi todos a admitirla. Por lo demás, agregaremos que es sobre todo en Francia donde parece haberse sentido, casi desde el comienzo, la necesidad de juntar las "comunicaciones" obtenidas para formar con ellas un cuerpo de doctrina; es esto lo que hizo que hubiera una escuela espiritista francesa que poseía una cierta unidad, al menos en el origen, ya que esa unidad era evidentemente difícil de mantener, y ya que después se produjeron diversas escisiones que dieron nacimiento a otras tantas escuelas nuevas.

El fundador de la escuela espiritista francesa, o al menos aquel a quien sus adherentes concuerdan en considerar como tal, fue Hippolyte Rivail: era un antiguo maestro de Lyon, discípulo del pedagogo suizo Pestalozzi, que había abandonado la enseñanza para venir a París, donde había dirigido durante algún tiempo el teatro de las Folies-Marigny. Bajo consejo de los "espíritus", Rivail tomó el nombre céltico de Allan Kardec, nombre que se consideraba que había sido el suyo en una existencia anterior; es bajo este nombre como publicó las diversas obras que fueron, para los espiritistas franceses, el fundamento mismo de su doctrina, y que lo han permanecido siempre para la mayoría de entre ellos[9]. Decimos que Rivail publicó estas obras, pero no que las escribiera él sólo; en efecto, su redacción, y por consiguiente la fundación del espiritismo francés, fueron en realidad la obra de todo un grupo, del que Rivail no era en suma más que el portavoz. Los libros de Allan Kardec son una suerte de obra colectiva, el producto de una colaboración; y con ello entendemos otra cosa que la colaboración de los "espíritus",

---

[9] Las principales obras de Allan Kardec son las que siguen: Le Livre des Esprits; Le Livre des Médiums; La Genèse, les miracles et les predictions selon le spiritisme; Le Ciel et l'Enfer ou la Justice divine selon le spiritisme; L'Evangile selon le spiritisme; Le Spiritisme à sa plus simple expression; Caractères de la révélation spirite, etc.

proclamada por Allan Kardec mismo, que declara que los compuso con la ayuda de las "comunicaciones" que él y otros habían recibido, "comunicaciones" que él había hecho controlar, revisar y corregir por "espíritus superiores". En efecto, puesto que para los espiritistas el hombre es muy poco cambiado por la muerte, no se puede confiar en lo que dicen todos los "espíritus": los hay que pueden engañarnos, ya sea por malicia, ya sea por simple ignorancia, y es así como pretenden explicarse las "comunicaciones" contradictorias; solamente nos queda preguntarnos cómo pueden distinguirse de los demás los "espíritus superiores". Sea como sea, hay una opinión que está bastante extendida, incluso entre los espiritistas, y que es enteramente errónea: es que Allan Kardec habría escrito sus libros bajo una suerte de inspiración; la verdad es que él mismo jamás fue médium, que era al contrario un magnetizador (y decimos al contrario porque ambas cualidades parecen incompatibles), y que es por medio de sus "sujetos" como obtenía las "comunicaciones". En cuanto a los "espíritus superiores" por quienes éstas fueron corregidas y coordinadas, no todos eran "desencarnados"; Rivail mismo no fue ajeno a este trabajo, pero no parece haber tenido en él la mayor parte; creemos que la coordinación de los "documentos de ultratumba", como se decía, debe atribuirse sobre todo a diversos miembros del grupo que se había formado alrededor de él. Sin embargo, es probable que la mayoría de entre ellos, por razones diversas, prefirieran que esta colaboración permaneciera ignorada del público; y por lo demás, si se hubiera sabido que había ahí escritores de profesión, eso quizás hubiera hecho dudar un poco de la autenticidad de las "comunicaciones", o al menos de la exactitud con la que estaban reproducidas, aunque su estilo, por otra parte, estuviera lejos de ser notable.

Pensamos que es bueno contar aquí, sobre Allan Kardec y sobre la manera en que fue compuesta su doctrina, lo que ha sido escrito por el famoso médium inglés Dunglas Home, quien se mostró frecuentemente más sensato que muchos otros espiritistas: "Yo clasifico la doctrina de

Allan Kardec entre las ilusiones de este mundo, y tengo buenas razones para eso... No pongo de ningún modo en duda su perfecta buena fe... Su sinceridad se proyectó, nube magnética, sobre el espíritu sensitivo de los que él llamaba sus médiums. Sus dedos confiaban al papel las ideas que se imponían así forzosamente a aquellos, y Allan Kardec recibía sus propias doctrinas como mensajes enviados del mundo de los espíritus. Si las enseñanzas proporcionadas de esta manera emanaban realmente de las grandes inteligencias que, según él, eran sus autores, ¿habrían tomado la forma en que las vemos? ¿Dónde, pues, habría aprendido Jamblico tan bien el francés de hoy día? ¿Y cómo es que Pitágoras habría podido olvidar tan completamente el griego, su lengua natal?... Yo no he encontrado nunca un solo caso de clarividencia magnética donde el sujeto no reflejara directa o indirectamente las ideas del magnetizador. Esto es demostrado de una manera sorprendente por Allan Kardec mismo. Bajo el imperio de su enérgica voluntad, sus médiums eran otras tantas máquinas de escribir, que reproducían servilmente sus propios pensamientos. Si a veces las doctrinas publicadas no eran conformes a sus deseos, él mismo las corregía a su antojo. Se sabe que Allan Kardec *no era médium*. Él no hacía más que magnetizar o "psicologizar" (que se nos perdone este neologismo) a personas más impresionables que él"[10]. Todo esto es enteramente exacto, salvo que la corrección de las "enseñanzas" no debe ser atribuida únicamente a Allan Kardec, sino a su grupo todo entero; y, además, el tenor mismo de las "comunicaciones" ya podía estar influenciado por las demás personas que asistían a sus sesiones, así como lo explicaremos más adelante.

Entre los colaboradores de Allan Kardec que no eran simples "sujetos", algunos estaban dotados de facultades mediumnicas diversas; había uno, en particular, que poseía un curioso talento de "médium dibujante". Sobre este punto hemos encontrado, en un artículo que apareció en 1859, dos años después de la publicación del *Livre des*

---

[10] Les Lumières et les Ombres du Spiritualisme, pp. 112-114.

Esprits, un pasaje que creemos interesante reproducir, dada la personalidad de que se trata: "Hace algunos meses, una quincena de personas pertenecientes a la sociedad educada e instruida, algunas de las cuales tienen incluso un nombre en la literatura, estaban reunidas en un salón del barrio de Saint-Germain para contemplar los dibujos a pluma ejecutados manualmente por un médium presente en la sesión, pero inspirados y dictados por Bernard Palissy... Digo bien: M. S..., con una pluma en la mano, una hoja de papel blanco ante él, pero sin la idea de ningún sujeto de arte, había evocado al célebre alfarero. Éste había venido y había impreso en sus dedos la serie de movimientos necesarios para ejecutar sobre el papel dibujos de un gusto exquisito, de una gran riqueza de ornamentación, de una ejecución muy delicada y muy fina, de los cuales uno representa, si se quiere permitirlo, ¡la casa habitada por Mozart en el planeta Júpiter! Es menester agregar, para prevenir toda estupefacción, que se encuentra que Palissy es el vecino de Mozart en ese lugar retirado, así como se lo ha indicado muy positivamente al médium. Por otra parte, no es dudoso que esta casa sea la de un gran músico, ya que está toda decorada de ganchos y de llaves... Los demás dibujos representan igualmente construcciones elevadas en los diversos planetas; una de ellas es la del abuelo de M. S... Éste habla de reunirlos todos en un álbum; será literalmente un álbum del otro mundo"[11]. Ese M. S., que, al margen de sus singulares producciones artísticas, fue uno de los colaboradores más constantes de Allan Kardec, no es otro que el célebre dramaturgo Victorien Sardou. Al mismo grupo pertenecía otro autor dramático, mucho menos conocido hoy día, Eugène Nus; pero éste, después, se separó del espiritismo en una cierta medida[12], y se hizo uno de los primeros adherentes franceses de la Sociedad Teosófica. Mencionaremos también, tanto más cuanto que es probablemente uno de los últimos supervivientes de la primera organización titulada

---

[11] La Doctrine spirite, por el Dr. Dechambre: Gazette hebdomadaire de médecine et de chirurgie, 1859.

[12] Ver las obras de Eugène Nus tituladas: Choses de l'autre monde, Les Grands Mystères y A la recherche des destinées.

"Sociedad Parisina de estudios espiritistas", a Camille Flammarion; es verdad que vino un poco más tarde, y que era muy joven entonces; pero es difícil de contestar que los espiritistas le hayan considerado como uno de los suyos, ya que, en 1869, pronunció un discurso en las exequias de Allan Kardec. No obstante, Flammarion ha protestado a veces que no era espiritista, pero de una manera algo exculpatoria; a pesar de ello, sus obras no muestran menos con bastante claridad sus tendencias y sus simpatías; y queremos hablar aquí de sus obras en general, y no solo de las que ha consagrado especialmente al estudio de los fenómenos llamados "psíquicos"; estos últimos son sobre todo colecciones de observaciones, donde el autor, a pesar de sus pretensiones científicas, ha hecho entrar muchos de los hechos que no han sido controlados seriamente. Agregaremos que su espiritismo, confesado o no, no impidió a M. Flammarion ser nombrado miembro honorario de la Sociedad Teosófica cuando ésta fue introducida en Francia[13]

Si hubo en los medios espiritistas un cierto elemento "intelectual", aunque no fuera más que una pequeña minoría, uno puede preguntarse cómo es posible que todos los libros espiritistas, comenzando por los de Allan Kardec, sean manifiestamente de un nivel tan bajo. Es bueno recordar, a este respecto, que toda obra colectiva refleja sobre toda la mentalidad de los elementos más inferiores del grupo que la ha producido; por extraño que eso parezca, no obstante es una observación que es familiar a todos aquellos que han estudiado algo la "psicología de las masas"; y esa es sin duda una de las razones por las que las pretendidas "revelaciones de ultratumba" no son generalmente más que un entramado de banalidades, ya que, en muchos casos, son efectivamente una obra colectiva, y, como son la base de todo lo demás, ese carácter debe reencontrarse naturalmente en todas las producciones espiritistas. Además, los "intelectuales" del espiritismo son sobre todo literatos; podemos anotar aquí el ejemplo de Victor Hugo, que, durante

---

[13] *Le Lotus*, abril de 1887, p. 125.

su estancia en Jersey, fue convertido al espiritismo por Mme Girardin[14]; en los literatos, el sentimiento predomina lo más frecuentemente sobre la inteligencia, y el espiritismo es sobre todo una cosa sentimental. En cuanto a los sabios que, habiendo abordado el estudio de los fenómenos sin una idea preconcebida, han sido llevados, de una manera más o menos desviada y disimulada, a entrar en los puntos de vista espiritistas (y no hablamos de M. Flammarion, que es más bien un vulgarizador, sino de sabios que gozan de una reputación más seria y mejor establecida), tendremos la ocasión de volver sobre su caso; pero podemos decir de inmediato que, en razón de su especialización, la competencia de estos sabios se encuentra limitada a un dominio restringido, y que, fuera de este dominio, su opinión no tiene más valor que la del primero que llega; y, por lo demás, la intelectualidad propiamente dicha tiene muy pocas relaciones con las cualidades requeridas para triunfar en las ciencias experimentales tal como los modernos las conciben y las practican.

Pero volvamos a los orígenes del espiritismo francés: se puede verificar en él lo que hemos afirmado precedentemente, que las "comunicaciones" están en armonía con las opiniones del medio. En efecto, el medio donde se reclutaron sobre todo los primeros adherentes de la nueva creencia, fue el de los socialistas de 1848; se sabe que éstos eran, en su mayoría, "místicos" en el peor sentido de la palabra, o si se quiere, "pseudomísticos"; así pues, era natural que vinieran al espiritismo, antes incluso de que la doctrina hubiera sido elaborada, y, como influenciaron en esta elaboración, reencontraron después en ella no menos naturalmente sus propias ideas, reflejadas por esos verdaderos "espejos psíquicos" que son los médiums. Rivail, que pertenecía a la masonería, había podido frecuentar en ella a muchos jefes de escuelas socialistas, y probablemente había leído las obras de aquellos que no conocía personalmente; es de ahí de donde provienen la mayoría de las

---

[14] Ver el relato dado por Auguste Vacquerie en sus *Miettes de l'histoire*.

ideas que fueron expresadas por él y por su grupo, y concretamente, como ya hemos tenido la ocasión de decirlo en otra parte, la idea de la reencarnación; hemos señalado, bajo esta relación, la influencia cierta de Fourier y de Pierre Leroux[15]. Algunos contemporáneos no habían dejado de notar la aproximación, y entre ellos el Dr. Dechambre, en el artículo del que ya hemos citado un extracto un poco más atrás; a propósito de la manera en que los espiritistas consideran la jerarquía de los seres superiores, y después de haber recordado las ideas de los neoplátonicos (que, por lo demás, quedaban mucho más alejadas de todo eso de lo que él parece creer), agrega esto: "Los instructores invisibles de M. Allan Kardec no hubieran tenido necesidad de conversar en los aires con el espíritu de Porfirio para saber tanto; solo habrían tenido que hablar algunos instantes con M. Pierre Leroux, probablemente más fácil de encontrar, o también con Fourier[16]. El inventor del Falansterio se habría sentido adulado de saber que nuestra alma revestirá un cuerpo cada vez más etéreo a medida que atraviese las ochocientas existencias (en cifra redonda) a las que está destinada". Después, al hablar de la concepción "progresista", o, como se diría más bien hoy, "evolucionista", concepción a la que la idea de la reencarnación está estrechamente ligada, el mismo autor dice todavía: "Ese dogma recuerda demasiado el de M. Pierre Leroux, para quien las manifestaciones de la vida universal, a las que reduce la vida del individuo, no son en cada nueva existencia sino una etapa más hacia el progreso"[17]. Esta concepción tenía tanta importancia para Allan Kardec, que la había expresado en una fórmula de la que en cierto modo había hecho su divisa: "Nacer, morir, renacer otra vez y progresar sin cesar, tal es la ley". Sería fácil encontrar otras muchas similitudes que recaen en puntos secundarios; pero no se trata, por el momento, de proseguir un examen detallado de las teorías espiritistas, y lo que acabamos de

---

[15] *El Teosofismo*, p. 116, ed. francesa.
[16] Sobre este punto, ver sobre todo la *Théorie des quatre mouvements* de Fourier.
[17] *La Doctrine spirite*, por el Dr. Dechambre.

decir basta para mostrar que, si el movimiento "espiritualista" americano fue en realidad provocado por hombres vivos, es a espíritus igualmente "encarnados" a quienes se debe la constitución de la doctrina espiritista francesa, directamente en lo que concierne a Allan Kardec y a sus colaboradores, e indirectamente en cuanto a las influencias más o menos "filosóficas" que se ejercieron sobre ellos; pero, esta vez, aquellos que intervinieron así ya no eran iniciados, ni siquiera de un orden inferior. Por las razones que hemos dicho, no pensamos continuar siguiendo al espiritismo en todas las etapas de su desarrollo; pero las consideraciones históricas que preceden, así como las explicaciones a las que han servido de ocasión, eran indispensables para permitir comprender lo que va a seguir.

CAPÍTULO IV

CARÁCTER MODERNO DEL ESPIRITISMO

Lo que hay de nuevo en el espiritismo, comparado a todo lo que había existido anteriormente, no son los fenómenos, que han sido conocidos siempre, así como ya lo hemos hecho observar a propósito de las "casas encantadas"; por lo demás, sería muy sorprendente que estos fenómenos, si son reales, hayan esperado hasta nuestra época para manifestarse, o que al menos nadie se haya apercibido de ellos hasta ahora. Lo que hay de nuevo, lo que es especialmente moderno, es la interpretación que los espiritistas dan de los fenómenos de que se ocupan, la teoría por la cual pretenden explicarlos; pero es justamente esta teoría la que constituye propiamente el espiritismo, como hemos tenido cuidado de advertirlo desde el comienzo; sin ella, no habría espiritismo, sino otra cosa, otra cosa que podría ser incluso totalmente diferente. Es completamente esencial insistir en esto, primero porque aquellos que están insuficientemente al corriente de estas cuestiones no saben hacer las distinciones necesarias, y después porque las confusiones son mantenidas por los espiritistas mismos, que se complacen en afirmar que su doctrina es vieja como el mundo. Por lo demás, se trata de una actitud singularmente ilógica en gentes que hacen profesión de creer en el progreso; los espiritistas no llegan a hacerse recomendar de una tradición imaginaria, como lo hacen los teosofistas contra quienes hemos formulado en otra parte la misma objeción[18], pero parecen ver al menos, en la antigüedad que atribuyen falsamente a su creencia (y muchos lo hacen ciertamente de muy buena

---

[18] *El Teosofismo*, p. 108, ed. francesa.

fe), una razón susceptible de fortificarla en una cierta medida. En el fondo, todas estas gentes están en una contradicción, y si ni siquiera se aperciben de ello, es porque la inteligencia entra muy poco en su convicción; y es por eso por lo que sus teorías, al ser sobre todo de origen y de esencia sentimentales, no merecen verdaderamente el nombre de doctrina, y, si se aferran a ellas, es casi únicamente porque las encuentran "consolantes" y propias para satisfacer las aspiraciones de una vaga religiosidad.

La creencia misma en el progreso, que desempeña un papel tan importante en el espiritismo, muestra ya que éste es algo esencialmente moderno, puesto que el progreso mismo es también completamente reciente y no se remonta apenas más allá de la segunda mitad del siglo XVIII, época cuyas concepciones, como lo hemos visto, han dejado rastros en la terminología espiritista, del mismo modo que han inspirado todas esas teorías socialistas y humanitarias que, de una manera más inmediata, han proporcionado los elementos doctrinales del espiritismo, entre las cuales es menester hacer observar muy especialmente la idea de la reencarnación. En efecto, esta idea es extremadamente reciente también, a pesar de las aserciones contrarias varias veces repetidas, y que no se basan más que en asimilaciones enteramente erróneas; es igualmente hacia finales del siglo XVIII cuando Lessing la formuló por primera vez, a nuestro conocimiento al menos, y esta constatación lleva nuestra atención hacia la masonería alemana, a la que este autor pertenecía, sin contar con que estuvo verosímilmente en relación con otras sociedades secretas del género de las que hemos hablado precedentemente; sería curioso que lo que suscitó tantas protestas por la parte de los "espiritualistas" americanos haya tenido orígenes emparentados a los de su propio movimiento. Habría lugar a preguntarse si no es por esa vía como la concepción expresada por Lessing pudo transmitirse un poco más tarde a algunos socialistas franceses; pero no podemos asegurar nada a este respecto, ya que no está probado que Fourier y Pierre Leroux hayan tenido realmente conocimiento de ella, y puede haber sucedido, después de todo, que la misma idea les haya venido de una manera independiente, para resolver una cuestión que les preocupaba fuertemente, y que era simplemente la cuestión de la desigualdad de las condiciones sociales. Sea como sea, son ellos los que han sido verdaderamente los promotores de la teoría reencarnacionista, popularizada por el espiritismo que la ha tomado de ellos, y donde otros, a su vez, han venido a buscarla después. Dejamos para la segunda parte de este estudio el examen profundo de esta concepción, que, por grosera que sea, ha adquirido en nuestros días una verdadera importancia en razón del asombroso favor que el espiritismo francés le ha hecho; no solo ha sido adoptada por la mayoría de las escuelas "neoespiritualistas" que han sido creadas ulteriormente, y de las que algunas, como el teosofismo en particular, han llegado hasta hacerla penetrar en los medios, hasta entonces refractarios, del espiritismo anglosajón; sino que también se ven gentes que la aceptan sin estar vinculados de cerca o de lejos a ninguna de estas escuelas, y que ni tan siquiera sospechan que sufren en eso la influencia de algunas corrientes mentales de las que ignoran casi todo, y de las que quizás apenas conocen la existencia. Por el momento, nos limitaremos a decir, reservándonos explicarlo para después, que la reencarnación no tiene absolutamente nada de común con concepciones antiguas como las de la "metempsicosis" y de la "transmigración", a las que los "neoespiritualistas" quieren identificarla abusivamente; y se puede presentir al menos, por lo que hemos dicho al buscar definir el espiritismo, que la explicación de las diferencias capitales que desconocen, se encuentra en lo que se refiere a la constitución del ser humano, tanto para esta cuestión como para la cuestión de la comunicación con los muertos, sobre la cual vamos a detenernos desde ahora más largamente.

Hay un error bastante extendido, que consiste en querer vincular el espiritismo al culto de los muertos, tal como existe más o menos en todas las religiones, y también en diversas doctrinas tradicionales que no tienen ningún carácter religioso; en realidad, este culto, bajo cualquier forma que se presente, no implica de ningún modo una comunicación efectiva con los muertos; todo lo más, en algunos casos, se podría hablar quizás de una suerte de comunicación ideal, pero nunca de esa comunicación por medio materiales cuya afirmación constituye el postulado fundamental del espiritismo. En particular, lo que se llama el "culto de los antepasados", establecido en China conformemente a los ritos confucionistas (que, es menester no olvidarlo, son puramente sociales y no religiosos), no tiene absolutamente nada que ver con prácticas evocatorias cualesquiera; y, sin embargo, éste es uno de los ejemplos a los que han recurrido lo más frecuentemente los partidarios de la antigüedad y de la universalidad del espiritismo, que precisan incluso que las evocaciones se hacen frecuentemente, en los chinos, por procedimientos completamente semejantes a los suyos. He aquí a qué se debe esta confusión: hay en China, efectivamente, gentes que hacen uso de instrumentos bastante análogos a las "mesas giratorias"; pero se trata de prácticas adivinatorias que son del dominio de la magia y que son completamente extrañas a los ritos confucionistas. Por lo demás, aquellos que hacen de la magia una profesión son profundamente despreciados, allí tanto como en la India, y el empleo de estos procedimientos se considera como censurable, al margen de algunos casos determinados de los que no vamos a ocuparnos aquí, y que no tienen más que una similitud completamente exterior con los casos ordinarios; lo esencial, en efecto, no es el fenómeno provocado, sino la finalidad para la que se le provoca, y también la manera en que es producido. Así pues, la primera distinción que hay que hacer está entre la magia y el "culto de los antepasados", y es incluso más que una distinción, puesto que, de hecho tanto como de derecho, es una separación absoluta; pero hay ahí todavía otra cosa: es que la magia no es el espiritismo, del que difiere teóricamente de una punta a otra, y prácticamente en una medida muy amplia. Primero, debemos hacer observar que el mago es todo lo contrario de un médium; desempeña en la producción de los fenómenos un papel esencialmente activo, mientras que el médium es, por definición, un instrumento puramente pasivo; bajo esta relación, el mago tendría más analogía con el magnetizador, y el médium con el "sujeto" de éste; pero es menester agregar que el mago no opera necesariamente por medio de un "sujeto", que eso es incluso muy raro, y que el dominio donde ejerce su acción es mucho más extenso y complejo que el dominio donde opera el magnetizador. En segundo lugar, la magia no implica que las fuerzas que pone en juego sean "espíritus" o algo análogo, y, allí mismo donde presenta fenómenos comparables a los del espiritismo, les da una explicación completamente diferente; por ejemplo, se puede emplear muy bien un procedimiento de adivinación cualquiera sin admitir que las "almas de los muertos" intervengan para nada en las respuestas obtenidas. Por lo demás, lo que acabamos de decir tiene un alcance completamente general: los procedimientos que los espiritistas se felicitan de reencontrar en China existían también en la antigüedad grecorromana; Tertuliano, por ejemplo, habla de la adivinación que se hacía "por medio de las cabras y de las mesas", y otros autores, como Teócrito y Luciano, hablan también de vasos y de cribas que se hacían girar; pero, en todo eso, es exclusivamente de adivinación de lo que se trata. Por lo demás, incluso si las "almas de los muertos" pueden, en algunos casos, estar mezcladas a prácticas de este género (lo que parece indicar el texto de Tertuliano), o, en otros términos, si la evocación viene, más o menos excepcionalmente, a juntarse a la adivinación pura y simple, es porque las "almas" de que se trata son otra cosa que lo que los espiritistas llaman "espíritus"; son solamente ese "algo" a lo que hacíamos alusión más atrás para explicar algunos fenómenos, pero cuya naturaleza todavía no hemos precisado. Volveremos sobre ello más ampliamente en un instante, y acabaremos de mostrar así que el espiritismo no tiene ningún derecho a recomendarse de la magia, ni siquiera considerada en esa rama especial que concierne a las evocaciones, si es que esto puede considerarse una recomendación; pero, de la China, a propósito de la cual hemos sido conducidos a estas consideraciones, nos es menester pasar ahora a la India, a propósito de la cual se han cometido otros errores del mismo orden que tenemos que reparar igualmente en particular.

A este respecto, hemos encontrado cosas sorprendentes en un libro que, no obstante, tiene una apariencia seria, lo que, por lo demás, es la razón por la que creemos deber mencionarle aquí especialmente: este libro, bastante conocido, es el del Dr. Paul Gibier[19], que no era un espiritista; el autor quiere tener una actitud científicamente imparcial, y toda la parte experimental parece hecha muy concienzudamente. No obstante, uno puede preguntarse cómo es posible que casi todos aquellos que se han ocupado de estas cosas, pretendiendo incluso atenerse a un punto de vista estrictamente científico y absteniéndose de concluir en favor de la hipótesis espiritista, hayan creído necesario proclamar opiniones anticatólicas que no parecen tener una relación muy directa con lo que se trata; en eso hay algo que es verdaderamente extraño; y el libro del Dr. Gibier contiene, en este género de cosas, pasajes capaces de poner celoso a M. Flammarion mismo, que ama tanto introducir declamaciones de este tipo hasta en sus obras de vulgarización astronómica. Pero no es en eso donde queremos detenernos por el momento; hay otra cosa sobre la que es más importante insistir, porque muchas gentes pueden no darse cuenta de ello: es que este mismo libro contiene, en lo que concierne a la India, verdaderas enormidades. Su proveniencia es fácil de indicar: el autor ha cometido el gravísimo error de dar fe, por una parte, a los relatos fantasiosos de Louis Jacolliot[20], y, por otra, a los documentos no menos fantasiosos que le habían sido comunicados por una cierta "Sociedad Atmica" que existía entonces en París (era en 1886), y que, por lo demás, apenas sí estaba representada más que por su solo fundador, el ingeniero Tremeschini. No nos detendremos sobre los errores de detalle, como el que consiste en tomar

---

[19] Le Spiritisme ou Fakirisme occidental.
[20] Le Spiritisme dans le Monde; La Bible dans l'Inde; Les Fils de Dieu; Christna et le Christ; Histoire des Vierges; La Genèse de l'Humanité, etc.

el título de un tratado astronómico por el nombre de un hombre[21]; no son interesantes más que en el hecho de que muestran ya la poca seriedad de las informaciones utilizadas. Pero hemos hablado de enormidades; no creemos que la palabra sea demasiado fuerte para calificar cosas como ésta: "La doctrina espiritista moderna... se encuentra casi completamente de acuerdo con la religión esotérica actual de los brahmes. ¡Ésta se enseñaba a los iniciados de los grados inferiores en los templos del Himalaya, hace quizás más de *cien mil años*! La aproximación es por lo menos curiosa, y se puede decir, sin caer en la paradoja, que el espiritismo no es más que el brahmanismo esotérico al aire libre"[22]. Primero, no hay "Brahmanismo esotérico" hablando propiamente, y, como ya nos hemos explicado sobre eso en otra parte[23], no vamos a volver sobre ello; pero, si hubiera habido alguno, no podría guardar la menor relación con el espiritismo, porque eso sería contradictorio con los principios mismos del brahmanismo en general, y también porque el espiritismo es una de las doctrinas más groseramente exotéricas que hayan existido jamás. Si se quiere hacer alusión a la teoría de la reencarnación, repetiremos que jamás ha sido enseñada en la India, ni tan siquiera por los budistas, y que pertenece en propiedad a los occidentales modernos; aquellos que pretenden lo contrario no saben de qué hablan[24]; pero el error de nuestro autor es todavía más grave y más completo, pues he aquí lo que leemos más adelante: "En los brahmes, la práctica de la evocación de los muertos es la base fundamental de la liturgia de los templos y el fondo de la doctrina religiosa"[25]. Esta aserción es exactamente lo contrario de la verdad: podemos afirmar de la manera más categórica que todos los Brâhmanes

---

[21] *Sûrya-Siddhânta* (ortografiado *Souryo-Shiddhanto*); ¡se precisa incluso que este astrónomo imaginario habría vivido hace cincuenta y ocho mil años!

[22] Le Spiritisme, p. 76.

[23] Introduction générale à l'étude des doctrines hindoues, pp. 152-154.

[24] El Dr. Gibier llega hasta traducir *avataras* por "reencarnaciones" (p. 117), y cree que este término se aplica al alma humana.

[25] Le Spiritisme, p. 117.

sin excepción, bien lejos de hacer de la evocación un elemento fundamental de su doctrina y de sus ritos, la proscriben absolutamente y bajo todas sus formas. Parece que son los "relatos de los viajeros europeos", y probablemente sobre todo los relatos de Jacolliot, los que han enseñado al Dr. Gibier que "las evocaciones de las almas de los antepasados no pueden hacerse más que por los brahmes de los diversos grados"[26]; ahora bien, las prácticas de este género, cuando no pueden ser enteramente suprimidas, al menos son abandonadas a los hombres de las clases más inferiores, frecuentemente incluso a los *chândâlas*, es decir, a hombres sin casta (lo que los europeos llaman *parias*), y todavía se esfuerza en apartarles de ellas tanto como es posible. Jacolliot es manifiestamente de mala fe como actúa en muchos casos, como cuando travistió *Isha Krishna* en *Jezeus Christna* por las necesidades de una tesis anticristiana; pero, además, él mismo y sus congéneres pueden muy bien haber sido a veces mistificados, y, si en el curso de su estancia en la India, les ha ocurrido ser testigos de fenómenos reales, quien fuere se ha guardado ciertamente bien de hacerles conocer su verdadera explicación. Hacemos alusión sobre todo a los fenómenos de los faquires; pero, antes de abordar ese punto, diremos todavía esto: en la India, cuando ocurre que lo que los espiritistas llaman mediumnidad se manifiesta espontáneamente (decimos espontáneamente porque nadie buscaría jamás adquirir o desarrollar esta facultad), eso se considera como una verdadera calamidad para el médium y para su entorno; las gentes del pueblo no vacilan en atribuir al diablo los fenómenos de ese orden, y aquellos mismos que mezclan a los muertos en una cierta medida en esto no consideran más que la intervención de *pretâs*, es decir, de elementos inferiores que permanecen vinculados al cadáver, elementos rigurosamente idénticos a los "manes" de los antiguos latinos, y que no representan de ninguna manera al espíritu. Por lo demás, por todas partes los médiums naturales han sido considerados siempre como "posesos" o como "obsesos", según los casos, y no se han ocupado de

---

[26] *Ibid*, p. 118.

ellos más que para esforzarse en librarlos y curarlos; únicamente los espiritistas han hecho de esta enfermedad un privilegio, que buscan mantener y cultivar, e incluso provocar artificialmente, y únicamente ellos rodean de una increíble veneración a los desgraciados que son afligidos por ella, en lugar de considerarlos como un objeto de piedad o de repulsión. Basta no tener ningún prejuicio para ver claramente el peligro de esta extraña inversión de las cosas: el médium, cualquiera que sea la naturaleza de las influencias que se ejercen sobre él y por él, debe ser considerado como un verdadero enfermo, como un ser anormal y desequilibrado; desde que el espiritismo, bien lejos de remediar este desequilibrio, tiende con todas sus fuerzas a propagarle, debe ser denunciado como peligroso para la salubridad pública; y, por lo demás, éste no es su único peligro.

Pero volvamos a la India, a propósito de la cual nos queda que tratar una última cuestión, a fin de disipar el equívoco que se expresa en el título mismo que el Dr. Gibier ha dado a su libro: calificar al espiritismo de "faquirismo occidental", es probar simplemente que no se conoce nada, no del espiritismo sobre el que es muy fácil informarse, sino del faquirismo. La palabra *faquir*, que es árabe y que significa propiamente un "pobre" o un "mendicante", se aplica en la India a una categoría de individuos que son muy poco considerados en general, salvo por los europeos, y a quienes no se mira más que como una suerte de juglares que divierten al gentío con sus piruetas. Al decir esto, no queremos decir que se conteste la realidad de sus poderes especiales; pero esos poderes, cuya adquisición supone un entrenamiento largo y penoso, son de orden inferior y, como tales, juzgados poco deseables; buscarlos, es mostrar que se es incapaz de alcanzar resultados de otro orden, para los que los poderes no pueden ser más que un obstáculo; y, aquí también, encontramos un ejemplo del descrédito que, en Oriente, va aparejado a todo lo que es del dominio de la magia. De hecho, los fenómenos de los faquires son a veces simulados; pero esta simulación misma supone un poder de sugestión colectiva, que se ejerce sobre todos los asistentes, y que apenas es menos sorprendente, a primera vista, que la producción de fenómenos reales; esto no tiene nada en común con la prestidigitación (que se excluye por las condiciones mismas a las que se someten todos los faquires), y es muy diferente del hipnotismo de los occidentales. En cuanto a los fenómenos reales, de los que los otros son una imitación, son, lo hemos dicho, incumbencia de la magia; el faquir, siempre activo y consciente en su producción, es un mago, y, en el otro caso, puede ser asimilado a un magnetizador; así pues, no se parece en nada al médium, e incluso, si un individuo posee la menor dosis de mediumnidad, eso basta para hacerle incapaz de obtener ninguno de los fenómenos del faquirismo de la manera que caracteriza esencialmente a éste, ya que los procedimientos puestos en obra son diametralmente opuestos, y eso incluso para los efectos que presentan alguna semejanza exterior; por lo demás, esta semejanza no existe más que para los más elementales de los fenómenos presentados por los faquires. Por otra parte, ningún faquir ha pretendido jamás que los "espíritus" o las "almas de los muertos" tuvieran la menor parte en la producción de esos fenómenos; o al menos, si los hay que han dicho algo de este género a europeos tales como Jacolliot, ellos mismos no creían absolutamente en nada de eso; como lo mayoría de los orientales, no hacían en eso más que responder en el sentido de la opinión preconcebida que descubrían en sus interlocutores, a quienes no querían hacer conocer la verdadera naturaleza de las fuerzas que manejaban; y por lo demás, a falta de otros motivos para actuar así, debían juzgar que toda explicación verdadera hubiera sido perfectamente inútil, dada la mentalidad de las gentes con quienes trataban. Por poco instruidos que sean algunos faquires, todavía tienen algunas nociones que parecerían "transcendentes" a la generalidad de los occidentales actuales; y, sobre las cosas que son incapaces de explicar, no tienen esas ideas falsas que son todo lo esencial del espiritismo, ya que no tienen ninguna razón para hacer suposiciones que estarían en completo desacuerdo con todas las concepciones tradicionales hindúes. La magia de los faquires no es magia evocatoria, que nadie se atrevería a ejercer públicamente; así pues, los muertos no entran ahí absolutamente para nada; y, por otra parte, la magia evocatoria misma, si se comprende bien lo que es, puede contribuir más bien a desbaratar la hipótesis espiritista que a confirmarla. Hemos creído bueno dar todas estas aclaraciones, a riesgo de que parezcan un poco largas, porque, sobre esta cuestión del faquirismo y sobre las cuestiones que le son conexas, la ignorancia es general en Europa: los ocultistas apenas saben más al respecto que los espiritistas y que los "psiquistas"[27]; por otro lado, algunos escritores católicos que han querido tratar el mismo tema se han limitado a reproducir los errores que han encontrado en los demás[28]; en cuanto a los sabios "oficiales", se contentan naturalmente con negar lo que no pueden explicar, a menos que, más prudentemente todavía, prefieran pasarlo bajo silencio.

Si las cosas son tales como acabamos de decirlo en las antiguas civilizaciones que se han mantenido hasta nuestros días, como las de China y de la India, hay ya fuertes presunciones para que haya sido lo mismo en las civilizaciones desaparecidas que, según todo lo que se conoce de ellas, se basaban sobre principios tradicionales análogos. Es así, por ejemplo, como los antiguos egipcios consideraban la constitución del ser humano de una manera que apenas si se aleja de las concepciones hindúes y chinas; parece también que haya sido lo mismo para los caldeos; así pues, se hubiera debido sacar de ello consecuencias semejantes, tanto en lo que concierne a los estados póstumos como para explicar especialmente las evocaciones. No vamos a entrar aquí en el detalle, sino solo a dar indicaciones generales; y es menester no

---

[27] Para la interpretación ocultista, ver *Le Fakirisme hindou*, por Sédir.

[28] Ver *Le Fakirisme*, por Charles Godard, quien cita a Jacolliot como una autoridad, cree en el "adepto" Koot-Hoomi, y llega hasta confundir el faquirismo con el *yoga* y con diversas cosas de un carácter completamente diferente. Este autor era por lo demás un antiguo ocultista, aunque lo haya negado en términos que nos autorizan a sospechar fuertemente de su sinceridad (*L'Occultisme contemporain*, p. 70); ahora que ha muerto, sin duda no hay ningún inconveniente para nadie en hacer conocer que colaboró largo tiempo en la *Initiation* bajo el seudónimo de *Saturninus*; en el *Echo du Merveilleux* firmaba *Timothée*.

detenerse en algunas divergencias aparentes, que no son contradicciones, sino que corresponden solo a una diversidad de puntos de vista; de una tradición a otra, si la forma difiere, el fondo permanece idéntico, y eso es simplemente porque la verdad es una. Esto es tan cierto que pueblos como los griegos y los romanos, que ya habían perdido en gran parte la razón de ser de sus ritos y de sus símbolos, guardaban no obstante todavía algunos datos que concuerdan perfectamente con todo lo que se encuentra más completamente en otras partes, pero que los modernos ya no comprenden; y el esoterismo de sus "misterios" conllevaba probablemente muchas enseñanzas que, en los orientales, se exponen más abiertamente, sin ser nunca vulgarizadas, porque su naturaleza misma se opone a ello; por lo demás, tenemos muchas razones para pensar que los "misterios" mismos tenían un origen completamente oriental. Así pues, al hablar de la magia y de las evocaciones, podemos decir que todos los antiguos las comprendían de la misma manera; se encontrarían por todas partes las mismas ideas, aunque revestidas de expresiones diversas, porque los antiguos, como los orientales de hoy día, sabían a qué atenerse sobre estas cosas. Y en todo lo que nos ha llegado, no se encuentra el menor rastro de nada que se parezca al espiritismo; y para todo lo demás, queremos decir para lo que está enteramente perdido, es demasiado evidente que los espiritistas no pueden invocarlo en su favor, y que, si se puede decir algo de ello, es que razones de coherencia y de analogía conducen a pensar que tampoco encontrarían ahí con qué justificar su pretensiones.

La distinción de la magia y del espiritismo es lo que queremos precisar ahora, a fin de completar lo que ya hemos dicho al respecto; y en primer lugar, para apartar algunos malentendidos, diremos que la magia es propiamente una ciencia experimental, que no tiene nada que ver con concepciones religiosas o pseudoreligiosas; no es así como se comporta el espiritismo, en el que esas últimas son predominantes, y eso incluso cuando se pretende "científico". Si la magia ha sido tratada siempre más o menos como una "ciencia oculta", reservada a un pequeño número, es en razón de los graves peligros que presenta; no obstante, bajo esta relación, hay una diferencia entre aquél que, rodeándose de todas las precauciones necesarias, provoca conscientemente fenómenos cuyas leyes ha estudiado, y aquél que, ignorándolo todo de esas leyes, se pone a merced de fuerzas desconocidas esperando pasivamente lo que va a producirse; por esto solo se ve toda la ventaja que el mago tiene sobre el espiritista, médium o simple asistente, admitiendo incluso que todas las demás condiciones sean comparables. Al hablar de las precauciones necesarias, pensamos en las reglas precisas y rigurosas a las que están sometidas las operaciones mágicas, y que tienen todas su razón de ser; los espiritistas descuidan hasta las más elementales de esas reglas, o más bien no tienen la menor idea de ellas, y actúan como niños que, inconscientes del peligro, jugaran con las máquinas más terribles, y que desencadenaran así, sin que nada pueda protegerles, fuerzas capaces de fulminarles. No hay que decir que todo eso no es para recomendar la magia, bien al contrario, sino únicamente para mostrar que, si la magia es ya muy peligrosa, el espiritismo lo es mucho más; y lo es de una manera diferente, en el sentido de que lo es en el dominio público, mientras que la magia estuvo siempre reservada a algunos, primero porque se la tenía voluntariamente oculta, precisamente porque se la estimaba temible, y después en razón de los conocimientos que supone y de la complejidad de sus prácticas. Por lo demás, hay que observar que aquellos que tienen un conocimiento completo y profundo de estas cosas se han abstenido siempre rigurosamente de las prácticas mágicas, salvo en algunos casos enteramente excepcionales, en los que operan de una manera totalmente diferente que el mago ordinario; lo más frecuentemente, éste es un "empírico", en una cierta medida al menos, no porque esté desprovisto de todo conocimiento, sino en el sentido de que no siempre sabe las verdaderas razones de todo lo que hace; pero, en todo caso, si tales magos se exponen a ciertos peligros, como han sido siempre poco numerosos (y tanto menos numerosos cuanto que esas prácticas, aparte las que son relativamente inofensivas, están severamente prohibidas, y a muy justo título, por la legislación de todos los pueblos que saben de qué se trata), el peligro es muy limitado, mientras que, con el espiritismo, el peligro es para todos sin excepción. Pero ya se ha dicho bastante de la magia en general; ahora no vamos a considerar más que la magia evocatoria, rama muy restringida, y que es la única con la que el espiritismo puede pretender tener relaciones; a decir verdad, muchos fenómenos que se manifiestan en las sesiones espiritistas no dependen de ese dominio especial, y entonces no hay evocación más que en la intención de los asistentes, no en los resultados obtenidos efectivamente; pero, sobre la naturaleza de las fuerzas que intervienen en ese caso, nos reservaremos nuestras explicaciones para otro capítulo. Para todo lo que entra en esta categoría, incluso si se trata de hechos semejantes, es muy evidente que la interpretación mágica y la interpretación espiritista son totalmente diferentes; en cuanto a las evocaciones, vamos a ver que apenas lo son menos, a pesar de algunas apariencias engañosas.

De todas las prácticas mágicas, las prácticas evocatorias son las que, entre los antiguos, fueron el objeto de las prohibiciones más formales; y no obstante se sabía entonces que lo que podía tratarse de evocar realmente, no eran "espíritus" en el sentido moderno, y que los resultados a los que se podía pretender eran en suma de una importancia mínima; ¿cómo se hubiera juzgado pues al espiritismo, suponiendo, lo que no es el caso, que las afirmaciones de éste respondan a alguna posibilidad? Se sabía bien, decimos, que lo que puede ser evocado no representa el ser real y personal, en adelante fuera de alcance porque ha pasado a otro estado de existencia (volveremos a hablar de esto en la segunda parte de este estudio), sino únicamente esos elementos inferiores que el ser ha dejado en cierto modo detrás de él, en el dominio de la existencia terrestre, después de esa disolución del compuesto humano que llamamos la muerte. Es eso, ya lo hemos dicho, lo que los antiguos latinos llamaban los "mânes"; es también eso a lo que los hebreos daban el nombre de *ob*, que se emplea siempre en los textos bíblicos cuando se trata de evocaciones, y que algunos toman sin razón por la designación de una entidad demoniaca. En efecto, la concepción hebraica de la constitución del hombre concuerda perfectamente con todas las demás; y, sirviéndonos, para hacernos comprender mejor sobre este punto, de correspondencias tomadas al lenguaje aristotélico, diremos que no solamente el *ob* no es el "espíritu" o el "alma racional" (*neshamah*), sino que no es tampoco el "alma sensitiva" (*ruahh*), ni tampoco el "alma vegetativa" (*nephesh*). Sin duda, la tradición judaica parece indicar, como una de las razones de la prohibición de evocar el *ob*[29], que subsiste una cierta relación entre este *ob* y los principios superiores, y habría que examinar este punto más de cerca teniendo en cuenta la manera bastante particular en que esta tradición considera los estados póstumos del hombre; pero, en todo caso, no es al espíritu a lo que el *ob* permanece ligado directa e inmediatamente, es al contrario al cuerpo, y por eso es por lo que la lengua rabínica le llama *habal de garmin* o "soplo de las osamentas"[30]; esto es precisamente lo que permite explicar los fenómenos que hemos señalado más atrás. Así pues, lo que se trata no se parece en nada al "periespíritu" de los espiritistas, ni al "cuerpo astral" de los ocultistas, que se suponen que revisten el espíritu mismo del muerto; y por lo demás hay todavía otra diferencia capital, ya que eso no es de ningún modo un cuerpo; es, si se quiere, como una forma sutil, que solo puede tomar una apariencia corporal ilusoria al manifestarse en ciertas condiciones, de donde el nombre de "doble" que le daban entonces los egipcios. Por lo demás, no es verdaderamente más que una apariencia bajo todos los aspectos: separado del espíritu, este elemento no puede ser consciente en el verdadero sentido de esta palabra; pero posee no obstante un remedo de consciencia, imagen virtual, por así decir, de lo que era la consciencia del vivo; y el mago, al revivificar esa apariencia prestándole lo que le falta, da temporariamente a su consciencia refleja una consistencia suficiente como para obtener

---

[29] *Deuteronomio*, XVIII, 11.
[30] Y no "cuerpo de la resurrección", como lo ha traducido el ocultista alemán Carl von Leiningen (comunicación hecha a la Sociedad Psicológica de Munich, el 5 de marzo de 1887).

de ella respuestas cuando la interroga, así como eso tiene lugar concretamente cuando la evocación se hace con una meta adivinatoria, lo que constituye propiamente la "necromancia". Nos excusaremos si estas explicaciones, que serán completadas con lo que diremos a propósito de fuerzas de otro orden, no parecen perfectamente claras; es muy difícil poner estas cosas en lenguaje ordinario, y uno está obligado a contentarse con expresiones que no representan frecuentemente más que aproximaciones o "maneras de hablar"; la falta se debe en buena medida a la filosofía moderna, que, al ignorar totalmente estas cuestiones, no puede proporcionar una terminología adecuada para tratarlas. Ahora bien, también podría producirse, a propósito de la teoría que acabamos de esbozar, un equívoco que importa prevenir: si uno se queda en una visión superficial de las cosas, puede parecer que el elemento póstumo de que se trata sea asimilable a lo que los teosofistas llaman "cascarones", que hacen intervenir efectivamente en la explicación de la mayoría de los fenómenos del espiritismo; pero no es nada de eso, aunque esta última teoría se derive muy probablemente de la otra, pero por una deformación que prueba la incomprehensión de sus autores. En efecto, para los teosofistas, un "cascarón" es un "cadáver astral", es decir, el resto de un cuerpo en vía de descomposición; y, además de que se reputa que este cuerpo no es abandonado por el espíritu sino en un tiempo más o menos largo después de la muerte, en lugar de estar ligado esencialmente al "cuerpo psíquico", la concepción misma de los "cuerpos invisibles" nos aparece groseramente errónea, y es una de aquellas que nos hacen calificar al "neoespiritualismo" de "materialismo transpuesto". Sin duda, la teoría de la "luz astral" de Paracelso, que es de un alcance mucho más general, que esto de lo que nos ocupamos al presente, contiene al menos una parte de verdad; pero los ocultistas apenas la han comprendido, y tiene muy pocas relaciones con su "cuerpo astral" o con el "plano" al que dan el mismo nombre, concepciones completamente modernas, a pesar de sus pretensiones, y que no concuerdan con ninguna tradición auténtica.

Agregaremos a lo que acabamos de decir algunas reflexiones que, aunque no se refieren directamente a nuestro tema, no nos parecen menos necesarias, porque es menester tener en cuenta la mentalidad especial de los occidentales actuales. Éstos, en efecto, cualesquiera que sean sus convicciones religiosas o filosóficas, son prácticamente "positivistas", en su gran mayoría al menos; parece incluso que no puedan salir de esta actitud sin caer en las extravagancias del "neoespiritualismo", quizás porque no conocen nada más. Eso llega hasta tal punto que muchas gentes muy sinceramente religiosas, pero influenciadas por el medio, al no poder hacer otra cosa que admitir algunas posibilidades en principio, se niegan enérgicamente a aceptar sus consecuencias y llegan a negar de hecho, aunque no de derecho, todo lo que no entra en la idea que se hacen de lo que se ha convenido llamar la "vida ordinaria"; a éstos, las consideraciones que exponemos no les aparecerán sin duda menos extrañas ni menos chocantes que a los "cientificistas" más limitados. Eso nos importaría bastante poco, a decir verdad, si las gentes de este tipo no se creyeran a veces más competentes que nadie en hechos de religión, e incluso calificados para emitir, en el nombre de esa religión, un juicio sobre cosas que rebasan su entendimiento; por eso es por lo que pensamos que es bueno hacerles oír una advertencia, sin ilusionarnos demasiado sobre los efectos que producirá. Así pues, recordaremos que no nos colocamos aquí en el punto de vista religioso, y que las cosas de que hablamos pertenecen a un dominio enteramente distinto del de la religión; por lo demás, si expresamos algunas concepciones, es exclusivamente porque sabemos que son verdaderas, y, por consiguiente, independientemente de toda preocupación extraña a la pura intelectualidad; pero agregaremos que, a pesar de eso, estas concepciones permiten comprender, mejor que muchas otras, ciertos puntos que conciernen a la religión misma. Por ejemplo, preguntaremos esto: ¿cómo se puede justificar el culto católico de las reliquias, o todavía el peregrinaje a las tumbas de los santos, si no se admite que algo que no es material permanece vinculado al cuerpo, de una manera o de otra, después de la muerte? No obstante, no disimularemos que, al unir así las dos cuestiones, presentamos las cosas de una manera demasiado simplificada; en realidad, las fuerzas de que se trata en este caso (y empleamos deliberadamente esta palabra de "fuerzas" en un sentido muy general) no son idénticas a las fuerzas de que nos hemos ocupado precedentemente, aunque haya una cierta relación; estas últimas son de un orden muy superior, porque interviene otra cosa que es como sobreañadida, y cuya puesta en obra no depende ya de ningún modo de la magia, sino más bien de lo que los neoplatónicos llamaban "teurgia": una distinción que no conviene olvidar tampoco. Para tomar otro ejemplo del mismo orden, el culto de las imágenes y la idea de que algunos lugares gozan de privilegios especiales son completamente ininteligibles si no se admite que hay ahí verdaderos centros de fuerzas (cualesquiera que sea por lo demás la naturaleza de esas fuerzas), y que algunos objetos pueden desempeñar en cierto modo una función de "condensadores": recordemos simplemente la Biblia y veamos lo que se dice en ella del Arca de la Alianza, así como del templo de Jerusalén, y quizás comprenderemos lo que queremos decir. Tocamos aquí la cuestión de las "influencias espirituales", sobre la que no vamos a insistir, y cuyo desarrollo encontraría por lo demás muchas dificultades; para abordarla, se debe hacer llamada a datos propiamente metafísicos, y del orden más elevado. Citaremos solo un último caso: en algunas escuelas de esoterismo musulmán, el "Maestro" (*Sheikh*) que fue su fundador, aunque esté muerto desde hace varios siglos, se considera como vivo y actuando siempre por su "influencia espiritual" (*barakah*); pero eso no hace intervenir a ningún grado su personalidad real, que está, no solo más allá de este mundo, sino también más allá de todos los "paraísos", es decir, de todos los estados superiores que no son todavía más que transitorios. Se puede ver cuán lejos estamos aquí, no solo del espiritismo, sino también de la magia; y, si hemos hablado de ello, es sobre todo para no dejar incompleta la indicación de las distinciones necesarias; la diferencia que separa este último orden de cosas de todos los demás es la más profunda de todas.

Pensamos ahora haber dicho bastante para mostrar que, antes de los tiempos modernos, jamás hubo nada comparable al espiritismo; en cuanto a occidente, hemos considerado sobre todo la Antigüedad, pero todo lo que se refiere a la magia es igualmente válido para la Edad Media. No obstante, si se quisiera encontrar a toda costa algo a lo que se pudiera asimilar el espiritismo hasta un cierto punto, y con la condición de no considerarle más que en sus prácticas (puesto que sus teorías no se encuentran en ninguna otra parte), lo que se encontraría sería simplemente la brujería. En efecto, los brujos son manifiestamente "empíricos", aunque el más ignorante de entre ellos sabe quizás mucho más que los espiritistas en más de un respecto; los brujos no conocen más que las ramas más bajas de la magia, y las fuerzas que ponen en juego, las más inferiores de todas, son esas mismas con las que los espiritistas tratan ordinariamente. En fin, los casos de "posesión" y de "obsesión", en correlación estrecha con las prácticas de la brujería, son las únicas manifestaciones auténticas de la mediumnidad que se hayan constatado antes de la aparición del espiritismo; y, ¿han cambiado tanto las cosas desde entonces que las mismas palabras ya no les son aplicables? No lo creemos; pero verdaderamente, si los espiritistas no pueden recomendarse más que de un parentesco tan sospechoso y tan poco envidiable, les aconsejaríamos más bien renunciar a reivindicar para el movimiento una filiación cualquiera, y tomar su partido por una modernidad que, en buena lógica, no debería ser una molestia para partidarios del progreso.

CAPÍTULO V

ESPIRITISMO Y OCULTISMO

El ocultismo es también una cosa muy reciente, quizás un poco más reciente todavía que el espiritismo; este término parece haber sido empleado por primera vez por Alphonse-Louis Constant, más conocido bajo el seudónimo de Eliphas Lévi, y nos parece muy probable que sea él su inventor. Si la palabra es nueva, es porque lo que sirve para designar no lo es menos: hasta entonces, había habido "ciencias ocultas", más o menos ocultas por lo demás, y también más o menos importantes; la magia era una de esas ciencias, y no su conjunto como algunos modernos lo han pretendido[31]; de igual modo la alquimia, la astrología y muchas otras todavía; pero jamás se había buscado reunirlas en un cuerpo de doctrina única, lo que implica esencialmente la denominación de "ocultismo". A decir verdad, el supuesto cuerpo de doctrina está formado de elementos bien disparatados: Eliphas Lévi quería constituirle con la kabbala hebraica, el hermetismo y la magia; aquellos que vinieron después de él debían dar al ocultismo un carácter bastante diferente. Las obras de Eliphas Lévi, aunque mucho menos profundas de lo que pretenden sus aires, ejercieron una influencia extremadamente extensa: inspiraron a los jefes de las escuelas más diversas, como a Mme Blavatsky, la fundadora de la Sociedad Teosófica, sobre todo en la época en que publicó *Isis Dévoilée*, como al escritor masónico americano Albert Pike, como a los neorosicrucianos ingleses, etc. Por lo demás, los teosofistas han continuado empleando con bastante entusiasmo el término de

---

[31] Papus, *Traité méthodique de Science occulte*, p. 324.

ocultismo para calificar su propia doctrina, que se puede considerar en efecto como una variedad especial de ocultismo, ya que nada se opone a que se haga de esta designación el nombre genérico de escuelas múltiples de las que cada una tiene su concepción particular; sin embargo, no es así como se entiende lo más habitualmente. Eliphas Lévi murió en 1875, el mismo año en que fue fundada la Sociedad Teosófica; en Francia, pasaron entonces algunos años durante los cuales apenas si se trató de ocultismo; es hacia 1887 cuando el Dr. Gérard Encausse, bajo el nombre de Papus, retomó esta denominación, esforzándose en agrupar alrededor de él a todos aquellos que tenían tendencias análogas, y es sobre todo a partir del momento en que se separó de la Sociedad Teosófica, en 1890, cuando pretendió en cierto modo monopolizar el título de ocultismo en provecho de su escuela. Tal es la génesis del ocultismo francés; se ha dicho a veces que este ocultismo no era en suma más que "papusismo", y eso es verdad en más de un respecto, ya que una buena parte de sus teorías no son efectivamente más que la obra de una fantasía individual; las hay incluso que se explican simplemente por el deseo de oponer, a la falsa "tradición oriental" de los teosofistas, una "tradición occidental" no menos imaginaria. No vamos a hacer aquí la historia del ocultismo, ni a exponer el conjunto de sus doctrinas; pero, antes de hablar de sus relaciones con el espiritismo y de lo que le distingue de él, eran indispensables estas explicaciones sumarias, a fin de que nadie pueda sorprenderse de vernos clasificar al ocultismo entre las concepciones "neoespiritualistas".

Como los teosofistas, los ocultistas en general están llenos de desprecio hacia los espiritistas, y eso se comprende hasta un cierto punto, ya que el teosofismo y el ocultismo tienen al menos una apariencia superficial de intelectualidad que no tiene el espiritismo, y pueden dirigirse a espíritus de un nivel un poco superior. Así vemos a Papus, haciendo alusión al hecho de que Allan Kardec era un antiguo profesor de instituto, tratar al espiritismo de "filosofía primaria"³²; y he aquí cómo aprecia los medios espiritistas: "Al reclutar pocos creyentes en los medios científicos, esa doctrina se ha rebajado sobre la cantidad de adherentes que le proporcionan las clases medias y sobre todo el pueblo. Los "grupos de estudios", más científicos unos que otros, están formados de personas siempre muy honestas, siempre de gran fe, antiguos oficiales, pequeños comerciantes o empleados, cuya instrucción científica y sobre todo filosófica deja mucho que desear. Los profesores de instituto son "luces" en esos grupos"³³. Esta mediocridad es en efecto muy llamativa; pero Papus, que critica tan vivamente la falta de selección entre los adherentes del espiritismo, ¿estuvo él mismo, en cuanto a su propia escuela, exento siempre de todo reproche a este respecto? Habremos respondido suficientemente a esta pregunta cuando hayamos hecho observar que su papel fue sobre todo el de un "vulgarizador"; esta actitud, bien diferente de la de Eliphas Lévi, es enteramente incompatible con las pretensiones al esoterismo, y hay en ella una contradicción que no nos encargaremos de explicar. En todo caso, lo que hay de cierto, es que el ocultismo, así como el teosofismo, no tienen nada en común con un esoterismo verdadero, serio y profundo; y es menester no tener noción ninguna de estas cosas para dejarse seducir por el vano espejismo de una "ciencia iniciática" supuesta, que no es en realidad más que una erudición completamente superficial y de segunda o tercera mano. La contradicción que acabamos de señalar no existe en el espiritismo, que rechaza absolutamente todo esoterismo, y cuyo carácter eminentemente "democrático" concuerda perfectamente con una intensa necesidad de propaganda; es más lógica que la actitud de los ocultistas, pero las críticas de éstos no son por ello menos justas en sí mismas, y nos ocurrirá citarlas en su momento.

No vamos a volver, porque ya hemos reproducido en otra parte

---

³² *Traité méthodique de Science occulte*, pp. 324 y 909.
³³ *Ibid.*, p. 331.

numerosos extractos de ellas[34], sobre las críticas, a veces muy violentas, que dirigieron al espiritismo los jefes del teosofismo, muchos de los cuales, no obstante, habían pasado por esta escuela; de una manera general, las críticas de los ocultistas franceses están formuladas en términos más moderados. No obstante, al comienzo hubo ataques bastante vivos de una parte y de la otra; los espiritistas estaban particularmente ofendidos de verse tratados de "profanos" por gentes entre las cuales se encontraban algunos de sus antiguos "hermanos"; pero enseguida se pudieron observar tendencias a la conciliación, sobre todo del lado de los ocultistas, cuyo "eclecticismo" les predisponía a concesiones más bien deplorables. Su primer efecto fue la reunión en París, desde 1889, de un "Congreso espiritista y espiritualista" donde estaban representadas todas las escuelas; naturalmente, eso no hizo desaparecer las disensiones y las rivalidades; pero, poco a poco, los ocultistas, en su "sincretismo" poco coherente, llegaron a hacer una parte cada vez más amplia a las teorías espiritistas, bastante vanamente por lo demás ya que los espiritistas jamás consintieron por eso en considerarles como verdaderos "creyentes". Hubo no obstante excepciones individuales: mientras se producía este deslizamiento, el ocultismo se "vulgarizaba" cada vez más, y sus agrupaciones, más ampliamente abiertas que en el origen, acogían a gentes que, aunque entraban en ellas, no cesaban de ser espiritistas; éstos representaban quizás una elite en el espiritismo, pero una elite muy relativa, y el nivel de los medios ocultistas fue siempre rebajándose; quizás describamos algún día esta "evolución" al revés. Ya hemos hablado, a propósito del teosofismo, de esas gentes que se adhieren simultáneamente a escuelas cuyas teorías se contradicen, y que apenas se preocupan de ello, porque son ante todo sentimentales; agregaremos que, en todas esas agrupaciones, predomina el elemento femenino, y que muchos no se interesan jamás, en el ocultismo, más que por el estudio de las "artes adivinatorias", lo que da la justa medida de sus capacidades

---

[34] *El Teosofismo*, pp. 124-129, ed. francesa.

intelectuales.

Antes de ir más lejos, daremos la explicación de un hecho que hemos señalado desde el comienzo: hay, entre los espiritistas, numerosos individuos y pequeños grupos aislados, mientras que los ocultistas se vinculan casi siempre a alguna organización, más o menos sólida, más o menos bien constituida, pero que permite a los que forman parte de ella llamarse "iniciados" a algo, o darles la ilusión de estarlo. Los espiritistas no tienen ninguna iniciación y ni siquiera quieren oír hablar de nada que se le parezca de cerca o de lejos, ya que uno de los caracteres esenciales de su movimiento es estar abierto a todos sin distinción y no admitir ninguna especie de jerarquía; así pues, algunos de sus adversarios han equivocado completamente el camino al creer poder hablar de una "iniciación espiritista", que es enteramente inexistente; por lo demás, es menester decir que, por diversos lados, se ha abusado mucho de esta palabra "iniciación". Los ocultistas, al contrario, pretenden recomendarse de una tradición, sin razón es cierto, pero lo pretenden; por eso es por lo que piensan que les falta una organización apropiada por la que puedan transmitirse las enseñanzas de una manera regular; y, si un ocultista se separa de una tal organización, ordinariamente es para fundar otra y devenir a su vez "jefe de escuela". Ciertamente, los ocultistas se equivocan cuando creen que la transmisión de los conocimientos tradicionales debe hacerse por una organización que revista la forma de una "sociedad", en el sentido claramente definido en el que esta palabra se toma habitualmente por los modernos; sus agrupaciones no son más que una caricatura de las escuelas verdaderamente iniciáticas. Para mostrar la poca seriedad de la supuesta iniciación de los ocultistas, basta mencionar, sin entrar en otras consideraciones, la práctica, corriente entre ellos, de las "iniciaciones por correspondencia"; no es difícil devenir "iniciado" en esas condiciones, y no es más que una formalidad sin valor ni alcance; pero se quiere al menos salvaguardar algunas apariencias. A este propósito, debemos decir también, para que nadie se equivoque sobre nuestras intenciones, que lo que reprochamos sobre todo al ocultismo, es no ser eso por lo que se da; y nuestra actitud, a este respecto, es muy diferente de la de la mayoría de sus otros adversarios, y es incluso inversa en cierto modo. En efecto, los filósofos universitarios, por ejemplo, se quejan de que el ocultismo quiere rebasar los estrechos límites en los que ellos mismos encierran sus concepciones, mientras que, para nos, es más bien culpable de no rebasarlos efectivamente, salvo sobre algunos puntos particulares donde no hace más que apropiarse concepciones anteriores, y sin comprenderlas siempre muy bien. Así, para los demás, el ocultismo va o quiere ir demasiado lejos; para nos, al contrario, no va suficientemente lejos, y además, voluntariamente o no, engaña a sus adherentes sobre el carácter y la cualidad de los conocimientos que les proporciona. Los otros se quedan más acá, nos nos colocamos más allá; y de ello resulta esta consecuencia: a los ojos de los ocultistas, filósofos universitarios y sabios oficiales son simples "profanos", de igual modo que los espiritistas, y no es en esto donde vamos a contradecirles; pero, a nuestros ojos, los ocultistas igualmente no son más que "profanos", y nadie puede pensar de otro modo entre los que saben lo que son las verdaderas doctrinas tradicionales.

Dicho esto, podemos volver a la cuestión de las relaciones del ocultismo y del espiritismo; y debemos precisar que, en lo que sigue, se tratará exclusivamente del ocultismo papusiano, muy diferente, ya lo hemos dicho, del de Eliphas Lévi. Este último, en efecto, era formalmente antiespiritista, y, además, jamás creyó en la reencarnación; se fingió a veces considerarse él mismo como Rabelais reencarnado, eso no fue por su parte más que una simple broma: sobre este punto hemos tenido el testimonio de alguien que le ha conocido personalmente, y que, siendo reencarnacionista, no puede ser sospechoso de parcialidad en esta circunstancia. Ahora bien, la teoría de la reencarnación es una de las apropiaciones que el ocultismo, tanto como el teosofismo, han hecho del espiritismo, ya que hay las tales apropiaciones, y estas escuelas han sufrido la influencia del espiritismo que les es anterior, a pesar de todo el desprecio que testimonian a su respecto. En cuanto a la reencarnación, la cosa está muy clara: ya hemos dicho en otra parte como Mme Blavatsky tomó esta idea a los espiritistas franceses y la transplantó a los medios anglosajones; por otra parte, Papus y algunos de los primeros adherentes de su escuela habían comenzado siendo teosofistas, y casi todos los demás vinieron directamente del espiritismo; no hay pues necesidad de buscar más lejos. Sobre puntos menos fundamentales, ya hemos tenido un ejemplo de la influencia espiritista en la importancia capital que el ocultismo acuerda al papel de los médiums para la producción de algunos fenómenos; se puede encontrar otro en la concepción del "cuerpo astral", que no deja de tener muchas particularidades del "periespíritu", pero con esta diferencia, no obstante, que se supone que el espíritu abandona el "cuerpo astral", en un tiempo más o menos largo después de la muerte, de la misma manera que ha abandonado el "cuerpo físico", mientras que el "periespíritu" se supone que persiste indefinidamente y que acompaña al espíritu en todas sus reencarnaciones. Otro ejemplo todavía, es lo que los ocultistas llaman el "estado de turbación", es decir, un estado de inconsciencia en el que el espíritu se encontraría sumergido inmediatamente después de la muerte: "Durante los primeros momentos de esa separación, dice Papus, el espíritu no se da cuenta del nuevo estado donde está; se halla en la turbación, no cree estar muerto, y no es sino progresivamente, frecuentemente al cabo de varios días e inclusive de varios meses, cuando tiene consciencia de su nuevo estado"[35]. Esto no es más que la exposición de la teoría espiritista; pero, en otra parte, Papus retoma esta teoría por su cuenta y precisa que "el estado de turbación se extiende desde el comienzo de la agonía hasta la liberación del espíritu y la desaparición de las cortezas"[36], es decir, de los elementos más inferiores del "cuerpo astral". Los espiritistas hablan constantemente de hombres que han permanecido varios años sin saber que estaban muertos,

---

[35] Traité méthodique de Science occulte, p. 327.
[36] L'état de trouble et l'évolution posthume de l'être humain, p. 17.

guardando todas las preocupaciones de su existencia terrestre e imaginándose cumplir todavía las acciones que les eran habituales, y algunos de entre ellos se dan incluso la misión sorprendente de "iluminar a los espíritus" sobre este punto; Eugène Nus[37] y otros autores han contado historias de ese género mucho tiempo antes de Papus, de suerte que la fuente de donde este último extrajo su idea del "estado de turbación" no es nada dudosa. Conviene mencionar todavía lo que concierne a las consecuencias atribuidas a las acciones a través de la serie de las existencias sucesivas, lo que los teosofistas llaman el "Karma"; ocultistas y espiritistas rivalizan en detalles inverosímiles sobre estas cosas, y volveremos sobre ello más adelante cuando retomemos la reencarnación; ahí también, los espiritistas pueden reivindicar la prioridad. Prosiguiendo este examen, se encontrarían todavía muchos otros puntos en los que la similitud no puede explicarse si no es por apropiaciones hechas del espiritismo, al cual el ocultismo debe así mucho más de lo que confiesa; es verdad que todo lo que le debe no vale gran cosa; pero lo que es más importante, es ver cómo y en qué medida los ocultistas admiten la hipótesis fundamental del espiritismo, es decir, la comunicación con los muertos.

Se puede constatar en el ocultismo una preocupación muy visible de dar a las teorías un aspecto "científico", en el sentido en que los modernos lo entienden; cuando se recusa, y frecuentemente a buen derecho, la competencia de los sabios ordinarios en ciertos órdenes de cuestiones, sería quizás más lógico no buscar imitar sus métodos y no parecer inspirarse en su espíritu; pero, finalmente, no hacemos más que constatar un hecho. Por lo demás, es menester notar que los médicos, entre los que se reclutan en gran parte los "psiquistas" de que hablaremos después, han proporcionado también un importante contingente al ocultismo, sobre el que han reaccionado manifiestamente los hábitos mentales que tienen por su educación y por el ejercicio de su

---

[37] A la recherche des destinées.

profesión; y es así como puede explicarse el lugar enorme que tienen, concretamente, en las obras de Papus, las teorías que podemos llamar "psicofisiológicas". Desde entonces, la parte de la experimentación debía ser igualmente considerable, y los ocultistas, para tener una actitud "científica" o reputada como tal, debían volver su atención principalmente del lado de los fenómenos, que las verdaderas escuelas iniciáticas han tratado siempre al contrario como a algo muy desdeñable; agregaremos que eso no basta para conciliar al ocultismo el favor ni la simpatía de los sabios oficiales. Por lo demás, el atractivo de los fenómenos no se ejerció más que sobre aquellos que se entregaban a preocupaciones "científicas"; hubo quienes los cultivaron con otras intenciones, pero no con menos ardor, ya que este es el lado del ocultismo que, con las "artes adivinatorias", interesaba casi únicamente a una gran parte de su público, en el que es menester colocar naturalmente a todos los que eran más o menos espiritistas. A medida que fue creciendo este último elemento, cada vez se relajó más el rigor "científico" que se había proclamado al comienzo; pero, independientemente de esta desviación, el carácter experimental y "fenomenista" del ocultismo le predisponía ya a mantener con el espiritismo relaciones que, aunque no fueran siempre agradables y corteses, por ello no eran menos comprometedoras. Lo que tenemos que repetir en todo esto, no es que el ocultismo haya admitido la realidad de los fenómenos, que no contestamos, ni tampoco que los haya estudiado especialmente, y volveremos sobre esto a propósito del "psiquismo"; lo que hay que censurar es que haya acordado a este estudio una importancia excesiva, dadas las pretensiones que emitía en un orden más intelectual, y sobre todo que haya creído deber admitir parcialmente la explicación espiritista, buscando solamente disminuir el número de casos en los que sería aplicable. "El ocultismo, dice Papus, admite como absolutamente reales todos los fenómenos del espiritismo. No obstante, restringe considerablemente la influencia de los espíritus en la producción de esos fenómenos, y los atribuye a una multitud de otras influencias en acción en el mundo invisible"³⁸. No hay que decir que los espiritistas protestaron enérgicamente contra esta restricción, no menos que contra la afirmación de "que el ser humano se escinde en varias entidades después de la muerte y que lo que viene a comunicarse no es el ser todo entero, sino un residuo del ser, un "cascaron astral"; y por lo demás agregan que, de una manera general, "la ciencia oculta es muy difícil de comprender y muy complicada para los lectores habituales de los libros espiritistas"³⁹, lo que no habla precisamente en favor de estos últimos. Por nuestra parte, desde que se admite en alguna medida la "influencia de los espíritus" en los fenómenos, no vemos muy bien el interés que se pone en restringirla, ya sea en cuanto al número de los casos donde se manifiesta, o ya sea en cuanto a las categorías de "espíritus" que puedan ser realmente evocados. Sobre ese último punto, en efecto, he aquí lo que dice también Papus: "parece incontestable que las almas de los muertos amados puedan ser evocadas y puedan venir en algunas condiciones. Partiendo de este punto verdadero, los experimentadores de imaginación activa no han estado mucho tiempo sin pretender las almas de todos los muertos, antiguos y modernos, eran capaces de sufrir la acción de una evocación mental"⁴⁰; hay algo verdaderamente extraordinario en esta manera de hacer una suerte de excepción para los "muertos amados", como si las consideraciones sentimentales fueran capaces de flexibilizar las leyes naturales. O la evocación de las "almas de los muertos", en el sentido de los espiritistas, es una posibilidad, o no lo es; en el primer caso, es muy arbitrario pretender asignar límites a esta posibilidad, y sería quizás más normal incorporarse simplemente al espiritismo. En todo caso, en tales condiciones, estaría mal reprochar al espiritismo este carácter sentimental al que debe ciertamente la mayoría de sus éxitos, y apenas se tendría el derecho de hacer declaraciones de este género: "La ciencia

---

[38] Traité méthodique de Science occulte, p. 347.
[39] Traité méthodique de Science occulte, p. 344.
[40] *Ibid.*, p. 331.

debe ser verdadera y no sentimental, mientras no se haya curado de ese argumento que quiere que la comunicación con los muertos no pueda ser discutida porque constituye una idea muy consoladora"[41]. Por lo demás, esto es perfectamente justo, pero, para estar autorizado a decirlo, es menester ser uno mismo indemne a todo sentimentalismo, y éste no es el caso; bajo esta relación, en el fondo no hay más que una diferencia de grado entre el espiritismo y el ocultismo, y, en este último, las tendencias sentimentales y pseudomísticas no hicieron más que ir acentuándose en el curso de esa rápida decadencia a la que ya hemos hecho alusión. Pero, desde los primeros tiempos, y sin salir de la cuestión de la comunicación con los muertos, esas tendencias se afirmaban ya suficientemente en frases como ésta: "Cuando una madre desconsolada ve a su hija manifestarse a ella, de una manera evidente, cuando una hija que se ha quedado sola en la tierra ve a su padre difunto aparecérsele y prometerle su apoyo, hay ochenta posibilidades de cien de que esos fenómenos hayan sido producidos por los "espíritus", los *yo* de los difuntos"[42]. La razón por la que son casos privilegiados, parece, es que, "para que un *espíritu*, para que el ser mismo venga a comunicarse, es menester que exista una relación "fluídica" cualquiera entre el evocador y el evocado". Así pues, es menester creer que el sentimiento debe considerarse como algo "fluídico"; ¿no teníamos razón al hablar de "materialismo transpuesto"? Por lo demás, todas esas historias de "fluidos" vienen de los magnetizadores y de los espiritistas: ahí también, en su terminología tanto como en sus concepciones, el ocultismo ha sufrido la influencia de esas escuelas que califica desdeñosamente de "primarias".

Los representantes del ocultismo se han apartado algunas veces de su actitud de desprecio al respecto de los espiritistas, y los avances que les hicieron en algunas circunstancias no dejan de recordar un poco el discurso en el que Mme Annie Besant, ante la Alianza Espiritualista de

---

[41] *Ibid.*, p. 324.
[42] *Traité méthodique de Science occulte*, p. 847 de la ed. francesa.

Londres, declaraba en 1898 que los dos movimientos, "espiritualista" y teosofista, habían tenido el mismo origen. Los ocultistas han ido incluso más lejos en un sentido, puesto que les ha ocurrido afirmar que sus teorías no están solo emparentadas con las de los espiritistas, lo que es incontestable, sino que son idénticas en el fondo; Papus lo ha dicho en sus propios términos en la conclusión del informe que presentó al "Congreso espiritista y espiritualista" de 1889: "Como es fácil verlo, las teorías del espiritismo son las mismas que las del ocultismo, pero en menos detalle. El alcance de las enseñanzas del espiritismo es por consiguiente mayor, puesto que puede ser comprendido por un número de personas mucho más grande. Por su complicación misma, las enseñanzas del ocultismo, incluso teóricas, están reservadas a los cerebros acostumbrados a todas las dificultades de las concepciones abstractas. Pero en el fondo es una doctrina idéntica la que enseñan las dos grandes escuelas"[43]. En esto hay alguna exageración, y quizás podríamos calificar esta actitud de "política", sin prestar no obstante a los ocultistas intenciones comparables a las de Mme Besant; por lo demás, los espiritistas desconfiaron siempre y apenas si respondieron a estos avances, pareciendo temer más bien que se les quisiera llevar a intentar una fusión con otros movimientos. Sea como sea, es permisible encontrar que el "eclecticismo" de los ocultistas franceses es singularmente amplio, y bien incompatible con su pretensión de poseer una doctrina seria y de apoyarse sobre una tradición respetable; iremos más lejos incluso, y diremos que toda escuela que tiene algo en común con el espiritismo pierde por eso mismo todo derecho a presentar sus teorías como la expresión de un verdadero esoterismo.

A pesar de todo esto, se estaría en un gran error si se confunde ocultismo y espiritismo: si esta confusión la cometen gentes mal informadas, la falta, es verdad, no se debe solo a su ignorancia, sino también en buena medida, como acabamos de verlo, a las imprudencias

---

[43] *Ibid.*, pp. 359-360 de la ed. francesa.

de los ocultistas mismos. No obstante, de una manera general, entre los dos movimientos hay más bien una suerte de antagonismo, que se afirma más violentamente del lado de los espiritistas, y más discretamente del lado de los ocultistas; por lo demás, para sacudir las convicciones y las susceptibilidades de los espiritistas, basta que los ocultistas revelen algunas de sus extravagancias, lo que no les impide cometerlas ellos mismos cuando se presenta la ocasión. Se puede comprender ahora por qué hemos dicho que, para ser espiritista, no solo era menester admitir la comunicación con los muertos en casos más o menos excepcionales; además, los espiritistas no quieren oír hablar a ningún precio de los demás elementos que los ocultistas hacen intervenir en la producción de los fenómenos, y sobre los cuales volveremos, si no es porque algunos de entre ellos, un poco menos limitados y menos fanáticos que los demás, aceptan que haya a veces una acción inconsciente del médium y de los asistentes. Finalmente, hay en el ocultismo un montón de teorías a las que no corresponde nada en el espiritismo; cualquiera que sea su valor real, dan testimonio al menos de preocupaciones menos restringidas, y, en suma, los ocultistas se han calumniado algo cuando, con más o menos sinceridad, han afectado tratar a las dos escuelas sobre un pie de igualdad; es verdad que, para ser superior al espiritismo, una doctrina no tiene necesidad de ser muy sólida ni de hacer prueba de una gran elevación intelectual.

CAPÍTULO VI

ESPIRITISMO Y PSIQUISMO

Hemos dicho precedentemente que, si negamos absolutamente todas las teorías del espiritismo, por eso no contestamos la realidad de los fenómenos que los espiritistas invocan en apoyo de esas teorías; ahora debemos explicarnos un poco más ampliamente sobre este punto. Lo que hemos querido decir, es que no entendemos contestar "a priori" la realidad de ningún fenómeno, desde que ese fenómeno se nos aparezca como posible; y debemos admitir la posibilidad de todo lo que no es intrínsecamente absurdo, es decir, de todo lo que no implica contradicción; en otros términos, admitimos en principio todo lo que responde a la noción de la posibilidad entendida en un sentido que es a la vez metafísico, lógico y matemático. Ahora bien, si se trata de la realización de una tal posibilidad en un caso particular y definido, es menester naturalmente considerar otras condiciones: decir que admitimos en principio todos los fenómenos de que se trata, no es decir que aceptamos, sin más examen, todos los ejemplos que se han contado con garantías más o menos serias; pero no vamos a hacer aquí su crítica, lo que es incumbencia de los experimentadores, y, desde el punto de vista en que nos colocamos, eso no nos importa de ninguna manera. En efecto, desde que un cierto género de hechos es posible, carece de interés para nos que tal o cual hecho particular que está comprendido en ese género sea verdadero o falso; la única cosa que nos pueda interesar es saber cómo pueden explicarse los hechos de ese orden, y, si tenemos una explicación satisfactoria, toda otra discusión nos parece superflua. Comprendemos muy bien que tal no sea la actitud del sabio que amasa hechos para llegar a hacerse una convicción, y que no cuenta más que con el resultado de sus observaciones para edificar una teoría; pero nuestro punto de vista está muy alejado de ese, y, por lo demás, no pensamos que los hechos solos puedan servir de base verdaderamente a una teoría, ya que casi siempre pueden ser explicados igualmente por varias teorías diferentes. Sabemos que los hechos de que se trata son posibles, puesto que podemos vincularlos a algunos principios que conocemos; y, como esta explicación no tiene nada de común con las teorías espiritistas, tenemos el derecho de decir que la existencia de los fenómenos y su estudio son cosas absolutamente independientes del espiritismo. Además, sabemos que existen efectivamente tales fenómenos; a este respecto, tenemos testimonios que no han podido ser influenciados en nada por el espiritismo, puesto que unos le son muy anteriores, y otros provienen de medios donde el espiritismo no ha penetrado nunca, de países donde su nombre mismo es tan desconocido como su doctrina; los fenómenos, como ya lo hemos dicho, no son nada nuevo ni especial del espiritismo. Así pues, no tenemos ninguna razón para poner en duda la existencia de esos fenómenos, y antes al contrario tenemos muchas para considerarla como real; pero entiéndase bien que en eso se trata siempre de su existencia considerada de una manera general, y por lo demás, para la meta que nos proponemos aquí, toda otra consideración es perfectamente inútil.

Si creemos deber tomar estas precauciones y formular estas reservas, es porque, sin hablar de los relatos que hayan podido ser inventados por bromistas pesados o por necesidades de la causa, se han producido innumerables casos de fraude, así como los espiritistas mismos están obligados a reconocerlo[44]; pero de ahí a sostener que todo no es más que superchería, hay mucho trecho. No comprendemos que los negadores

---

[44] De una manera bastante poco caritativa para sus colegas, el médium Dunglas Home se ha encargado de denunciar y de explicar un gran número de fraudes (*Les Lumières et les Ombres du Spiritualisme*, pp. 186-235).

de partido tomado insistan tanto como lo hacen sobre los fraudes constatados y crean encontrar en ellos un argumentos sólido en su favor; lo comprendemos tanto menos cuanto que, como lo hemos dicho en otra ocasión[45], toda superchería es siempre una imitación de la realidad; esta imitación puede ser sin duda más o menos deforme, pero finalmente no se puede pensar en simular más que lo que existe, y sería hacer un gran honor a los defraudadores creerles capaces de realizar algo enteramente nuevo, algo a lo que, por lo demás, la imaginación humana no puede llegar jamás. Además, en las sesiones espiritistas, hay fraudes de varias categorías: el caso más simple, pero no el único, es el del médium profesional que, cuando no puede producir fenómenos auténticos por una causa o por otra, es llevado por el interés a simularlos; por eso es por lo que todo médium retribuido debe ser tenido por sospechoso y vigilado muy de cerca; e incluso, a falta del interés, la vanidad misma puede incitar también a un médium a defraudar. Ha ocurrido a la mayoría de los médiums, incluso a los más reputados, ser cogidos en flagrante delito; eso no prueba que no posean facultades muy reales, sino solo que no siempre pueden hacer uso de ellas a voluntad; los espiritistas, que son frecuentemente impulsivos, cometen el error en tales casos de pasar de un extremo a otro y de considerar como un falso médium, de una manera absoluta, a aquél a quien sobreviene semejante desventura, aunque no sea más que una sola vez. Los médiums no son santos, como querrían hacerlo creer algunos espiritistas fanáticos, que les rodean de un verdadero culto; son enfermos, lo que es completamente diferente, a pesar de las teorías ridículas de algunos psicólogos contemporáneos. Es menester tener en cuenta siempre este estado anormal, que permite explicar fraudes de otro género: el médium, como el histérico, siente esa irresistible necesidad de mentir, incluso sin razón, que todos los hipnotizadores constatan también en sus sujetos, y en parecido caso no tiene más que una responsabilidad muy débil, si tiene alguna; además, el médium es

---

[45] *El Teosofismo*, pp. 50-52, ed. francesa.

eminentemente apto, no solo para autosugestionarse, sino también para sufrir las sugestiones de su entorno, y para actuar en consecuencia sin saber lo que hace: basta que se espere de él la producción de un fenómeno determinado para que sea impulsado a simularle automáticamente[46]. Así, hay fraudes que no son más que semiconscientes, y hay otros que son totalmente inconscientes, y donde el médium hace frecuentemente prueba de una habilidad que está lejos de poseer en su estado ordinario; todo eso depende de una psicología anormal, que jamás ha sido estudiada como debería serlo; muchas gentes no sospechan que, hasta en ese dominio de las simulaciones, hay un campo de investigaciones que no estarían desprovistas de interés. Dejaremos ahora de lado esta cuestión del fraude, pero no sin antes expresar el pesar de que las concepciones ordinarias de los psicólogos y sus medios de investigación estén tan estrechamente limitados, que cosas como éstas a las que acabamos de hacer alusión, se les escapen casi completamente, y que, incluso cuando quieren ocuparse de ellas, no comprendan casi nada.

No somos el único en pensar que el estudio de los fenómenos puede emprenderse de una manera absolutamente independiente de las teorías espiritistas; también es la opinión de aquellos que se llaman "psiquistas", que son o quieren ser en general experimentadores sin ideas preconcebidas (decimos en general, porque también ahí habría que hacer algunas distinciones), y que incluso se abstienen frecuentemente de formular ninguna teoría. Conservamos las palabras "psiquismo" y "fenómenos psíquicos" porque son las que se emplean más habitualmente, y también porque no tenemos otras mejores a nuestra disposición; pero no dejan de dar pie a algunas críticas: así, en todo

---

[46] Recordaremos también el caso de falsos médiums que, conscientemente o no, y probablemente bajo la influencia al menos parcial de una sugestión, parecen haber sido los instrumentos de una acción bastante misteriosa; a ese propósito, nos remitimos a lo que hemos dicho de las manifestaciones del pretendido "John King" al exponer los orígenes del teosofismo.

rigor, "psíquico" y "psicológico" deberían ser perfectamente sinónimos, y, sin embargo no es de esta manera como se entienden. Los fenómenos dichos "psíquicos" están enteramente fuera del dominio de la psicología clásica, y, si se supone que pueden tener algunas relaciones con ésta, no son en todo caso sino relaciones extremadamente lejanas; por lo demás, desde nuestro punto de vista, los experimentadores se ilusionan cuando creen poder hacer entrar todos esos hechos indistintamente en lo que se ha convenido llamar "psicofisiología". La verdad es que hay hechos de muchos tipos, y que no pueden reducirse a una explicación única; pero la mayoría de los sabios no están tan desprovistos de ideas preconcebidas como se imaginan, y, sobre todo cuando se trata de "especialistas", tienen una tendencia involuntaria a reducirlo todo a lo que constituye el objeto de sus estudios ordinarios; es decir, que las conclusiones de los "psiquistas", cuando las dan, no deben aceptarse sino bajo beneficio de inventario. Las observaciones mismas pueden ser afectadas por prejuicios; los practicantes de la ciencia experimental tienen de ordinario ideas bastante particulares sobre lo que es posible y sobre lo que no lo es, y, con la mejor fe del mundo, obligan a los hechos a concordar con esas ideas; por otra parte, aquellos mismos que son lo más opuesto a las teorías espiritistas pueden no obstante, sin saberlo y contra su voluntad, sufrir de alguna manera la influencia del espiritismo. Sea como sea, es muy cierto que los fenómenos de que se trata pueden constituir el objeto de una ciencia experimental como las demás, diferente de ellas sin duda, pero del mismo orden, y que no tiene en suma ni más ni menos interés; no vemos por qué hay quienes se complacen en calificar esos fenómenos de "transcendentes" o de "transcendentales", lo que es un poco ridículo[47]. Esta última observación hace llamada a otra: es que la denominación de "psiquismo", a pesar de sus inconvenientes, es en todo caso preferible a la de "metapsíquica",

---

[47] Existe inclusive una "Sociedad de estudios de fotografía transcendental", fundada por Emmanuel Vauchez y presidida por el Dr. Foveau de Courmelles, que tiene por meta "animar y recompensar a los fotógrafos de los seres y de las radiaciones del espacio"; es curioso ver hasta qué punto ciertas palabras pueden ser desviadas de su sentido normal.

inventada por el Dr. Charles Richet, y adoptada después por el Dr. Gustave Geley y algunos otros; "metapsíquica", en efecto, es una palabra calcada evidentemente de "metafísica", lo que no se justifica por ninguna analogía[48]. Cualquiera que sea la opinión que se tenga sobre la naturaleza y la causa de los fenómenos en cuestión, se les puede considerar como "psíquicos", tanto más cuanto que esta palabra ha llegado a tener para los modernos un sentido muy vago, pero no como estando "más allá de lo psíquico"; algunos estarían incluso más bien más acá; además, el estudio de los fenómenos cualesquiera que sean, forma parte de la "física" en el sentido general en que la entendían los antiguos, es decir, del conocimiento de la naturaleza, y no tiene ninguna relación con la metafísica, puesto que lo que está "más allá de la naturaleza" está por eso mismo más allá de toda experiencia posible. No hay nada que pueda ser puesto en paralelo con la metafísica, y todos aquellos que saben lo que es la verdadera metafísica no pueden protestar sino enérgicamente contra semejantes asimilaciones; es verdad que, en nuestros días, ni los sabios ni los filósofos parecen tener la menor noción de ella.

Acabamos de decir que hay muchos tipos de fenómenos psíquicos, y añadiremos de inmediato, a este respecto, que el dominio del psiquismo nos parece susceptible de extenderse a muchos otros fenómenos que los del espiritismo: es verdad que los espiritistas son muy invasores: se esfuerzan en explotar en provecho de sus ideas una multitud de hechos que deberían permanecerles enteramente extraños, al no estar provocados por sus prácticas, y al no tener ninguna relación directa o indirecta con sus teorías, puesto que no se puede pensar evidentemente en hacer intervenir en ellos a los "espíritus de los muertos"; sin hablar de los "fenómenos místicos", en el sentido propio y teológico de esta

---

[48] Muy recientemente, el Dr. Richet, al presentar su *Traité de Métapsychique* a la Academia de las Ciencias, declaraba textualmente: "Como Aristóteles, por encima de la física, introdujo la metafísica, por encima de la psíquica, yo presento la metapsíquica". ¡No se podría ser más modesto!

expresión, fenómenos que escapan por lo demás totalmente a la competencia de los sabios ordinarios, citaremos solo hechos como los que se reúnen bajo el nombre de "telepatía", y que son incontestablemente manifestaciones de seres actualmente vivos[49]. Las increíbles pretensiones de los espiritistas a anexarse las cosas más diversas no dejan de contribuir a crear y a mantener en el público confusiones lamentables: en varias ocasiones, hemos tenido la ocasión de constatar que hay gentes que llegan hasta confundir el espiritismo con el magnetismo e incluso con el hipnotismo; eso no se produciría quizás tan frecuentemente si los espiritistas no se mezclaran en hechos que no les conciernen en nada. A decir verdad, entre los fenómenos que se producen en las sesiones espiritistas, los hay que dependen efectivamente del magnetismo o del hipnotismo, y en los cuales el médium no se comporta de otro modo que un sujeto sonambúlico ordinario; hacemos alusión concretamente al fenómeno que los espiritistas llaman "encarnación", y que no es otra cosa en el fondo que un caso de esos "estados segundos", llamados impropiamente "personalidades múltiples", que se manifiestan frecuentemente también en los enfermos y en los hipnotizados; pero, naturalmente, la interpretación espiritista es completamente diferente. La sugestión juega igualmente un gran papel en todo eso, y todo lo que es sugestión y transmisión de pensamiento se vincula evidentemente al hipnotismo o al magnetismo (no insistimos sobre la distinción que hay lugar a hacer entre estas dos cosas, distinción que es bastante difícil de precisar, y que no importa aquí); pero, desde que se hace entrar en este dominio un fenómeno cualquiera, el espiritismo ya no tiene nada que ver en ello. Por el contrario, no vemos ningún inconveniente en que tales

---

[49] Un gran número de esos hechos han sido recopilados por Gurney, Myers y Podmore, miembros de la Sociedad de investigaciones psíquicas de Londres, en una obra titulada *Phantasms of the Living*. Existe una traducción francesa de esa obra; pero el traductor ha creído deber darle el título estrafalario: *Les Hallucinations télépathiques*, título que está en completo desacuerdo con la intención de los autores, puesto que se trata de fenómenos reales, y que traiciona curiosamente la estrechez de miras de la ciencia oficial.

fenómenos se vinculen al psiquismo, cuyos límites son muy imprecisos y muy mal definidos; quizás que el punto de vista de los experimentadores modernos no se opone a que se trate como una ciencia única lo que puede constituir el objeto de varias ciencias distintas para aquellos que la estudian de otra manera y que, no tememos decirlo claramente, saben mejor de qué se trata en realidad.

Esto nos conduce a hablar un poco de las dificultades del psiquismo: si los sabios no llegan, en este dominio, a obtener resultados muy seguros y muy satisfactorios, no es solo porque tratan con fuerzas que conocen mal, sino sobre todo porque estas fuerzas no actúan de la misma manera que aquellas que tienen el hábito de manejar, y porque no pueden someterse a los métodos de observación que funcionan con estas últimas. En efecto, los sabios no pueden jactarse de conocer con seguridad la verdadera naturaleza de la electricidad, por ejemplo, y sin embargo eso no les impide estudiarla desde su punto de vista "fenomenista", ni sobre todo utilizarla bajo la relación de las aplicaciones prácticas; es menester pues, que en el caso que nos ocupa, haya otra cosa que esta ignorancia a la que los experimentadores se resignan con bastante facilidad. Lo que importa hacer observar, es que la competencia de un sabio "especialista" es algo muy limitado; fuera de su dominio habitual, no puede pretender una autoridad mayor que la del primero que llega, y, cualquiera que sea su valor, no tendrá otra ventaja que la que puede darle el hábito de una cierta precisión en la observación; y todavía esta ventaja no compensa más que imperfectamente algunas deformaciones profesionales. Por eso es por lo que las experiencias psíquicas de Crookes, para tomar uno de los ejemplos más conocidos, no tienen a nuestros ojos la importancia excepcional que muchos se creen obligados a atribuirles; reconocemos de buena gana la competencia de Crookes en química y en física, pero no vemos ninguna razón para extenderla a un orden completamente diferente. Los títulos científicos más serios no garantizan a los experimentadores contra accidentes bastante vulgares, como dejarse simplemente mistificar por un médium: eso es quizás lo que le ha ocurrido a Crookes; eso es ciertamente lo que le ha ocurrido al Dr. Richet, y las famosas historias de la villa Carmen, en Argelia, hacen incluso bastante poco honor a la perspicacia de este último. Por lo demás, para eso hay una excusa, ya que estas cosas son muy propias para desconcertar a un físico o a un fisiologista, y hasta incluso a un psicólogo; y, por un penoso efecto de la especialización, nada es más ingenuo y más desprovisto de defensa que algunos sabios desde que se les saca de su esfera habitual: bajo esta relación, no conocemos un ejemplo mejor que el de la fantástica colección de autógrafos que el célebre falsario Vrain-Lucas hizo aceptar como auténticos al matemático Michel Chasles; ningún psiquista ha alcanzado todavía un grado semejante de extravagante credulidad.[50]

Pero no es solo de cara al fraude donde los experimentadores se encuentran desarmados, a falta de conocer mejor la psicología especial de los médiums y de otros sujetos a los cuales recurren; están expuestos todavía a muchos otros peligros. Primero, en cuanto a la manera de conducir experiencias tan diferentes de aquellas a las que están acostumbrados, estos sabios se encuentran a veces inmersos en las mayores dificultades, ello, aunque no quieran convenir que es así, y ni siquiera confesárselo a sí mismos; así, no alcanzan a comprender que haya hechos que uno no puede reproducir a voluntad, y que esos hechos sean no obstante tan reales como los demás; pretenden también imponer condiciones arbitrarias o imposibles, como exigir la producción a plena luz de fenómenos a los cuales la obscuridad puede ser indispensable; se reirían ciertamente, y a buen derecho, del ignorante que, en el dominio de las ciencias fisicoquímicas, hiciera muestra de un desprecio tan completo de todas las leyes y quisiera no obstante observar a toda costa

---

[50] Henri Poincaré, más prudente que muchos otros, o más consciente de su falta de preparación, se negó a intentar una experiencia con Eusapia Paladino; muy seguro de antemano, escribía, "que sería arrollado". (Artículo de M. Philippe Pagnat en las *Entretiens Idéalistes*, junio de 1914, p. 387).

alguna cosa. Y después, bajo un punto de vista más teórico, esos mismos sabios se dejan llevar por el desconocimiento de los límites de la experimentación y le piden lo que no puede dar; porque se han consagrado a ella exclusivamente, se imaginan de buena gana que ella es la fuente única de todo conocimiento posible; y, por lo demás, un "especialista" está peor colocado que cualquiera para apreciar los límites más allá de los cuales sus métodos habituales dejan de ser válidos. Finalmente, he aquí lo que hay quizás de más grave: es siempre extremadamente imprudente, lo hemos dicho, poner en juego fuerzas de las que se ignora todo; ahora bien, a este respecto, los psiquistas más "científicos" no tienen más ventajas que los vulgares espiritistas. Hay cosas a las que no se toca impunemente, cuando no se tiene la dirección doctrinal requerida para estar seguro de no extraviarse nunca; y nunca lo repetiremos bastante, tanto más cuanto que, en el dominio que se trata, un tal extravío es uno de los efectos más comunes y más funestos de las fuerzas sobre las que se experimenta; el número de gentes que pierden la razón con ello lo prueba suficientemente. Ahora bien, la ciencia ordinaria es absolutamente impotente para dar la menor dirección doctrinal, y no es raro ver a psiquistas que, sin llegar hasta el desvarío hablando propiamente, se extravían no obstante de una manera deplorable: en estos casos, comprendemos a todos aquellos que, después de haber comenzado con intenciones puramente "científicas", han acabado por ser "convertidos" al espiritismo más o menos completamente, y más o menos abiertamente. Diremos más incluso: ya es penoso, para hombres que deberían saber reflexionar, admitir la simple posibilidad de la hipótesis espiritista, y sin embargo hay sabios (podríamos decir incluso que casi todos están en esto) que no ven por qué no puede admitirse, y que, al descartarla "a priori", tendrían miedo de faltar a la imparcialidad en la que se tienen; no creen en ella, se entiende, pero finalmente no la rechazan de una manera absoluta, y se mantienen solo en la reserva, en una actitud de duda pura y simple, tan alejada de la negación como de la afirmación. Desgraciadamente, hay muchas posibilidades de que el que aborda los estudios psíquicos con tales disposiciones se quede ahí, y de que se deslice insensiblemente del lado espiritista más bien que del lado opuesto: primero, su mentalidad tiene ya al menos un punto común con la de los espiritistas, puesto que es esencialmente "fenomenista" (no tomamos esta palabra en el sentido en que se aplica a una teoría filosófica, con ella designamos simplemente esa suerte de superstición del fenómeno que constituye el fondo del espíritu "cientificista"); y después, hay la influencia del medio espiritista mismo, con el que el psiquista va a encontrarse necesariamente en contacto al menos indirecto, aunque no sea más que por la mediación de los médiums con que trabajará, y ese medio es un espantoso foco de sugestión colectiva y recíproca. El experimentador sugestiona incontestablemente al médium, lo que falsea los resultados desde que tenga la menor idea preconcebida, por oscura que sea; pero, sin sospecharlo, puede a su vez ser sugestionado por él; y esto no sería todavía nada si no fuera más que el médium, pero hay también todas las influencias que éste arrastra con él, y de las que lo menos que se puede decir es que son eminentemente malsanas. En estas condiciones, el psiquista va a encontrarse a merced de un incidente cualquiera, lo más frecuentemente de orden completamente sentimental: a Lombroso, Eusapia Paladino le hizo ver el fantasma de su madre; Sir Oliver Lodge recibió "comunicaciones" de su hijo muerto en la guerra; no fue necesario nada más para determinar sus "conversiones". Estos casos son quizás aún más frecuentes de lo que se piensa, ya que hay ciertamente sabios que, por temor a ponerse en desacuerdo con su pasado, no se atreverían a confesar su "evolución" y a llamarse francamente espiritistas, y ni siquiera a manifestar simplemente, al respecto del espiritismo, una simpatía demasiado acentuada. Los hay que no quieren que se sepa que se ocupan de estudios psíquicos, como si eso debiera desconsiderarles a los ojos de sus cofrades y del público, bastante habituados a asimilar esas cosas al espiritismo; es así como Mme Curie y M. d'Arsonval, por ejemplo, han ocultado durante mucho tiempo que se libraban a este género de experimentación. Es curioso citar a este propósito, estas líneas de un artículo que la *Revue Scientifique* consagró ya hace tiempo al libro del Dr. Gibier que ya hemos mencionado: "M. Gibier llama con sus votos a la formación de una sociedad para estudiar esta nueva rama de la fisiología psicológica, y parece creer que es el único de nosotros, si no el primero, entre los sabios competentes, en interesarse en esta cuestión. Que M. Gibier se tranquilice y sea satisfecho en sus deseos. Un cierto número de investigadores muy competentes, los mismos que han comenzado por el comienzo y han puesto ya un cierto orden en la maraña de lo sobrenatural (sic), se ocupan de esta cuestión y continúan su obra... sin hablar de ello al público"[51]. Una semejante actitud es verdaderamente sorprendente en gentes que, de ordinario, aman tanto la publicidad, y que proclaman sin cesar que todo aquello de lo que se ocupan puede y debe ser divulgado tan ampliamente como sea posible. Agregaremos que el director de la *Revue Scientifique*, en aquella época, era el Dr. Richet; éste al menos, si no los demás, no debía encerrarse siempre en esta prudente reserva.

Hay todavía otra precisión que es bueno hacer: es que algunos psiquistas, sin poder ser sospechosos de estar ligados al espiritismo, tienen singulares afinidades con el "neoespiritualismo" en general, o con una u otra de sus escuelas; los teosofistas, en particular, se han jactado de haber atraído a muchos de ellos a sus filas, y uno de sus órganos aseguraba no hace mucho "que no todos los sabios que se han ocupado de espiritismo y que se citan como a clásicos, han sido llevados a creer en el espiritismo (salvo uno o dos), que casi todos han dado una interpretación que se aproxima a la de los teósofos, y que los más célebres son *miembros de la Sociedad Teosófica*"[52]. Es cierto que los espiritistas reivindican con mucha mayor facilidad, como siendo de los suyos, a todos aquellos que han estado mezclados de cerca o de lejos con esos estudios y que no son sus adversarios declarados; pero los teosofistas, por su lado, quizás se han apresurado un poco a tomar por hecho algunas adhesiones que no tenían nada de definitivo; no obstante,

---

[51] *Revue Scientifique*, 13 de noviembre de 1886, pp. 631-632.
[52] *Le Lotus*, octubre de 1887.

debían tener presente entonces en la memoria el ejemplo de Myers y de diversos otros miembros de la Sociedad de investigaciones psíquicas de Londres, y también el del Dr. Richet, que no había hecho más que pasar por su organización, y que no había estado entre los últimos, en Francia, en hacer eco a la denuncia de las supercherías de Mme Blavastsky por dicha Sociedad de investigaciones psíquicas[53]. Sea como sea, la frase que acabamos de citar contenía quizás una alusión a M. Flammarion, que, no obstante, estuvo siempre más cerca del espiritismo que de toda otra concepción; ciertamente contenía una alusión a Willian Crookes, que se había adherido efectivamente a la Sociedad Teosófica en 1883, y que fue incluso miembro del consejo director de la *London Lodge*. En cuanto al Dr. Richet, su papel en el movimiento "pacifista" muestra que siempre ha guardado algo en común con los "neoespiritualistas", en quienes las tendencias humanitarias se afirman no menos ruidosamente; para aquellos que están al corriente de estos movimientos, coincidencias como ésta constituyen un signo mucho más claro y más característico de lo que otros estarían tentados a creer. En el mismo orden de ideas, ya hemos hecho alusión a las tendencias anticatólicas de algunos psiquistas como el Dr. Gibier; en lo que concierne a éste, habríamos podido incluso hablar más generalmente de tendencias antireligiosas, a menos, no obstante, de que se trate de "religión laica", según la expresión tan querida a Charles Fauvety, uno de los primeros apóstoles del espiritismo francés; he aquí en efecto algunas líneas que extraemos

---

[53] En una carta que hemos citado en otra parte (*El Teosofismo*, p. 74, ed. francesa), el Dr. Richet dice que había conocido a Mme Blavastsky por la intermediación de Mme de Barrau; la misma persona jugó también un cierto papel junto al Dr. Gibier, como se puede ver por esta nota que viene después de un elogio al "gran y concienzudo sabio" Burnouf: "Debemos también una mención especial a la obra considerable de M. Louis Leblois, de Estrasburgo, cuyo conocimiento debemos a una dama de gran mérito, Mme Caroline de Barrau, madre de uno de nuestros antiguos alumnos, hoy día nuestro amigo, el Dr. Emile de Barrau" (*Le Spiritisme*, p. 110). La obra de Leblois, titulada *Les Bibles et les Initiateurs religieux de l'humanité*, contribuyó, además de las de Jacolliot, a inculcar al Dr. Gibier las ideas falsas que ha expresado sobre la India y sus doctrinas, y que hemos señalado precedentemente.

de su conclusión, y que son una muestra suficiente de esas declamaciones: "Tenemos fe en la Ciencia y creemos firmemente que desembarazará para siempre a la humanidad del parasitismo de todas las especies de brahmes (el autor quiere decir de sacerdotes), y que la religión, o más bien la moral devenida científica, será representada, un día, por una sección particular en las academias de las ciencias del porvenir"[54]. No querríamos insistir sobre semejantes necedades, que desgraciadamente no son inofensivas; no obstante, habría que hacer un curioso estudio sobre la mentalidad de las gentes que invocan así a la "Ciencia" a propósito de todo, y que pretenden mezclarla a lo más extraño que hay a su dominio: se trata todavía de una de las formas que el desequilibrio intelectual toma de buena gana entre nuestros contemporáneos, y que quizás están menos alejadas unas de otras de lo que parecen; ¿no hay ahí un "misticismo cientificista", un "misticismo materialista" incluso, que son, lo mismo que las aberraciones "neoespiritualistas", desviaciones evidentes del sentimiento religioso?[55].

Todo lo que hemos dicho de los sabios, podemos decirlo también de los filósofos que se ocupan igualmente de psiquismo; son mucho menos numerosos, pero finalmente hay también algunos. Ya hemos tenido la ocasión en otra parte[56] de mencionar incidentalmente el caso de William James, que, hacia el final de su vida, manifestó tendencias muy pronunciadas hacia el espiritismo; y es necesario insistir en ello, tanto más cuanto que algunos han encontrado "un poco fuerte" que hayamos calificado a ese filósofo de espiritista y sobre todo de "satanista inconsciente". Sobre este punto, advertiremos primero a nuestros contradictores eventuales, de cualquier lado que se encuentren, que tenemos en reserva muchas otras cosas mucho más "fuertes" todavía, lo

---

[54] Le Spiritisme, p. 383.

[55] La "religión de la Humanidad", inventada por Augusto Comte, es uno de los ejemplos que mejor ilustran lo que queremos decir; pero la desviación puede existir perfectamente sin llegar a tales extravagancias.

[56] *El Teosofismo*, pp. 35 y 130, ed. francesa.

que no les impide ser rigurosamente verdaderas; y por lo demás, si supieran lo que pensamos de la inmensa mayoría de los filósofos modernos, los admiradores de lo que se ha convenido llamar "grandes hombres", sin duda se espantarían. Sobre lo que llamamos "satanismo inconsciente", nos explicaremos en otra parte; pero, en cuanto al espiritismo de William James, habría sido menester precisar que no se trataba más que del último periodo de su vida (hablamos de "conclusión final"), ya que las ideas de este filósofo han variado prodigiosamente. Ahora bien, hay un hecho aseverado: es que William James había prometido hacer, después de su muerte, todo lo que estuviera en su poder para comunicar con sus amigos o con otros experimentadores; esta promesa, hecha seguramente "en interés de la ciencia", prueba que admitía la posibilidad de la hipótesis espiritista[57], cosa grave para un filósofo (o que debería ser grave si la filosofía fuera lo que quiere ser), y tenemos razones para suponer que haya ido todavía más lejos en ese sentido; no hay que decir que una muchedumbre de médiums americanos han registrado "mensajes" firmados por él. Esta historia nos hace recordar la de otro americano no menos ilustre, el inventor Edison, que pretendió recientemente haber descubierto un medio de comunicar con los muertos[58]; no sabemos lo que habría ocurrido, ya que se ha hecho el silencio sobre el asunto, pero siempre hemos estado bien tranquilos sobre los resultados; este episodio es instructivo porque muestra todavía que los sabios más incontestables, y los que se podría creer más "positivos", no están al abrigo del contagio espiritista. Pero volvamos a los filósofos: al lado de William James, habíamos nombrado

---

[57] Esta actitud era también la de un filósofo universitario francés, M. Emile Boirac, que, en una memoria titulada *L'Etude scientifique du spiritisme*, presentada al "Congrès de psychologie expérimentale" de 1911, declaró que la hipótesis espiritista representaba "una de las explicaciones filosóficas posibles de los hechos psíquicos", y que nadie podía rechazarla "a priori" como "anticientífica"; quizás no es anticientífica ni antifilosófica, pero es ciertamente antimetafísica, lo que es mucho más grave y más decisivo.

[58] Hace ya bastante tiempo que dos espiritistas holandeses MM. Zaalberg van Zelst y Matla, habían construido un "dinamistógrafo", o "aparato destinado a comunicar con el más allá sin médium" (*Le Monde Psychique*, marzo de 1912).

a M. Bergson; en cuanto a éste, nos contentaremos con reproducir, porque es bastante significativa por sí misma, la frase que ya habíamos citado entonces: "sería algo, sería incluso mucho poder establecer sobre el terreno de la experiencia la probabilidad de la supervivencia por un tiempo x"[59]. Esta declaración es cuanto menos inquietante, y nos prueba que su autor, tan cerca ya de las ideas "neoespiritualistas" por más de un lado, está verdaderamente comprometido en una vía muy peligrosa, lo que lamentamos sobre todo por aquellos que, al acordarle su confianza, se arriesgan a ser arrastrados en su compañía. Decididamente, para precaver contra las peores absurdidades, la filosofía no vale más que la ciencia, puesto que no es capaz, no decimos de probar (sabemos bien que esto sería pedirle demasiado), sino de hacer comprender o solo de hacer presentir, por confusamente que sea, que la hipótesis espiritista no es más que una imposibilidad pura y simple.

Habríamos podido dar muchos otros ejemplos todavía, hasta tal punto que, dejando incluso de lado a los que son más o menos sospechosos de espiritismo, los psiquistas que tienen tendencias "neoespiritualistas" parecen ser el mayor número; en Francia es sobre todo el ocultismo, en el sentido en que lo hemos entendido en el capítulo precedente, el que ha influenciado fuertemente a la mayoría de ellos. Así, las teorías del Dr. Grasset, que no obstante es católico, no dejan de presentar ciertas relaciones con las de los ocultistas; las teorías del Dr. Durand de Gros, del Dr. Dupony, del Dr. Baraduc, del coronel de Rochas, se aproximan al ocultismo mucho más todavía. No citamos aquí más que algunos nombres, tomados casi al azar; en cuanto a proporcionar textos justificativos, no sería muy difícil, pero no podemos pensar en hacerlo aquí, porque eso nos alejaría demasiado de nuestro tema. Nos atendremos pues a estas pocas constataciones, y nos preguntaremos si todo eso se explica suficientemente por el hecho de que el psiquismo representa un dominio mal conocido y peor definido,

---

[59] L'Energie Spirituelle.

o si no es más bien, justamente porque hay demasiados casos concordantes, el resultado inevitable de investigaciones temerarias emprendidas, en este dominio más peligroso que cualquier otro, por gentes que ignoran hasta las más elementales de las precauciones que hay que tomar para abordarle con seguridad. Para concluir, agregaremos simplemente esto: de derecho, el psiquismo es enteramente independiente, no solo del espiritismo, sino también de toda suerte de "neoespiritualismo", e incluso, si quiere ser puramente experimental, puede, en todo rigor, ser independiente de toda teoría cualquiera que sea; de hecho, los psiquistas son lo más frecuentemente al mismo tiempo "neoespiritualistas" más o menos conscientes y más o menos confesos, y este estado de cosas es tanto más lamentable cuanto que es proclive a arrojar sobre esos estudios, a los ojos de las gentes serias e inteligentes, un descrédito que acabará por dejar el campo libre enteramente a los charlatanes y a los desequilibrados.

CAPÍTULO VII

LA EXPLICACIÓN DE LOS FENÓMENOS

Aunque nuestra intención no sea explicar especialmente los fenómenos del espiritismo, debemos hablar al menos sumariamente de su explicación, aunque no sea más que para mostrar que se puede prescindir perfectamente de la hipótesis espiritista, antes de aportar contra ésta razones más decisivas. Por lo demás, hacemos observar que no es un orden lógico el que entendemos seguir en esto: fuera de toda consideración relativa a los fenómenos, hay razones plenamente suficientes para rechazar de una manera absoluta la hipótesis de que se trata; al establecer la imposibilidad de ésta hipótesis, es menester, si no se tiene otra explicación enteramente adecuada para dar cuenta de los fenómenos, decidirse a buscar una. Puesto que la mentalidad de nuestra época está vuelta sobre todo del lado experimental, estará mejor preparada, en muchos casos, a admitir que una teoría es imposible y a examinar sin ninguna toma de partido las pruebas que se den de ello, si se le ha mostrado primero que la teoría es inútil, y que existen otras susceptibles de reemplazarla ventajosamente. Por otro lado, importa decir de inmediato que muchos de los hechos de que se trata, si no todos, no dependen de la ciencia ordinaria, no podrían entrar en los estrechos cuadros que los modernos le han fijado a ésta, y que están, en particular, enteramente fuera del dominio de la fisiología y de la psicología clásica, contrariamente a lo que piensan algunos psiquistas que se ilusionan enormemente a este respecto. Puesto que no sentimos ningún respeto por los prejuicios de la ciencia oficial, no estimamos que tengamos que excusarnos de la aparente extrañeza de algunas de las consideraciones que van a seguir; pero es bueno prevenir a los que, en razón de los hábitos adquiridos, podrían tomarlas por demasiado extraordinarias. Todavía una vez más, todo eso no quiere decir que acordemos a los fenómenos psíquicos el menor carácter "transcendental"; por lo demás, ningún fenómeno, de cualquier orden que sea, tiene en sí mismo un tal carácter, pero eso no impide que haya muchos de ellos que escapan a los medios de acción de la ciencia occidental moderna, que no está tan "avanzada" como lo creen sus admiradores, o que al menos no lo está más que sobre puntos muy particulares. La magia misma, por el hecho de que es una ciencia experimental, no tiene absolutamente nada de "transcendente"; lo que por el contrario puede considerarse como tal, es la "teurgia", cuyos efectos, inclusive cuando se parecen a los de la magia, difieren totalmente en cuanto a su causa; y es precisamente la causa, y no el fenómeno que produce, la que es entonces de orden transcendente. Permítasenos, para hacernos comprender mejor, tomar aquí una analogía a la doctrina católica (y hablamos solo de analogía y no de asimilación, puesto que no nos colocamos en el punto de vista teológico): hay fenómenos, enteramente semejantes exteriormente, que han sido constatados en santos y en brujos; ahora bien, es bien evidente que es solo en el primer caso que se les puede atribuir un carácter milagroso y propiamente "sobrenatural"; en el segundo caso, todo lo más pueden llamarse "preternaturales"; no obstante, si los fenómenos son los mismos, es porque la diferencia no reside en su naturaleza, sino únicamente en su causa, y es únicamente del "modo" y de las "circunstancias" de donde tales fenómenos sacan su naturaleza sobrenatural. No hay que decir que, cuando se trata del psiquismo, ninguna causa transcendente podría intervenir, ya sea que se consideren los fenómenos provocados ordinariamente por las prácticas espiritistas, o los fenómenos magnéticos e hipnóticos, o todos aquellos que les están más o menos conexos; así pues, no vamos a preocuparnos aquí de las cosas de orden transcendente, y eso quiere decir que hay cuestiones, como las de los "fenómenos místicos" por ejemplo, que pueden permanecer enteramente fuera de las explicaciones que vamos a considerar. Por otra parte, no vamos a examinar todos los fenómenos psíquicos indistintamente, sino solo aquellos que tienen alguna relación con el espiritismo; y todavía podríamos, entre éstos últimos, dejar de lado aquellos que, como los fenómenos de "encarnación" que ya hemos mencionado, o como los que producen los "médiums curanderos", se reducen en realidad, ya sea a la sugestión, o ya sea al magnetismo propiamente dicho, puesto que es manifiesto que se explican muy suficientemente fuera de la hipótesis espiritista. No queremos decir que no haya ninguna dificultad en la explicación de los hechos de este orden, pero los espiritistas no pueden pretender anexarse todo el dominio del hipnotismo y del magnetismo; por lo demás, es posible que esos hechos se encuentren, como por añadidura, algo más esclarecidos por las indicaciones que daremos a propósito de los otros.

Después de estas observaciones generales, indispensables para plantear y delimitar la cuestión como debe serlo, podemos recordar las principales teorías que han sido emitidas para explicar los fenómenos del espiritismo; hay un número bastante elevado, pero el Dr. Gibier ha creído poderlas reducir a cuatro tipos[60]; su clasificación no carece de defectos, lejos de eso, pero puede servirnos de punto de partida. La primera, a la que llama "teoría del ser colectivo", se definiría así: "Un fluido especial se desprende de la persona del médium, se combina con el fluido de las personas presentes para constituir un personaje nuevo, temporario, independiente en una cierta medida y que produce los fenómenos conocidos". Después viene la teoría "demoniaca", según la cual "todo es producido por el diablo o sus secuaces", y que viene en suma a asimilar el espiritismo a la brujería. En tercer lugar, hay una teoría que el Dr. Gibier llama grotescamente "gnómica", según la cual "existe una categoría de seres, un mundo inmaterial, que vive al lado nuestro y que manifiesta su presencia en ciertas condiciones: estos seres

---

[60] *Le Spiritisme*, pp. 310-311.

han sido conocidos en todos los tiempos bajo el nombre de genios, hadas, silvanos, duendes, gnomos, trasgos, etc.", no sabemos por qué ha escogido los gnomos más bien que otros para dar una denominación a esta teoría, a la cual vincula la teoría de los teosofistas (atribuyéndola falsamente al budismo), que pone los fenómenos en la cuenta de los "elementales". Finalmente, hay la teoría espiritista, según la cual "todas esas manifestaciones son debidas a los espíritus o a las almas de los muertos, que se ponen en relación con los vivos, manifestando sus cualidades o sus defectos, su superioridad o, al contrario, su inferioridad, enteramente como si todavía vivieran". Cada una de estas teorías, salvo la teoría espiritista que es la única absurda, puede contener una parte de verdad y explicar efectivamente, no todos los fenómenos, pero sí algunos de entre ellos; el error de sus partidarios respectivos es sobre todo ser demasiado exclusivos y querer reducirlo todo a una teoría única. En cuanto a nos, no pensamos que todos los fenómenos sin excepción deban explicarse necesariamente por una u otra de las teorías que acaban de ser enumeradas, puesto que en esta lista hay omisiones y confusiones; por lo demás, no somos de los que creen que la simplicidad de una explicación es una garantía segura de su verdad: ciertamente se puede desear que sea así, pero las cosas no están obligadas a conformarse a nuestros deseos, y nada prueba que deban estar ordenadas precisamente de la manera que sería más cómoda para nosotros o más propia para facilitar nuestra comprehensión; un tal "antropocentrismo", en numerosos sabios y filósofos, supone verdaderamente muchas ingenuas ilusiones.

La teoría "demoniaca" tiene el don de poner especialmente fuera de sí a los espiritistas tanto como a los "cientificistas", puesto que unos y otros hacen igualmente profesión de no creer en el demonio; para los espiritistas, parece que no debe haber en el "mundo invisible" otra cosa que seres humanos, lo que constituye la limitación más inverosímilmente arbitraria que se pueda imaginar. Como tendremos que explicarnos más adelante sobre el "satanismo", no insistiremos en él por el momento; solo haremos observar que la oposición a esta teoría, que apenas es menor en los ocultistas que en los espiritistas, se comprende mucho menos de su parte, puesto que admiten la intervención de seres bastante variados, lo que prueba que sus concepciones son menos limitadas. Desde este punto de vista, la teoría "demoniaca" podría asociarse de una cierta manera a la que el Dr. Gibier llama "gnómica", puesto que, en una y en otra, se trata de una acción ejercida por seres no humanos; nada se opone en principio, no solo a que haya tales seres, sino también a que sean tan diversificados como es posible. Es muy cierto que, casi en todos los pueblos y en todas las épocas, se ha tratado de seres tales como los que menciona el Dr. Gibier, y eso no debe ser sin razón, ya que, cualesquiera que sean los nombres que se les ha dado, lo que se dice de su manera de actuar concuerda sorprendentemente; solamente, no pensamos que jamás hayan sido considerados como propiamente "inmateriales", y por lo demás la cuestión, bajo este aspecto, no se planteaba exactamente de la misma manera para los antiguos que para los modernos, puesto que las nociones mismas de "materia" y de "espíritu" han cambiado grandemente de significación. Por otra parte, la manera en que esos seres han sido "personificados" se refiere sobre todo a las concepciones populares, que más bien que expresar una verdad la recubren, y que corresponden más bien a las apariencias manifestadas que a la realidad profunda; y es un semejante "antropomorfismo", de origen enteramente exotérico, lo que se puede reprochar también a la teoría de los "elementales", que verdaderamente se deriva de la precedente, que es, si se quiere, una de sus formas modernizadas. En efecto, los "elementales", en el sentido primero de esta palabra, no son otra cosa que los "espíritus de los elementos", que la antigua magia dividía en cuatro categorías: salamandras o espíritus del fuego, silfos o espíritus del aire, ondinas o espíritus del agua y gnomos o espíritus de la tierra; bien entendido, esta palabra "espíritus" no se tomaba entonces en el sentido de los espiritistas, sino que designaba seres sutiles, dotados solo de una existencia temporaria, y que no tienen por consiguiente nada de "espiritual" en la acepción filosófica moderna; no se trata pues más que de la expresión exotérica de una teoría sobre cuyo verdadero sentido volveremos después. Los teosofistas han acordado una importancia considerable a los "elementales"; ya hemos dicho en otra parte que Mme Blabatsky debió verosímilmente esta idea a George H. Felt, miembro de la H. B. of L., que la atribuía, por lo demás gratuitamente, a los egipcios. Después, esta teoría fue más o menos difundida y modificada, tanto por los teosofistas mismos como por los ocultistas franceses, que se la apropiaron manifiestamente, pretendiendo no deberles nada; por lo demás, es de esas sobre las que las ideas de estas escuelas jamás estuvieron bien fijadas, y no querríamos encargarnos de conciliar todo lo que se ha dicho de los "elementales". La masa de los teosofistas y de los ocultistas se quedan en la concepción más groseramente antropomórfica; pero los hay que han querido dar a la teoría un matiz más "científico", y que, careciendo completamente de datos tradicionales para restituirle su sentido original y esotérico, la han acomodado simplemente a las ideas modernas o a los caprichos de su propia fantasía. Así, unos han intentado identificar los "elementales" a las mónadas de Leibnitz[61]; otros los han reducido a no ser más que fuerzas "inconscientes", como Papus para quien son además "los glóbulos sanguíneos del Universo"[62], o incluso a simples "centros de fuerzas", al mismo tiempo que a "potencialidades de los seres"[63]; otros todavía han creído ver en ellos "embriones de almas animales o humanas"[64]; hay también algunos que, en un sentido muy diferente, han llevado la confusión hasta asimilarlos a las "jerarquías espirituales" de la kabbala judía, de donde resultaría que es menester comprender bajo este nombre de "elementales" a los ángeles y a los demonios, a los cuales

---

[61] Conferencia hecha al *Aryan Theosophical Society* de New York, el 14 de diciembre de 1886, por C. H. A. Bjerregaard: *Le Lotus*, septiembre de 1888.

[62] *Traité méthodique de Science occulte*, p. 373.

[63] Marius Decrespe (Maurice Després), *Les Microbes de l'Astral*.

[64] *Ibid.*, p. 39.

se pretende así hacer "perder su carácter fantasioso"⁶⁵. Lo que es sobre todo fantasioso, son esos ensamblajes de concepciones disparatadas a las que los ocultistas estás acostumbrados; aquellas donde se encuentra algo de verdad no les pertenecen en propiedad, sino que son concepciones antiguas más o menos mal interpretadas, y los ocultistas parecen haber tomado como tarea, sin duda involuntariamente, embrollar todas las nociones más bien que esclarecerlas o ponerlas en orden.

Un ejemplo de estas falsas asimilaciones ya nos ha sido proporcionado por la teoría de los "cascarones astrales", que el Dr. Gibier ha olvidado completamente en su nomenclatura, y que es también una apropiación hecha por el ocultismo al teosofismo; como ya hemos restablecido más atrás el verdadero sentido de aquello de lo que esta teoría no es más que una deformación, no vamos a volver más sobre ello, pero recordaremos que solo de la manera que hemos indicado entonces se puede admitir en algunos fenómenos una intervención de los muertos, o más bien de un simulacro de intervención de los muertos, puesto que su ser real no está de ninguna manera interesado en ello y no es afectado por esas manifestaciones. En cuanto a la teoría de los "elementales", sobre la que el ocultismo y el teosofismo no se diferencian más claramente que sobre las precedentes, aparece como extremadamente flotante, confundiéndose a veces con la de los "cascarones", y yendo por lo demás, y lo más frecuentemente, hasta identificarse con la hipótesis espiritista misma, a la que aporta solamente algunas restricciones. Por una parte, Papus ha escrito esto: "Lo que el espiritista llama un *espíritu*, un *yo*, el ocultista lo llama un *elemental*, un *cascarón astral*"⁶⁶. No podemos creer que haya sido de buena fe al hacer esta asimilación, inaceptable para los espiritistas; pero prosigamos: "Los principios inferiores iluminados por la inteligencia del alma humana (con la que no tienen más que un "lazo fluídico") forman lo que los ocultistas llaman un *elemental*, y flotan alrededor de la tierra en el

---

⁶⁵ Jules Lermina, *Magie pratique*, pp. 218-220.
⁶⁶ *Traité méthodique de Science occulte*, p. 347.

mundo invisible, mientras que los principios superiores evolucionan en otro plano... En la mayoría de los casos, el espíritu que viene a una sesión es el elemental de la persona evocada, es decir, un ser que no posee del difunto más que los instintos y la memoria de las cosas terrestres"[67]. Eso es bastante claro, y, si hay una diferencia entre un "cascarón" propiamente dicho y un "elemental", es que el primero es literalmente un "cadáver astral", mientras que el segundo se considera que guarda todavía un "lazo fluídico" con los principios superiores; observemos de pasada que eso parece implicar que todos los elementos del ser humano deben situarse en alguna parte del espacio; los ocultistas, con sus "planos", toman una imagen bastante grosera por una realidad. Pero, por otra parte, las afirmaciones que acabamos de reproducir no impiden al mismo autor, en otros lugares de la misma obra, cualificar a los "elementales" de seres "conscientes y voluntarios", de presentarlos como "las células nerviosas del Universo", y de asegurar que "son ellos los que se aparecen a las infelices víctimas de las alucinaciones de la brujería bajo la figura del diablo, con el cual (sic) se hacen pactos"[68]; este último papel, por lo demás, no es atribuido muy frecuentemente por los ocultistas a los "elementales". En otra parte todavía, Papus precisa que el "elemental" (y ahí pretende que este término, que sin embargo no tiene nada de hebraico, pertenece a la kabbala) "está formado por el espíritu inmortal superiormente, por el cuerpo astral (parte superior) medianamente y por las cortezas inferiormente"[69]. Sería pues, según esta nueva versión, el ser humano verdadero y completo, tal como está constituido durante el tiempo más o menos largo en que permanece en el "plano astral"; ésta es la opinión que ha prevalecido entre los ocultistas, así como entre los teosofistas, y los unos y los otros han llegado a admitir bastante generalmente que este ser puede ser evocado en tanto que se encuentra en ese estado, es decir, en el curso del periodo

---

[67] *Ibid.*, p. 351.
[68] *Traité méthodique de Science occulte*, pp. 373, y 909-910.
[69] *L'etat de trouble et l'evolution posthume de l'être humain*, pp. 12-13.

que va de la "muerte física" a la "muerte astral". Solamente, se agrega que los "desencarnados" que se manifiestan de mayor buena gana en las sesiones espiritistas (a excepción de los "muertos amados") son los hombres cuya naturaleza es la más inferior, concretamente los borrachos, los brujos y los criminales, y también los que han perecido de muerte violenta, sobre todo los suicidas; y es incluso a estos seres inferiores, con los que las relaciones se califican de muy peligrosas, a los que algunos teosofistas reservan la denominación de "elementales". Los espiritistas, que son absolutamente opuestos a todas las teorías que se han tratado hasta aquí, no parecen apreciar mucho esta concesión, no obstante muy grave, y eso se comprende perfectamente: ellos mismos reconocen bien que hay "malos espíritus" que se mezclan en sus sesiones, pero, si no hubiera más que esos, no habría más que abstenerse cuidadosamente de las prácticas del espiritismo; es en efecto lo que recomiendan los dirigentes del ocultismo y sobre todo los del teosofismo, pero sin poder, sobre este punto, hacerse escuchar por una cierta categoría de su adherentes, para quienes todo lo que es "fenómeno", cualquiera que sea su calidad, posee un atractivo irresistible.

Llegamos ahora a las teorías que explican los fenómenos por la acción de seres humanos vivos, y que el Dr. Gibier reúne bastante confusamente bajo el nombre, impropio para algunas de entre ellas, de "teoría del ser colectivo". La teoría que merece verdaderamente este nombre viene en realidad a injertarse sobre otra que no es necesariamente solidaria de ella, y que a veces se llama teoría "animista" o "vitalista"; bajo su forma más común, la que se expresa por lo demás en la definición dada por el Dr. Givier, se podría llamar también, teoría "fluídica". El punto de partida de esta teoría, es que hay en el hombre algo que es susceptible de exteriorizarse, es decir, de salir de los límites del cuerpo, y muchas constataciones tienden a probar que es efectivamente así; recordaremos solo las experiencias del coronel de Rochas y de diversos otros psiquistas sobre la "exteriorización de la sensibilidad" y la "exteriorización de la motricidad". Admitir eso no implica evidentemente la adhesión a ninguna escuela; pero algunos han sentido la necesidad de representarse ese "algo" bajo el aspecto de un "fluido", que llaman ora "fluido nervioso", ora "fluido vital"; éstos son naturalmente ocultistas, que, ahí como por todas partes donde se trata de "fluidos", no hacen más que ponerse a seguir a los magnetizadores y a los espiritistas. Este pretendido "fluido", en efecto, no es más que uno con el de los magnetizadores: es el *od* de Reichenbach, que se ha querido aproximar a las radiaciones invisibles de la física moderna[70]; es este "fluido" el que se desprendería del cuerpo humano bajo la forma de efluvios que algunos creen haber fotografiado; pero esto es otra cuestión, que queda enteramente al margen de nuestro tema. En cuanto a los espiritistas, ya hemos dicho que tenían del mesmerismo esta idea de los "fluidos", a los cuales han recurrido igualmente para explicar la mediumnidad; no es sobre eso donde recaen las divergencias, sino solo sobre esto, que los espiritistas quieren que un "espíritu" venga a servirse del "fluido" exteriorizado del médium, mientras que ocultistas y simples psiquistas suponen más razonablemente que este último, en numerosos casos, podría llevar a cabo él solo toda la parafernalia del fenómeno. Efectivamente, si algo del hombre se exterioriza, no hay necesidad de recurrir a factores extraños para explicar fenómenos tales como los golpes o los desplazamientos de objetos sin contacto, que no constituyen por eso una "acción a distancia" ya que, en suma, un ser está por todas partes donde actúa: en cualquier punto donde se produzca esa acción, es porque el médium ha proyectado allí, sin duda inconscientemente, algo de sí mismo. Para negar que una tal cosa sea posible, habría que ser de aquellos que creen que el hombre está absolutamente limitado por su cuerpo, lo que prueba que no conocen más que una mínima parte de sus posibilidades; esta suposición, lo sabemos bien, es la más habitual entre los occidentales modernos, pero no se justifica más que por la

---

[70] Ver el folleto de Papus titulado *Lumière invisible, Médiumnité et Magie*. —No hay que confundir este *od* muy moderno con el *ob* hebraico.

ignorancia común: en otros términos, equivale a sostener que el cuerpo es en cierto modo la medida del alma, lo que constituye, en la India, una de las tesis heterodoxas de los *Jainas* (nos no empleamos las palabras de cuerpo y de alma más que para hacernos comprender más fácilmente), lo que es muy fácil de reducir al absurdo como para que insistamos más en ello: ¿se concibe que el alma deba o que incluso pueda seguir las variaciones cuantitativas del cuerpo, y que, por ejemplo, la amputación de un miembro conlleve con ella una disminución proporcional? Por lo demás, cuesta trabajo comprender que la filosofía moderna haya planteado una cuestión tan desprovista de sentido como la de la "sede del alma", como si se tratara de algo "localizable"; y los ocultistas no están exentos tampoco de reproche bajo este aspecto, puesto que tienen una tendencia a localizar, incluso después de la muerte, todos los elementos del ser humano; en lo que concierne a los espiritistas, repiten a cada instante que los "espíritus" están "en el espacio", o también en lo que ellos llaman la "erraticidad". Es precisamente ese mismo hábito de materializarlo todo lo que criticamos también en la teoría "fluídica": no encontraríamos nada que decir si, en lugar de hablar de "fluidos", se hablara simplemente de "fuerzas", como lo hacen por lo demás algunos psiquistas más prudentes o menos tocados por el "neoespiritualismo"; esta palabra de "fuerzas" es sin duda muy vaga, pero por ello no es menos válida en un caso como éste, ya que no vemos que la ciencia ordinaria esté en un estado de permitir una mayor precisión.

Pero volvamos a los fenómenos que puede explicar la fuerza exteriorizada; los casos que hemos mencionado son los más elementales de todos; ¿será todavía lo mismo cuando se encuentre en ellos la marca de una cierta inteligencia, como, por ejemplo, cuando la mesa que se mueve responde más o menos bien a las cuestiones que se le hacen? No vacilaremos en responder afirmativamente para un gran número de casos: es más bien excepcional que las respuestas o las "comunicaciones" obtenidas rebasen sensiblemente el nivel intelectual del médium o de los asistentes; el espiritista que, poseyendo algunas facultades mediumnicas, se encierra en su casa para consultar a su mesa a propósito de no importa qué, no sospecha que es simplemente consigo mismo con quien comunica por ese medio desviado, y, sin embargo, es eso lo que ocurre más ordinariamente. En las sesiones de los grupos, la presencia de asistentes más o menos numerosos viene a complicar un poco las cosas: el médium ya no está reducido únicamente a su pensamiento, sino que, en el estado especial donde se encuentra y que le hace eminentemente accesible a la sugestión bajo todas sus formas, podrá reflejar y expresar también el pensamiento de uno cualquiera de los asistentes. Por lo demás, en este caso como en el precedente, no se trata forzosamente de un pensamiento que es claramente consciente en el momento presente, e incluso un tal pensamiento no se expresará apenas más que si alguien tiene la voluntad bien decidida de influenciar las respuestas; habitualmente, lo que se manifiesta pertenece más bien a ese dominio muy complejo que los psicólogos llaman el "subconsciente". A veces se ha abusado de esta última denominación, porque es cómodo, en muchas circunstancias, hacer llamada a lo que es oscuro y mal definido; por ello no es menos cierto que el "subconsciente" corresponde a una realidad; solamente, hay de todo ahí dentro, y los psicólogos, en el límite de los medios de que disponen, estarían enormemente embarazados si quisieran poner ahí un poco de orden. Hay primero lo que se puede llamar la "memoria latente": nada se olvida jamás de una manera absoluta, como lo prueban los casos de "reviviscencia" anormal que se han constatado frecuentemente; así pues, basta que se haya conocido algo unos instantes, incluso si se cree haberlo olvidado completamente, para que no haya lugar a buscarlo en otra parte si eso viene a expresarse en una "comunicación" espiritista. Hay también todas las "previsiones" y todos los "presentimientos", que, a veces, incluso normalmente, llegan a devenir bastante claramente conscientes en algunas personas; y es a este orden al que es menester vincular ciertamente muchas de las predicciones espiritistas que se realizan, sin contar con que hay muchas otras, y probablemente un número mucho mayor, que no se realizan, y que solo representan pensamientos vagos que toman cuerpo como puede hacerlo cualquier ensoñación⁷¹. Pero iremos más lejos: una "comunicación" que enuncia hechos realmente desconocidos de todos los asistentes puede provenir no obstante del "subconsciente" de uno de ellos, ya que, bajo este aspecto también, se está muy lejos de conocer ordinariamente todas las posibilidades del ser humano: cada uno de nosotros puede estar en relación, por esa parte oscura de sí mismo, con seres y cosas de los que jamás ha tenido conocimiento en el sentido corriente de esta palabra, y se establecen ahí innumerables ramificaciones a las cuales es imposible asignar límites definidos. Aquí, estamos muy lejos de la psicología clásica; eso podrá parecer muy extraño, lo mismo que el hecho de que las "comunicaciones" pueden ser influenciadas por los pensamientos de personas no presentes; sin embargo, no tememos afirmar que no hay en todo eso ninguna imposibilidad. Volveremos en su momento sobre la cuestión del "subconsciente"; por el momento, no hablamos de él más que para mostrar que los espiritistas son muy imprudentes cuando invocan, como pruebas ciertas en apoyo de su teoría, hechos del género de aquellos a los que acabamos de hacer alusión.

Estas últimas consideraciones permitirán comprender lo que es la teoría del "ser colectivo" propiamente dicha y qué parte de verdad encierra; esta teoría, digámoslo de inmediato, ha sido admitida por algunos espiritistas más independientes que los demás, y que no creen que sea indispensable hacer intervenir a los "espíritus" en todos los casos sin excepción: tales son Eugène Nus, que es sin duda el primero en haber empleado esta expresión de "ser colectivo"⁷², y M. Camille Flammarion. Según esta teoría, el "ser colectivo" estaría formado por una suerte de combinación de los "periespíritus" o de los "fluidos" del médium y de los asistentes, y se fortificaría en cada sesión, provisto que los asistentes

---

⁷¹ Hay también predicciones que se realizan solo porque han actuado a modo de sugestiones; volveremos sobre ello cuando hablemos especialmente de los peligros del espiritismo.

⁷² Les Grands Mystères.

sean siempre los mismos; los ocultistas se han apropiado de esta concepción con tanto más apresuramiento cuanto que pensaban poderla aproximar a las ideas de Eliphas Lèvi sobre los *egrégores*[73] o "entidades colectivas". No obstante, es menester precisar, para no llevar demasiado lejos la asimilación, que, en Eliphas Lèvi, se trataba, mucho más generalmente, de lo que se podría llamar el "alma" de una colectividad cualquiera, como una nación por ejemplo; el gran error de los ocultistas, en casos como éste, es tomar al pie de la letra algunas maneras de hablar, y creer que se trata verdaderamente de un ser comparable a un ser vivo, al que sitúan naturalmente en el "plano astral". Para volver al "ser colectivo" de las sesiones espiritistas, diremos simplemente que, dejando de lado todo "fluido", es menester no ver en él más que esas acciones y reacciones de los diversos "subconscientes" presentes, de los que hemos hablado hace un momento, es decir, el efecto de las relaciones que se establecen entre ellos de una manera más o menos durable, y que se amplifican a medida que el grupo se constituye más sólidamente. Por lo demás, hay casos en los que el "subconsciente", individual o colectivo, explica todo por sí solo sin que haya la menor exteriorización de fuerza en el médium o en los asistentes; ello es así para los "médiums de encarnaciones" e incluso para los "médiums escritores"; estos estados, lo repetimos una vez más, son rigurosamente idénticos a los estados sonambúlicos puros y simples (a menos que se trate de una verdadera "posesión", pero eso no ocurre tan corrientemente). A este propósito, agregaremos que hay grandes semejanzas entre el médium, el sujeto hipnótico, y también el sonámbulo natural; hay un cierto conjunto de condiciones "psicofisiológicas" que les son comunes, y la manera en que se comportan es muy frecuentemente la misma. Citaremos aquí lo que dice Papus sobre las relaciones del hipnotismo y del espiritismo: "Una serie de observaciones rigurosas nos han llevado a la idea de que el

---

[73] Es así que Eliphas Lèvi escribió esta palabra, que sacó del *Libro de Henoch*, y de la que da una etimología latina que es absurda; la ortografía correcta sería *égrégores*; el sentido ordinario en griego es "vigilantes", pero es muy difícil saber a qué se aplica esta palabra exactamente en el texto, que puede prestarse a todo tipo de interpretaciones fantasiosas.

espiritismo y el hipnotismo no eran dos campos de estudios diferentes, sino los grados diversos de un mismo orden de fenómenos; que el *médium* presentaba con el *sujeto* numerosos puntos comunes, puntos que hasta aquí, que yo sepa, no se han destacado suficientemente. Pero el espiritismo conduce a resultados experimentales mucho más completos que el hipnotismo; el médium es un sujeto, pero un sujeto que lleva los fenómenos más allá del dominio actualmente conocido en hipnotismo"[74]. Sobre este punto al menos, podemos estar de acuerdo con los ocultistas, pero con algunas reservas: por una parte, es cierto que el hipnotismo puede ir mucho más lejos de lo que han estudiado hasta aquí algunos sabios, pero, sin embargo, no vemos ninguna ventaja en extender esta denominación de manera que entren en ella todos los fenómenos psíquicos sin distinción; por otra, como lo hemos dicho más atrás, todo fenómeno que está vinculado al hipnotismo escapa por eso mismo al espiritismo, y por lo demás los resultados experimentales obtenidos por las prácticas espiritistas no constituyen el espiritismo mismo: lo que es espiritismo, son las teorías, no los hechos, y es en este sentido como decimos que el espiritismo no es más que error e ilusión.

Hay todavía ciertas categorías de fenómenos de los que no hemos hablado, pero que están entre los que suponen evidentemente una exteriorización: son los fenómenos que se conocen bajo los nombres de "aportes" y de "materializaciones". Los "aportes" son en suma desplazamientos de objetos, pero con la complicación de que los objetos provienen entonces de lugares que pueden estar muy alejados, y que parece frecuentemente que hayan debido pasar a través de obstáculos materiales. Si el médium emite, de una manera o de otra, prolongamientos de sí mismo para ejercer una acción sobre los objetos, la distancia más o menos grande no supone nada, implica solo facultades más o menos desarrolladas, y, si la intervención de los "espíritus" o de

---

[74] *Traité méthodique de Science occulte*, p. 874. —Sigue un paralelo entre el médium y el sujeto, que es inútil reproducir aquí, puesto que nuestra intención no es entrar en el detalle de los fenómenos.

otras entidades extraterrestres no es siempre necesaria, aquí no lo es nunca. La dificultad aquí, reside más bien en el hecho del paso, real o aparente, a través de la materia: para explicarlo, algunos suponen que hay sucesivamente "desmaterialización" y "rematerialización" del objeto aportado; otros construyen teorías más o menos complicadas, en las que hacen jugar el papel principal a la "cuarta dimensión" del espacio. No entraremos en la discusión de estas diversas hipótesis, pero haremos observar que conviene desconfiar de las fantasías que la "hipergeometría" ha inspirado a los "neoespiritualistas" de las diferentes escuelas; así pues, nos parece preferible considerar simplemente, en el transporte del objeto, "cambios de estado" que no precisaremos más; y agregaremos que, a pesar de la creencia de los físicos modernos, puede ser que la impenetrabilidad de la materia no sea sino muy relativa. Pero, en todo caso, nos basta señalar que, aquí todavía, la supuesta acción de los "espíritus" no resuelve absolutamente nada: desde que se admite el papel del médium, es bastante lógico buscar explicar hechos como éstos por propiedades del ser vivo; por lo demás, para los espiritistas, el ser humano, por la muerte, pierde algunas propiedades más bien que adquiere otras nuevas; finalmente, colocándose fuera de toda teoría particular, desde el punto de vista de una acción que se ejerce sobre la materia física, el ser vivo está manifiestamente en condiciones más favorables que un ser en cuya constitución no entra ningún elemento de esa materia.

En cuanto a las "materializaciones", son quizás los fenómenos más raros, pero también aquellos que los espiritistas creen los más probatorios: ¿cómo se podría dudar de la existencia y de la presencia de un "espíritu" cuando toma una apariencia perfectamente sensible, cuando se reviste de una forma que puede ser vista, tocada, e incluso fotografiada (lo que excluye la hipótesis de una alucinación)? Sin embargo, los espiritistas mismos reconocen que el médium está para algo en eso: una especie de substancia, primero informe y nebulosa, parece desprenderse de su cuerpo, después se condensa gradualmente;

eso, todo el mundo lo admite, salvo aquellos que contestan la realidad misma del fenómeno; pero los espiritistas agregan que un "espíritu" viene de inmediato a modelar esa substancia, ese "ectoplasma", como lo llaman algunos psiquistas, a darle su forma, y a animarlo como un verdadero cuerpo temporario. Desgraciadamente, ha habido "materializaciones" de personajes imaginarios, como ha habido "comunicaciones" firmadas por héroes romanos: Eliphas Lèvi asegura que algunas personas han hecho evocar por Dunglas Home los fantasmas de parientes supuestos, que jamás habían existido[75]; se han citado también casos donde las formas "materializadas" reproducían simplemente retratos, o incluso figuras fantasiosas sacadas de cuadros o de dibujos que el médium había visto: "En ocasión del Congreso espiritista y espiritualista de 1889, dice Papus, M. Donald Mac-Nab nos mostró un cliché fotográfico que representaba la materialización de una joven que él mismo había podido tocar así como de seis de sus amigos y que había logrado fotografiarla. El médium en letargia era visible al lado de la aparición. Ahora bien, esta aparición materializada no era más que la reproducción *material* de un viejo dibujo que databa de varios siglos atrás y que había impresionado mucho al médium cuando estaba despierto"[76]. Por otra parte, si la persona evocada es reconocida por uno de los asistentes, eso prueba evidentemente que ese asistente tenía una imagen de ella en su memoria, y de ahí puede venir muy bien la semejanza constatada; si al contrario nadie ha reconocido al presunto "desencarnado" que se presenta, su identidad no puede ser verificada, y el argumento espiritista se desmorona también. Por lo demás, M. Flammarion mismo ha debido reconocer que la identidad de los "espíritus" jamás ha sido demostrada, que los casos más sobresalientes siempre pueden dar lugar a una contestación; ¿y cómo podría ser de otro modo, si se piensa que, incluso para el hombre vivo, es casi imposible teóricamente, si no prácticamente, dar pruebas de su

---

[75] La Clef des Grands Mystères.
[76] Traité méthodique de Science occulte, p. 881.

identidad verdaderamente rigurosas e irrefutables? Es pues menester atenerse a la teoría llamada de la "ideoplastia", según la cual no solo el substratum de la "materialización" es proporcionado por el médium, sino que también su forma misma se debe a una idea o más exactamente a una imagen mental, ya sea del médium igualmente, o ya sea de un asistente cualquiera, y que esta imagen, por lo demás, puede no ser más que "subconsciente"; todos los hechos de este orden pueden explicarse por esa teoría, y algunos de entre ellos no pueden explicarse de otro modo. Observaremos de pasada que, admitido esto, de ello resulta que no hay necesariamente fraude cuando se presentan "materializaciones" desprovistas de relieve como los dibujos en los que se reencuentra su modelo; bien entendido, eso no impide que los fraudes sean muy frecuentes de hecho, pero casos como éstos deberían ser examinados más de cerca, en lugar de ser descartados de partido tomado. Por lo demás, se sabe que hay "materializaciones" más o menos completas: hay a veces formas que pueden ser tocadas, pero que no llegan a hacerse visibles; hay también apariciones que no son más que parciales, y estas últimas son lo más frecuentemente formas de manos. Estas apariciones de manos aisladas merecerían retener la atención: se ha buscado explicarlas diciendo que, "como un objeto se toma ordinariamente con la mano, el deseo de tomar un objeto debe necesariamente despertar la idea de mano y por consiguiente la representación mental de una mano"[77]; aceptando esta explicación en principio, es permisible pensar que quizás no es siempre suficiente, y recordaremos a este propósito que manifestaciones similares han sido constatadas en casos que son del dominio de la brujería, como los hechos de Cideville que ya hemos mencionado. Por lo demás, la teoría de la "ideoplastia" no excluye forzosamente toda intervención foránea, como podrían creerlo aquellos que son muy dados a sistematizar; solo restringe el número de casos en los que es menester hacer llamada a ella; concretamente, no excluye la

---

[77] Etude expérimentable de quelques phénomènes de force psychique, por Donald Mac-Nab: Le Lotus, marzo de 1889, p. 729.

acción de hombres vivos no presentes corporalmente (es así como operan los brujos), ni la de diversas fuerzas sobre las que tenemos que volver.

Algunos dicen que lo que se exterioriza es el "doble" del médium; esta expresión es impropia, al menos en el sentido de que el pretendido "doble" puede tomar una apariencia muy diferente de la del médium mismo. Para los ocultistas, este "doble" es evidentemente idéntico al "cuerpo astral"; hay quienes se esfuerzan en obtener, de una manera consciente y voluntaria, el "desdoblamiento" o la "salida en astral", es decir, en suma, en realizar activamente lo que el médium hace pasivamente, al tiempo que confiesan que las experiencias de este género son extremadamente peligrosas. Cuando los resultados no son puramente ilusorios y debidos a una simple autosugestión, son, en todo caso, mal interpretados; hemos dicho ya que no es posible admitir el "cuerpo astral", como tampoco los "fluidos", porque no son más que representaciones muy groseras, que consisten en suponer estados materiales que no difieren apenas de la materia ordinaria más que por una menor densidad. Cuando hablamos de un "estado sutil", es otra cosa lo que queremos decir: no es un cuerpo de materia rarificada, un "aerosoma", según el término adoptado por algunos ocultistas; es algo que es verdaderamente "incorporal"; por lo demás, no sabemos si se lo debe llamar material o inmaterial, y nos importa poco, ya que estas palabras no tienen más que un valor muy relativo para cualquiera que se coloca fuera de los cuadros convencionales de la filosofía moderna, puesto que este orden de consideraciones permanece completamente extraño a las doctrinas orientales, las únicas donde, en nuestros días, la cuestión de que se trata es estudiada como debe serlo. Tenemos que precisar que aquello a lo que hacemos alusión ahora es esencialmente un estado del hombre vivo, ya que el ser, a la muerte, es cambiado mucho más que por la simple pérdida de su cuerpo, contrariamente a lo que sostienen los espiritistas e incluso los ocultistas; así pues, lo que es susceptible de manifestarse después de la muerte no puede considerarse sino como una suerte de vestigio de ese estado sutil del ser vivo, y no es ya ese estado mismo de la misma manera que el cadáver no es el organismo animado. Durante la vida, el cuerpo es la expresión de un cierto estado del ser, pero éste tiene igualmente, y al mismo tiempo, estados incorporales, entre los cuales éste del que hablamos es el más próximo al estado corporal; este estado sutil debe presentarse al observador como una fuerza o un conjunto de fuerzas más bien que como un cuerpo, y la apariencia corporal de las "materializaciones" solo se sobreañade excepcionalmente a sus propiedades ordinarias. Todo esto ha sido singularmente deformado por los ocultistas, que dicen bien que el "plano astral" es el "mundo de las fuerzas", pero a quienes eso no impide situar ahí cuerpos; conviene agregar también que las "fuerzas sutiles" son muy diferentes, tanto por su naturaleza como por su modo de acción, de las fuerzas que estudia la física ordinaria.

Lo que hay que notar de curioso como consecuencia de estas últimas consideraciones, es esto: aquellos mismos que admiten que es posible evocar a los muertos (queremos decir el ser real de los muertos) deberían admitir que sea igualmente posible, e incluso más fácil, evocar a un vivo, puesto que el muerto no ha adquirido, a sus ojos, elementos nuevos, y puesto que, por lo demás, cualquiera que sea el estado en el que se le supone, ese estado, comparado al de los vivos, no ofrecerá jamás una similitud tan perfecta como si se compara a vivos entre ellos, de donde se sigue que las posibilidades de comunicación, si existen, no pueden estar en todo caso más que disminuidas y no aumentadas. Ahora bien, es sorprendente que los espiritistas se levanten violentamente contra esta posibilidad de evocar a un vivo, y que parezcan encontrarla particularmente temible para su teoría; por nuestra parte, que negamos todo fundamento a la teoría de los espiritistas, reconocemos al contrario esta posibilidad, y vamos a tratar de mostrar un poco más claramente las razones de ello. El cadáver no tiene más propiedades que las del organismo animado, y guarda solo algunas de las propiedades que tenía éste; de igual modo, el *ob* de los hebreos, o el *prêta* de los hindúes, no podría tener propiedades nuevas en relación al estado del que no es más que un vestigio; así pues, si este elemento puede ser evocado, es porque el vivo puede serlo también en su estado correspondiente. Bien entendido, lo que acabamos de decir supone solo una analogía entre diferentes estados, y no una asimilación con el cuerpo; el *ob* (conservémosle este nombre para mayor simplicidad) no es un "cadáver astral", y no es sino la ignorancia de los ocultistas, que confunden analogía e identidad, la que ha hecho de él el "cascarón" de que ya hemos hablado; digámoslo todavía una vez más, los ocultistas no han recogido más que retazos de conocimientos incomprendidos. Obsérvese bien que todas las tradiciones concuerdan en reconocer la realidad de la evocación mágica del *ob*, bajo cualquier nombre que le den; en particular, la Biblia hebraica cuenta el caso de la evocación del Profeta Samuel[78], y por lo demás, si no se tratara de una realidad, las prohibiciones que contiene sobre este punto no tendrían alcance ni significación. Pero volvamos a nuestra cuestión: si un hombre vivo puede ser evocado, hay, con el caso del muerto, la diferencia de que, al no estar disociado el compuesto humano, la evocación afectará necesariamente a su ser real; así pues, puede tener consecuencias mucho más graves bajo este aspecto que la del *ob*, lo que no quiere decir que esta última no las tenga también, pero en otro orden. Por otro lado, la posibilidad de evocación debe ser realizable sobre todo si el hombre está dormido, porque entonces se encuentra precisamente, en cuanto a su consciencia actual, en el estado que corresponde a lo que puede ser evocado, a menos de que esté sumergido en el verdadero sueño profundo, donde ya nada puede alcanzarle y donde ninguna influencia exterior puede ejercerse sobre él; esta posibilidad se refiere solo a lo que podemos llamar el estado de sueño, intermediario entre la vigilia y el sueño profundo, y es igualmente de ese lado, lo decimos de pasada, donde sería menester buscar efectivamente la verdadera explicación de todos los fenómenos del sueño, explicación que no les es menos

---

[78] I *Samuel*, XXVIII.

imposible a los psicólogos que a los fisiologistas. Apenas es útil decir que no aconsejamos a nadie intentar la evocación de un vivo, ni sobre todo someterse voluntariamente a una tal experiencia, y que sería extremadamente peligroso dar públicamente la menor indicación que pueda ayudar a obtener este resultado; pero lo más penoso es que puede ocurrir que se obtenga a veces sin haberlo buscado, y es éste uno de los inconvenientes accesorios que presenta la vulgarización de las prácticas empíricas de los espiritistas; no queremos exagerar la importancia de un tal peligro, pero ya es demasiado que exista, por excepcionalmente que sea. He aquí lo que dice sobre este punto un psiquista que se ha declarado adversario resuelto de la hipótesis espiritista, el ingeniero Donald Mac-Nab: "Puede ocurrir que en una sesión se materialice la identidad psíquica de una persona alejada, en relación psíquica con el médium. Entonces, si se actúa con torpeza, se puede matar a esa persona. Muchos de los casos de muerte súbita pueden referirse a esta causa"[79]. Por lo demás, el mismo autor considera también, además de la evocación propiamente dicha, otras posibilidades del mismo orden: "Una persona alejada puede asistir psíquicamente a la sesión, de suerte que se explica muy bien que se pueda observar el fantasma de esa persona o de toda otra imagen contenida en su inconsciente, comprendidas las de las personas muertas que ha conocido. La persona que se manifiesta así no tiene generalmente consciencia de ello, sino que siente una suerte de ausencia o de abstracción. Este caso es menos raro de lo que se piensa"[80]. Reemplacemos aquí simplemente "inconsciente" por "subconsciente", y se verá que es exactamente, en el fondo, lo que hemos dicho más atrás de esas obscuras ramificaciones del ser humano que permiten explicar tantas cosas en las "comunicaciones" espiritistas. Antes de ir más lejos, haremos observar todavía que el "médium de materializaciones" está siempre sumergido en ese sueño especial que los

---

[79] Artículo ya citado: *Le Lotus*, marzo de 1889, p. 732. —La última frase está subrayada en el texto.
[80] *Le Lotus*, p. 742.

espiritistas anglosajones llaman *trance*, porque su vitalidad, así como su consciencia, están concentradas entonces en el "estado sutil"; y, a decir verdad, este mismo *trance* es más semejante a una muerte aparente que el sueño ordinario, porque hay entonces, entre ese "estado sutil" y el estado corporal, una disociación mas o menos completa. Por eso es por lo que, en toda experiencia de "materialización", el médium está constantemente en peligro de muerte, no menos que el ocultista que intenta el "desdoblamiento"; para evitar este peligro, sería menester recurrir a medios especiales que ni uno ni otro podrían tener a su disposición; a pesar de sus pretensiones, los ocultistas "practicantes" son, como los espiritistas, simples empíricos que no saben lo que hacen.

El "estado sutil" del que hablamos, y al cual deben referirse en general, no solo las "materializaciones", sino también todas las demás manifestaciones que suponen una "exteriorización" a un grado cualquiera, este estado, decimos, lleva el nombre de *taijasa* en la doctrina hindú, porque esta doctrina considera su principio correspondiente como de la naturaleza del elemento ígneo (*têjas*), que es a la vez calor y luz. Esto podría comprenderse mejor por una exposición de la constitución del ser humano tal como la considera esta doctrina; pero no podemos pensar emprenderla aquí, ya que esta cuestión exigiría todo un estudio especial, estudio que, por lo demás, tenemos la intención de hacer algún día. Por el momento, debemos limitarnos a señalar muy sumariamente algunas de las posibilidades de este "estado sutil", posibilidades que rebasan con mucho todos los fenómenos del espiritismo, y a las que éstos no son siquiera comparables; tales son por ejemplo las siguientes: posibilidad de transferir a este estado la integralidad de la consciencia individual, y no solo una porción del "subconsciente" como esto tiene lugar en el sueño ordinario y en los estados hipnóticos y mediúmnicos; posibilidad de "localizar" este estado en un lugar cualquiera, lo que es la "exteriorización" propiamente dicha, y de condensar en ese lugar, por su mediación, una apariencia corporal que es análoga a la "materialización" de los espiritistas, pero sin la intervención de ningún médium; posibilidad de dar a esa apariencia, ya sea la forma misma del cuerpo (y entonces merecería verdaderamente el nombre de "doble"), ya sea toda otra forma correspondiente a una imagen mental cualquiera; finalmente, posibilidad de "transponer" a este estado, si se puede expresar así, los elementos constitutivos del cuerpo mismo, lo que parecerá sin duda más extraordinario todavía que todo lo demás. Se observará que aquí hay con qué explicar, entre otras cosas, los fenómenos de "bilocación", que son de aquellos a los cuales hacíamos alusión cuando decíamos que hay fenómenos de los que se encuentran ejemplos, exteriormente semejantes, en santos y en brujos; aquí se encuentra igualmente la explicación de esas historias, demasiado extendidas para carecer de fundamento, de brujos que han sido vistos errando bajo formas animales, y aquí se podría ver también por qué los golpes dados a esas formas tienen su repercusión, en heridas reales, sobre el cuerpo mismo del brujo, así como cuando el fantasma de éste se muestra bajo su forma natural, que, por lo demás, puede no ser visible para todos los asistentes; sobre este último punto como sobre muchos otros, el caso de Cideville es particularmente sorprendente e instructivo. Por otro lado, es a realizaciones muy incompletas y muy rudimentarias de la última de las posibilidades que hemos enumerado a las que sería menester vincular los fenómenos de "levitación", de los que no habíamos hablado precedentemente (y para los cuales sería menester repetir la misma observación que para la "bilocación"), los cambios de peso constatados en los médiums (lo que ha dado a algunos psiquistas la ilusión absurda de poder "pesar el alma"), y también esos "cambios de estado", o al menos de modalidad, que deben producirse en los "aportes". Hay igualmente casos que se podrían considerar como representando una "bilocación" incompleta: tales son todos los fenómenos de "telepatía", es decir, las apariciones de seres humanos a distancia, que se producen durante su vida o en el momento mismo de su muerte, apariciones que pueden presentar grados de consistencia extremadamente variables. Puesto que las posibilidades de que se trata están mucho más allá del dominio del psiquismo ordinario, permiten explicar "a fortiori" muchos fenómenos que estudia éste; pero esos fenómenos, como acabamos de verlo, no representan más que sus casos atenuados, reducidos a las proporciones más mediocres. Por lo demás, en todo esto no hablamos más que de posibilidades, y convenimos que hay cosas sobre las que sería bastante difícil insistir, dado sobre todo el matiz de la mentalidad dominante en nuestra época; ¿a quién se haría creer que un ser humano, en ciertas condiciones, puede dejar la existencia terrestre sin dejar un cadáver detrás de él? No obstante, recurriremos de nuevo al testimonio de la Biblia: Henoch "ya no apareció, porque Dios se lo había llevado"[81]; Moisés "fue amortajado por el Señor, y nadie ha conocido su sepulcro"[82]; Elías subió a los cielos sobre un "carro de fuego"[83], que recuerda extrañamente el "vehículo ígneo" de la tradición hindú; y, si estos ejemplos implican la intervención de una causa de orden transcendente, por ello no es menos cierto que esta intervención misma presupone ciertas posibilidades en el ser humano. Sea como sea, no indicamos todo esto más que para hacer reflexionar a aquellos que son capaces de ello, y para hacerles concebir hasta un cierto punto la extensión de estas posibilidades del ser humano, tan completamente insospechadas por la gran mayoría; para éstos también, agregaremos que todo lo que se refiere a este "estado sutil" toca muy de cerca a la naturaleza misma de la vida, que los antiguos como Aristóteles, de acuerdo en esto con los orientales, asimilaban al calor mismo, propiedad específica del elemento *têjas*[84]. Además, este elemento está en cierto modo polarizado en calor y luz, de donde resulta que el "estado sutil" está ligado al estado corporal de dos maneras diferentes y complementarias, por el sistema nervioso en cuanto a la cualidad luminosa, y por la sangre en cuanto a la cualidad calórica; he

---

[81] *Génesis*, V, 24.
[82] *Deuteronomio*, XXXIV, 6.
[83] *Reyes*, II, 11.
[84] No se trata por eso de un "principio vital" en el sentido de algunas teorías modernas, que apenas están menos deformadas que la teoría del "cuerpo astral"; no sabemos en qué medida el "mediador plástico" de Cudworth puede escapar a la misma crítica.

aquí los principios de toda una "psicofisiología" que no tiene ninguna relación con la de los occidentales modernos, y de la que éstos no tienen la menor noción. Aquí, sería menester recordar también la función de la sangre en la producción de ciertos fenómenos, su empleo en diversos ritos mágicos e incluso religiosos, y también su prohibición, en tanto que alimento, por legislaciones tradicionales como la de los hebreos; pero esto podría llevarnos muy lejos, y por otra parte estas cosas no son de las que es indiferente hablar sin reserva. Finalmente, el "estado sutil" no debe considerarse solo en los seres vivos individuales, y, como todo otro estado, tiene su correspondencia en el orden cósmico; es a lo que se refieren los misterios del "Huevo del Mundo", ese antiguo símbolo común a los druidas y a los brahmanes.

Parece que estemos muy lejos de los fenómenos del espiritismo; eso es cierto, pero, no obstante, es la última observación que acabamos de hacer la que nos va a llevar de nuevo a ellos, al permitirnos completar la explicación que nos hemos propuesto, y a la cual le faltaba todavía algo. El ser vivo, en cada uno de sus estados, está en relación con el medio cósmico correspondiente; eso es evidente para el estado corporal, y, para los demás, la analogía debe ser observada aquí como en todas las cosas; no hay que decir que a la verdadera analogía, aplicada correctamente, no podría hacérsele responsable de todos esos abusos de la falsa analogía que se detectan a cada instante en los ocultistas. Éstos, bajo el nombre de "plano astral", han desnaturalizado, caricaturizado por así decir, el medio cósmico que corresponde al "estado sutil", medio incorporal, del que un "campo de fuerzas" es la única imagen que pueda hacerse un físico, y todavía bajo la reserva de que estas fuerzas son enteramente diferentes de las que está habituado a manejar. He aquí pues con qué explicar las acciones extrañas que, en algunos casos, pueden venir a agregarse a la acción de los seres vivos, a combinarse en cierto modo con ellas para la producción de los fenómenos; y, aquí también, lo que hay que temer más al formular teorías, es limitar arbitrariamente posibilidades que se pueden decir propiamente indefinidas (no decimos infinitas). Las fuerzas susceptibles de entrar en juego son diversas y múltiples; que se las deba considerar como proviniendo de seres especiales, o como simples fuerzas en un sentido más cercano de aquel en el que el físico entiende esta palabra, importa poco cuando uno se queda en las generalidades, ya que las unas y las otras pueden ser verdaderas según los casos. Entre estas fuerzas, las hay que, por su naturaleza, están más próximas del mundo corporal y de las fuerzas físicas, y que, por consiguiente, se manifiestan más fácilmente al tomar contacto con el dominio sensible por la mediación de un organismo vivo (el de un médium) o por cualquier otro medio. Ahora bien, estas fuerzas son precisamente las más inferiores de todas, y por consiguiente aquellas cuyos efectos pueden ser los más funestos y que deberían ser evitados lo más cuidadosamente; en el orden cósmico, corresponden a lo que son las regiones más bajas del "subconsciente" en el ser humano. Es en esta categoría donde es menester colocar todas las fuerzas a las que la tradición extremo oriental da la denominación genérica de "influencias errantes", fuerzas cuyo manejo constituye la parte más importante de la magia, y cuyas manifestaciones, a veces espontáneas, dan lugar a todos esos fenómenos de los que la "obsesión" es el tipo más conocido; son, en suma, todas las energías no individualizadas, y las hay, naturalmente, de muchos tipos. Algunas de esas fuerzas pueden llamarse verdaderamente "demoniacas" o "satánicas"; son esas, concretamente, las que pone en juego la brujería, y las prácticas espiritistas pueden atraerlas también frecuentemente, aunque involuntariamente; el médium es un ser cuya desgraciada constitución pone en relación con todo lo que hay de menos recomendable en este mundo, e incluso en los mundos inferiores. En las "influencias errantes" debe comprenderse igualmente todo lo que, proviniendo de los muertos, es susceptible de dar lugar a manifestaciones sensibles, ya que se trata de elementos que ya no están individualizados: tal es el *ob* mismo, y tales son con mayor razón todos esos elementos psíquicos de menor importancia que representan "el producto de la desintegración del inconsciente (o mejor del "subconsciente") de una persona muerta"[85]; agregaremos que, en el caso de muerte violenta, el *ob* conserva durante un cierto tiempo un grado muy especial de cohesión y de casi vitalidad, lo que permite explicar un buen número de fenómenos. No damos más que algunos ejemplos, y por lo demás, lo repetimos, no hay que buscar indicar una fuente necesaria de estas influencias; de donde quiera que vengan, pueden ser captadas según ciertas leyes; pero los sabios ordinarios, que no conocen absolutamente nada de esas leyes, no deberían sorprenderse de tener algunos percances y de no poder hacerse obedecer por la "fuerza síquica", que a veces parece complacerse en desbaratar las más ingeniosas combinaciones de su método experimental; no es que esta fuerza (que por lo demás no es *una*) sea más "caprichosa" que cualquier otra, pero es menester saber dirigirla; desgraciadamente, tiene otros desmanes en su haber que las bromas que gasta a los sabios. El mago, que conoce las leyes de las "influencias errantes", puede fijarlas por diversos procedimientos, por ejemplo tomando como soporte ciertas substancias o ciertos objetos que actúan a la manera de "condensadores"; no hay que decir que no hay más que una semejanza puramente exterior entre las operaciones de este género y la acción de las "influencias espirituales" que hemos tratado precedentemente. Inversamente, el mago puede también disolver los "conglomerados" de fuerza sutil, sea que los mismos hayan sido formados voluntariamente por él o por otros, o que se hayan constituido espontáneamente; a este respecto, el poder de los clavos ha sido conocido siempre. Estas dos acciones inversas son análogas a lo que la alquimia denomina "coagulación" y "solución" (decimos análogas y no idénticas, ya que las fuerzas puestas en obra por la alquimia y por la magia no son exactamente del mismo orden); constituyen la "llamada" y la "devolución" por las cuales se abre y se cierra toda operación de la "magia ceremonial" occidental; pero ésta es eminentemente simbólica, y, al tomar al pie de la letra la manera en que "personifica" las fuerzas,

---

[85] Artículo ya citado de Donald Mac-Nab: *Le Lotus*, marzo de 1889, p. 742.

se llegaría a las peores absurdidades; por lo demás, esto es lo que hacen los ocultistas. Lo que hay de cierto bajo este simbolismo, es sobre todo esto: las fuerzas en cuestión pueden repartirse en diferentes clases, y la clasificación adoptada dependerá del punto de vista en que se coloque uno; el punto de vista occidental distribuye las fuerzas, según sus afinidades, en cuatro "reinos elementales", y es menester no buscar otro origen ni otra significación real a la teoría moderna de los "elementales"[86]. Por otra parte, en el intervalo comprendido entre las dos fases inversas que son los dos extremos de su operación, el mago puede prestar a las fuerzas que ha captado una suerte de consciencia, reflejo o prolongamiento de la suya propia, lo que las constituye como en una individualidad temporaria; y es esta individualización facticia la que, a aquellos que llamamos empíricos y que aplican reglas incomprendidas, les da la ilusión de tratar con seres verdaderos. El mago que sabe lo que hace, si interroga a estas pseudoindividualidades que él mismo ha suscitado a expensas de su propia vitalidad, no puede ver ahí más que un medio de hacer aparecer, por un desarrollo artificial, lo que su "subconsciente" contenía ya en estado latente; por lo demás, la misma teoría es aplicable, con las modificaciones requeridas, a todos los procedimientos adivinatorios cualesquiera que sean. Es también ahí donde reside, cuando la simple exteriorización de los vivos no basta enteramente, la explicación de las "comunicaciones" espiritistas, con la diferencia de que las influencias al no estar dirigidas en ese caso por ninguna voluntad, se expresan de la manera más incoherente y más desordenada; hay también otra diferencia, que está en los procedimientos puestos en obra, ya que el empleo de un ser humano como "condensador", anteriormente al espiritismo, era el patrimonio de los brujos de la clase más baja; hay incluso una tercera diferencia, ya que, ya lo hemos dicho, los espiritistas son más ignorantes que el último de los brujos, y ninguno de éstos ha llevado jamás la inconsciencia hasta

---

[86] La Magia utiliza también, además, clasificaciones a base de astrología; pero no vamos a ocuparnos aquí de ello.

tomar las "influencias errantes" por los "espíritus de los muertos". Antes de abandonar este tema, tenemos que añadir todavía que, además del modo de acción que acabamos de tratar y que es el único conocido por los magos ordinarios, al menos en occidente, hay otro enteramente diferente, cuyo principio consiste en condensar las influencias en sí mismo, para poder servirse de ellas a voluntad y tener así a su disposición una posibilidad permanente de producir ciertos fenómenos; es a este modo de acción al que deben ser referidos los fenómenos de los fakires; pero que no se olvide que éstos no son todavía más que ignorantes relativos, y que aquellos que conocen más perfectamente las leyes de este orden de cosas son al mismo tiempo aquellos que se desinteresan más completamente de su aplicación.

No pretendemos que las indicaciones que preceden constituyan, bajo la forma muy abreviada que les hemos dado, una explicación absolutamente completa de los fenómenos del espiritismo; sin embargo, contienen todo lo que es menester para proporcionar esa explicación, cuya posibilidad hemos tenido que mostrar al menos antes de aportar las verdaderas pruebas de la inanidad de las teorías espiritistas. Hemos debido condensar en este capítulo consideraciones cuyo desarrollo requeriría varios volúmenes; y hemos insistido en ello más de lo que nos habría convenido hacerlo si las circunstancias actuales no nos hubieran probado la necesidad de oponer algunas verdades a la ola creciente de las divagaciones "neoespiritualistas". En efecto, estas cosas no son de aquellas en las que nos complace detenernos, y estamos lejos de sentir, hacia el "mundo intermediario" al que se refieren, el atractivo que testimonian los aficionados a los "fenómenos"; así pues, en este dominio, no querríamos tener que llegar más allá de consideraciones enteramente generales y sintéticas, las únicas, por lo demás, cuya exposición no puede presentar ningún inconveniente. Tenemos la convicción de que estas explicaciones, tales cuales son, van ya mucho más lejos que todo lo que se podría encontrar en otra parte sobre el mismo tema; pero tenemos que advertir expresamente que no podrían ser de ninguna utilidad a los que querrían emprender experiencias o intentar librarse a prácticas cualesquiera, cosas que, lejos de deber ser favorecidas por poco que sea, jamás serán desaconsejadas bastante enérgicamente.

SEGUNDA PARTE

EXAMEN DE LAS TEORÍAS ESPIRITISTAS

CAPÍTULO I

DIVERSIDAD DE LAS ESCUELAS ESPIRITISTAS

Antes de abordar el examen de las teorías espiritistas, debemos recordar que estas teorías varían considerablemente según las escuelas; lo que constituye el espiritismo en general, es solo la hipótesis de la comunicación con los muertos y de su manifestación por medios de orden sensible. Para todo lo demás, puede haber divergencias y las hay efectivamente, incluso sobre puntos tan importantes como la reencarnación, admitida por unos y rechazada por otros; y la constatación de estas divergencias sería ya una razón para dudar seriamente del valor de las pretendidas revelaciones espiritistas. En efecto, lo que hace el carácter enteramente especial del espiritismo, es que lo que presenta como su doctrina se basa enteramente sobre las enseñanzas de los "espíritus"; en eso hay una contrahechura de la "revelación", en el sentido religioso, que no es inútil subrayar, tanto más cuanto que los espiritistas no se privan de pretender que las religiones han debido su origen a manifestaciones del mismo orden, y de asimilar sus fundadores a médiums muy poderosos, videntes y taumaturgos todo junto. En efecto, los milagros son reducidos por ellos a las proporciones de los fenómenos que se producen en sus sesiones, las profecías a las de los "mensajes" que reciben[87], y las hazañas

---

[87] En un libro titulado *Spirite et Chrétien*, Alexandre Bellemare ha llegado a escribir esto: "Reducimos a los profetas de la antigua ley al nivel de los médiums; rebajamos lo que ha sido indebidamente elevado; rectificamos un sentido desnaturalizado. Y todavía, si nos fuera menester hacer una elección, daríamos con mucho la preferencia a lo que escriben diariamente los médiums actuales sobre lo que han escrito los médiums del Antiguo Testamento".

de sus "médiums curanderos", concretamente, se ponen de buena gana en paralelo con las curaciones que se cuentan en el Evangelio[88]; por encima de todo, estas gentes parecen querer "naturalizar lo sobrenatural". Por lo demás, tenemos el ejemplo de una pseudoreligión, el antonismo, fundada en Bélgica por un "curandero", antiguo jefe de un grupo espiritista, cuyas enseñanzas, piadosamente recogidas por sus discípulos, no encierran apenas más que una suerte de moral protestante expresada en una jerga casi incomprensible; se puede decir casi otro tanto de algunas sectas americanas como la "Christian Sciencie", que, si no son espiritistas, son al menos "neoespiritualistas". Decimos también desde ahora, puesto que se presenta la ocasión, que los espiritistas se complacen en interpretar el Evangelio a su manera, según el ejemplo del protestantismo, cuya influencia sobre todos estos movimientos no podría ser negada: tanto es así que creen encontrar en él hasta argumentos en favor de la reencarnación. Por lo demás, si algunos espiritistas se dicen cristianos, no lo son más que a la manera de los protestantes liberales, ya que eso no implica que reconozcan la divinidad de Cristo, que no es para ellos más que un "espíritu superior": tal es la actitud de los espiritistas franceses de la escuela de Allan Kardec (hay inclusive una fracción que se autotitula expresamente "cristiana-kardecista"), y también la de aquellos que se adhieren más especialmente al "neocristianismo" imaginado por el vodevilista Albin Valabrègue, que, por lo demás, es israelita. Conocemos ocultistas que, en lugar de decirse cristianos como todo el mundo, prefieren calificarse de "crísticos", a fin de marcar con eso que no entienden adherirse a ninguna iglesia constituida; los espiritistas deberían encontrar también alguna palabra propia para evitar todo equívoco, ya que están ciertamente mucho más alejados del cristianismo real que los ocultistas a los que hacemos alusión.

Pero volvamos a las enseñanzas de los "espíritus" y a sus

---

[88] Ver Léon Denis, *Christianisme et Spiritisme*, pp. 89-91; *Dans l'Invisible*, pp. 423-439.

innumerables contradicciones: admitiendo que esos "espíritus" sean aquello por lo que se dan, ¿qué interés puede tener escuchar lo que dicen si no concuerdan entre ellos, y si, a pesar de su cambio de condición no saben más que los vivos? Sabemos bien lo que responden los espiritistas, que hay "espíritus inferiores" y "espíritus superiores", y que estos últimos son los solos dignos de fe, mientras que los otros, bien lejos de poder "iluminar" a los vivos, tienen frecuentemente necesidad al contrario de ser "iluminados" por ellos; ello, sin contar con los "espíritus farsantes" a los que se deben un montón de "comunicaciones" triviales o incluso obscenas, y que es menester contentarse con desecharlas pura y simplemente; ¿pero cómo distinguir estas diversas categorías de "espíritus"? Los espiritistas se imaginan tratar con un "espíritu superior" cuando reciben una "comunicación" a la que encuentran de un carácter "elevado", ya sea porque tiene un matiz de prédica, o ya sea porque contiene divagaciones vagamente filosóficas; pero, desgraciadamente, las gentes sin partido tomado no ven en ellas generalmente más que un entramado de simplezas, y si, como ocurre frecuentemente, esa "comunicación" está firmada por un gran hombre, tendería a hacer creer que éste ha hecho todo lo contrario que "progresar" después de su muerte, lo que pone en entredicho el evolucionismo espiritista. Por otra parte, estas "comunicaciones" son las que encierran enseñanzas propiamente dichas; como las hay contradictorias, todas no pueden emanar igualmente de "espíritus superiores", de suerte que el tono serio que afectan, no es una garantía suficiente; ¿pero a qué otro criterio se puede recurrir? Cada grupo está naturalmente admirado ante las "comunicaciones" que obtiene, pero desconfía fácilmente de las que reciben los demás, sobre todo cuando se trata de grupos entre los cuales existe una cierta rivalidad; en efecto, cada uno de ellos tiene generalmente su médium titulado, y los médiums hacen prueba de unos increíbles celos al respecto de sus colegas, ya sea pretendiendo monopolizar ciertos "espíritus", o ya sea contestando la autenticidad de las "comunicaciones" de otro, y los grupos al completo les siguen en esta actitud; ¡y todos los medios donde se predica la "fraternidad universal" son así más o menos! Cuando hay contradicción en las enseñanzas, todavía es peor: todo lo que los unos atribuyen a "espíritus superiores", los otros ven en ello la obra de "espíritus inferiores", y recíprocamente, como en la querella entre reencarnacionistas y antireencarnacionistas; cada uno hace llamada al testimonio de sus "guías" o de sus controles[89], es decir, de los "espíritus" en quienes ha puesto su confianza, y que, bien entendido, se apresuran a confirmarle en la idea de su propia "superioridad" y de la "inferioridad" de sus contradictores. En estas condiciones, y cuando los espiritistas están tan lejos de entenderse sobre la cualidad de sus "espíritus", ¿cómo se podría dar fe a sus facultades de discernimiento? E, incluso si no se discute la proveniencia de sus enseñanzas, ¿pueden éstas tener mucho más valor que las opiniones de los vivos, puesto que estas opiniones, incluso erróneas, persisten después de la muerte, según parece, y no deben desvanecerse o corregirse sino con una extrema lentitud? Es así como se quiere explicar, por ejemplo, que, mientras que la mayoría de las "comunicaciones", sobre todo en Francia, son de un "deísmo" que suena a finales del siglo XVIII, hay algunas que son francamente ateas, y las hay incluso materialistas, lo que es menos paradójico de lo que parece, dado lo que son las concepciones espiritistas de la vida futura. Por lo demás, "comunicaciones" de este género pueden encontrar también partidarios en algunos otros medios; Jules Lermina, el "vieux petit employé" de la *Lanterne*, ¿no aceptaba de buena gana la calificación de "espiritista materialista"? Ante todas estas incoherencias, es prudente, por parte de los espiritistas, reconocer que su doctrina no es en absoluto estable, que es susceptible de "evolucionar" como los "espíritus" mismos; y quizás, con su mentalidad especial, no estén muy lejos de ver en ello una marca de superioridad. Declaran en efecto "remitirse a la razón y al progreso de la ciencia, reservándose modificar sus creencias a medida que el progreso y la experiencia demuestren la

---

[89] El primer término es el de los espiritistas franceses, el segundo el de los espiritas anglosajones.

necesidad de ello"⁹⁰; ciertamente, no se podría ser más moderno y más "progresista". Los espiritistas piensan probablemente, como Papus, que "esta idea de la evolución progresiva pone fin a todas las concepciones más o menos profundas de las teologías sobre el Cielo y el Infierno"⁹¹; las pobres gentes no sospechan que, al entusiasmarse por esta idea, son simplemente engañados por la más ingenua de todas las ilusiones.

En las condiciones que acabamos de describir, se concibe que el espiritismo sea un poco anárquico y no pueda tener una organización bien definida; no obstante, en diferentes países, se han formado una suerte de asociaciones muy amplias, donde los diversos grupos espiritistas, o al menos la mayoría de entre ellos, se unen sin renunciar a su autonomía; se trata más bien de una entente que de una dirección efectiva. Tales son las "federaciones" como existen concretamente en Bélgica y en varios estados de la América del Sur; en Francia, ha sido fundada, en 1919, una "unión espiritista" cuyas pretensiones son mayores, ya que en su sede hay un "comité de dirección del espiritismo", pero no sabemos hasta qué punto se sigue esa dirección, y, en todo caso, es cierto que siempre hay disidentes⁹². En el seno mismo de la escuela kardecista propiamente dicha, el acuerdo no es absolutamente perfecto: unos, como M. Léon Denis, declaran atenerse estrictamente al kardecismo puro; otros, como M. Gabriel Delanne, quieren dar al movimiento espiritista tendencias más "científicas". Algunos espiritistas afirman incluso que "el espiritismo-religión debe ceder el sitio al espiritismo-ciencia"⁹³; pero, en el fondo, el espiritismo, cualquier forma que revista, y cualesquiera que sean sus pretensiones "científicas", no

---

⁹⁰ Dr. Gibier, *Le Spiritisme*, p. 141. —Cf. Léon Denis, *Christianisme et Spiritisme*, p 282.

⁹¹ Traité méthodique de Science occulte, p. 360.

⁹² En el Congreso espiritista que se tuvo en Bruselas en enero de 1910, se formó un proyecto más ambicioso todavía, el de una "Federación Espiritista Universal"; parece que jamás se le haya dado consecución, aunque se constituyera entonces una "Oficina Internacional del espiritismo", bajo la presidencia del caballero Le Clément de Saint-Marcq.

⁹³ *Le Fraterniste*, 19 de diciembre de 1913.

podrá ser nunca otra cosa que una pseudorreligión. Podemos reproducir, como particularmente significativas bajo esta relación, las preguntas que se hicieron y se discutieron, en 1913, en el Congreso espiritista internacional de Ginebra: "¿A qué papel puede pretender el espiritismo en la evolución religiosa de la humanidad? ¿Es el espiritismo la religión científica universal? ¿Cuál es la relación entre el espiritismo y las demás religiones existentes actualmente? ¿Puede el espiritismo ser asimilado a un culto?". La declaración que acabamos de citar no emana de la escuela kardecista; está tomada del órgano de una secta denominada "fraternismo", que profesa teorías bastante particulares, y que ha adquirido un desarrollo considerable, sobre todo en los medios obreros del norte de Francia; volveremos sobre ella después, así como sobre algunas otras sectas del mismo género, que no están entre las menos peligrosas.

En América, el lazo entre todos los agrupamientos está constituido sobre todo por vastas reuniones al aire libre llamadas *camp-meetings*, que se tienen a intervalos más o menos regulares, y donde se escuchan durante varios días los discursos y las exhortaciones de los jefes del movimiento y de los médiums "inspirados"; es algo muy diferente de los congresos europeos. Por lo demás, es en su país de origen, como es natural, donde el espiritismo ha dado nacimiento a las asociaciones más numerosas y del carácter más variado; en ninguna parte se ha propuesto nunca más abiertamente como una religión que en algunas de estas asociaciones. En efecto, hay espiritistas que no han temido formar "iglesias", con una organización enteramente semejante a la de las innumerables sectas protestantes del mismo país: tal es por ejemplo, la "Iglesia del verdadero espiritualismo", fundada bajo la inspiración del "espíritu" del Rev. Samuel Watson, un antiguo pastor metodista que tiempo atrás se había convertido al *modern spiritualism*. Otros prefieren la forma de esas sociedades secretas o semisecretas que están tan en boga en los Estados Unidos, y que se decoran profusamente con los títulos más pomposos, los más impresionantes para los "profanos"; un americano podrá imponerse a aquellos que no saben de qué se trata, presentándose como miembro de la "antigua Orden de Melchisedek", llamada de otro modo "Fraternidad de Jesús"[94], o de alguna "Orden de los magos" (hay varias con este nombre); y se sentirá muy sorprendido al descubrir después que se trata simplemente de un vulgar espiritista. Por lo demás, organizaciones de este género pueden también no ser especialmente espiritistas, pero contar con un gran número de espiritistas entre sus miembros; por otra parte, en las múltiples formas del "neoespiritualismo", hay algunas que no son apenas más que un espiritismo más o menos perfeccionado. Esto es así hasta tal punto que uno se pregunta a veces si la apariencia ocultista y las pretensiones esotéricas de tal o cual agrupación no son una simple máscara tomada por algunos espiritistas que han querido aislarse de la masa y operar una suerte de selección relativa; y, si los espiritistas en general repudian todo esoterismo, la presencia de algunos de entre ellos en los medios propiamente ocultistas prueba ya que puede haber acomodos y transiciones; la conducta de estas gentes no es siempre rigurosamente conforme a sus principios, si es que tienen principios. Es sobre todo en los espiritistas anglosajones donde se encuentran cosas del género de las que acabamos de mencionar: ya hemos hablado en otra parte de una Sociedad inglesa presuntamente rosicruciana, llamada "Orden de la rosa y de la luz", a la que las organizaciones con las que estaba en concurrencia acusaron de practicar la "magia negra"[95]; lo que hay de cierto, es que no tenía ninguna relación con la antigua Rosa Cruz de la que pretendía sacar su origen, que la mayoría de sus miembros eran espiritistas, y que, en realidad, allí se hacía más bien espiritismo que otra cosa. "Sus guías, leemos en efecto en una carta publicada por un órgano teosofista, son elementales: Francisco el monje, M. Sheldon, y Abdallah

---

[94] Esta Orden, bajo cuyos auspicios funciona la "Asociación de los Camp-Meeting de Sion-Hill", en Arkansas, está dirigida por un "Supremo Templo" que se reúne anualmente en esa misma localidad, y que está compuesto de delegados "escogidos por los Rayos de la Luz" (*sic*).

[95] *El Teosofismo*, pp. 33-34 de la ed. francesa.

ben Yusuf, este último antiguo adepto árabe; sacrifican cabras; han querido formar un círculo para obtener informaciones de una manera prohibida. Hay también entre ellos astrólogos, y sectarios confesos de Hiram Buther"[96]. Este último personaje había fundado en Boston una "Fraternidad esotérica", que se daba como meta "el estudio y el desarrollo del verdadero sentido interno de la inspiración divina, y la interpretación de todas las escrituras"; las obras bastante numerosas que publicó no contienen nada serio. Sin embargo, en el ejemplo que acabamos de dar, no puede decirse que se trate de una escuela espiritista hablando propiamente; pero se puede suponer, ya sea que el espiritismo se haya infiltrado en una organización preexistente, o ya sea que no se trate más que un disfraz destinado a ilusionar por medio de un nombre usurpado; en todo caso, si verdaderamente no es más que espiritismo, eso querría afectar no obstante que es otra cosa. Si hemos citado este caso, es para mostrar mejor todas las formas que un movimiento como éste es susceptible de tomar; y, a este propósito, recordaremos todavía la influencia que el espiritismo ha ejercido manifiestamente sobre el ocultismo y el teosofismo, a pesar del antagonismo aparente en que se encuentra frente a estas escuelas más recientes, cuyos fundadores y jefes, habiendo sido primero espiritistas en su mayoría, guardaron siempre algo de sus primeras ideas.

---

[96] *Lucifer*, 15 de junio de 1889.

CAPÍTULO II

LA INFLUENCIA DEL MEDIO

Aunque las teorías espiritistas están sacadas de las "comunicaciones" de los pretendidos "espíritus", están siempre en relación estrecha con las ideas que tienen curso en el medio donde se elaboran; esta constatación apoya fuertemente la tesis que hemos expuesto, y según la cual la principal fuente real de estas "comunicaciones" se encontraría en el "subconsciente" del médium y de los asistentes. Por lo demás, recordamos que puede formarse una suerte de combinación de los diversos "subconscientes" presentes, para dar al menos la ilusión de una "entidad colectiva"; decimos la ilusión, porque son sólo los ocultistas los que, con su manía de ver en todo y por todo "seres vivos" (¡y reprochan a las religiones su pretendido antropomorfismo!), pueden dejarse atrapar en las apariencias hasta creer que se trata de un ser verdadero. Sea como sea, la formación de esa "entidad colectiva", si se quiere conservar esta manera de hablar, explica el hecho, observado por todos los espiritistas, de que las "comunicaciones" son tanto más claras y más coherentes cuando las sesiones se tienen con mayor regularidad y siempre con los mismos asistentes; así pues, insisten sobre estas condiciones, incluso sin conocer su razón, y frecuentemente vacilan en admitir nuevos miembros en grupos ya constituidos, prefiriendo animarlos a formar otros grupos; por lo demás, una reunión demasiado numerosa se prestaría mal al establecimiento de lazos sólidos y duraderos entre sus miembros. La influencia de los asistentes puede llegar muy lejos y manifestarse diferentemente a como lo hace en las "comunicaciones", si se cree al espiritista ruso Aksakoff, según el cual el aspecto de las "materializaciones" se modificaría cada vez que se introducen nuevos asistentes en las sesiones donde se producen, aunque continúan presentándose no obstante bajo la misma identidad; naturalmente, este hecho se explica para él por las apropiaciones que los "espíritus materializados" toman de los "periespíritus" de los vivos, pero, en cuanto a nos, podemos ver ahí la realización de una suerte de "imagen compuesta" a la que cada uno proporciona algunos rasgos, operándose una fusión entre los productos de los diversos "subconscientes" individuales.

Bien entendido, no excluimos la posibilidad de acción de influencias foráneas; pero, de una manera general, esas influencias, cualesquiera que sean, cuando intervienen, deben estar en conformidad con las tendencias de las agrupaciones donde se manifiesten. En efecto, es menester que sean atraídas ahí por algunas afinidades; los espiritistas, que ignoran las leyes según las cuales actúan estas influencias, están obligados a recoger lo que se presente y no pueden determinarlo a su gusto. Por otra parte, hemos dicho que las "influencias errantes" no pueden considerarse como propiamente conscientes por sí mismas; es con la ayuda de los "subconscientes" humanos como se forman una consciencia temporaria, de suerte que, desde el punto de vista de las manifestaciones inteligentes, el resultado es aquí exactamente el mismo que cuando no hay más que la acción de las fuerzas exteriorizadas de los asistentes solo. La única excepción que hay que hacer concierne a la consciencia refleja que puede permanecer inherente a elementos psíquicos que hayan pertenecido a seres humanos y actualmente en vía de desagregación; pero las respuestas que provienen de esta fuente tienen generalmente un carácter fragmentario e incoherente, de suerte que los espiritistas mismos apenas si les prestan atención; y sin embargo eso es todo lo que proviene auténticamente de los muertos, aunque el "espíritu" de éstos, o su ser real, no esté ya ahí ciertamente para nada.

Todavía hay que considerar otra cosa, cuya acción puede ser muy importante: son los elementos tomados, no ya a los asistentes inmediatos, sino al ambiente general. La existencia de tendencias o de corrientes mentales cuya fuerza es predominante para una época y para un país determinado es bastante conocida ordinariamente, al menos vagamente, para que se pueda comprender sin esfuerzo lo que queremos decir. Estas corrientes actúan más o menos sobre todo el mundo, pero su influencia es particularmente fuerte sobre los individuos que se pueden llamar "sensitivos", y, entre los médiums, esta cualidad es llevada a su grado más alto. Por otra parte, en los individuos normales, es principalmente en el dominio del "subconsciente" donde se ejerce esta misma influencia; así pues, se afirmará más claramente cuando el contenido de ese "subconsciente" aparezca fuera, así como ocurre precisamente en las sesiones espiritistas, y se deben referir a este origen muchas de esas banalidades inverosímiles que se exponen en las "comunicaciones". En este orden, puede haber manifestaciones que parecen presentar un mayor interés: hay ideas de las que se dice vulgarmente que están "en el aire", y se sabe que algunos descubrimientos científicos han sido hechos simultáneamente por varias personas que trabajaban independientemente las unas de las otras; si tales resultados jamás han sido obtenidos por los médiums, es porque, incluso si reciben una idea de este género, son completamente incapaces de sacar partido de ella, y todo lo que harán en ese caso será expresarla bajo una forma más o menos ridícula, algunas veces casi incomprehensible, pero que provocará la admiración de los ignorantes entre los cuales el espiritismo recluta la inmensa mayoría de sus adherentes. He aquí pues con qué explicar las "comunicaciones" de matiz científico o filosófico, que los espiritistas presentan como una prueba de la verdad de su doctrina, cuando el médium, al ser demasiado ininteligente o iletrado, les parece evidentemente incapaz de haber inventado semejantes cosas; y todavía debemos agregar que, en muchos casos, estas "comunicaciones" son simplemente el reflejo de lecturas cualesquiera, quizás incomprendidas, y que no son forzosamente las del médium mismo. Las ideas o las tendencias mentales de que hablamos actúan un poco a la manera de las "influencias errantes", e incluso esta denominación es tan comprehensiva que se puede hacer que entren en ella, como constituyendo una clase especial de esas influencias: no están forzosamente incorporadas al "subconsciente" de los individuos, pueden permanecer también en el estado de corrientes más o menos indeterminadas (pero que, no hay que decirlo, no tienen nada de las corrientes "fluídicas" de los ocultistas), y manifestarse no obstante en las sesiones espiritistas. En efecto, en estas sesiones, no es solo el médium, es el grupo entero el que se pone en un estado de pasividad o, si se quiere, de "receptividad"; es lo que le permite atraer las "influencias errantes" en general, puesto que sería incapaz de captarlas ejerciendo sobre ellas una acción positiva como lo hace el mago. Esta pasividad, con todas las consecuencias que entraña, es el mayor de todos los peligros del espiritismo; por lo demás, bajo esta relación, es menester agregar a eso el desequilibrio y la disociación parcial que estas prácticas provocan en los elementos constitutivos del ser humano, y que, incluso en aquellos que no son médiums, no son desdeñables: la fatiga sentida por los simples asistentes después de una sesión lo muestra suficientemente, y, a la larga, los efectos pueden ser de los más funestos.

Hay otro punto que requeriría una atención muy particular: existen organizaciones que son todo lo contrario de los grupos espiritistas, en el sentido de que se aplican a provocar y a mantener, de manera consciente y voluntaria, ciertas corrientes mentales. Si se considera por una parte una tal organización, y por otra un grupo espiritista, se ve lo que podrá producirse: una emitirá una corriente, la otra la recibirá; se tendrá así un polo positivo y un polo negativo entre los cuales se establecerá una suerte de "telegrafía psíquica", sobre todo si la organización considerada es capaz, no solo de producir la corriente, sino también de dirigirla. Por lo demás, una explicación de este género es aplicable a los hechos de "telepatía"; pero, en éstos, la comunicación se establece entre dos individuos, y no entre dos colectividades, y, además, lo más frecuentemente es enteramente accidental y momentánea, puesto que no es más querida por un lado que por el otro. Se ve que esto se relaciona con lo que hemos dicho de los orígenes reales del espiritismo y del papel que han podido jugar ahí hombres vivos, sin que éstos hayan parecido tomar la menor parte en ello: un movimiento como éste era eminentemente apropiado para servir a la propagación de ciertas ideas, cuya proveniencia podía permanecer enteramente ignorada por aquellos mismos que participarían en ella; pero el inconveniente era que el instrumento así creado podía encontrarse también a merced de otras influencias cualesquiera, quizás incluso opuestas a las que estaban en acción primitivamente. No podemos insistir más sobre esto, ni dar aquí una teoría más completa de esos centros de emisión mental a los que hacemos alusión; aunque sea bastante difícil, es posible que lo hagamos en otra ocasión. No agregaremos más que una palabra sobre este punto, a fin de evitar toda falsa interpretación: cuando se trata de explicar la "telepatía", los psiquistas hacen llamada a algo que recuerda o se asemeja más o menos a las "ondas hertzianas"; hay ahí, en efecto, una analogía que puede ayudar, si no a comprender las cosas, al menos a representárselas en una cierta medida; pero, si se rebasan los límites en los que esta analogía es válida, ya no se tiene más que una imagen casi tan grosera como la de los "fluidos", a pesar de su apariencia más "científica"; en realidad, la naturaleza de las fuerzas de que se trata es esencialmente diferente de la de las fuerzas físicas.

Pero volvamos a la influencia del medio considerado en el caso más general: que esta influencia haya actuado previamente sobre los espiritistas mismos, o que tome cuerpo especialmente con ocasión de sus sesiones, es a ella a la que es menester referir la mayoría de las variaciones que sufren las teorías del espiritismo. Es así, por ejemplo, como los "espíritus" son "poligamistas" en los mormones, y como, en otros medios americanos, son "neomalthusianos"; es cierto que la actitud de las diversas fracciones al respecto de la reencarnación se explica de una manera semejante. En efecto, hemos visto como esta idea de la reencarnación había encontrado en Francia un medio enteramente preparado para recibirla y desarrollarla; por el contrario, si los espiritistas anglosajones la han rechazado, es, al decir de algunos, en razón de sus concepciones "bíblicas". A decir verdad, este motivo no aparece como absolutamente suficiente en sí mismo, puesto que los espiritistas franceses invocan el testimonio del Evangelio en favor de la reencarnación; y, en un medio protestante sobre todo, las interpretaciones más fantasiosas pueden darse libre curso. Solamente, si los "espíritus" ingleses y americanos han declarado que la reencarnación está en desacuerdo con la Biblia (que por lo demás no habla de ella por la buena razón de que es una idea completamente moderna), es porque tal era el pensamiento de aquellos que les interrogaban; en caso contrario, hubieran expresado ciertamente otra opinión, e incluso no se hubieran cortado ante el hecho de aportar textos en su apoyo, puesto que los reencarnacionistas lo hacen efectivamente. Todavía hay más: ¡parece que, en América particularmente, la reencarnación es rechazada porque la posibilidad de que su espíritu vuelva para animar el cuerpo de un negro causa horror a los blancos![97] Si los "espíritus" americanos han adelantado un parecido motivo, no es solo, como lo dicen los espiritistas franceses, porque no estuvieran completamente "desprendidos" de sus prejuicios terrestres; es porque no eran más que el reflejo de la mentalidad de aquellos que recibían sus "mensajes", es decir, de la mentalidad vulgar de los americanos; y la importancia acordada a las consideraciones de ese orden muestra, además, hasta qué punto puede llevarse ese ridículo sentimentalismo que es común a todos los espiritistas. Si hoy día hay espiritistas anglosajones que admiten la reencarnación, es bajo la influencia de las ideas teosofistas; el espiritismo jamás hace otra cosa que seguir las corrientes mentales, y no puede en ningún caso darles nacimiento, en razón de esa actitud de pasividad que hemos señalado. Por lo demás, las tendencias más generales del espiritismo son las del espíritu moderno mismo, como la creencia en el

---

[97] Dr. Gigier, *Le Spiritisme*, pp. 138-139.

progreso y en la evolución por ejemplo; todo lo demás viene de corrientes más particulares, que actúan en medios menos extensos, pero sobre todo, la mayoría del tiempo, actúan en los medios que se pueden considerar como "mediocres" bajo la relación de la inteligencia y de la instrucción. Desde este punto de vista, habría que precisar la función jugada por las concepciones que difunden las obras de vulgarización científica; muchos espiritistas pertenecen a la clase a la cual se dirigen estas obras, y, si los hay cuyo nivel mental es todavía inferior, las mismas ideas les llegan por la mediación de los otros, o bien las extraen simplemente del ambiente. En cuanto a las ideas de un orden más elevado, como no son intensificadas por una semejante expansión, no vienen nunca a reflejarse en las "comunicaciones" espiritistas, y más bien hay que felicitarse por ello, ya que el "espejo psíquico" que es un médium no podría más que deformarlas, y eso sin provecho para nadie, puesto que los espiritistas son perfectamente incapaces de apreciar lo que rebasa las concepciones corrientes.

Cuando una escuela espiritista ha llegado a constituir una semejanza de doctrina, a fijar ciertas líneas mayores, las variaciones, en el interior de esa escuela, ya no recaen sino sobre punto secundarios, pero, en esos límites, continúan siguiendo las mismas leyes. No obstante, puede ocurrir que las "comunicaciones" persistan entonces en traducir una mentalidad que es más bien la de la época en que esta escuela se ha establecido, porque esa mentalidad ha permanecido la de sus adherentes, aunque ya no corresponda enteramente al ambiente. Es lo que se ha producido para el kardecismo, que ha guardado siempre algunos rasgos de aquellos medios socialistas de 1848 en los que tomó nacimiento; pero es menester decir también que el espíritu que animaba a aquellos medios no ha desaparecido enteramente, incluso fuera del espiritismo, y que les ha sobrevivido, bajo formas diversas, en todas las variedades de "humanitarismo" que se han desarrollado desde entonces; pero el kardecismo ha permanecido más cerca de las antiguas formas, mientras que otras etapas de este desarrollo se han "cristalizado" en cierto modo en movimientos "neoespiritualistas" de fecha más reciente. Por lo demás, las tendencias democráticas son inherentes al espiritismo en general, e incluso, de una manera más o menos acentuada, a todo el "neoespiritualismo"; ello es así porque el espiritismo, al reflejar fielmente el espíritu moderno en esto como en muchas otras cosas, es y no puede ser más que un producto de la mentalidad democrática; es, como se ha dicho muy justamente, "la religión del demócrata, la única herejía donde podía desembocar, en religión, la democracia"[98]. En cuanto a las demás escuelas "neoespiritualistas", son igualmente creaciones específicamente modernas, influenciadas por lo demás, de cerca o de lejos, por el espiritismo mismo; pero, aquellas que admiten una pseudoiniciación, por ilusoria que sea, y por consiguiente una cierta jerarquía, son menos lógicas que el espiritismo, ya que, se quiera o no, hay en eso algo que es claramente contrario al espíritu democrático. Bajo esta relación, pero en un orden de ideas un poco diferente, habría un tema de precisiones bien curiosas en algunas actitudes contradictorias, como la de las ramas de la masonería actual (sobre todo en Francia y en los demás países llamados latinos) que, aunque proclaman las pretensiones más ferozmente democráticas, por ello no conservan menos cuidadosamente la antigua jerarquía, sin apercibirse de su incompatibilidad; y es precisamente esta inconsciencia de la contradicción lo que es digno sobre todo de atraer la atención de aquellos que quieren estudiar los caracteres de la mentalidad contemporánea; pero esta inconsciencia no se manifiesta quizás en ninguna parte con tanta amplitud, si puede decirse, como en los espiritistas y en aquellos que tienen con ellos algunas afinidades.

En algunos respectos, la observación de lo que pasa en los medios espiritistas, por las razones que acabamos de exponer, puede proporcionar indicaciones bastante claras sobre las tendencias que predominan en un momento dado, por ejemplo en el dominio político.

---

[98] *Les Lettres*, diciembre de 1921, pp. 913-914.

Así, los espiritistas franceses permanecieron mucho tiempo, en su gran mayoría, apegados a concepciones socialistas fuertemente coloreadas de internacionalismo; pero, algunos años antes de la guerra, se produjo un cambio: la orientación general fue entonces la de un radicalismo de tendencias patrióticas acentuadas; lo único que no varió nunca fue el anticlericalismo. Hoy día, el internacionalismo ha reaparecido bajo formas diversas: es naturalmente en los medios de este género donde ideas como la de la "Sociedad de las Naciones" debían suscitar el máximo entusiasmo; y, por otra parte, entre los obreros que son ganados para el espiritismo, éste ha redevenido socialista, pero de un socialismo a la nueva moda, bien diferente del de 1848, que era lo que se podría denominar un socialismo de "pequeña burguesía". En fin, sabemos que se hace actualmente mucho espiritismo en ciertos medios comunistas[99], y estamos persuadidos de que todos los "espíritus" deben predicar ahí el bolchevismo; por lo demás, sin eso no podrían encontrar el menor crédito.

Al considerar las "comunicaciones" como acabamos de hacerlo, solo tenemos en vista las que se obtienen fuera de todo fraude, ya que las otras no tienen evidentemente ningún interés; la mayoría de los espiritistas son ciertamente de muy buena fe, y solo los médiums profesionales pueden ser sospechosos "a priori", incluso cuando han dado pruebas manifiestas de sus facultades. Por lo demás, las tendencias reales de los medios espiritistas se muestran mejor en los pequeños grupos privados que en las sesiones de los médiums de renombre; todavía es menester saber distinguir entre las tendencias generales y las que son propias a tal o a cual grupo. Estas últimas se traducen especialmente en la elección de los nombres bajo los cuales se presentan los "espíritus", sobre todo aquellos que son los "guías" titulados del

---

[99] Lenin mismo se ha declarado espiritista en una conversación con una institutriz parisiense que tuvo antaño problemas con la justicia; es difícil saber si esta profesión de fe fue verdaderamente sincera, o si no es menester ver en ella más que un simple acto de cortesía con una ferviente espiritista; en todo caso, hace mucho tiempo que el espiritismo opera furiosamente en Rusia, en todas las clases de la sociedad.

grupo; se sabe que son generalmente nombres de personajes ilustres, lo que haría creer que éstos se manifiestan con mucha mayor frecuencia que los demás y que han adquirido una especie de ubicuidad (tendremos que hacer una precisión análoga sobre el tema de la reencarnación), pero también que las cualidades intelectuales que poseían sobre esta tierra han disminuido penosamente. En un grupo donde la religiosidad era la nota dominante, los "guías" eran Bossuet y Pío IX; en otros donde priva la literatura, son grandes escritores, entre los cuales el que se encuentra lo más frecuentemente es Víctor Hugo, sin duda porque también era espiritista. Solamente, hay esto de curioso: en Víctor Hugo, no importa quién o incluso no importa qué se expresaba en verso de una perfecta corrección, lo que concuerda con nuestra explicación; decimos no importa qué, ya que recibía a veces "comunicaciones" de entidades fantasiosas, como la "sombra del sepulcro" (y no hay más que dirigirse a sus obras para ver su proveniencia)[100]; pero, en el común de los espiritistas, Víctor Hugo ha olvidado hasta las reglas más elementales de la prosodia, si aquellos que le interrogan las ignoran ellos mismos. No obstante, hay casos menos desfavorables: un antiguo oficial (hay muchos entre los espiritistas), que se ha hecho conocer por experiencias de "fotografía del pensamiento" cuyos resultados son al menos contestables, está firmemente convencido de que su hija está inspirada por Víctor Hugo; esta persona posee efectivamente una facilidad de versificación poco común, y ha adquirido incluso alguna notoriedad, lo que no prueba nada ciertamente, a menos de admitir con algunos espiritistas que todas las predisposiciones naturales se deben a una influencia de los "espíritus", y que aquellos que hacen prueba de algunos

---

[100] Señalamos a este propósito que el "Espíritu de Verdad" (denominación sacada del Evangelio) figura entre los firmantes del manifiesto que sirve de preámbulo al *Livre des Esprits* (el prefacio de *l'Evangile selon le Spiritisme* lleva esta misma firma), y también que Víctor Hennequin, uno de los primeros espiritistas franceses, que por lo demás murió loco, era inspirado por el "alma de la tierra", que le persuadió de que había sido elevado al rango de "sub-dios" del planeta (Ver Eugène Nus, *Choses de l'autre monde*, p. 139); ¿cómo los espiritistas, que atribuyen todo a los "desencarnados", explicarían estas rarezas?

talentos desde su juventud son todos médiums sin saberlo; otros espiritistas, por el contrario, no quieren ver en los mismos hechos más que un argumento en favor de la reencarnación. Pero volvamos a las firmas de las "comunicaciones", y citemos lo que dice sobre este punto un psiquista poco sospechoso de parcialidad, el Dr. L. Moutin: "Un hombre de ciencia no estará satisfecho y estará lejos de aprobar "comunicaciones" idiotas de Alejandro Magno, de César, de Cristo, de la Santa Virgen, de San Vicente de Paul, de Napoléon I, de Víctor Hugo, etc., que sostienen que son exactas un gentío de pseudomédiums. El abuso de los grandes nombres es detestable, ya que hace nacer el escepticismo. Frecuentemente hemos demostrado a *esos médiums* que se equivocaban, al hacer, a los supuestos espíritus presentes, preguntas que aquellos debían conocer, pero que los médiums ignoraban. Así, por ejemplo, Napoléon I ya no se acordaba de Waterloo; san Vicente de Paul ya no sabía una palabra de latín; Dante no comprendía el italiano; Lamartine y Alfred de Musset eran incapaces de acoplar dos versos. Al coger a *esos espíritus* en flagrante delito y al hacer palpar la verdad a *esos médiums*, ¿piensan ustedes que quebrantábamos su convicción? No, ya que el *espíritu guía* sostenía que eramos de mala fe y que buscábamos impedir que se cumpliera una *gran misión, misión atribuida a su médium*. ¡Hemos conocido a varios de esos *grandes misionarios* que han terminado su *misión* en casas especiales!"[101]. Por su lado, Papus dice esto: "Cuando San Juan, la Virgen María o Jesucristo vienen a comunicarse, buscad en la asistencia a un creyente católico, es de su cerebro y no de otra cosa de donde ha salido la idea directriz. De igual modo cuando, así como yo lo he visto, se presenta d'Artanang, no hay más que ver (*sic*) que se trata de un ferviente de Alejandro Dumas". A esto no tenemos que hacer más que dos correcciones: por una parte, es menester reemplazar el "cerebro" por el "subconsciente" (estos "neoespiritualistas" hablan a veces como puros materialistas); por otra, como los "creyentes católicos" propiamente dichos son más bien raros

---

[101] *Le Magnétisme humain, l'Hypnotisme et le Spiritualisme moderne*, pp.370-371.

en los grupos espiritistas, mientras que las "comunicaciones" de Cristo o de los santos no lo son, sería menester hablar solo de una influencia de ideas católicas, subsistentes en el estado "subconsciente" en aquellos mismos que se creen completamente "liberados" de ellas; el matiz es bastante importante. Papus prosigue en estos términos: "Cuando Víctor Hugo viene a hacer versos de trece pies o a dar consejos culinarios, cuando Mme Girardin viene a declarar su pasión póstuma a un médium americano[102], hay noventa posibilidades sobre cien de que se trate de un error de interpretación. El punto de partida de la idea impulsora debe buscarse muy cerca"[103]. Diremos más claramente: en estos casos y en todos los demás sin excepción, hay siempre un error de interpretación por parte de los espiritistas; pero estos casos son quizás aquellos donde se puede descubrir más fácilmente el origen verdadero de las "comunicaciones", por poco que uno se libre a una pequeña encuesta sobre las lecturas, los gustos y las preocupaciones habituales de los asistentes. Bien entendido, las "comunicaciones" más extraordinarias por su contenido o por su proveniencia supuesta no son las que los espiritistas acogen con menos respeto y solicitud; estas gentes están completamente cegadas por sus ideas preconcebidas, y su credulidad parece no tener límites, mientras que su inteligencia y su discernimiento son de lo más estrecho; hablamos de la masa, ya que hay grados en la ceguera. El hecho de aceptar las teorías espiritistas puede ser una prueba de necedad o solo de ignorancia; aquellos que están en el primer caso

---

[102] Se trata de Henry Lacroix, de quien hablaremos más adelante.

[103] *Traité méthodique de Science occulte*, p. 847; cf. *ibid.*, p. 341. —He aquí todavía un ejemplo citado por Dunglas Home, y que puede contarse ciertamente entre los más extravagantes: "En las notas de una sesión tenida en Nápoles, entre los espíritus que se presentaron ante tres personas, se ve a Margarita Pusterla, Dionisio de Siracusa, Cleopatra, Ricardo Corazón de León, Aladino, Belcadel, Guerrazzi, Manin y Vico; después Abraham, Melchisedeq, Jacob, Moisés, David, Senaquerib, Elíseo, Joaquín, Judith, Joel, Samuel, Daniel, María Magdalena, San Pablo, San Pedro y San Juan, sin contar a los demás, ya que se asegura en esas notas que los espíritus de la Biblia vinieron todos, unos después de otros, a presentarse ante el Nazareno, precedido por Juan Bautista" (*Les Lumières et les Ombres du Spiritualisme*, pp. 168-169).

son incurables, y no se puede hacer otra cosa que compadecerles; en cuanto a aquellos que se encuentran en el segundo caso, no es quizás lo mismo, y se puede buscar hacerles comprender su error, a no ser que esté tan arraigado en ellos que les haya impreso una deformación mental irremediable.

CAPÍTULO III

INMORTALIDAD Y SUPERVIVENCIA

Entre otras pretensiones injustificadas, los espiritistas tienen la de proporcionar la "prueba científica" o la "demostración experimental de la inmortalidad del alma"[104]; esta afirmación implica un cierto número de equívocos, que importa disipar antes incluso de discutir la hipótesis fundamental de la comunicación con los muertos. Primero, puede haber un equívoco tocante a la palabra "inmortalidad" misma, ya que esta palabra no tiene el mismo sentido para todo el mundo: lo que los occidentales llaman así no es lo que los orientales designan por términos que pueden no obstante parecer equivalentes, que lo son incluso a veces exactamente si uno se atiene solo al punto de vista filológico. Así, la palabra sánscrita *amrita* se traduce bien literalmente por "inmortalidad", pero se aplica exclusivamente a un estado que es superior a todo cambio, ya que la idea de "muerte" se extiende aquí a un cambio cualquiera. Los occidentales, al contrario, tienen el hábito de no llamar "muerte" más que al fin de la existencia terrestre, y por lo demás no conciben apenas los demás cambios análogos, ya que parece que este mundo sea para ellos la mitad del Universo, mientras que, para los orientales, no representa más que una porción infinitesimal de él; hablamos aquí de los occidentales modernos, ya que la influencia del dualismo cartesiano cuenta para algo en esta manera tan restringida de considerar el Universo. Es menester insistir en ello tanto más cuanto que estas cosas se ignoran generalmente, y,

---

[104] Una obra de M. Gabriel Delanne tiene por título *L'Ame est inmortelle*: *Démonstration expérimentale*.

además, estas consideraciones facilitarán enormemente la refutación propiamente dicha de la teoría espiritista: desde el punto de vista de la metafísica pura, que es el punto de vista oriental, no hay en realidad dos mundos, este y el "otro", correlativos y por así decir simétricos o paralelos; hay una serie indefinida y jerarquizada de mundos, es decir, de estados de existencia (y no de lugares), en la que éste no es más que un elemento que no tiene ni más ni menos importancia o valor que no importa cuál otro, y que está simplemente en el lugar que debe ocupar en el conjunto, al mismo título que todos los demás. Por consiguiente, la inmortalidad, en el sentido que hemos indicado, no puede ser alcanzada en "el otro mundo" como lo piensan los occidentales, sino solo más allá de todos los mundos, es decir, de todos los estados condicionados; concretamente, está fuera del tiempo y del espacio, y también de todas las condiciones análogas a éstas; puesto que es absolutamente independiente del tiempo y de todo otro modo posible de la duración, se identifica a la eternidad misma. Esto no quiere decir que la inmortalidad tal como la conciben los occidentales no tenga también una significación real, pero es muy distinta: no es en suma más que una prolongación indefinida de la vida, en condiciones modificadas y transpuestas, pero que permanecen siempre comparables a las de la existencia terrestre; el hecho mismo de que se trate de una "vida" lo prueba suficientemente, y hay que precisar que esta idea de "vida" es una de aquellas de las que los occidentales se liberan más difícilmente, incluso cuando no profesan a su respecto el respeto supersticioso que caracteriza a algunos filósofos contemporáneos; es menester agregar que no escapan apenas más fácilmente al tiempo y al espacio, y, si no se escapa de ellos, no hay metafísica posible. La inmortalidad, en el sentido occidental, no está fuera del tiempo, según la concepción ordinaria, e, incluso según una concepción menos "simplista", no está fuera de una cierta duración; es una duración indefinida, que puede llamarse propiamente "perpetuidad", pero que no tiene ninguna relación con la eternidad, como lo indefinido, que procede de lo finito por desarrollo, tampoco tiene nada que ver con el Infinito. Esta concepción corresponde efectivamente a un cierto orden de posibilidades; pero la tradición extremo oriental, que se niega a confundirla con la de la inmortalidad verdadera, le acuerda solo el nombre de "longevidad"; en el fondo, no es más que una extensión de la que son susceptibles las posibilidades del orden humano. Uno se apercibe de ello fácilmente cuando se pregunta lo que es inmortal en uno y otro caso: en el sentido metafísico y oriental, es la personalidad transcendente; en el sentido filosófico-teológico y occidental, es la individualidad humana. No podemos desarrollar aquí la distinción esencial de la personalidad y de la individualidad; pero, sabiendo muy bien cual es el estado de espíritu de muchas gentes, tenemos que decir expresamente que sería vano buscar una oposición entre las dos concepciones de que acabamos de hablar, ya que, al ser de orden totalmente diferente, ni se excluyen ni se confunden. En el Universo, hay lugar para todas las posibilidades, a condición de que se sepa poner cada una de ellas en su rango verdadero; desgraciadamente, no es lo mismo en los sistemas de los filósofos, pero eso es una contingencia en la que sería un gran error inmiscuirse.

Cuando se trata de "probar experimentalmente la inmortalidad", no hay que decir que no podría tratarse de ninguna manera de la inmortalidad metafísica: por definición misma, esa está más allá de toda experiencia posible; por lo demás, los espiritistas no tienen la menor idea de ella, de suerte que no hay lugar a discutir su pretensión más que colocándose únicamente en el punto de vista de la inmortalidad entendida en el sentido occidental. Incluso desde este punto de vista, la "demostración experimental" de que hablan aparece como una imposibilidad, por poco que se quiera reflexionar en ello un instante; no insistiremos sobre el empleo abusivo que se hace de la palabra "demostración": la experiencia es incapaz de "demostrar" propiamente algo, en el sentido riguroso de este término, el que tiene en matemáticas por ejemplo; pero volvamos a nuestro asunto, y observemos solo que es una extraña ilusión, propia al espíritu moderno, la que consiste en hacer intervenir la ciencia, y especialmente la ciencia experimental, en cosas donde no tiene nada que hacer, y creer que su competencia puede extenderse a todo. Los modernos, ebrios por el desarrollo que han llegado a dar a este dominio muy particular, y habiéndose aplicado a él tan exclusivamente que ya no ven nada fuera, han llegado muy naturalmente a desconocer los límites en el interior de los cuales la experimentación es válida, y más allá de los cuales no puede dar ningún resultado; hablamos aquí de la experimentación en su sentido más general, sin ninguna restricción, y, bien entendido, estos límites serán todavía más estrechos si no se consideran más que las modalidades bastante poco numerosas que constituyen los métodos reconocidos y puestos en uso por los sabios ordinarios. Hay precisamente, en el caso que nos ocupa, un desconocimiento de los límites de la experimentación; encontraremos otro ejemplo a propósito de las pretendidas pruebas de la reencarnación, ejemplo quizás más sobresaliente todavía, o al menos de apariencia más singular, y que nos dará la ocasión de completar estas consideraciones colocándonos en un punto de vista un poco diferente.

La experiencia no incide nunca más que sobre hechos particulares y determinados, que tienen lugar en un punto definido del espacio y en un momento igualmente definido del tiempo; al menos, tales son todos los fenómenos que pueden ser el objeto de una constatación experimental dicha "científica" (y es esto lo que entienden también los espiritistas). Esto se reconoce bastante ordinariamente, pero uno se equivoca quizás más fácilmente sobre la naturaleza y el alcance de las generalizaciones a las que la experiencia puede dar lugar legítimamente (y que por lo demás la rebasan considerablemente): estas generalizaciones no pueden recaer más que sobre clases o conjuntos de hechos, de los que cada uno, tomado aparte, es tan particular y tan determinado como aquel sobre el cual se han hecho las constataciones de las cuales se generalizan así los resultados, de suerte que esos conjuntos no son indefinidos más que numéricamente, en tanto que conjuntos, no en cuanto a sus elementos. Lo que queremos decir, es esto:

jamás se está autorizado a concluir que lo que se ha constatado en un cierto lugar de la superficie terrestre se produce semejantemente en todo otro lugar del espacio, ni que un fenómeno que se ha observado en una duración muy limitada es susceptible de prolongarse durante una duración indefinida; naturalmente aquí no tenemos que salir del tiempo y del espacio, ni que considerar otra cosa que fenómenos, es decir, apariencias o manifestaciones exteriores. Es pues menester saber distinguir entre la experiencia y su interpretación: los espiritistas, así como los psiquistas, constatan ciertos fenómenos, y no entendemos discutir la descripción que dan de ellos; es la interpretación de los espiritistas, en cuanto a la causa real de estos fenómenos, la que es radicalmente falsa. Admitamos no obstante, por un instante, que esa explicación sea correcta, y que lo que se manifieste sea verdaderamente un ser humano "desencarnado"; ¿se seguirá necesariamente que ese ser sea inmortal, es decir, que su existencia póstuma tenga una duración realmente indefinida? Se ve sin esfuerzo que hay en eso una extensión ilegítima de la experiencia, consistente en atribuir la indefinidad temporal a un hecho constatado para un tiempo definido; e, incluso aceptando la hipótesis espiritista, eso solo bastaría para reducir su importancia y su interés a proporciones bastante modestas. La actitud de los espiritistas que se imaginan que sus experiencias establecen la inmortalidad no está mejor fundada lógicamente de lo que lo estaría la actitud de un hombre que, no habiendo visto morir jamás a un ser vivo, afirmara que un tal ser debe continuar existiendo indefinidamente en las mismas condiciones, por la sola razón de que habría constatado esa existencia en un cierto intervalo; y esto, lo repetimos, sin prejuzgar nada de la verdad o de la falsedad del espiritismo mismo, puesto que nuestra comparación, por ser enteramente justa, supone implícitamente su verdad.

No obstante, hay espiritistas que se han apercibido más o menos claramente de lo que había en eso de ilusorio, y que, para hacer desaparecer este sofisma inconsciente, han renunciado a hablar de inmortalidad para no hablar más que de "sobrevida" o de "supervivencia"; escapan así, lo reconocemos de buena gana, a las objeciones que acabamos de formular. No queremos decir que estos espiritistas, en general, no están tan persuadidos como los otros de la inmortalidad, que no crean como ellos en la perpetuidad de la "supervivencia"; pero esta creencia tiene entonces el mismo carácter que en los no espiritistas, ya no difiere sensiblemente de lo que puede ser, por ejemplo, para los adherentes de una religión cualquiera, salvo en que, para apoyarla, se agrega a las razones ordinarias el testimonio de los "espíritus"; pero las afirmaciones de éstos están sujetas a caución, ya que, a los ojos de los espiritistas mismos, pueden no ser frecuentemente más que el resultado de las ideas que tenían sobre esta tierra: si un espiritista "inmortalista" explica de esta manera las "comunicaciones" que niegan la inmortalidad (ya que los hay), ¿en virtud de qué principio acordará más autoridad a las que la afirman? En el fondo, es simplemente porque estas últimas están de acuerdo con sus propias convicciones; pero todavía es menester que estas convicciones tengan otra base, que sean establecidas independientemente de su experiencia, y por consiguiente fundadas sobre razones que ya no son más especialmente propias al espiritismo. En todo caso, nos basta constatar que hay espiritistas que sienten la necesidad de renunciar a la pretensión de probar "científicamente" la inmortalidad: es ya un punto adquirido a tener en cuenta, e incluso un punto importante para determinar exactamente el alcance de la hipótesis espiritista.

La actitud que acabamos de definir en último lugar es también la de los filósofos contemporáneos que tienen tendencias más o menos marcadas hacia el espiritismo; la única diferencia es que estos filósofos ponen en condicional lo que los espiritistas afirman categóricamente; en otros términos, los unos se contentan con hablar de la posibilidad de probar experimentalmente la supervivencia, mientras que los otros consideran la prueba como ya hecha. M. Bergson, inmediatamente antes de escribir la frase que hemos reproducido más atrás, y donde considera precisamente esta posibilidad, reconoce que la "inmortalidad misma no podría ser probada experimentalmente"; así pues, su posición es clara a este respecto; y, en lo que concierne a la supervivencia, lleva la prudencia hasta hablar solo de "probabilidad", quizás porque se da cuenta, hasta un cierto punto, de que la experimentación no da verdaderas certezas. Solamente, aunque reduce así el valor de la prueba experimental, encuentra que "sería ya algo", que "sería incluso mucho"; a los ojos de un metafísico, al contrario, e inclusive sin aportar tantas restricciones, eso sería muy poco, por no decir que sería enteramente desdeñable. En efecto, la inmortalidad en el sentido occidental es ya algo completamente relativo, que, como tal, no se refiere al dominio de la metafísica pura; ¿qué decir entonces de una simple supervivencia? Inclusive fuera de toda consideración metafísica, no vemos bien que pueda haber, para el hombre, un interés capital en saber, de manera más o menos probable o incluso cierta, que puede contar con una supervivencia que no es quizás más que "por un tiempo x"; ¿puede esto tener para él mucha más importancia que saber más o menos exactamente lo que durará su vida terrestre, de la cual no le representa así más que una prolongación indeterminada? Se ve cuanto difiere esto del punto de vista propiamente religioso, que contaría como nada una supervivencia que no estuviera asegurada a perpetuidad; y, en la llamada que el espiritismo hace a la experiencia en este orden de cosas, se puede ver, dadas las consecuencias que resultan de ello, una de las razones (y está lejos de ser la única) por las cuales jamás será más que una pseudoreligión.

Vamos a señalar todavía otro lado de la cuestión: para los espiritistas, cualquiera que sea el fundamento de su creencia en la inmortalidad, todo lo que sobrevive en el hombre es inmortal; lo que sobrevive, es, lo recordamos, el conjunto constituido por el "espíritu" propiamente dicho y por el "periespíritu" que es inseparable de él. Para los ocultistas, lo que sobrevive, es igualmente el conjunto del "espíritu" y del "cuerpo astral"; pero, en este conjunto, sólo el "espíritu" es inmortal, y el "cuerpo astral" es perecedero[105]; y no obstante ocultistas y espiritistas pretenden igualmente basar sus afirmaciones sobre la experiencia, que mostraría así a unos la disolución del "organismo invisible" del hombre, mientras que los otros no habrían tenido jamás la ocasión de constatar nada semejante. Según la teoría ocultista, habría una "segunda muerte", que sería sobre el "plano astral" lo que la muerte en el sentido ordinario es sobre el "plano físico"; y los ocultistas están bien forzados a reconocer que los fenómenos psíquicos no podrían probar en todo caso la supervivencia más allá del "plano astral". Estas divergencias mostrarían la poca solidez de las pretendidas pruebas experimentales, al menos en lo que concierne a la inmortalidad, si hubiera todavía necesidad de ellas después de las demás razones que hemos dado, y que por lo demás son mucho más decisivas a nuestros ojos, puesto que establecen su completa inanidad; a pesar de todo, no carece de interés constatar que, en dos escuelas de experimentadores que se colocan en la misma hipótesis, lo que es inmortal para la una no lo es para la otra. Es menester agregar, además, que la cuestión se encuentra todavía complicada, tanto para los espiritistas como para los ocultistas, por la introducción de la hipótesis de la reencarnación: la "supervivencia" considerada, y cuyas condiciones son diversamente descritas por las diferentes escuelas, no representa naturalmente más que el periodo intermediario entre dos vidas terrestres sucesivas, puesto que, a cada nueva "encarnación", las cosas deben evidentemente reencontrarse en el mismo estado que en la precedente. Por consiguiente, es siempre, en resumidas cuentas, de una "supervivencia" provisoria de lo que se trata, y, en definitiva, la cuestión permanece sin resolver: en efecto, no puede decirse que esa alternancia regular de existencias terrestres y ultraterrestres deba continuarse indefinidamente; las diferentes escuelas podrán discutir sobre esto, pero no es la experiencia la que vendrá nunca a desempatarlas. Así, si la cuestión es retrasada, no por eso está resuelta, y la misma duda subsiste siempre en cuanto al destino final del ser humano; al menos, esto es lo

---

[105] Papus, Traité méthodique de Science occulte, p. 371.

que debería confesar un reencarnacionista que quisiera permanecer consecuente consigo mismo, ya que su teoría es más incapaz que toda otra de aportar aquí una solución, sobre todo si pretende atenerse al terreno de la experiencia; los hay que creen en efecto haber encontrado pruebas experimentales de la reencarnación, pero eso es otro asunto, que examinaremos más adelante.

Lo que hay que retener, es que lo que los espiritistas dicen de la "sobrevida" o de la "supervivencia" se aplica esencialmente, para ellos, al intervalo comprendido entre dos "encarnaciones"; ésta es la condición de los "espíritus" cuyas manifestaciones creen observar; es lo que llaman la "erraticidad", o también la vida "en el espacio", ¡como si no fuera también en el espacio donde se desarrolla la existencia terrestre! Un término como el de "sobrevida" es muy apropiado para designar su concepción, ya que es literalmente la de una vida continuada, y en condiciones tan próximas como es posible a las de la vida terrestre. En ellos, no hay esa transposición que permite a otros concebir la "vida futura" e incluso perpetua de una manera que responde a una posibilidad, cualquiera que sea por lo demás el lugar que ocupe esa posibilidad en el orden total; al contrario, la "sobrevida", tal como se la representan, no es más que una imposibilidad, porque, al transportar tal cuales a un estado las condiciones de otro estado, implica un conjunto de elementos incompatibles entre ellos. Esta suposición imposible es por lo demás absolutamente necesaria al espiritismo, porque, sin ella, las comunicaciones con los muertos no serían ni siquiera concebibles; para poder manifestarse como se supone que lo hacen, es menester que los "desencarnados" estén muy cerca de los vivos bajo todas las relaciones, y que la existencia de los unos se parezca singularmente a la de los otros. Esta similitud es llevada a un grado apenas creíble, y que muestra hasta la evidencia que las descripciones de esa "sobrevida" no son más que un simple reflejo de las ideas terrestres, un producto de la imaginación "subconsciente" de los espiritistas mismos; pensamos que es bueno detenernos algunos instantes sobre este lado del espiritismo, que no es uno de los menos ridículos.

CAPÍTULO IV

LAS REPRESENTACIONES DE LA SOBREVIDAD

Se cuenta que algunos salvajes se representan la existencia póstuma sobre el modelo exacto de la vida terrestre: el muerto continuará cumpliendo las mismas acciones, cazando, pescando, haciendo la guerra, librándose en una palabra a todas sus ocupaciones habituales, sin olvidar las de beber y de comer; y nadie se priva, bien entendido, de hacer observar cuan ingenuas y groseras son semejantes concepciones. A decir verdad, conviene desconfiar siempre un poco de lo que se cuenta sobre los salvajes, y eso por varias razones: primero, los relatos de los viajeros, fuente única de todas esas historias, son frecuentemente fantasiosos; después, alguien que cree contar fielmente lo que ha visto y oído puede no obstante no haber comprendido nada, y, sin apercibirse de ello, substituir los hechos por su interpretación personal; finalmente, hay sabios, o supuestos tales, que vienen todavía a superponer a todo eso su propia interpretación, resultado de ideas preconcebidas: lo que se obtiene por esta última elaboración, no es lo que piensan los salvajes, sino lo que deben pensar conformemente a tal teoría "antropológica" o "sociológica". En realidad, los cosas son menos simples, o, si se prefiere, son complicadas de manera muy diferente, porque los salvajes, como los civilizados, tienen maneras de pensar que les son particulares, y que, por consiguiente, son difícilmente accesibles a los hombres de otra raza; y, con los salvajes, se tienen pocos recursos para comprenderles y para asegurar que se les comprende bien, porque, generalmente, apenas saben explicar lo que piensan, admitiendo que ellos mismos se den cuenta de ello. En lo que concierne a la aserción que contábamos hace un momento, se pretende apoyarla sobre un cierto número de hechos que no prueban absolutamente nada, como los objetos que se depositan junto a los muertos, las ofrendas de alimento que se hacen sobre las tumbas, etc.; ritos enteramente semejantes han existido o existen todavía en pueblos que no son de ningún modo salvajes, y no corresponden en ellos a esas concepciones groseras de las que se cree que son un indicio, porque su verdadera significación es muy diferente de la que les atribuyen los sabios europeos, y porque, en realidad, conciernen únicamente a algunos elementos inferiores del ser humano. Solamente, los salvajes, que para nos no son "primitivos", sino al contrario degenerados, pueden haber conservado algunos ritos sin comprenderlos, y eso desde tiempos muy remotos; la tradición, cuyo sentido se ha perdido, ha hecho lugar entre ellos a la rutina, o a la "superstición" en el sentido etimológico de la palabra. En estas condiciones, no vemos ningún inconveniente en que algunas tribus al menos (es menester no generalizar demasiado) hayan llegado a concebir la vida futura casi como se dice; pero no hay necesidad de ir tan lejos para encontrar, y de una manera mucho más cierta, concepciones o más bien representaciones que sean exactamente esas. Primero, se las encontraría muy probablemente, en nuestra época tanto como en toda otra, en las clases inferiores de los pueblos que más se jactan de su civilización: si se buscaran ejemplos entre los campesinos de los diversos países de Europa, estamos persuadidos de que la cosecha no dejaría de ser abundante. Pero hay más: en los mismos países, los ejemplos más claros, los que revisten las formas más precisas en su grosería, no los proporcionarían quizás los iletrados, sino más bien gentes que poseen una cierta instrucción, entre los cuales algunos se consideran incluso comúnmente como "intelectuales". En efecto, en ninguna parte las representaciones del género especial de que se trata se han afirmado nunca con tanta fuerza como en los espiritistas; hay en eso un curioso tema de estudios, que nos permitimos recomendar a los sociólogos, que, ahí al menos, no correrán el riesgo de un error de interpretación.

Para comenzar, no podríamos hacer nada mejor que citar aquí algunos extractos de Allan Kardec mismo; y he aquí primero lo que dice sobre el tema del "estado de turbación" que sigue inmediatamente a la muerte: "Esta turbación presenta circunstancias particulares, según el carácter de los individuos y sobre todo según el género de muerte. En las muertes violentas, por suicidio, suplicio, accidente, apoplejía, heridas, etc., el espíritu está sorprendido, extrañado, y no cree estar muerto; lo sostiene con obstinación; no obstante ve su cuerpo, sabe que ese cuerpo es el suyo, y no comprende que está separado de él; va junto a las personas que quería, les habla, y no concibe por qué no le oyen. Esta ilusión dura hasta el entero desprendimiento del periespíritu; solo entonces el espíritu se reconoce y comprende que no forma parte de los vivos. Este fenómeno se explica fácilmente. Sorprendido de improviso por la muerte, el espíritu está aturdido por el brusco cambio que se ha operado en él; para él, la muerte es todavía sinónimo de destrucción, de aniquilamiento; ahora bien, como piensa, como ve, como oye, para sí mismo no está muerto; lo que aumenta su ilusión, es que se ve un cuerpo semejante al precedente por la forma, pero cuya naturaleza etérea todavía no ha tenido tiempo de estudiar; le cree sólido y compacto como el primero; y cuando se llama su atención sobre este punto, se extraña de no poder palparse... Algunos espíritus presentan esta particularidad aunque la muerte no haya llegado inopinadamente; pero es siempre más general entre los que, aunque enfermos, no pensaban morir. Se ve entonces el singular espectáculo de un espíritu asistiendo a su entierro como al de un extraño, y hablando de él como de una cosa que no le concierne, hasta el momento en que comprende la verdad... En el caso de muerte colectiva, se ha observado que todos los que perecen al mismo tiempo no se ven de nuevo siempre inmediatamente. En la turbación que sigue a la muerte, cada uno va por su lado, o no se preocupa más que de aquellos que le interesan"[106]. He aquí ahora lo que concierne a lo que podría llamarse la vida diaria de los "espíritus": "La situación de los

---

[106] Le Livre des Esprits, pp. 72-73.

espíritus y su manera de ver las cosas varían al infinito en razón del grado de su desarrollo moral e intelectual. Los espíritus de un orden elevado no hacen generalmente sobre la tierra más que estancias de corta duración; todo lo que se hace aquí es tan mezquino en comparación a las grandezas del infinito (*sic*), las cosas a las que los hombres dan más importancia son tan pueriles a sus ojos, que encuentran en ellas pocos atractivos, a menos que se les llame en vistas a concurrir al progreso de la humanidad. Los espíritus de un orden medio permanecen aquí más frecuentemente, aunque consideran las cosas desde un punto de vista más elevado que mientras vivían. Los espíritus vulgares son en cierto modo sedentarios en esta tierra y constituyen la masa de la población ambiente del mundo invisible; han conservado casi las mismas ideas, los mismos gustos y las mismas inclinaciones que tenían bajo su envoltura corporal; se mezclan a nuestras reuniones, a nuestros asuntos, a nuestros entretenimientos, en los cuales toman una parte más o menos activa, según su carácter. No pudiendo satisfacer sus pasiones, gozan de aquellos que se abandonan a ellos y les excitan. En el número, los hay más serios que ven y observan para instruirse y perfeccionarse"[107]. Parece en efecto que los "espíritus errantes", es decir, aquellos que esperan una nueva encarnación, se instruyen "viendo y observando lo que pasa en los lugares que recorren", y también "escuchando los discursos de los hombres iluminados y las opiniones de los espíritus más elevados que ellos, lo que les da ideas que no tenían"[108]. Las peregrinaciones de estos "espíritus errantes", por instructivas que sean, tienen el inconveniente de ser casi tan fatigantes como los viajes terrestres; pero "hay mundos particularmente afectos a los seres errantes, mundos en los cuales pueden habitar temporariamente, especies de vivaques, de campos para reposar de una erraticidad demasiado larga, estado siempre un poco penoso. Son posiciones intermediarias entre los otros mundos, graduadas según la naturaleza de

---

[107] *Ibid*., p. 145.
[108] *Le Livre des Esprits*, pp. 109-110.

los espíritus que pueden trasladarse a ellos, y éstos gozan allí de un bienestar más o menos grande"[109]. Todos los "espíritus" no pueden ir por todas partes indiferentemente; he aquí como explican ellos mismos las relaciones que tienen entre sí: "Los espíritus de los diferentes órdenes se ven, pero se distinguen los unos de los otros. Se evitan o se aproximan, según la analogía o antipatía de sus sentimientos, de igual modo que eso tiene lugar entre vosotros. *Es todo un mundo del cual el vuestro es el reflejo obscurecido*[110]. Los del mismo rango se reúnen por una suerte de afinidad y forman grupos o familias de espíritus unidos por la simpatía y la meta que se proponen: los buenos por el deseo de hacer el bien, los malos por el deseo de hacer el mal, la vergüenza de sus faltas y la necesidad de encontrarse entre seres semejantes a ellos. Tal como una gran ciudad donde los hombres de todos los rangos y de todas las condiciones se ven y se encuentran sin confundirse; donde las sociedades se forman por la analogía de los gustos; donde el vicio y la virtud se codean sin decirse nada... Los buenos van por todas partes, y es menester que sea así para que puedan ejercer su influencia sobre los malos; pero las regiones habitadas por los buenos están prohibidas a los espíritus imperfectos, a fin de que éstos no puedan aportar allí el trastorno de las malas pasiones... Los espíritus se ven y se comprenden; la palabra es material: es el reflejo del espíritu. El fluido universal establece entre ellos una comunicación constante; es el vehículo de la transmisión del pensamiento, como para vosotros el aire es el vehículo del sonido; una suerte de telégrafo universal que enlaza todos los mundos, y permite a los espíritus comunicarse de un mundo a otro... Constatan su individualidad por el periespíritu que hace de ellos seres distintos los unos para los otros, como el cuerpo entre los hombres"[111]. No sería difícil multiplicar estas citas, agregar textos que muestran que los "espíritus" intervienen en casi todos los acontecimientos de la vida

---

[109] *Ibid*, p. 111.

[110] Esta frase está subrayada en el texto; invirtiendo la relación que indica, se tendría la exacta expresión de la verdad.

[111] Le Livre des Esprits, pp. 135-137.

terrestre, y otros que precisan también las "ocupaciones y misiones de los espíritus"; pero eso devendría pronto fastidioso; hay pocos libros cuya lectura sea tan insoportable como los de la literatura espiritista en general. Nos parece que los extractos precedentes pueden prescindir de todo comentario; haremos destacar solamente, porque es particularmente importante y sale a cada instante, la idea de que los "espíritus" conservan todas las sensaciones de los vivos; la única diferencia es que no les llegan ya por órganos especiales y localizados, sino por el "periespíritu" entero; y las facultades más materiales, las más evidentemente dependientes del organismo corporal, como la percepción sensible, se consideran como "atributos del espíritu", que "forman parte de su ser"[112].

Después de Allan Kardec, es bueno citar al más "representativo" de sus discípulos actuales, M. Léon Denis: "Los espíritus de orden inferior, envueltos en fluidos espesos, sufren las leyes de la gravitación y son atraídos hacia la materia... Mientras que el alma purificada recorre la vasta y radiante extensión, reside a su gusto sobre los mundos y apenas si ve límites a su vuelo, el espíritu impuro no puede alejarse de la vecindad de los globos materiales... La vida del espíritu avanzado es esencialmente activa, aunque sin fatigas. Las distancias no existen para él. Se traslada con la rapidez del pensamiento. Su envoltura, semejante a un vapor ligero, ha adquirido una tal sutileza que deviene invisible a los espíritus inferiores. Ya no ve, oye, huele, y percibe por los órganos materiales que se interponen entre la naturaleza y nosotros e interceptan el paso de la mayoría de las sensaciones, sino directamente, sin intermediario, por todas las parte de su ser. Así sus percepciones son mucho más claras y multiplicadas que las nuestras. El espíritu elevado nada en cierto modo en el seno de un océano de sensaciones deliciosas. Cuadros cambiantes se desenvuelven ante su vista, armonías suaves le mecen y le encantan. Para él, los colores son perfumes, los perfumes son

---

[112] Le Livre des Esprits, pp. 116-117.

sonidos. Pero por exquisitas que sean sus impresiones, puede sustraerse a ellas y recogerse a voluntad, envolviéndose en un velo fluídico, aislándose en el seno de los espacios. El espíritu avanzado está liberado de todas sus necesidades corporales. El alimento y el sueño no tienen para él ninguna razón de ser... Los espíritus inferiores llevan con ellos, más allá de la tumba, sus hábitos, sus necesidades, sus preocupaciones materiales. No pudiendo elevarse por encima de la atmósfera terrestre, vuelven para participar en la vida de los humanos, para mezclarse en sus luchas, en sus trabajos, en sus placeres... Se encuentran en la erraticidad muchedumbres inmensas a la búsqueda de un estado mejor que les rehuye... Es en cierto modo el vestíbulo de los espacios luminosos, de los mundos mejores. Todos pasan por él, todos residen en él, pero para elevarse más alto... Todas las regiones del Universo están pobladas de espíritus muy afanosos. Por todas partes muchedumbres, enjambres de almas suben, descienden, se agitan en el seno de la luz o en las regiones obscuras. Sobre un punto, se asamblean auditorios para recibir las instrucciones de espíritus elevados. Más allá, se forman grupos para festejar a un recién llegado. En otra parte, otros espíritus combinan los fluidos, les prestan mil formas, mil tintes fundidos y maravillosos, los preparan para los usos sutiles que les destinan los genios superiores. Otras muchedumbres se aprietan alrededor de los globos y les siguen en sus revoluciones, muchedumbres sombrías, trastornadas, que influyen sin saberlo sobre los elementos atmosféricos... El espíritu, puesto que es fluídico él mismo, actúa sobre los fluidos del espacio. Por el poder de su voluntad, los combina, los dispone a su guisa, les presta los colores y las formas que responden a su cometido. Es por la mediación de estos fluidos como se ejecutan obras que desafían toda comparación y todo análisis: cuadros cambiantes, luminosos; reproducciones de vidas humanas, vidas de fe y de sacrificio, apostolados dolorosos, dramas del infinito... Es en las mansiones fluídicas donde se despliegan las pompas de las fiestas espirituales. Los espíritus puros, deslumbrantes de luz, se agrupan por familias. Su brillo, los matices variados de su envolturas, permiten medir su elevación, determinar sus atributos... La superioridad del espíritu se reconoce en su vestimenta fluídica. Es como una envoltura tejida con los méritos y las cualidades adquiridas en la sucesión de sus existencias. Apagada y sombría para el alma inferior, su blancura aumenta en la proporción de los progresos realizados y deviene cada vez más pura. Brillante ya en el espíritu elevado, despide en las almas superiores un fulgor insostenible"[113]. Y que no se diga que eso no son más que maneras de hablar más o menos figuradas; para los espiritistas, todo eso debe tomarse rigurosamente al pie de la letra.

Por extravagantes que sean las concepciones de los espiritistas franceses sobre el tema de la "sobrevida", parece que todavía son rebasadas por las de los espiritistas anglosajones, y por todo lo que éstos cuentan de las maravillas de *Summerland* o "país de verano", como ellos llaman a la "morada de los espíritus". Hemos dicho en otra parte que los teosofistas critican a veces severamente estas necedades, en lo cual no carecen de razón: es así como Mme Besant habla de "la más grosera de todas las representaciones, la del *Summerland* moderno, con sus "espíritus maridos", su "espíritus mujeres", sus "espíritus hijos", que van a la escuela y a la universidad y que devienen espíritus adultos"[114]. Esto es muy justo, ciertamente, pero uno puede preguntarse si los teosofistas tienen el derecho a mofarse así de los "espiritualistas"; se juzgará de ello por estas pocas citas que tomamos a otro teosofista eminente, M. Leadbeater: "Después de la muerte, al llegar al plano astral, las gentes no comprenden que están muertos, e, incluso si se dan cuenta de ello, al comienzo no perciben en qué difiere ese mundo del mundo físico... Así a veces se ven personas recientemente fallecidas intentar comer, prepararse comidas completamente imaginarias, mientras que otras se construyen casas. He visto positivamente en el más allá a un hombre construirse una casa piedra a piedra, y, aunque creaba cada piedra por un esfuerzo de su pensamiento, no había comprendido que de igual modo hubiera podido construir la casa entera de un solo golpe, por el

---

[113] *Après la mort*, pp. 270-290.
[114] *La Mort et l'au-delà*, p. 85 de la traducción francesa.

mismo procedimiento, sin sufrir mayor esfuerzo. Al descubrir que las piedras no tenían peso, poco a poco fue conducido a apercibirse de que las condiciones de ese nuevo medio diferían de aquellas a las cuales estaba acostumbrado sobre la tierra, lo que le condujo a continuar su examen. En el *Summerland* [115], los hombres se rodean de paisajes que se crean ellos mismos; algunos no obstante se evitan este esfuerzo y se contentan con los que ya han sido imaginados por otros. Los hombres que viven en el sexto subplano, es decir, junto a la tierra, están rodeados de la contrapartida astral de las montañas, de los árboles, de los lagos físicos, de suerte que no son tentados a edificarlos ellos mismos; aquellos que habitan los subplanos superiores, que planean por encima de la superficie terrestre, se crean todos los paisajes que quieren... Un materialista eminente, bien conocido durante su vida por uno de nuestros colegas de la Sociedad Teosófica, fue recientemente descubierto por éste en la subdivisión más elevada del plano astral; se había rodeado de todos sus libros y proseguía allí sus estudios casi como en la tierra"[116]. Aparte de la complicación de los "planos" y de los "subplanos", debemos confesar que no vemos bien la diferencia; es verdad que M. Leadbeater es un antiguo espiritista, que puede estar influenciado todavía por sus ideas anteriores, pero muchos de sus colegas están en el mismo caso; el teosofismo se ha apropiado verdaderamente de muchas cosas del espiritismo como para permitirse criticarle. Es bueno precisar que los teosofistas atribuyen generalmente a la "clarividencia" las pretendidas constataciones de este género, mientras que los espiritistas las admiten por la fe en las simples "comunicaciones"; no obstante, el espiritismo tiene también sus "videntes", y lo que es penoso es que allí donde hay divergencia entre las escuelas, hay igualmente desacuerdo entre las visiones, puesto que las de cada uno son siempre conformes a sus propias teorías; así pues, no puede acordárseles un valor mayor que a las "comunicaciones", que están en el mismo caso, y en las que la

---

[115] El autor teosofista acepta aquí hasta el término mismo que emplean los "espiritualistas".
[116] L'Occultisme dans la Nature, pp. 19-20 y 44.

sugestión juega manifiestamente un papel preponderante.

Pero volvamos a los espiritistas: lo más extraordinario que conocemos, en el orden de cosas de que se trata, es un libro titulado *Mes expériences avec les esprits*, escrito por un americano de origen francés, llamado Henry Lacroix; esta obra, que fue publicada en París en 1889, prueba que los espiritistas no tienen la menor consciencia del ridículo. Papus mismo ha tratado al autor de "fanático peligroso" y ha escrito que "la lectura de este libro basta para alejar para siempre del espiritismo a todos los hombres sensatos"[117]; Donald Mac-Nab dice que "las personas que no son enemigas de una dulce alegría no tienen más que leer esta obra para darse cuenta de las extravagancias de los espiritistas", y "recomienda especialmente este caso a la atención de los alienistas"[118]. Sería menester poder reproducir esta elucubración casi enteramente para mostrar hasta dónde pueden llegar ciertas aberraciones; es verdaderamente increíble, y sería ciertamente hacer una excelente propaganda antiespiritista recomendar su lectura a aquellos a quienes el contagio todavía no ha ganado, pero que corren el riesgo de ser alcanzados por él. Puede verse ahí, entre otras curiosidades, la descripción y el dibujo de la "casa fluídica" del autor (ya que, si hemos de creerle, vivía en los dos mundos a la vez), y también los retratos de sus "hijos espíritus", dibujados por él "bajo su control mecánico": se trata de doce niños (de quince) que había perdido, y que habían continuado viviendo y creciendo "en el mundo fluídico"; ¡varios inclusive se han casado allí! Señalamos a este propósito que, según el mismo autor, "Habría bastante frecuentemente en los Estados Unidos, matrimonios entre los vivos y los muertos"; cita el caso de un juez llamado Lawrence, que se hizo rematrimoniar con su mujer fallecida por un pastor de sus amigos[119]; si el hecho es verdadero, da una triste idea de la mentalidad de los espiritistas americanos. En otra parte, se enseña

---

[117] Traité méthodique de Science occulte, p. 341.
[118] Le Lotus, marzo de 1889, p. 736.
[119] Mes expériences avec les esprits, p. 174.

cómo se alimentan los "espíritus", cómo se visten, cómo se construyen sus mansiones; pero lo mejor que hay son quizás las manifestaciones póstumas de Mme de Girardin y los diversos episodios que se refieren a ella; he aquí una muestra: "Era de noche, y yo estaba ocupado en leer o en escribir, cuando vi a Delphine (Mme de Girardin) llegar junto a mí con un fardo en sus brazos, que depositó a mis pies. No vi en seguida lo que era, pero pronto me apercibí de que aquello tenía una forma humana. Comprendí entonces lo que se esperaba de mí. ¡Era desmaterializar a aquel espíritu infeliz que llevaba el nombre de Alfred de Musset! Y lo que confirmaba para mí esta versión, es que Delphine se había marchado con prisa, luego de haber desempeñado su tarea, como si temiera asistir a la operación... La operación consistía en quitar de la forma entera del espíritu una especie de epidermis, que se pegaba al interior del organismo por toda suerte de fibras o de ligaduras, o, finalmente, en *desollarle*, lo que hice con sangre fría, comenzando por la cabeza, a pesar de los gritos agudos y de las convulsiones violentas del paciente, que yo oía y veía ciertamente, pero sin tenerlos en cuenta... Al día siguiente, Delphine llegó para hablarme de su protegido, y me anunció que después de haber prodigado a mi *víctima* todos los cuidados requeridos para reponerla de la terrible operación que yo le había hecho sufrir, los amigos habían organizado un "festín de pagano" para celebrar su *liberación*"[120]. No menos interesante es el relato de una representación teatral entre los "espíritus": "Mientras que Celeste (una de las "hijas espíritu" del autor) me acompañaba un día en uno de mis paseos, Delphine llegó inopinadamente junto a nosotros, y dijo a mi hija: "¿Por qué no invitas a tu padre a ir a escuchar la ópera?" Celeste respondió: "¡Pero será menester que se lo pida al director!"... Algunos días después, Celeste vino a anunciarme que su director me invitaba y que estaría encantado de recibirme con los amigos que me acompañaran. Me trasladé una tarde a la ópera con Delphine y una decena de amigos (espíritus)... La sala inmensa, en anfiteatro, donde

---

[120] Mes expériences avec les esprits, pp. 22-24.

acudimos, rebosaba de asistentes. Felizmente, en nuestros sitios escogidos, con nuestros amigos, teníamos espacio para movernos con toda libertad. El auditorio, compuesto casi de veinte mil personas, devenía por momentos un mar agitado, cuando la pieza conmovía los corazones del público entendido. *Aridide, o los Signos del Tiempo*, tal es el nombre de esta ópera, donde Celeste, como primer sujeto, ha aparecido ventajosamente, resplandeciente, abrasada del fuego artístico que la anima. En su milésima representación, este esfuerzo de una colaboración de las cabezas de mayor renombre cautiva todavía de tal modo a los espíritus, que la muchedumbre de los curiosos, no encontrando sitio en el recinto, formaba con sus cuerpos comprimidos una bóveda (o un techo) compacto en el edificio. La tropa activa, en relieve, sin contar los comparsas ni la orquesta, era de ciento cincuenta artistas de primer orden... Celeste ha venido a decirme con frecuencia el nombre de otras piezas en las que ella figuraba. Me anunció una vez que Balzac había compuesto una ópera muy bella o un drama de amplias miras, y que estaba en reposición"[121]. ¡A pesar de sus éxitos, la pobre Celeste, algún tiempo después, se malquistó con su director y fue despedida! Otra vez, el autor asiste a una sesión de otro género, "en un bello templo circular, dedicado a la Ciencia"; allí, a invitación del presidente, sube a la tribuna y pronuncia un gran discurso "ante aquella docta asamblea de quinientos o seiscientos espíritus que se ocupan de ciencia: era una de sus reuniones periódicas"[122]. Algún tiempo después, entra en relaciones con el "espíritu" del pintor Courbet, le cura de una "borrachera póstuma", después le hace nombrar "director de una gran academia de pintura que gozaba de una hermosa reputación en la zona donde se encontraba"[123]. He aquí ahora la masonería de los "espíritus", que no deja de presentar algunas analogías con la "gran logia blanca" de

---

[121] *Mes expériences avec les esprits*, pp. 101-103. —Eso no impide a los "espíritus", fuera de estas representaciones que les están destinadas especialmente, asistir también a las que se dan en nuestro mundo (*ibid.*, pp. 155-156).
[122] *Ibid.*, pp. 214-215.
[123] *Ibid.*, p. 239.

los teosofistas: "Los "hermanos mayores" son seres que han pasado por todos los grados de la vida espiritual y de la vida material. Forman una sociedad, en diversas clases, la cual se halla *establecida* (para servirme de un término terrestre) sobre los confines del mundo fluídico y del mundo etéreo, el cual es el más alto, el mundo "perfecto". Esta sociedad, llamada la gran fraternidad, es la vanguardia del mundo etéreo; es el gobierno administrativo de las dos esferas, espiritual y material, o del mundo fluídico de la tierra. Es esta sociedad, con el concurso legislativo del mundo etéreo propiamente dicho, la que gobierna a los espíritus y a los "mortales", a través de todas sus fases de existencia"[124]. En otro pasaje, se puede leer el relato de una "iniciación mayor" en la "gran hermandad", la de un difunto espiritista belga llamado Jobard[125]; esto recuerda pasablemente a las iniciaciones masónicas, pero las "pruebas" son allí mas serias y no son puramente simbólicas. Esta ceremonia fue presidida por el autor mismo, que, aunque vivo, tenía uno de los más altos grados en esa extraña asociación; otro día, se le ve "ponerse a la cabeza de la tropa del tercer orden (*sic*), compuesto de casi diez mil espíritus, masculinos y femeninos", para ir "a una colonia poblada de espíritus un poco retrógrados", y "purificar la atmósfera de ese lugar, donde se encontraba más de un millón de habitantes, por un procedimiento químico conocido por nosotros, a fin de producir un reactivo salutario en las ideas mantenidas entre estas poblaciones"; parece que "ese país formaba una dependencia de la Francia fluídica"[126], ya que, ahí como entre los teosofistas, cada región de la tierra tiene su "contrapartida fluídica". La "gran hermandad" está en lucha con otra organización, igualmente "fluídica", que es, bien entendido, una "orden clerical"[127]; por lo demás, el autor, en lo que le concierne personalmente, declara expresamente que "la principal meta de su misión es minar y restringir la autoridad clerical en el otro mundo, y por contragolpe en

---

[124] *Ibid.*, p. 81.
[125] Mes expériences avec les esprits, pp. 180-183.
[126] *Ibid.*, pp. 152-154.
[127] *Ibid.*, pp. 170-171.

éste"[128]. He aquí bastante sobre estas locuras; pero teníamos que dar una pequeña apercepción, porque hacen aparecer, en cierto modo en el estado de grosura, una mentalidad que es también, a un grado más o menos atenuado, la de muchos otros espiritistas y "neoespiritualistas"; ¿no está fundado, desde entonces, denunciar estas cosas como un verdadero peligro público?

Damos todavía, a título de curiosidad, esta descripción, bien diferente de las precedentes, que un "espíritu" ha hecho de su vida en el más allá: "Lo más frecuentemente, el hombre muere sin tener consciencia de lo que le ocurre. Vuelve a la consciencia después de algunos días, algunas veces después de algunos meses. El despertar está lejos de ser agradable. Se ve rodeado de seres que no reconoce: la cabeza de estos seres recuerda lo más frecuentemente a un cráneo de esqueleto: el terror que se apodera de él le hace perder frecuentemente el conocimiento una segunda vez. Poco a poco, se acostumbra a estas visiones. El cuerpo de los espíritus es material y se compone de una masa gaseosa que tiene casi la pesantez del aire; este cuerpo se compone de una cabeza y de un pecho; no tiene ni brazos, ni piernas, ni abdomen. Los espíritus se mueven con una velocidad que depende de su voluntad. Cuando se mueven muy aprisa, su cuerpo se alarga y deviene cilíndrico; cuando se mueven con la mayor velocidad posible, su cuerpo toma la forma de una espiral que cuenta catorce vueltas con un diámetro de treinta y cinco centímetros. La espira puede tener un diámetro de alrededor de cuatro centímetros. En esta forma, obtienen una velocidad que iguala a la del sonido... Nos encontramos ordinariamente en las mansiones de los hombres, ya que la lluvia y el viento nos son muy desagradables. Ordinariamente vemos insuficientemente; hay muy poca luz para nosotros. La luz que preferimos es la del acetileno; es la luz ideal. En segundo lugar, los médiums difunden una luz que nos permite ver hasta una distancia de más de un metro alrededor de ellos; esta luz

---

[128] *Ibid.*, p. 29.

atrae a los espíritus. Los espíritus ven poco de los vestidos del hombre; los vestidos semejan a una nube; ven incluso algunos órganos interiores del cuerpo humano; pero no ven el cerebro a causa del cráneo óseo. Pero oyen pensar a los hombres, y a veces estos pensamientos se hacen oír muy lejos aunque ninguna palabra haya sido pronunciada por la boca. En el reino de los espíritus reina la ley del más fuerte, es un estado de anarquía. Si las sesiones no salen bien, es porque un espíritu malévolo no deja la mesa y se queda encima de una sesión a la otra, de suerte que los espíritus que desearían entrar en comunicación seria con los miembros del círculo no pueden aproximarse a la mesa... Como media, los espíritus viven de cien a ciento cincuenta años. La densidad del cuerpo aumenta hasta la edad de cien años; después de eso, la densidad y la fuerza disminuyen, y finalmente se disuelven, como todo se disuelve en la naturaleza... Estamos sometidos a las leyes de la presión del aire; somos materiales; no nos interesamos, nos resultamos aburridos. Todo lo que es materia está sometido a las leyes de la materia: la materia se descompone; nuestra vida no dura más de ciento cincuenta años como mucho; entonces nos morimos para siempre"[129]. Este "espíritu" materialista y negador de la inmortalidad debe considerarse por la mayoría de los espiritistas como pasablemente heterodoxo y poco "iluminado"; y los experimentadores que han recibido estas extrañas "comunicaciones" aseguran además que "los espíritus más inteligentes protestan positivamente contra la idea de Dios"[130]; tenemos muchas razones para pensar que ellos mismos tenían fuertes preferencias por el ateísmo y el "monismo". Sea como sea, las gentes que han registrado seriamente las divagaciones de las que acabamos de dar una muestra son los que tienen la pretensión de estudiar los fenómenos "científicamente": se rodean de aparatos impresionantes, y se imaginan incluso haber creado una nueva ciencia, la "psicología física"; ¿no hay

---

[129] Comunicación recibida por MM. Zaalberg van Zelst y Matla, de la Haya: *Le Monde Psychique*, marzo de 1912.
[130] *Le Secret de la Mort*, por Matla y Zaalberg van Zelst; *ibid.*, abril de 1912.

ahí con qué ahuyentar de estos estudios a los hombres sensatos, y no es para estar tentado de excusar a aquellos que prefieren negarlo todo "a priori"? No obstante, al lado del artículo del que hemos tomado las citas precedentes, encontramos otro en el que un psiquista, que por lo demás no es más que un espiritista apenas disfrazado, declara tranquilamente que "los dudadores, los contradictores y los testarudos en el estudio de los fenómenos psíquicos deben ser considerados como enfermos", que "el espíritu científico preconizado en estos tipos de examen puede provocar en el examinador, a la larga, una suerte de manía, si se puede decir... un delirio crónico, paroxismos, una suerte de locura lúcida", en fin, que "la duda, al instalarse en un terreno predispuesto, puede evolucionar hasta la locura maníaca"[131]. Evidentemente, las gentes que están bastante bien equilibradas deben pasar por locos a los ojos de aquellos que están más o menos trastornados; ahí no hay nada que no sea enteramente natural, pero es poco tranquilizador pensar que, si el espiritismo continua ganando terreno, llegará quizás un día en que cualquiera que se permita criticarle se expondrá simplemente a ser internado en algún asilo de alienados.

Una cuestión a la que los espiritistas dan una gran importancia, pero sobre la cual no pueden llegar a entenderse, es saber si los "espíritus" conservan su sexo; les interesa sobre todo por las consecuencias que puede tener desde el punto de vista de la reencarnación: si el sexo es inherente al "periespíritu", debe permanecer invariable en todas las existencias. Evidentemente, para aquellos que han podido asistir a "matrimonios de espíritus", como Henry Lacroix, la cuestión se resuelve afirmativamente, o más bien ni siquiera se plantea; pero no todos los espiritistas gozan de facultades tan excepcionales. Allan Kardec, por lo demás, se había pronunciado claramente por la negativa: "Los espíritus no tienen sexo como vosotros lo entendéis, ya que los sexos dependen de la organización (sin duda que quiere decir del organismo). Hay entre

---

[131] *Le Monde Psychique*, marzo de 1912.

ellos amor y simpatía, pero fundados sobre la similitud de los sentimientos". Y agregaba: "Los espíritus se encarnan hombres o mujeres porque no tienen sexo; como deben progresar en todo, cada sexo, como cada posición social, les ofrece pruebas y deberes especiales y la ocasión de adquirir experiencia. Aquel que fuera siempre hombre no sabría más que lo que saben los hombres"[132]. Pero sus discípulos no tienen la misma seguridad, sin duda porque han recibido sobre este punto demasiadas "comunicaciones" contradictorias; así, en 1913, un órgano espiritista, el *Fraterniste*, sintió la necesidad de formular expresamente la pregunta, y lo hizo en estos términos: "¿Cómo se concibe la vida del más allá? En particular, los espíritus o, más exactamente, los periespíritus, ¿conservan su sexo o devienen neutros al entrar en el plano astral? Y si se pierde el sexo, ¿cómo explicar que al encarnarse se determine de nuevo claramente un sexo? Se sabe que muchos ocultistas pretenden que el periespíritu es el molde sobre el que se forma el nuevo cuerpo". La última frase contiene un error en lo que concierne a los ocultistas propiamente dichos, puesto que éstos dicen al contrario que el "cuerpo astral", que es para ellos el equivalente del "periespíritu", se disuelve en el intervalo de dos "encarnaciones"; la opinión que expresa es más bien la de algunos espiritistas; pero hay tantas confusiones en todo eso que es ciertamente excusable no reconocerse en ellas. M. Léon Denis, después de haber "pedido opinión a sus guías espirituales", respondió que "el sexo subsiste, pero permanece neutro y sin utilidad", y que, "en el momento de la reencarnación, el periespíritu se liga de nuevo a la materia y retoma el sexo que le era habitual", a menos no obstante "que un espíritu desee cambiar de sexo, lo que se le concede". Sobre este punto particular, M. Gabriel Delaune se muestra más fiel a la enseñanza de Allan Kardec, ya que declara que "los espíritus son asexuados, simplemente porque no tienen necesidad de reproducirse en el más allá", y que "ciertos hechos de reencarnación parecen probar que los sexos alternan para el mismo

---

[132] Le Livre des Esprits, p. 88.

espíritu según la meta a la cual (*sic*) se haya propuesto aquí abajo; es, al menos, lo que parece desprenderse como enseñanza de las comunicaciones recibidas un poco por todas partes desde hace medio siglo"[133]. Entre las respuestas que fueron publicadas, hubo también las de varios ocultistas, concretamente la de Papus, que, invocando la autoridad de Swedenborg, escribía esto: "Existen sexos para los seres espirituales, pero estos sexos no tienen ninguna relación con sus análogos sobre la tierra. Hay en el plano invisible seres sentimentalmente femeninos y seres mentalmente masculinos. Al venir sobre la tierra, cada uno de estos seres puede tomar otro sexo material que el sexo astral que poseía". Por otra parte, un ocultista disidente, M. Ernest Bosc, confesaba francamente concebir la vida en el más allá "absolutamente como en este bajo mundo, pero con la diferencia de que, del otro lado, al no tener que ocuparnos ya enteramente de nuestros intereses materiales, nos queda mucho más tiempo para trabajar mental y espiritualmente en nuestra evolución". Este "simplismo" no le impedía protestar con toda la razón contra una enormidad que seguía al cuestionario del *Fraterniste*, y que era ésta: "Se comprenderá toda la importancia de esta cuestión cuando hayamos dicho que, para muchos espiritistas, los espíritus son asexuados, mientras que los ocultistas creen en los íncubos y en los súcubos, acordando así un sexo a nuestros amigos del Espacio". Nadie había dicho nunca que los íncubos y los súcubos fuesen humanos "desencarnados"; algunos ocultistas parecen considerarles como "elementales", pero, antes de ellos, todos los que han creído en ellos han sido unánimes en considerarlos como demonios y nada más; si es eso lo que los espiritistas llaman "sus amigos del Espacio", ¡la cosa es enteramente edificante!

Hemos debido anticipar un poco sobre la cuestión de la reencarnación; señalaremos todavía, para terminar este capítulo, otro punto que da lugar a tantas opiniones divergentes como el precedente:

---

[133] *Le Fraterniste*, 13 de marzo de 1914.

¿las reencarnaciones se hacen todas sobre la tierra, o pueden hacerse también en otros planetas? Allan Kardec enseña que "el alma puede revivir varias veces sobre el mismo globo, si no está bastante avanzada para pasar a un mundo superior"[134]; para él, puede haber una pluralidad de existencias terrestres, pero hay también existencias en otros planetas, y es el grado de evolución de los "espíritus" el que determina su paso de uno a otro. He aquí las precisiones que da en lo que concierne a los planetas del sistema solar: "Según los espíritus, de todos los globos que componen el sistema planetario, la tierra es uno de aquellos cuyos habitantes están menos avanzados físicamente y moralmente; Marte le sería todavía inferior y Júpiter muy superior en todos los aspectos. El sol no sería un mundo habitado por seres corporales, sino un lugar de cita de los espíritus superiores, que desde allí irradian por el pensamiento hacia los demás mundos, que dirigen por la intermediación de espíritus menos elevados a los cuales se transmiten por la mediación del fluido universal. Como constitución física, el sol sería un foco de electricidad. Todos los soles parecerían estar en una posición idéntica. El volumen y el alejamiento del sol no tienen ninguna relación necesaria con el grado de avance de los mundos, puesto que parecería que Venus estaría más avanzado que la Tierra, y Saturno menos que Júpiter. Varios espíritus que han animado a personas conocidas sobre la tierra han dicho que estaban reencarnados en Júpiter, uno de los mundos más vecinos de la perfección, y uno ha podido extrañarse de ver, en ese globo tan avanzado, a hombres que la opinión no colocaba aquí abajo en la misma línea. Esto no tiene nada que deba sorprender, si se considera que algunos espíritus que habitan ese planeta han podido ser enviados sobre la tierra para desempeñar en ella una misión que, a nuestros ojos, no les colocaba en el primer rango; en segundo lugar, que entre su existencia terrestre y su existencia en Júpiter, han podido tener existencias intermediarias en las cuales se han mejorado; en tercer lugar, finalmente, que en ese mundo como en el nuestro, hay diferentes grados de

---

[134] Le Livre des Esprits, pp. 76-77.

desarrollo, y que entre esos grados puede haber la distancia que separa entre nosotros al salvaje del hombre civilizado. Así pues, de que se habite en Júpiter, no se sigue que se esté al nivel de los seres más avanzados, como tampoco que se esté al nivel de un sabido del instituto porque uno habite en París"[135]. Ya hemos visto la historia de los "espíritus" que habitan Júpiter a propósito de los dibujos mediúmnicos de Victorien Sardou; uno podría preguntarse cómo es posible que esos espíritus, aunque viven al presente sobre otro planeta, pueden no obstante enviar "mensajes" a los habitantes de la tierra; ¿creerían pues los espiritistas haber resuelto a su manera el problema de las comunicaciones interplanetarias? Su opinión parece ser que estas comunicaciones son efectivamente posibles por sus procedimientos, pero solo en el caso de que se trate de "espíritus superiores", que, "aunque habitan en ciertos mundos, no están confinados a ellos como los hombres sobre la tierra, y pueden estar por todas partes mejor que los demás"[136]. Algunos "clarividentes" ocultistas y teosofistas, como M. Leadbeater, pretenden poseer el poder de transportarse a otros planetas para hacer allí "investigaciones"; sin duda deben ser colocados entre "esos espíritus superiores" de los que hablan los espiritistas; pero éstos, inclusive si pudieran también transportarse allí en persona, no tienen ninguna necesidad de darse este trabajo, puesto que los "espíritus", encarnados o no, vienen por sí mismos a satisfacer su curiosidad y a contarles lo que pasa en esos mundos. A decir verdad, lo que cuentan esos "espíritus" no es muy interesante; en el libro de Dunglas Home que ya hemos citado a propósito de Allan Kardec, hay un capítulo titulado *Absurdités*, del que destacamos este pasaje: "Los pocos datos científicos que sometemos a la apreciación del lector nos han sido provistos bajo forma de folleto. Es un compendio precioso que haría las delicias del mundo sabio. Ahí se ve, por ejemplo, que el cristal juega un gran papel en el planeta Júpiter; es una materia indispensable, el complemento necesario a toda

---

[135] Le Livre des Esprits, pp. 81-82.
[136] *Ibid.*, p. 81.

existencia acomodada en esos parajes. Los muertos son puestos en cajas de cristal, y éstas son colocadas a título de ornamento en las habitaciones. Las casas también son de cristal, de suerte que no es bueno lanzar piedras en ese planeta. Hay hileras de esos palacios de cristal que se llaman *Séména*. Allí se practica una especie de ceremonia mística, y en esa ocasión, es decir, una vez cada siete años, se pasea el santo sacramento por las ciudades de cristal sobre un carro de cristal. Los habitantes son de talla gigantina, como dice Scarron; tienen de siete a ocho pies de altura. Tienen como animales domésticos una raza especial de grandes loros. Se encuentra invariablemente uno, cuando se entra en una casa, tras de la puerta, afanado en tricotar gorros de noche... Si hemos de creer a otro médium, no menos bien reseñado, es el arroz el que se acomoda mejor al suelo del planeta Mercurio, si no me equivoco. Pero allí, no brota como en la tierra bajo la forma de planta; gracias a influencias climatéricas y a una manipulación entendida, se lanza a los aires a una altura que rebasa la cima de los robles más grandes. El ciudadano mercurial que desee gozar en la perfección del *otium cum dignitate* debe, cuando es joven, poner todo su saber en un arrozal. Escoge, entre los más altivos de su dominio, un tallo para escalar por él hasta la cima; después, a ejemplo del ratón en un queso, se introduce en el interior de la enorme vaina para devorar su fruto delicioso. Cuando lo ha comido todo, recomienza la misma tarea sobre otro tallo"[137]. Es lamentable que Home no haya dado referencias precisas, pero no tenemos ninguna razón para dudar de la autenticidad de lo que cuenta, y que ciertamente ha rebasado con mucho las extravagancias de Henry Lacroix; estas necedades, que constituyen el tono ordinario de las "comunicaciones" espiritistas, denotan sobre todo una gran pobreza de imaginación. Esto está bien lejos de equivaler a las fantasías de los escritores que han supuesto viajes a otros planetas, y que, al menos, no pretendían que sus invenciones fuesen la expresión de la realidad; por lo demás, hay casos en que tales obras han ejercido una influencia cierta:

---

[137] *Les Lumières et les Ombres du Spiritualisme*, pp. 179-181.

hemos oído a una "vidente" espiritista dar una descripción de los habitantes de Neptuno que estaba manifiestamente inspirada de las novelas de Wells. Hay que precisar que, inclusive en los escritores mejor dotados bajo el aspecto de la imaginación, las fantasías de este género han permanecido siempre bien terrestres en el fondo: han constituido los habitantes de otros planetas con elementos tomados a los de la tierra y más o menos modificados, ya sea en cuanto a sus proporciones, o ya sea en cuanto a su disposición; no podía ser de otro modo, y esto es uno de los mejores ejemplos que se puedan dar para mostrar que la imaginación no es nada más que una facultad de orden sensible. Esta observación debe hacer comprender por qué aproximamos aquí estas concepciones a las que conciernen a la "sobrevida" propiamente dicha: es que, en los dos casos, la fuente real es exactamente la misma; y el resultado es lo que puede ser cuando se trata solo de la imaginación "subconsciente" de gentes muy ordinarias y más bien por debajo de la media. Como lo hemos dicho, este tema se relaciona directamente a la cuestión misma de la comunicación con los muertos: son estas representaciones enteramente terrestres las que permiten creer en la posibilidad de una tal comunicación; y, de esta manera, somos conducidos finalmente al examen de la hipótesis fundamental del espiritismo, examen que será enormemente facilitado y simplificado por todo lo que precede.

CAPÍTULO V

La comunicación con los muertos

Al discutir la comunicación con los muertos, o la reencarnación, o cualquier otro punto de la doctrina espiritista, hay un género de argumentos que no tendremos en cuenta: son los argumentos de orden sentimental, que consideramos como absolutamente nulos, tanto en un sentido como en el otro. Se sabe que los espiritistas han recurrido de buena gana a estas razones que no son tales, que hacen el mayor caso de ellas, y que están sinceramente persuadidos de que pueden justificar realmente sus creencias; eso es enteramente conforme a su mentalidad. Los espiritistas, ciertamente, están lejos de tener el monopolio del sentimentalismo, que predomina bastante generalmente en los occidentales modernos; pero su sentimentalismo reviste formas particularmente irritantes para cualquiera que esté exento de sus prejuicios: no conocemos nada más neciamente pueril que esas invocaciones dirigidas a los "espíritus queridos", esos cantos por los que se abren la mayoría de las sesiones, ese absurdo entusiasmo en presencia de las "comunicaciones" más banales y de las manifestaciones más ridículas. En estas condiciones, no tiene nada de sorprendente que los espiritistas insistan a todo propósito sobre lo que hay de "consolador" en sus teorías; que las encuentran tales, es su asunto, y no tenemos nada que ver en ello; constatamos solamente, que hay otros, al menos tan numerosos, que no participan en esa apreciación y que piensan incluso exactamente lo contrario, lo que, por lo demás, no prueba nada tampoco. En general, cuando dos adversarios se sirven de los mismos argumentos, es muy probable que esos argumentos no valgan nada; y, en el caso presente, siempre nos ha sorprendido ver que algunos no encuentran nada mejor que decir contra el espiritismo que esto, a saber, que es poco "consolador" representarse a los muertos viniendo a despachar inepcias, a remover mesas, a librarse a mil chistes más o menos grotescos; ciertamente seríamos más bien de esta opinión que de la de los espiritistas, que, ellos sí, encuentran eso muy "consolador", pero no pensamos que estas consideraciones tengan que intervenir cuando se trata de pronunciarse sobre la verdad o la falsedad de una teoría. Primero, nada es más relativo: cada quien encuentra "consolador" lo que le place, lo que concuerda con sus propias disposiciones sentimentales, y no hay más que discutir sobre eso, como tampoco sobre todo lo que no es más que asunto de gusto; lo que es absurdo, es querer persuadir a los demás de que tal apreciación vale más que la apreciación contraria. Después, no todos tienen una igual necesidad de "consolaciones", y, por consiguiente, no están dispuestos a acordar la misma importancia a esas consideraciones; a nuestros ojos, no tienen más que una importancia muy mediocre, porque lo que nos importa, es la verdad: los sentimentales no consideran las cosas así, pero, todavía una vez más, su manera de ver no vale más que para ellos, mientras que la verdad debe imponerse igualmente a todos, por poco capaces que sean de comprenderla. Finalmente, la verdad no tiene por qué ser "consoladora"; si hay quienes, al conocerla, le encuentran este carácter, tanto mejor para ellos, pero eso no viene más que de la manera especial en que su sentimentalidad se encuentra afectada por ella; al lado de éstos, puede haber otros sobre quienes el efecto producido será enteramente diferente e incluso opuesto, y es cierto incluso que los habrá siempre, ya que nada es más variable y más diverso que el sentimiento; pero, en todos los casos, la verdad no intervendrá en eso para nada.

Dicho esto, recordaremos que, cuando se trata de comunicación con los muertos, esta expresión implica que aquello con lo que se comunica es el ser real del muerto; es así como lo entienden los espiritistas, y es esto lo que vamos a considerar exclusivamente. No podría tratarse de la intervención de elementos cualesquiera provenientes de los muertos, elementos más o menos secundarios y disociados; hemos dicho que esta intervención es perfectamente posible, pero los espiritistas, por el contrario, no quieren oír hablar de ello; así pues, ya no tenemos que ocuparnos más de ese asunto aquí, y tendremos que hacer una observación semejante en lo que concierne a la reencarnación. Después, recordaremos igualmente que, para los espiritistas, se trata esencialmente de comunicar con los muertos por medios materiales; al menos, es en estos términos como hemos definido su pretensión en el comienzo, porque era así como querían hacérnoslo comprender; pero en eso hay un equívoco posible, porque puede haber concepciones de la materia que sean extremadamente diferentes, y que lo que no es material para los unos puede serlo no obstante para los otros sin contar a aquellos a quienes la idea misma de materia les es extraña o les parece vacía de sentido; así pues, para mayor claridad y precisión, diremos que los espiritistas consideran una comunicación establecida por medios de orden sensible. Es eso, en efecto, lo que constituye la hipótesis fundamental del espiritismo; y esto es precisamente aquello cuya imposibilidad absoluta afirmamos, y vamos a dar ahora las razones de ello. Hemos de atenernos a que se comprenda bien nuestra posición a este respecto: un filósofo, aunque se niegue a admitir la verdad o incluso la probabilidad de la teoría espiritista, puede considerarla no obstante como representando una hipótesis como cualquier otra, e, incluso si la encuentra muy poco plausible, puede ocurrir que la comunicación con los muertos o la reencarnación se le aparezcan como "problemas", que quizás no tiene ningún medio de resolverlos; para nos, al contrario, no hay en eso ningún "problema", porque no son más que imposibilidades puras y simples. No pretendemos que la demostración de ello sea fácilmente comprensible para todos, porque hace llamada a datos de orden metafísico, por lo demás relativamente elementales; tampoco pretendemos exponerla aquí de una manera absolutamente completa, porque todo lo que presupone no podría ser desarrollado en el cuadro de este estudio, y hay puntos que retomaremos en otra parte. No obstante, esta demostración, cuando se comprende plenamente, entraña la certeza absoluta, como todo lo que tiene un carácter verdaderamente metafísico; así pues, si algunos no la encuentran plenamente satisfactoria, la falta no se deberá más que a la expresión imperfecta que le daremos, o a la comprehensión igualmente imperfecta que ellos mismos tendrán de ella.

Para que dos seres puedan comunicarse entre ellos por medios sensibles, es menester primero que los dos posean sentidos, y, además, es menester que sus sentidos sean los mismos, al menos parcialmente; si uno de ellos no puede tener sensaciones, o si no tienen sensaciones comunes, ninguna comunicación de este orden es posible. Esto puede parecer muy evidente, pero son las verdades de este género las que se olvidan más fácilmente, o a las que menos atención se presta; y sin embargo tienen frecuentemente un alcance que no se sospecha. De las dos condiciones que acabamos de enunciar, es la primera la que establece de una manera absoluta la imposibilidad de la comunicación con los muertos por medio de las prácticas espiritistas; en cuanto a la segunda, compromete al menos muy gravemente la posibilidad de las comunicaciones interplanetarias. Este último punto se relaciona inmediatamente con lo que hemos dicho al final del capítulo precedente; vamos a examinarle en primer lugar, ya que las consideraciones que va a permitirnos introducir facilitarán la comprehensión de la otra cuestión, la que nos interesa principalmente aquí.

Si se admite la teoría que explica todas las sensaciones por movimientos vibratorios más o menos rápidos, y si se considera la tabla donde se indican los números de vibraciones por segundo que corresponden a cada tipo de sensaciones, uno se sorprende por el hecho de que los intervalos que representan lo que nuestros sentidos nos transmiten son muy pequeños en relación al conjunto: están separados por otros intervalos donde no hay nada perceptible para nosotros, y, además, no es posible asignar un límite determinado a la frecuencia creciente o decreciente de las vibraciones[138], de suerte que se debe considerar la tabla como pudiendo prolongarse de una parte y de otra por posibilidades indefinidas de sensaciones, a las que no corresponde para nosotros ninguna sensación efectiva. Pero decir que hay posibilidades de sensaciones, es decir que esas sensaciones pueden existir en otros seres diferentes de nosotros, y que, por el contrario, esos seres pueden no tener ninguna de las que tenemos nosotros; cuando decimos "nosotros", aquí, no queremos decir solo los hombres, sino todos los seres terrestres en general, ya que no parece que los sentidos varíen en ellos en grandes proporciones, e, incluso si su extensión es susceptible de más o de menos, permanecen siempre fundamentalmente los mismos. Así pues, la naturaleza de estos sentidos parece estar determinada por el medio terrestre; no es una propiedad inherente a tal o cual especie, sino que depende de que los seres considerados vivan sobre la tierra y no en otra parte; sobre cualquier otro planeta, analógicamente, los sentidos deben estar determinados de igual modo, pero entonces pueden no coincidir en nada con los que poseen los seres terrestres, e incluso es extremadamente probable que, de una manera general, ello deba ser así. En efecto, toda posibilidad de sensación debe poder realizarse en alguna parte en el mundo corporal, ya que todo lo que es sensación es esencialmente una facultad corporal; puesto que estas posibilidades son indefinidas, hay muy pocas probabilidades de que se realicen dos veces, es decir, de que seres que habitan dos planetas diferentes posean sentidos que coincidan en su totalidad o incluso en parte. No obstante, si se supone que esta coincidencia pueda realizarse a pesar de todo, hay todavía, una vez más, muy pocas probabilidades de que se realice precisamente en condiciones de proximidad temporal y espacial tales que pueda establecerse una comunicación; queremos decir

---

[138] Es evidente que la frecuencia de una vibración por segundo no representa de ningún modo un límite mínimo, puesto que el segundo es una unidad completamente relativa, como lo es por lo demás toda unidad de medida; la unidad aritmética pura es la única absolutamente indivisible.

que estas probabilidades, que son ya infinitesimales para todo el conjunto del mundo corporal, se encuentran reducidas indefinidamente si se consideran solo los astros que existen simultáneamente en un momento cualquiera, e indefinidamente más todavía si, entre esos astros, no se consideran más que los que son muy vecinos unos de otros, como lo son los diferentes planetas que pertenecen a un mismo sistema; ello debe ser así, puesto que el tiempo y el espacio representan en sí mismos posibilidades indefinidas. No decimos que una comunicación interplanetaria sea una imposibilidad absoluta; decimos solamente que estas probabilidades de posibilidad no pueden expresarse más que por una cantidad infinitesimal en varios grados, y que, si se plantea la cuestión para un caso determinado, como el de la tierra y un planeta del sistema solar, apenas se corre riesgo de equivocarse si se consideran como prácticamente nulas; se trata, en suma, de una simple aplicación de la teoría de las probabilidades. Lo que importa precisar, es que lo que constituye un obstáculo para una comunicación interplanetaria, no son dificultades del género de las que pueden encontrar por ejemplo, para comunicarse entre ellos, dos hombres de los que cada uno ignora totalmente el lenguaje del otro; estas dificultades no serían insuperables, porque estos dos seres podrían encontrar siempre, en las facultades que les son comunes, un medio de remediarlas en una cierta medida; pero, allí donde las facultades comunes no existen, al menos en el orden donde debe operarse la comunicación, es decir, en el orden sensible, el obstáculo no puede ser suprimido por ningún medio, porque reside en la diferencia de naturaleza de los seres considerados. Si los seres son tales que nada de lo que provoca sensaciones en nosotros las provoca en ellos, esos seres son para nosotros como si no existieran, y recíprocamente; aunque estuvieran a nuestro lado, por ello no estaríamos más avanzados, y quizás ni siquiera nos apercibiríamos de su presencia, o, en todo caso, no reconoceríamos probablemente que son seres vivos. Esto, lo decimos de pasada, permitiría suponer incluso que no hay nada de imposible en que existan en el medio terrestre seres enteramente diferentes de todos los que conocemos, y con los cuales no tendríamos ningún medio de entrar en relación; pero no insistiremos sobre esto, tanto más cuanto que, si hubiera tales seres, no tendrían evidentemente nada de común con nuestra humanidad. Sea como sea, lo que acabamos de decir muestra cuanta ingenuidad hay en las ilusiones que se hacen algunos sabios al respecto de las comunicaciones interplanetarias; y estas ilusiones proceden del error que hemos señalado precedentemente, y que consiste en transportar por todas partes representaciones puramente terrestres. Si se dice que esas representaciones son las únicas posibles para nosotros, convenimos en ello, pero vale más no tener ninguna representación que tenerlas falsas; es perfectamente cierto que de lo que se trata no es imaginable, pero es menester no concluir de ello que eso no es concebible, ya que, al contrario, lo es muy fácilmente. Uno de los grandes errores de los filósofos modernos consiste en confundir lo concebible y lo imaginable; este error es particularmente visible en Kant, pero no le es especial, y es incluso un rasgo general de la mentalidad occidental, al menos desde que ésta se ha vuelto casi exclusivamente del lado de las cosas sensibles; para cualquiera que comete una semejante confusión, evidentemente no hay metafísica posible.

El mundo corporal, puesto que conlleva posibilidades indefinidas, debe contener seres cuya diversidad es igualmente indefinida; no obstante, este mundo todo entero no representa más que un solo estado de existencia, definido por un cierto conjunto de condiciones determinadas, que son comunes a todo lo que se encuentra comprendido en él, aunque puedan expresarse de maneras extremadamente variadas. Si se pasa de un estado de existencia a otro, las diferencias serán incomparablemente más grandes, dado que ya no habrá condiciones comunes, puesto que éstas son reemplazadas por otras que, de una manera análoga, definen a ese otro estado; así pues, esta vez, no habrá ningún punto de comparación con el orden corporal y sensible considerado en su integralidad, y no solo en tal o en cual de sus modalidades especiales, como la que constituye, por ejemplo, la existencia terrestre. Condiciones como el espacio y el tiempo no son de ningún modo aplicables a otro estado, porque son precisamente de las que definen el estado corporal; incluso si en otra parte hay algo que se les corresponde analógicamente, ese "algo", en todo caso, no puede dar lugar para nosotros a ninguna representación; la imaginación, facultad de orden sensible, no podría alcanzar realidades de otro orden, como tampoco lo puede la sensación misma, que le proporciona todos los elementos de sus construcciones. Por consiguiente, no es en el orden sensible donde se podrá encontrar nunca un medio de entrar en relación con lo que es de otro orden; hay en eso una heterogeneidad radical, lo que no quiere decir una irreductibilidad principial; si puede haber comunicación entre dos estados diferentes no puede ser más que por la intermediación de un principio común y superior a esos dos estados, y no directamente del uno al otro; pero es bien evidente que la posibilidad que consideramos aquí no concierne en ningún grado al espiritismo. Para no considerar más que los dos estados en sí mismos, diremos esto: la posibilidad de comunicación nos parecía hace un momento como extremadamente improbable, aunque, no obstante, no se trataba todavía más que de seres pertenecientes a modalidades diversas de un mismo estado; ahora que se trata de seres que pertenecen a estados diferentes, la comunicación entre ellos es una imposibilidad absoluta. Precisamos que se trata solo, por el momento al menos, de una comunicación que se supondría establecida por los medios que cada uno de estos seres puede encontrar en las condiciones de su propio estado, es decir, por las facultades que resultan en él de esas condiciones mismas, lo que es el caso de las facultades sensibles del orden corporal; y, en efecto, es a las facultades sensibles a las que los espiritistas han recurrido. Es una imposibilidad absoluta, porque las facultades de que se trata son rigurosamente propias a uno solo de los estados considerados, como lo son las condiciones de las que derivan; si estas condiciones fueran comunes a los dos estados, éstos se confundirían y no serían más que uno solo, puesto que es por esas condiciones como se define un estado de existencia[139]. La absurdidad del espiritismo está demostrada así plenamente, y podríamos quedarnos ahí; no obstante, como el rigor mismo de esta demostración puede hacerla difícilmente comprehensible para aquellos que no están habituados a considerar las cosas de esta manera, agregaremos algunas observaciones complementarias que, al presentar la cuestión bajo un aspecto un poco diferente y más particularizado, harán esta absurdidad más visible todavía.

Para que un ser pueda manifestarse en el mundo corporal, es menester que posea facultades apropiadas, es decir, facultades de sensación y de acción, y que posea también los órganos que correspondan a estas facultades; sin tales órganos, en efecto, estas facultades podrían existir, pero solo en el estado latente y virtual; serían puras potencialidades que no se actualizarían, y no servirían de nada para aquello de que se trata. Así pues, incluso si se supone que el ser que ha dejado el estado corporal para pasar a otro estado conserva en él, de una cierta manera, las facultades del estado corporal, eso no puede ser más que a título de potencialidades, y así no pueden serle en adelante de ninguna utilidad para comunicar con los seres corporales. Por lo demás, un ser puede llevar en él potencialidades correspondientes a todos los estados de los que es susceptible, e inclusive debe llevarlas en cierto modo, sin lo cual esos estados no serían posibilidades para él; pero aquí hablamos del ser en su realidad total, y no de esa parte del ser que no encierra más que las posibilidades de un solo estado, como la individualidad humana por ejemplo. Así pues, esto está mucho más allá de todo lo que tenemos que considerar al presente, y, si hemos hecho alusión a ello, es únicamente para no descuidar nada de lo que podría parecer susceptible de dar lugar a alguna objeción; por otra parte, para

---

[139] Habría que hacer una reserva, en el sentido de que, como lo diremos más adelante, es una condición común a todo estado individual, a exclusión de los estados no individuales; pero esto no afecta en nada a nuestra demostración, que hemos tenido que presentar bajo una forma tan simple como es posible, sin que eso sea no obstante en detrimento de la verdad.

evitar todo equívoco, debemos agregar que lo que representa la individualidad humana no es precisamente el estado corporal solo, sino que conlleva además diversos prolongamientos que, con este estado corporal propiamente dicho, constituyen todavía un solo y mismo estado o grado de la existencia universal. Aquí, no vamos a preocuparnos apenas de esta última complicación, puesto que, si es cierto que el estado corporal no es un estado absolutamente completo, no obstante es el único en causa en toda manifestación sensible; en el fondo, lo sensible y lo corporal se identifican completamente. Para volver a nuestro punto de partida, podemos decir pues que una comunicación por medios sensibles no es posible más que entre seres que poseen un cuerpo; esto quiere decir en suma que un ser, para manifestarse corporalmente, debe ser corporal él mismo, y, bajo esta última forma, la cosa es evidentísima. Los espiritistas mismos no pueden ir abiertamente contra esta evidencia; es por lo que, sin darse demasiada cuenta de las razones que les obligan a ello, suponen que sus "espíritus" conservan todas las facultades de sensación de los seres terrestres, y les atribuyen además un organismo, una suerte de cuerpo que no es un cuerpo, puesto que tendría propiedades incompatibles con la noción misma de cuerpo, y puesto que no tendría todas las propiedades que son esencialmente inherentes a esta noción: guardaría algunas de ellas, como estar sometido al espacio y al tiempo, pero esto está lejos de ser suficiente. En eso no podría haber un término medio: o un ser tiene un cuerpo, o no lo tiene; si está muerto en el sentido ordinario de la palabra, lo que los espiritistas llaman "desencarnado", eso quiere decir que ha dejado su cuerpo; desde entonces, ya no pertenece al mundo corporal, de donde se sigue que toda manifestación sensible le ha devenido imposible; estaríamos casi tentados de excusarnos por tener que insistir sobre cosas tan simples en el fondo, pero sabemos que esto es necesario. Haremos observar también que esta argumentación no prejuzga nada del estado póstumo del ser humano: de cualquier manera que se conciba ese estado, uno puede estar de acuerdo en reconocer que no es corporal, a menos que se acepten esas groseras representaciones de la "sobrevida" que hemos descrito en el capítulo precedente, con todos los elementos contradictorios que conllevan; esta última opinión no es de las que se puede discutir seriamente, y toda otra opinión, cualesquiera sea, debe entrañar necesariamente la negación formal de las hipótesis espiritistas. Esta precisión es muy importante, porque, efectivamente, hay que considerar dos casos: o bien el ser, después de la muerte, y por el hecho mismo de este cambio, ha pasado a un estado enteramente diferente y definido por condiciones completamente distintas de las de su estado precedente, y entonces la refutación que hemos expuesto en primer lugar se aplica inmediatamente y sin ninguna restricción; o bien permanece todavía en alguna modalidad del mismo estado, pero distinta de la modalidad corporal, y caracterizada por la desaparición de al menos una de las condiciones cuya reunión es necesaria para constituir la corporeidad: la condición que ha desaparecido forzosamente (lo que no quiere decir que las otras no puedan haber desaparecido también), es la presencia de la materia, o, de una manera más precisa y más exacta, de la "materia cuantificada"[140]. Podemos admitir que estos dos casos corresponden uno y otro a posibilidades: en el primero, la individualidad humana ha dejado lugar a otro estado, individual o no, que ya no puede llamarse humano; en el segundo, al contrario, se puede decir que la individualidad humana subsiste por alguno de esos prolongamientos a los que hemos hecho alusión, pero esta individualidad es desde entonces incorporal, y por consiguiente incapaz de manifestación sensible, lo que basta para que no pueda estar en absoluto para nada en los fenómenos del espiritismo. Apenas hay necesidad de indicar que es al segundo caso al que responde, entre otras, la concepción de la inmortalidad entendida en el sentido religioso y occidental; en efecto, es de la individualidad humana que se trata entonces, y por lo demás el hecho de que se transporte a ella la idea de vida, por modificada que se la suponga, implica que ese estado conserva algunas de las condiciones del estado precedente, ya que la vida misma,

---

[140] *Materia quantitate signata*, según la expresión escolástica.

en toda la extensión de la que es susceptible, no es más que una de estas condiciones y nada más. Todavía habría que considerar un tercer caso: es el de la inmortalidad entendida en el sentido metafísico y oriental, es decir, el caso donde el ser ha pasado, de una manera inmediata o diferida (ya que importa poco, en cuanto a la meta final, que haya habido o no estados intermediarios), al estado incondicionado, superior a todos los estados particulares que hemos tratado hasta aquí, y en el que todos estos estados tienen su principio; pero esta posibilidad es de un orden demasiado transcendente para que nos detengamos en ella actualmente, y no hay que decir que el espiritismo, con su punto de partida "fenoménico", no tiene nada que ver con las cosas de este orden; nos bastará decir que un tal estado está más allá, no ya solo de la manifestación sensible, sino de toda manifestación bajo cualquier modo que sea.

En todo lo que precede, no hemos considerado naturalmente más que la comunicación con los muertos tal como la admiten los espiritistas; no obstante, todavía se podría preguntar, después de haber establecido su imposibilidad, si no hay, por el contrario, posibilidad de comunicación de algún otro género, que se traduzca por una suerte de inspiración o de intuición especial, en ausencia de todo fenómeno sensible; sin duda, esto apenas puede interesar a los espiritistas, pero podría interesar a otros. Es difícil tratar completamente esta cuestión, porque, aunque es una posibilidad, faltan casi enteramente los medios de expresión para dar cuenta de ella; por lo demás, para que sea verdaderamente una posibilidad, eso supone que se han realizado condiciones tan excepcionales que es casi inútil hablar de ello. No obstante, de una manera general, diremos que para poder ponerse en relación con un ser que está en otro estado, es menester haber desarrollado en sí mismo las posibilidades de ese estado, de suerte que, inclusive si el que llega a ese estado es un hombre vivo actualmente sobre la tierra, no es en tanto que individualidad humana terrestre como puede llegar ahí, sino solo en tanto que es también otra cosa al mismo tiempo. El caso más simple, relativamente, es aquel donde el ser con el que se trata de comunicar ha permanecido en uno de los prolongamientos del estado individual humano; basta entonces que el vivo haya extendido su propia individualidad, en una dirección correspondiente, más allá de la modalidad corporal a la que está comúnmente limitado en acto, aunque no en potencia (ya que las posibilidades de la individualidad integral son evidentemente las mismas en todos, pero pueden permanecer puramente virtuales durante toda la existencia terrestre); este caso puede encontrarse realizado en algunos "estados místicos", y eso puede producirse entonces incluso sin que la voluntad del que lo realiza haya intervenido en ello activamente. Si consideramos después el caso donde se trata de comunicar con un ser que ha pasado a un estado enteramente diferente del estado humano, podemos decir que es prácticamente una imposibilidad, ya que la cosa no sería posible más que si el vivo hubiera alcanzado un estado superior, bastante elevado como para representar un principio común a los otros dos y permitir así unirlos, al implicar "eminentemente" todas sus posibilidades particulares; pero entonces la cuestión ya no tiene ningún interés, dado que, al haber llegado a un tal estado, no tendrá ninguna necesidad de redescender a un estado inferior que no le concierne directamente; en fin, de todos modos, en eso se trata de otra cosa que de la individualidad humana[141]. En cuanto a la comunicación con un ser que hubiera alcanzado la inmortalidad absoluta, supondría que el vivo posee el mismo estado correspondiente, es decir, que ya ha realizado actual y plenamente su propia personalidad transcendente; por lo demás, no se puede hablar de ese estado como análogo a un estado particular y condicionado: en ese estado ya no podría tratarse de nada que se parezca a individualidades, y la palabra comunicación misma

---

[141] Hemos supuesto aquí que el ser no humano está en un estado todavía individual; si estuviera en un estado supraindividual, aunque todavía condicionado, bastaría que el vivo alcanzara el mismo estado, pero entonces las condiciones serían tales que apenas se podría hablar ya de comunicación, en un sentido análogo a la acepción humana, como tampoco se puede cuando se trata del estado incondicionado.

pierde su significación, precisamente porque toda comparación con el estado humano cesa aquí de ser aplicable. Estas explicaciones pueden parecer algo obscuras todavía, pero, para aclararlas más, serían menester muchos desarrollos completamente extraños a nuestro tema[142]; en su ocasión, estos desarrollos podrán encontrar lugar en otros estudios. Por lo demás, la cuestión está lejos de tener la importancia que algunos podrían estar tentados de atribuirle, porque la verdadera inspiración es completamente diferente de eso en realidad: no tiene su fuente en una comunicación con otros seres, cualesquiera que sean, sino más bien en una comunicación con los estados superiores de su propio ser, lo que es totalmente diferente. Así pues, para este género de cosas de las que acabamos de hablar, podríamos repetir lo que hemos dicho a propósito de la magia, aunque sean ciertamente de un orden más elevado: aquellos que saben verdaderamente de qué se trata y que tienen de ello un conocimiento profundo se desinteresan enteramente de su aplicación; en cuanto a los "empíricos" (cuya acción se encuentra restringida aquí, por la fuerza de las cosas, únicamente al caso en que no interviene más que una extensión de la individualidad humana), evidentemente nadie les puede impedir aplicar a ciegas los pocos conocimientos fragmentarios e incoordinados de que hayan podido apoderarse sorpresivamente, pero siempre es bueno advertirles que no podrían hacerlo más que por su cuenta y riesgo.

---

[142] Sería menester también, después de haber supuesto que la iniciativa viene del vivo, retomar la cuestión en sentido inverso, lo que conllevaría todavía otras complicaciones.

CAPÍTULO VI

LA REENCARNACIÓN

No podemos pensar en emprender aquí un estudio absolutamente completo de la cuestión de la reencarnación, ya que sería menester un volumen entero para examinarla bajo todos sus aspectos; quizás volveremos sobre ella algún día; la cosa vale la pena, no en sí misma, ya que no es más que una absurdidad pura y simple, sino en razón de la extraña difusión de esta idea de reencarnación, que, en nuestra época, es una de las que más contribuyen al trastorno mental de un gran número. Puesto que, no obstante, no podemos dispensarnos al presente de tratar este tema, diremos al menos todo lo que hay que decir de más esencial a su respecto; y nuestra argumentación no solo valdrá contra el espiritismo kardecista, sino también contra todas las demás escuelas "neoespiritualistas" que, en su continuación, han adoptado esta idea, salvo en los detalles más o menos importantes en que la han modificado. Por el contrario, esta refutación no se dirige, como la precedente, al espiritismo considerado en toda su generalidad, ya que la reencarnación no es un elemento absolutamente esencial, y se puede ser espiritista sin admitirla, mientras que uno no puede serlo sin admitir la manifestación de los muertos por fenómenos sensibles. De hecho, se sabe que los espiritistas americanos e ingleses, es decir, los representantes de la forma más antigua del espiritismo, fueron unánimes al comienzo en oponerse a la teoría reencarnacionista, que Dunglas Home, en particular, criticó violentamente[143]; para que algunos de entre ellos se decidieran más tarde

---

[143] *Les Lumières et les Ombres du Spiritualisme*, pp. 118-141.

a aceptarla, ha sido menester que, en el intervalo, esta teoría haya penetrado en los medios anglosajones por vías extrañas al espiritismo. En Francia mismo, algunos de los primeros espiritistas, como Piérart y Anatole Barthe, se separaron de Allan Kardec sobre este punto; pero, hoy día, se puede decir que el espiritismo francés todo entero ha hecho de la reencarnación un verdadero "dogma"; Allan Kardec mismo, por lo demás, no había vacilado en llamarla con este nombre[144]. Es al espiritismo francés, lo recordamos todavía, al que la teoría en cuestión fue tomada por el teosofismo en primer lugar, después por el ocultismo papusiano y diversas otras escuelas, que han hecho de ella igualmente uno de sus artículos de fe; por mucho que estas escuelas reprochen a los espiritistas concebir la reencarnación de una manera poco "filosófica", las modificaciones y las complicaciones diversas que ellas le han aportado no podrían enmascarar esta apropiación inicial.

Ya hemos notado algunas de las divergencias que existen, a propósito de la reencarnación, ya sea entre los espiritistas, ya sea entre ellos y las demás escuelas; sobre esto como sobre todo lo demás, las enseñanzas de los "espíritus" son bastante flotantes y contradictorias, y las pretendidas constataciones de los "clarividentes" no lo son menos. Así, ya lo hemos visto, para unos, un ser humano se reencarna constantemente en el mimo sexo; para otros, se reencarna indiferentemente en un sexo o en el otro, sin que se pueda fijar ninguna ley a este respecto; para otros todavía, hay una alternancia más o menos regular entre las encarnaciones masculinas y femeninas. De igual modo, unos dicen que el hombre se reencarna siempre sobre la tierra; otros pretenden que puede reencarnarse también, ya sea en otro planeta del sistema solar, o ya sea incluso sobre un astro cualquiera; algunos admiten que hay generalmente varias encarnaciones terrestres consecutivas antes de pasar a otra morada, y ésta es la opinión de Allan Kardec mismo; para los teosofistas, no hay más que encarnaciones terrestres durante toda la

---

[144] *Le Livre des Esprits*, pp. 75 y 96.

duración de un ciclo extremadamente largo, después de lo cual una raza humana toda entera comienza una nueva serie de encarnaciones en otra esfera, y así sucesivamente. Otro punto que no es menos discutido, es la duración del intervalo que debe transcurrir entre dos encarnaciones consecutivas: unos piensan que uno se puede reencarnar inmediatamente, o al menos al cabo de un tiempo muy corto, mientras que para otros, las vidas terrestres deben estar separadas por largos intervalos; hemos visto en otra parte que los teosofistas, después de haber supuesto primero que estos intervalos eran de mil doscientos o de mil quinientos años como mínimo, han llegado a reducirlos considerablemente, y a hacer a este respecto distinciones según los "grados de evolución" de los individuos[145]. En los ocultistas franceses, se ha producido igualmente una variación que es bastante curiosa de señalar: en sus primeras obras Papus, aunque atacaba a los teosofistas con los que acababa de romper, repite según ellos que, "según la ciencia esotérica, un alma no puede reencarnarse más que al cabo de mil quinientos años o más, salvo en algunas excepciones muy claras (muerte en la infancia, muerte violenta, adeptado)"[146], y afirma incluso, a fe de Mme Blavatsky y de Sinnet, que "estas cifras están sacadas de cálculos astronómicos por el esoterismo hindú"[147], mientras que ninguna doctrina tradicional auténtica ha hablado nunca de la reencarnación, y mientras ésta no es más que una invención moderna enteramente occidental. Más tarde, Papus rechaza enteramente la pretendida ley establecida por los teosofistas y declara que no se puede dar ninguna ley, diciendo (y respetamos escrupulosamente su estilo) que "sería tan absurdo fijar un término de mil doscientos años como de diez en el tiempo que separa una encarnación de un retorno sobre la tierra, como fijar para la vida humana sobre la tierra un periodo igualmente fijo"[148]. Todo esto apenas sí da para inspirar confianza a los que examinan las

---

[145] *El Teosofismo*, pp. 88-90, ed. francesa.
[146] *Traité méthodique de Science occulte*, pp. 296-297.
[147] *Ibid.*, p. 341.
[148] *La Réincarnation*, pp. 42-43.

cosas con imparcialidad, y, si la reencarnación no ha sido "revelada" por los "espíritus" por la buena razón de que éstos jamás han hablado realmente por la intermediación de las mesas o de los médiums, las pocas precisiones que acabamos de hacer bastan ya para mostrar que ella no puede ser tampoco un verdadero conocimiento esotérico, enseñado por iniciados que, por definición, sabrían a qué atenerse al respecto. Así pues, no hay necesidad siquiera de ir al fondo de la cuestión para descartar las pretensiones de los ocultistas y de los teosofistas; queda que la reencarnación sea el equivalente de una simple concepción filosófica; efectivamente, ella no es más que eso, y está incluso al nivel de las peores concepciones filosóficas, puesto que es absurda en el sentido propio de esta palabra. Hay muchas absurdidades también entre los filósofos, pero al menos, generalmente, no las presentan más que como hipótesis; los "neoespiritulistas" se ilusionan más completamente (y admitimos aquí su buena fe, que es incontestable para la masa, pero que no lo es siempre para los dirigentes), y la seguridad misma con la que formulan sus afirmaciones es una de las razones que las hacen más peligrosas que las de los filósofos.

Acabamos de pronunciar la palabra "concepción filosófica"; la de "concepción social" sería quizás todavía más justa en la circunstancia, si se considera lo que fue el origen real de la idea de reencarnación. En efecto, para los socialistas franceses de la primera mitad del siglo XIX, que se la inculcaron a Allan Kardec, esta idea estaba esencialmente destinada a proporcionar una explicación de la desigualdad de las condiciones sociales, que revestía a sus ojos un carácter particularmente punzante. Los espiritistas han conservado este mismo motivo entre los que invocan con más ganas para justificar su creencia en la reencarnación, e incluso han querido extender la explicación a todas las desigualdades, tanto intelectuales como físicas; he aquí lo que dice al respecto Allan Kardec: "O las almas en su nacimiento son iguales, o no son iguales, esto no es dudoso. Si son iguales, ¿por qué esas actitudes diversas?... Si son desiguales, es porque Dios las ha creado así, pero entonces, ¿por qué esa superioridad innata se le concede a algunas? ¿es conforme esta parcialidad a su justicia y al igual amor que profesa a todas sus criaturas? Admitamos, al contrario, una sucesión de existencias anteriores progresivas, y todo queda explicado. Los hombres conllevan al nacer la intuición de lo que han adquirido; están más o menos avanzados, según el número de existencias que han recorrido, según que estén más o menos alejados del punto de partida, absolutamente como en una reunión de individuos todos ancianos cada uno tendrá un desarrollo proporcionado al número de años que haya vivido; las existencias sucesivas serán, para la vida del alma, lo que los años son para la vida del cuerpo... Dios, en su justicia, no ha podido crear almas más o menos perfectas; pero, con la pluralidad de las existencias, la desigualdad que vemos ya no tiene nada de contrario a la equidad más rigurosa"[149]. M. Léon Denis dice igualmente: "La pluralidad de las existencias es la única que puede explicar la diversidad de los caracteres, la variedad de las aptitudes, la desproporción de las cualidades morales, en una palabra todas las desigualdades que hieren nuestras miradas. Fuera de esta ley, uno se preguntaría en vano por qué algunos hombres poseen talento, nobles sentimientos, aspiraciones elevadas, mientras que tantos otros no tienen en herencia más que necedad, pasiones viles e instintos groseros. ¿Qué pensar de un Dios que, al asignarnos una sola vida corporal, nos hubiera hecho partes tan desiguales y, del salvaje al civilizado, hubiera reservado a los hombres bienes tan poco ajustados y un nivel moral tan diferente? Sin la ley de las reencarnaciones, es la iniquidad la que gobierna el mundo... Todas estas obscuridades se disipan ante la doctrina de las existencias múltiples. Los seres que se distinguen por su capacidad intelectual o sus virtudes han vivido más, trabajado más, adquirido una experiencia y aptitudes más extensas"[150]. Razones similares son alegadas incluso por las escuelas cuyas teorías son menos "primarias" que las del espiritismo,

---

[149] *Le Livre des Esprits*, pp. 102-103.
[150] *Après la mort*, pp. 164-166.

ya que la concepción reencarnacionista jamás ha podido perder enteramente la marca de su origen; los teosofistas, por ejemplo, ponen también delante, al menos accesoriamente, la desigualdad de las condiciones sociales. Por su lado, Papus hace exactamente lo mismo: "Los hombres recomienzan un nuevo recorrido en el mundo material, ricos o pobres, felices socialmente o desgraciados, según los resultados adquiridos en los recorridos anteriores, en las encarnaciones precedentes"[151]. En otra parte, se expresa todavía más claramente sobre este punto: "Sin la noción de la reencarnación, la vida social es una iniquidad. ¿Por qué seres ininteligentes están ahogados de dinero y colmados de honores, mientras que seres de valer se debaten en la preocupación y en la lucha cotidiana por alimentos físicos, morales o espirituales?... Puede decirse, en general, que la vida social actual está determinada por el estado anterior del espíritu y que determina el estado social futuro"[152].

Una tal explicación es perfectamente ilusoria, y he aquí por qué: primeramente, si el punto de partida no es el mismo para todos, si hay hombres que están más o menos alejados de él y que no han recorrido igual número de existencias (es lo que dice Allan Kardec), hay en eso una desigualdad de la que no podrían ser responsables, y que, por consiguiente, los reencarnacionistas deben considerar como una "injusticia" que su teoría es incapaz de explicar. Después, admitiendo incluso que no hubiera habido esas diferencias entre los hombres, es menester que haya habido, en su evolución (y hablamos según la manera de ver de los espiritistas), un momento en el que las desigualdades han comenzado, y es menester también que hayan tenido una causa; si se dice que esa causa, son los actos que los hombres ya habían cumplido anteriormente, será menester explicar cómo esos hombres han podido comportarse tan diferentemente antes de que las desigualdades se hayan introducido entre ellos. Eso es inexplicable, simplemente porque hay ahí

---

[151] *Traité méthodique de Science occulte*, p. 167.
[152] *La Réincarnation*, pp. 113 y 118.

una contradicción: si los hombres hubieran sido perfectamente iguales, habrían sido semejantes bajo todos los aspectos, y, admitiendo que eso fuera posible jamás habrían podido dejar de serlo, a menos que se conteste la validez del principio de razón suficiente (y, en ese caso, ya no habría lugar a buscar ni una ley ni una explicación cualquiera); si han podido devenir desiguales, es evidente que la posibilidad de desigualdad estaba en ellos, y esta posibilidad preliminar bastaba para constituirles desiguales desde el origen, al menos potencialmente. Así pues, no hemos hecho más que hacer retroceder la dificultad creyendo resolverla, y, finalmente, subsiste toda entera; pero, a decir, verdad, no hay dificultad, y el problema mismo no es menos ilusorio que su pretendida solución. Se puede decir de esta cuestión lo mismo que de muchas cuestiones filosóficas, que no existe sino porque está mal planteada; y, si se plantea mal, es sobre todo, en el fondo, porque se hacen intervenir consideraciones morales y sentimentales allí donde no tienen nada que hacer: esta actitud es tan ininteligente como lo sería la de un hombre que se preguntara, por ejemplo, por qué tal especie animal no es igual a tal otra, lo que está manifiestamente desprovisto de sentido. Que haya en la naturaleza diferencias que se nos aparezcan como desigualdades, mientras que hay otras que no toman este aspecto, eso no es más que un punto de vista puramente humano; y, si se deja de lado este punto de vista eminentemente relativo, ya no hay que hablar de justicia o de injusticia en este orden de cosas. En suma, preguntarse por qué un ser no es igual a otro, es preguntarse por qué es diferente de ese otro; pero, si no fuera diferente de él, sería ese otro en lugar de ser él mismo. Desde que hay una multiplicidad de seres, es menester necesariamente que haya diferencias entre ellos; dos cosas idénticas son inconcebibles, porque, si son verdaderamente idénticas, no son dos cosas, sino una sola y misma cosa; Leibnitz tiene enteramente razón sobre este punto. Cada ser se distingue de los demás, desde el principio, en que lleva en sí mismo algunas posibilidades que son esencialmente inherentes a su naturaleza, y que no son las posibilidades de ningún otro ser; la cuestión a la cual los reencarnacionistas pretenden aportar una respuesta equivale pues, simplemente, a preguntarse por qué un ser es él mismo y no otro. Si quiere verse en eso una injusticia, importa poco, pero, en todo caso, es una necesidad; y por lo demás, en el fondo, sería más bien lo contrario de una injusticia: en efecto, la noción de justicia, despojada de su carácter sentimental y específicamente humano, se reduce a la de equilibrio o de armonía; ahora bien, para que haya armonía total en el Universo, es menester y basta con que cada ser esté en el lugar que debe ocupar, como elemento de este Universo, en conformidad con su propia naturaleza. Esto equivale a decir precisamente que las diferencias y las desigualdades, que uno se complace en denunciar como injusticias reales o aparentes, concurren efectiva y necesariamente, al contrario, a esa armonía total; y esta armonía no puede no ser, ya que sería suponer que las cosas no son lo que son, puesto que habría absurdidad en suponer que puede sucederle a un ser algo que no es una consecuencia de su naturaleza; así, los partidarios de la justicia pueden encontrarse satisfechos por añadidura, sin estar obligados a ir contra la verdad.

Allan Kardec declara que "el dogma de la reencarnación está fundado sobre la justicia de Dios y la revelación"[153]; acabamos de mostrar que, de estas dos razones para creer, la primera no podría ser invocada válidamente; en cuanto a la segunda, como quiere hablar evidentemente de la revelación de los "espíritus", y como hemos establecido precedentemente que es inexistente, no tenemos que volver sobre ello. No obstante, todavía no se trata más que de observaciones preliminares, ya que, del hecho de que no se vea ninguna razón para admitir una cosa, no se sigue forzosamente que esa cosa sea falsa; también se podría permanecer a su respecto en una actitud de duda pura y simple. Por lo demás, debemos decir que las objeciones que se formulan ordinariamente contra la teoría reencarnacionista no son apenas más fuertes que las razones que se invocan por otra parte para apoyarla; esto se debe, en gran parte, a que adversarios y partidarios de la

---

[153] *Le Livre des Esprits*, p. 75.

reencarnación se colocan por igual, lo más frecuentemente, sobre el terreno moral y sentimental, y a que las consideraciones de este orden no podrían probar nada. Podemos retomar aquí la misma observación que en lo que concierne a la cuestión de la comunicación con los muertos: en lugar de preguntarse si eso es verdadero o falso, que es lo único que importa, se discute para saber si eso es o no es "consolador", y se puede discutir así indefinidamente sin avanzar más por ello, puesto que eso es un criterio puramente "subjetivo", como diría algún filósofo. Afortunadamente, hay mucho más que decir contra la reencarnación, puesto que se puede establecer su imposibilidad absoluta; pero, antes de llegar ahí, debemos tratar todavía otra cuestión y precisar algunas distinciones, no solo porque son muy importantes en sí mismas, sino también porque, sin eso, algunos podrían sorprenderse de vernos afirmar que la reencarnación es una idea exclusivamente moderna. Hay demasiadas confusiones y nociones falsas que tienen curso desde hace un siglo como para que muchas gentes, incluso fuera de los medios "neoespiritualistas", no se encuentren gravemente influenciados por ellas; esta deformación ha llegado incluso a un punto tal que los orientalistas oficiales, por ejemplo, interpretan corrientemente en un sentido reencarnacionista textos en los que no hay nada de tal, y que han devenido completamente incapaces de comprenderlos de otra manera, lo que equivale a decir que no comprenden nada en absoluto.

El término de "reencarnación" debe ser distinguido de otros dos términos al menos, que tienen una significación totalmente diferente, y que son los de "metempsicosis" y de "transmigración"; se trata de cosas que eran muy bien conocidas por los antiguos, como lo son todavía por los orientales, pero que los occidentales modernos, inventores de la reencarnación, ignoran absolutamente[154]. Entiéndase bien que, cuando

---

[154] Habría lugar a mencionar también las concepciones de algunos kabbalistas, que se designan bajo los nombres de "revolución de las almas" y de "embrionato"; pero no hablaremos de ellas aquí porque eso nos llevaría muy lejos; por lo demás, estas concepciones no tienen más que un alcance bastante restringido, ya que hacen intervenir

se habla de reencarnación, eso quiere decir que el ser que ha estado ya incorporado retoma un nuevo cuerpo, es decir, que vuelve al estado por el que ya ha pasado; por otra parte, se admite que eso concierne al ser real y completo, y no simplemente a los elementos más o menos importantes que hayan podido entrar en su constitución a un título cualquiera. Fuera de estas dos condiciones, no puede tratarse de reencarnación; ahora bien, la primera de estas condiciones la distingue esencialmente de la transmigración, tal como se considera en las doctrinas orientales, y la segunda no la diferencia menos profundamente de la metempsicosis, en el sentido en que la entendían concretamente los órficos y los pitagóricos. Los espiritistas, aunque afirman falsamente la antigüedad de la teoría reencarnacionista, dicen bien que no es idéntica a la metempsicosis; pero, según ellos, solo se distingue de ella en que las existencias sucesivas son siempre "progresivas", y en que deben considerarse exclusivamente los seres humanos: "Hay, dice Allan Kardec, entre la metempsicosis de los antiguos y la doctrina moderna de la reencarnación, esta gran diferencia, a saber, que los espíritus rechazan de manera absoluta la transmigración del hombre en los animales, y recíprocamente"[155]. Los antiguos, en realidad, jamás han considerado una tal transmigración, como tampoco la del hombre en otros hombres, como podría definirse la reencarnación; sin duda, hay expresiones más o menos simbólicas que pueden dar lugar a malentendidos, pero solo cuando no se sabe lo que quieren decir verdaderamente, y que es esto: hay en el hombre elementos psíquicos que se disocian después de la muerte, y que pueden pasar entonces a otros seres vivos, hombres o animales, sin que eso tenga más importancia, en el fondo, que el hecho de que, después de la disolución del cuerpo de ese mismo hombre, los elementos que le componían puedan servir para formar otros cuerpos; en los dos casos, se trata de

---

condiciones que, por extraño que eso pueda parecer, son enteramente especiales al pueblo de Israel.
[155] *Le Livre des Esprits*, p. 96; cf. *ibid.*, pp. 262-264.

elementos mortales del hombre, y no de la parte imperecedera que es su ser real, y que no es afectado de ninguna manera por esas mutaciones póstumas. A este propósito, Papus ha cometido una equivocación de otro género, al hablar "de las confusiones entre la reencarnación o retorno del espíritu a un cuerpo material, después de una estancia astral, y la metempsicosis o travesía por el cuerpo material de cuerpos de animales y de plantas, antes de volver a un nuevo cuerpo material"[156]; sin hablar de algunas rarezas de expresión que pueden ser lapsus (los cuerpos de animales y de plantas no son menos "materiales" que los cuerpos humanos, y no son "atravesados" por éste, sino por elementos que provienen de él), eso no podría llamarse de ninguna manera "metempsicosis", ya que la formación de esta palabra implica que se trata de elementos psíquicos, y no de elementos corporales. Papus tiene razón al pensar que la metempsicosis no concierne al ser real del hombre, pero se equivoca completamente sobre su naturaleza; y por otra parte, en cuanto a la reencarnación, cuando dice que "ha sido enseñada como un misterio esotérico en todas las iniciaciones de la antigüedad"[157],

---

[156] *La Réincarnation*, p. 9. —Papus agrega: "es menester no confundir jamás la reencarnación y la metempsicosis, puesto que el hombre no retrograda y el espíritu no deviene jamás un espíritu de animal, salvo en el plano astral, en el estado genial, pero esto es todavía un misterio". Para nos, este pretendido misterio no lo es: podemos decir que se trata del "genio de la especie", es decir, de la entidad que representa el espíritu, no de una individualidad, sino de una especie animal toda entera; los ocultistas piensan, en efecto, que el animal no es como el hombre un individuo autónomo, y que, después de la muerte, su alma retorna a la "esencia elemental", propiedad indivisa de las especie. Según la teoría a la que Papus hace alusión en términos enigmáticos, los genios de las especies animales serían espíritus humanos llegados a un cierto grado de evolución y a quienes esta función habría sido asignada especialmente; por lo demás, hay "clarividentes" que pretenden haber visto genios bajo la forma de hombres con cabezas de animales, como las figuras simbólicas de los antiguos egipcios. La teoría en cuestión es enteramente errónea: el genio de la especie es una realidad, inclusive para la especie humana, pero no es lo que creen los ocultistas, y no tiene nada en común con los espíritus de los hombres individuales; en cuanto al "plano" donde se sitúa, eso no entra en los cuadros convencionales fijados por el ocultismo.

[157] *La Réincarnation*, p. 6.

la confunde pura y simplemente con la transmigración verdadera.

La disolución que sigue a la muerte no recae solo sobre los elementos corporales, sino también sobre algunos elementos que se pueden llamar psíquicos; esto, ya lo hemos dicho al explicar que tales elementos pueden intervenir a veces en los fenómenos del espiritismo y contribuir a dar la ilusión de una acción real de los muertos; de una manera análoga, pueden también, en algunos casos, dar la ilusión de una reencarnación. Lo que importa retener, bajo esta última relación, es que estos elementos (que, durante la vida, pueden haber sido propiamente conscientes o solo "subconscientes") comprenden concretamente todas las imágenes mentales que, al resultar de la experiencia sensible, han formado parte de lo que se llama memoria e imaginación: estas facultades, o más bien estos conjuntos, son perecederos, es decir, sujetos a disolverse, porque, al ser de orden sensible, son literalmente dependencias del estado corporal; por otra parte, fuera de la condición temporal, que es una de las que definen este estado, la memoria no tendría evidentemente ninguna razón de subsistir. Ciertamente, esto está muy lejos de las teorías de la psicología clásica sobre el "yo" y su unidad; estas teorías no tienen otro defecto que estar casi tan desprovistas de fundamento, en su género, como las concepciones de los "neoespiritualistas". Otra precisión que no es menos importante, es que puede haber una transmisión de elementos psíquicos de un ser a otro sin que eso suponga la muerte del primero: en efecto, hay una herencia psíquica tanto como una herencia fisiológica, esto es bastante poco contestado, y es incluso un hecho de observación vulgar; pero de lo que muchos no se dan cuenta probablemente, es que eso supone al menos que los padres proporcionan un germen psíquico, al mismo título que un germen corporal; y este germen puede implicar potencialmente un conjunto muy complejo de elementos pertenecientes al dominio de la "subsconsciencia", además de las tendencias o predisposiciones propiamente dichas que, al desarrollarse, aparecerán de una manera más manifiesta; estos elementos "subconscientes", al contrario, podrán no devenir visibles más que en casos más bien excepcionales. Es la doble herencia psíquica y corporal la que expresa esta fórmula china: "Tú revivirás en tus millares de descendientes", que, a buen seguro, sería muy difícil de interpretar en un sentido reencarnacionista, aunque los ocultistas e incluso los orientalistas hayan logrado muchas otras hazañas comparables a ésta. Las doctrinas extremo orientales consideran incluso preferentemente el lado psíquico de la herencia, y ven en él un verdadero prolongamiento de la individualidad humana; por eso es por lo que, bajo el nombre de "posteridad" (que es susceptible también de un sentido superior y puramente espiritual), la asocian a la "longevidad", que los occidentales llaman inmortalidad.

Como lo veremos después, algunos hechos que los reencarnacionistas creen poder invocar en apoyo de sus hipótesis se explican perfectamente por uno u otro de los dos casos que acabamos de considerar, es decir, por una parte, por la transmisión hereditaria de algunos elementos psíquicos, y, por otra, por la asimilación a una individualidad humana de otros elementos psíquicos provenientes de la desintegración de individualidades humanas anteriores, que no tienen por ello la menor relación espiritual con aquella. En todo esto, hay correspondencia y analogía entre el orden psíquico y el orden corporal; y eso se comprende, puesto que uno y otro, lo repetimos, se refieren exclusivamente a lo que se puede llamar los elementos mortales del ser humano. Es menester agregar todavía que, en el orden psíquico, puede ocurrir, más o menos excepcionalmente, que un conjunto bastante considerable de elementos se conserve sin disociarse y sea transferido tal cual a una nueva individualidad; los hechos de este género son, naturalmente, los que presentan el carácter más sorprendente a los ojos de los partidarios de la reencarnación, y sin embargo estos casos no son menos ilusorios que todos los demás[158]. Todo eso, ya lo hemos dicho,

---

[158] Algunos piensan que una transferencia análoga puede operarse para elementos corporales más o menos sutilizados, y consideran también una "metensomatosis" al lado de la "metempsicosis"; uno podrá estar tentado de suponer, a primera vista, que en eso

no concierne ni afecta de ninguna manera al ser real; es verdad que uno podría preguntarse por qué, si ello es así, los antiguos parecen haber dado una importancia tan grande a la suerte póstuma de los elementos en cuestión. Podríamos responder haciendo observar simplemente que hay muchas gentes que se preocupan del tratamiento que su cuerpo podrá sufrir después de la muerte, sin pensar por eso que su espíritu deba sentir la contrapartida de ello; pero agregaremos que efectivamente, como regla general, estas cosas no son en absoluto indiferentes; si lo fueran, por lo demás, los ritos funerarios no tendrían ninguna razón de ser, mientras que, al contrario, tienen una razón muy profunda. Sin poder insistir sobre todo esto, diremos que la acción de estos ritos se ejerce precisamente sobre los elementos psíquicos del difunto; hemos mencionado lo que pensaban los antiguos de la relación que existe entre su no cumplimiento y algunos fenómenos de "obsesión", y esta opinión estaba perfectamente fundada. Ciertamente, si no se considerara más que el ser en tanto que ha pasado a otro estado de existencia, no habría que tener en cuenta lo que pueden devenir esos elementos (salvo quizás para asegurar la tranquilidad de los vivos); pero la cosa es muy diferente si se considera lo que hemos llamado los prolongamientos de la individualidad humana. Este tema podría dar

---

hay una confusión y que atribuyen equivocadamente la corporeidad a los elementos psíquicos inferiores; no obstante, puede tratarse realmente de elementos de origen corporal, pero "psiquizados", en cierto modo, por esta transposición al "estado sutil" cuya posibilidad hemos indicado precedentemente; el estado corporal y el estado psíquico, simples modalidades diferentes de un mismo estado de existencia que es el de la individualidad humana, no podrían ser totalmente separados. Señalamos a la atención de los ocultistas lo que dice sobre este punto un autor del que ellos hablan de buena gana sin conocerle, Keleph ben Nathan (Dutoit-Membrini), en la *Phiosophie Divine*, t I, pp. 62 y 292-293; a muchas declamaciones místicas bastante huecas, este autor mezcla a veces apercepciones muy interesantes. Aprovecharemos esta ocasión para exponer un error de los ocultistas, que presentan a Dutoit-Membrini como un discípulo de Louis-Claude de Saint Martin (es M. Joanny Bricaud quien ha hecho este descubrimiento), mientras que, al contrario, éste se ha expresado sobre él en términos más bien desfavorables (*ídem*, t, I, pp. 245 y 345); habría que hacer todo un libro, que sería muy divertido, sobre la erudición de los ocultistas y su manera de escribir la historia.

lugar a consideraciones cuya complejidad y cuya extrañeza misma nos impiden abordar aquí; por lo demás, estimamos que es de aquellos que no sería ni útil ni ventajoso tratar públicamente de una manera detallada.

Después de haber dicho en qué consiste verdaderamente la metempsicosis, vamos a decir ahora lo que es la transmigración propiamente dicha: esta vez, se trata en efecto del ser real, pero no se trata para él de un retorno al mismo estado de existencia, retorno que, si pudiera tener lugar, sería quizás una "migración" si se quiere, pero no una "transmigración". De lo que se trata es, al contrario, del paso del ser a otros estados de existencia, que están definidos, como lo hemos dicho, por condiciones enteramente diferentes de aquellas a las cuales está sometida la individualidad humana (con la sola restricción de que, mientras se trate de estados individuales, el ser está revestido siempre de una forma, pero que no podría dar lugar a ninguna representación espacial u otra, más o menos modelada sobre la de la forma corporal); quien dice transmigración dice esencialmente cambio de estado. Es esto lo que entienden todas las doctrinas tradicionales de oriente, y tenemos múltiples razones para pensar que esta enseñanza era también la de los "misterios" de la antigüedad; incluso en doctrinas heterodoxas como el budismo, no se trata de otra cosa, a pesar de la interpretación reencarnacionista que tiene curso hoy día entre los europeos. Es precisamente la verdadera doctrina de la transmigración, entendida según el sentido que le da la metafísica pura, la que permite refutar de una manera absoluta y definitiva la idea de reencarnación; y, sobre este terreno, no hay ninguna otra refutación que sea posible. Somos pues conducidos así a mostrar que la reencarnación es una imposibilidad pura y simple; por esto es menester entender que un mismo ser no puede tener dos existencias en el mundo corporal, considerando este mundo en toda su extensión: importa poco que sea sobre la tierra o sobre otros astros cualesquiera[159]; importa poco también que sea en tanto que ser humano o, según las falsas concepciones de la metempsicosis, bajo cualquier otra forma, animal, vegetal o incluso mineral. Agregaremos todavía: importa poco que se trate de existencias sucesivas o simultáneas, ya que se encuentra que algunos han hecho esta suposición, al menos estrafalaria, de una pluralidad de vidas que se desarrollan al mismo tiempo, para un mismo ser, en diversos lugares, verosímilmente sobre planetas diferentes; eso nos lleva todavía una vez más a los socialistas de 1848, ya que parece que sea Blanqui quien haya imaginado el primero una repetición simultánea e indefinida, en el espacio, de individuos supuestos idénticos[160]. Algunos ocultistas pretenden también que el individuo humano puede tener varios "cuerpos psíquicos", como ellos dicen, viviendo al mismo tiempo en diferentes planetas; ¡y llegan hasta afirmar que, si le ocurre a alguien soñar que ha sido matado, es, en muchos casos, que, en ese mismo instante, lo ha sido efectivamente en otro planeta! Esto podría parecer increíble si no lo hubiéramos oído nos mismo; pero, en el capítulo siguiente, se verán otras historias tan fuertes como ésta. Debemos decir también que la demostración que vale contra todas las teorías reencarnacionistas, cualquiera que sea la forma que tomen, se aplica igualmente, y al mismo título, a ciertas concepciones de matiz más propiamente filosófico, como la concepción del "eterno retorno" de Nietzsche, y en una palabra a todo lo que suponga en el Universo una repetición cualquiera.

No podemos pensar exponer aquí, con todos los desarrollos que conlleva, la teoría metafísica de los estados múltiples del ser; tenemos la intención de consagrarle, cuando lo podamos, uno o varios estudios

---

[159] La idea de la reencarnación en diversos planetas no es absolutamente especial a los "neoespiritualistas"; esta concepción, querida de M. Camille Flammarion, es también la de Luis Figuier (*Le Lendemain de la Mort ou la Vie future selon la Science*); es curioso ver a qué extravagantes desvaríos puede dar lugar una ciencia tan "positiva" como quiere serlo la astronomía moderna.

[160] L'Eternité par les Astres.

especiales. Pero podemos indicar al menos el fundamento de esta teoría, que es al mismo tiempo el principio de la demostración de que se trata, y que es el siguiente: la Posibilidad universal y total es necesariamente infinita y no puede ser concebida de otro modo, ya que, al comprender todo y al no dejar nada fuera de ella, no puede estar limitada por nada en absoluto; una limitación de la Posibilidad universal, puesto que debe serle exterior, es propia y literalmente una imposibilidad, es decir, una pura nada. Ahora bien, suponer una repetición en el seno de la Posibilidad universal, como se hace al admitir que haya dos posibilidades particulares idénticas, es suponerle una limitación, ya que la infinitud excluye toda repetición: no es sino en el interior de un conjunto finito donde se puede volver dos veces a un mismo elemento, y todavía ese elemento no sería rigurosamente el mismo más que a condición de que ese conjunto forme un sistema cerrado, condición que no se realiza nunca efectivamente. Desde que el Universo es verdaderamente un todo, o más bien el Todo absoluto, no puede haber en ninguna parte ningún ciclo cerrado: dos posibilidades idénticas no serían más que una sola y misma posibilidad; para que sean verdaderamente dos, es menester que difieran por una condición al menos, y entonces no son idénticas. Nada puede volver nunca al mismo punto, y esto incluso en un conjunto que es solo indefinido (y no ya infinito), como el mundo corporal: mientras se traza un círculo, se efectúa un desplazamiento, y así el círculo no se cierra más que de una manera enteramente ilusoria. No hay en eso más que una simple analogía, pero puede servir para ayudar a comprender que, "a fortiori", en la existencia universal, el retorno a un mismo estado es una imposibilidad: en la Posibilidad total, estas posibilidades particulares que son los estados de existencia condicionados son necesariamente en multiplicidad indefinida; negar esto, es querer limitar la Posibilidad; es menester pues admitirlo, bajo pena de contradicción, y eso basta para que ningún ser pueda volver a pasar dos veces por el mismo estado. Como se ve, esta demostración es extremadamente simple en sí misma, y, si a algunos les cuesta algún trabajo comprenderla, no puede deberse más que al hecho de que les faltan los conocimientos metafísicos más elementales; para esos, quizás fuera necesaria una exposición más desarrollada, pero les rogaremos que esperen, para encontrarla, a que tengamos la ocasión de dar integralmente la teoría de los estados múltiples; en todo caso, pueden estar seguros de que esta demostración, tal como acabamos de formularla en lo que tiene de esencial, no tiene nada que desear bajo el aspecto del rigor. En cuanto a aquellos que se imaginarán que, al rechazar la reencarnación, nos arriesgamos a limitar de otra manera la Posibilidad universal, les responderemos simplemente que no rechazamos más que una imposibilidad, que es nada, y que no aumentaría la suma de las posibilidades más que de una manera absolutamente ilusoria, al no ser más que un puro cero; no se limita la Posibilidad negando una absurdidad cualquiera, por ejemplo diciendo que no puede existir un cuadrado redondo, o que, entre todos los mundos posibles, no puede haber ninguno donde dos y dos sumen cinco; el caso es exactamente el mismo. Hay gentes que, en este orden de ideas, se hacen extraños escrúpulos: así Descartes, cuando atribuía a Dios la "libertad de indiferencia", por temor a limitar la omnipotencia divina (expresión teológica de la Posibilidad universal), y sin apercibirse de que esa "libertad de indiferencia", o la elección en ausencia de toda razón, implica condiciones contradictorias; diremos, para emplear su lenguaje, que una absurdidad no es tal porque Dios lo ha querido arbitrariamente, sino que, al contrario, es porque es una absurdidad por lo que Dios no puede hacer que sea algo, sin que eso implique el menor atentado a su omnipotencia, puesto que absurdidad e imposibilidad son sinónimos.

Volviendo a los estados múltiples del ser, haremos observar, ya que esto es esencial, que estos estados pueden ser concebidos tanto simultáneos como sucesivos, y que incluso, en el conjunto, no se puede admitir la sucesión sino a título de representación simbólica, puesto que el tiempo no es más que una condición propia a uno de estos estados, y puesto que incluso la duración, bajo un modo cualquiera, no puede ser atribuida más que a algunos de entre ellos; si se quiere hablar de sucesión, es menester pues tener cuidado de precisar que eso no puede ser más que en el sentido lógico, y no en el sentido cronológico. Por esta sucesión lógica, entendemos que hay un encadenamiento causal entre los diversos estados; pero la relación misma de causalidad, si se toma según su verdadera significación (y no según la acepción "empirista" de algunos lógicos modernos), implica precisamente la simultaneidad o la coexistencia de sus términos. Además, es bueno precisar que incluso el estado individual humano, que está sometido a la condición temporal, puede presentar sin embargo una multiplicidad simultánea de estados secundarios: el ser humano no puede tener varios cuerpos, pero, fuera de la modalidad corporal y al mismo tiempo que ella, puede poseer otras modalidades en las cuales se desarrollan también algunas de las posibilidades que conlleva. Esto nos conduce a señalar una concepción que se relaciona bastante estrechamente a la de la reencarnación, y que cuenta también con numerosos partidarios entre los "neoespiritulistas": según esta concepción, cada ser debería, en el curso de su evolución (ya que aquellos que sostienen tales ideas son siempre, de una manera o de otra, evolucionistas), pasar sucesivamente por todas las formas de vida, terrestres y otras. Una tal teoría no expresa más que una imposibilidad manifiesta, por la simple razón de que existe una indefinidad de formas vivas por las cuales un ser cualquiera jamás podrá pasar, puesto que estas formas son todas las que están ocupadas por los demás seres. Por lo demás, aunque un ser hubiera recorrido sucesivamente una indefinidad de posibilidades particulares, y en un dominio mucho más extenso que el de las "formas de vida", por ello no estaría más avanzado en relación al término final, que no podría ser alcanzado de esta manera; volveremos sobre esto al hablar más especialmente del evolucionismo espiritista. Por el momento, solo haremos observar esto: el mundo corporal todo entero, en el despliegue integral de todas las posibilidades que contiene, no representa más que una parte del dominio de manifestación de un solo estado; este mismo estado conlleva pues, a "fortiori", la potencialidad correspondiente a todas las modalidades de la vida terrestre, que no es más que una porción muy restringida del mundo corporal. Esto vuelve perfectamente inútil (incluso si su imposibilidad no fuera probada en otra parte) la suposición de una multiplicidad de existencias a través de las cuales el ser se elevaría progresivamente de la modalidad más inferior, la del mineral, hasta la modalidad humana, considerada como la más alta, pasando sucesivamente por el vegetal y el animal, con toda la multitud de grados que comprende cada uno de estos reinos; en efecto, hay quienes hacen tales hipótesis, y que rechazan solo la posibilidad de un retorno atrás. En realidad, el individuo, en su extensión integral, contiene simultáneamente las posibilidades que corresponden a todos los grados de que se trata (no decimos, obsérvese bien, que los contiene corporalmente); esta simultaneidad no se traduce en sucesión temporal más que en el desarrollo de su modalidad corporal únicamente, en el curso de la cual, como lo muestra la embriología, pasa efectivamente por todos los estadios correspondientes, desde la forma unicelular de los seres organizados más rudimentarios, e incluso, remontando más atrás todavía, desde el cristal, hasta la forma humana terrestre. Decimos de pasada, desde ahora, que ese desarrollo embriológico, contrariamente a la opinión común, no es de ninguna manera la prueba de la teoría "transformista"; esta no es menos falsa que todas las demás formas del evolucionismo, y es incluso la más grosera de todas; pero tendremos la ocasión de volver sobre ello más adelante. Lo que es menester retener sobre todo es que el punto de vista de la sucesión es esencialmente relativo, y por lo demás, incluso en la medida restringida en que es legítimamente aplicable, pierde casi todo su interés por la simple observación de que el germen, antes de todo desarrollo, contiene ya en potencia el ser completo (veremos enseguida su importancia); en todo caso, este punto de vista debe permanecer siempre subordinado al de la simultaneidad, como lo exige el carácter puramente metafísico, y por consiguiente extratemporal (pero también extraespacial, puesto que la coexistencia no supone necesariamente el espacio), de la teoría de los estados múltiples del ser[161].

Añadiremos todavía, que pretendan lo que pretenden los espiritistas y sobre todo los ocultistas, no se encuentra en la naturaleza ninguna analogía en favor de la reencarnación, mientras que, en revancha, se encuentran numerosas en sentido contrario. Este punto ha sido suficientemente ilustrado en las enseñanzas de la H. B. of L., de la que hemos hablado precedentemente, y que era formalmente antireencarnacionista; creemos que puede ser interesante citar aquí algunos pasajes de esas enseñanzas, que muestran que esta escuela tenía al menos algún conocimiento de la transmigración verdadera, así como de algunas leyes cíclicas: "Es una verdad absoluta que expresa el adepto autor de *Ghosthland*, cuando dice que, en *tanto que ser impersonal*, el hombre vive en una indefinidad de mundos antes de llegar a éste… Cuando se alcanza el gran estado de *consciencia*, cima de la serie de las manifestaciones materiales, el alma ya no entrará nunca en la matriz de la materia, ni sufrirá la encarnación material; en adelante, sus renacimientos son en el reino del espíritu. Aquellos que sostienen la doctrina extrañamente ilógica de la multiplicidad de los nacimientos *humanos*, ciertamente jamás han desarrollado en sí mismos el estado lúcido de consciencia espiritual; si no, la teoría de la reencarnación, afirmada y sostenida hoy día por un gran número de hombres y de mujeres versados en la "sabiduría mundana", no tendría el menor crédito. Una educación *exterior* es relativamente sin valor como medio de obtener el conocimiento *verdadero*… La bellota deviene encina, la nuez de coco deviene palmera; pero por miríadas de otras bellotas que dé la encina, ella misma ya no deviene bellota nunca más, ni la palmera redeviene nuez tampoco ya. De igual modo para el hombre: desde que el alma se ha manifestado sobre el plano humano, y ha alcanzado así la

---

[161] Sería menester poder criticar aquí las definiciones que Leibnitz da del espacio (orden de coexistencias) y del tiempo (orden de sucesiones); al no poder emprender esa crítica, diremos solo que Leibnitz extiende así el sentido de estas nociones de una manera completamente abusiva, como lo hace también, por lo demás, para la noción de cuerpo.

consciencia de la vida exterior, jamás vuelve a pasar por ninguno de esos estados rudimentarios... Todos los pretendidos "despertares de recuerdos" latentes, por los que algunas personas aseguran acordarse de sus existencias pasadas, pueden explicarse, e incluso no pueden no explicarse más que por las simples leyes de la *afinidad* y de la *forma*. Cada raza de seres humanos, considerada *en sí misma*, es *inmortal*; es lo mismo para cada ciclo: jamás el primer ciclo deviene el segundo, pero los seres del primer ciclo son (espiritualmente) los padres, o los *generadores*[162], de los del segundo ciclo. Así, cada ciclo comprende una gran familia constituida por la reunión de diversos agrupamientos de almas humanas, donde cada condición está determinada por las leyes de su *actividad*, las de su *forma* y las de su *afinidad*: Una trinidad de leyes... Es así como el hombre puede ser comparado a la bellota y a la encina: el alma embrionaria, no individualizada, deviene un hombre de igual modo a como la bellota deviene una encina, y, del mismo modo en que la encina da nacimiento a una cantidad innumerable de bellotas, así el hombre proporciona a su vez a una indefinidad de almas los medios de tomar nacimiento en el mundo espiritual. Hay correspondencia completa entre los dos, y es por esta razón por lo que los antiguos druidas rendían tan grandes honores a este árbol, que era honrado por encima de todos los demás por los poderosos hierofantes". Hay en esto una indicación de lo que es la "posteridad" entendida en el sentido puramente espiritual; éste no es el lugar de decir más sobre este punto, como tampoco sobre las leyes cíclicas con las que se relaciona; quizás algún día trataremos estas cuestiones, si encontramos el medio de hacerlo en términos suficientemente inteligibles, ya que hay dificultades que son sobre todo inherentes a la imperfección de las lenguas occidentales.

Desafortunadamente, la H. B. of L. admitía la posibilidad de la reencarnación en algunos casos excepcionales, como el de los niños

---

[162] Son los *pitris* de la tradición hindú.

nacidos muertos o muertos de corta edad, y el de los idiotas de nacimiento[163]. Hemos visto en otra parte que Mme Blavatsky había admitido esta manera de ver en la época en que escribió *Isis Develada*[164]. En realidad, desde que se trata de una imposibilidad metafísica, no podría haber la menor excepción: basta que un ser haya pasado por un cierto estado, aunque no sea más que en forma embrionaria, o incluso bajo la forma de simple germen, para que no pueda en ningún caso volver a ese estado, cuyas posibilidades ha efectuado así según la medida que conllevaba su propia naturaleza; si el desarrollo de esas posibilidades parece haberse detenido para él en un cierto punto, es porque no tenía que ir más lejos en cuanto a su modalidad corporal, y lo que es aquí la causa del error es el hecho de no considerar más que ésta exclusivamente, ya que no se tienen en cuenta todas las posibilidades que, para ese mismo ser, pueden desarrollarse en otras modalidades del mismo estado; si se pudieran tener en cuenta, se vería que la reencarnación, incluso en casos como éstos, es absolutamente inútil, lo que se puede admitir desde que se sabe que es imposible, y que todo lo que es, cualesquiera que sean las apariencias, concurre a la armonía total del Universo. Esta cuestión es enteramente análoga a la de las comunicaciones espiritistas: en una y otra, se trata de imposibilidades; decir que puede haber excepciones sería tan ilógico como decir, por ejemplo, que puede haber un pequeño número de casos en los que, en el espacio euclidiano, la suma de los tres ángulos de un triángulo no sea igual a dos rectos; lo que es absurdo lo es absolutamente, y no solo "en general". Por lo demás, si se comienza a admitir excepciones, no vemos muy bien cómo se les podría asignar un límite preciso: ¿cómo se podría

---

[163] Había todavía un tercer caso de excepción, pero de un orden completamente diferente: era el de las "encarnaciones mesiánicas voluntarias", que se producirían cada seiscientos años más o menos, es decir, al final de cada uno de los ciclos que los caldeos llamaban *Naros*, pero sin que el mismo espíritu se encarne jamás así más de una vez, y sin que haya consecutivamente dos encarnaciones semejantes en una misma raza; la discusión y la interpretación de esta teoría se saldrían enteramente del cuadro del presente estudio.

[164] *El Teosofismo*, pp. 97-99 (ed. francesa).

determinar la edad a partir de la cual un niño, si muere, no tendrá necesidad de reencarnarse, o el grado que debe alcanzar la debilidad mental para exigir una reencarnación? Evidentemente, nada podría ser más arbitrario, y podemos dar la razón a Papus cuando dice que, "si se rechaza esta teoría, es menester no admitir excepción, sin lo cual se abre una brecha a través de la cual todo puede pasar"[165].

Esta observación, en el pensamiento de su autor, se dirigía sobre todo a algunos escritores que han creído que la reencarnación, en algunos casos particulares, era conciliable con la doctrina católica: el conde de Larmandie, concretamente, ha pretendido que podía ser admitida para los niños muertos sin bautismo[166]. Es cierto que algunos textos, como los del cuarto concilio de Constantinopla, que se ha creído a veces poder invocar contra la reencarnación, no se aplican a ella en realidad; pero los ocultistas no han podido triunfar en esto, y, si es así, es simplemente porque, en aquella época, la reencarnación todavía no había sido imaginada. Se trataba de una opinión de Orígenes, según la cual la vida corporal sería un castigo para almas que, "preexistiendo en tanto que potencias celestes, habrían llegado a saciarse de la contemplación divina"; como se ve, en esto no se trata de otra vida corporal anterior, sino de una existencia en el mundo inteligible en el sentido platónico, lo que no tiene ninguna relación con la reencarnación. Cuesta trabajo concebir cómo Papus ha podido escribir que "la opinión del concilio indica que la reencarnación formaba parte de la enseñanza, y que si había quienes volvían voluntariamente a reencarnarse, no por disgusto del Cielo, sino por amor de su prójimo, el anatema no podía tocarles" (se ha imaginado que ese anatema se dirigía contra "el que proclamara haber vuelto sobre la tierra por disgusto del Cielo"); y se apoya en esto para afirmar que "la idea de la reencarnación forma parte de las enseñanzas secretas de la Iglesia"[167]. A propósito de la doctrina católica,

---

[165] *La Réincarnation*, p. 179; según el Dr. Rozier: *Initiation*, abril de 1898.
[166] *Magie et Religion*.
[167] *La Réincarnation*, p. 171.

debemos mencionar también una aserción de los espiritistas que es verdaderamente extraordinaria: Allan Kardec afirma que el "dogma de la resurrección de la carne es la consagración del dogma de la reencarnación enseñado por los espíritus", y que "así la Iglesia, por el dogma de la resurrección de la carne, enseña también la doctrina de la reencarnación"; ¡o si no presenta estas proposiciones bajo forma interrogativa, y es el "espíritu" de San Luis quien le responde que "eso es evidente", agregando que "antes de poco se reconocerá que el espiritismo resulta a cada paso del texto mismo de las Escrituras sagradas"![168]. Lo que es más sorprendente todavía, es que se haya encontrado un sacerdote católico, más o menos sospechoso de heterodoxia, para aceptar y sostener una parecida opinión; es el abad J. A. Petit, de la diócesis de Beauvais, familiar lejano de la duquesa de Pomar, quien ha escrito estas líneas: "La reencarnación ha sido admitida en la mayoría de los pueblos antiguos... Cristo también la admitía. Si no se encuentra enseñada más expresamente por los Apóstoles, es porque los fieles debían reunir en ellos las cualidades morales que les dieran paso a ella... Más tarde, cuando los jefes mayores y sus discípulos hubieron desaparecido, y cuando la enseñanza cristiana, bajo la presión de intereses humanos, fue fijada en un árido símbolo, no quedó, como vestigio del pasado, más que la *resurrección de la carne*, o *en la carne*, que, tomada en el sentido estrecho de la palabra, hizo creer en el error gigantesco de la resurrección de los cuerpos muertos"[169]. No queremos hacer sobre esto ningún comentario, ya que tales interpretaciones son de las que ningún espíritu no prevenido puede tomar en serio; pero la transformación de la "resurrección *de* la carne" en "resurrección *en* la carne" es una de las pequeñas habilidades que hacen poner en duda la buena fe de su autor.

Antes de dejar este tema, diremos todavía algunas palabras de los textos evangélicos que los espiritistas y los ocultistas invocan en favor

---

[168] Le Livre des Esprits, pp. 440-442.
[169] L'Alliance Spiritualiste, julio de 1911.

de la reencarnación; Allan Kardec indica dos[170], de los que el primero es éste, que sigue al relato de la Transfiguración: "Cuando descendían de la montaña, Jesús hizo este mandamiento y les dijo: No habléis a nadie de lo que acabáis de ver, hasta que el Hijo del Hombre sea resucitado de entre los muertos. Sus discípulos le interrogaron entonces y le dijeron: ¿Por qué entonces los escribas dicen que es menester que Elías venga antes? Pero Jesús les respondió: Es verdad que Elías debe venir y que restablecerá todas las cosas. Pero yo os declaro que Elías ya ha venido, y no le han conocido, sino que le han hecho sufrir como han querido. Es así como harán morir al Hijo del Hombre. Entonces sus discípulos comprendieron que era de Juan Bautista de quien les había hablado"[171]. Y Allan Kardec agrega: "Puesto que Juan Bautista era Elías, ha habido pues reencarnación del espíritu o del alma de Elías en el cuerpo de Juan Bautista". Papus, de su lado, dice igualmente: "Primeramente, los Evangelios afirman sin ambages que Juan Bautista es Elías reencarnado. Era un misterio. Juan Bautista interrogado se calla, pero los demás saben. Hay también esa parábola del ciego de nacimiento castigado por sus pecados anteriores, que da mucho que reflexionar"[172]. En primer lugar, en el texto no se dice de qué manera "Elías ya ha venido"; y, si se piensa que Elías no estaba muerto en el sentido ordinario de esta palabra, puede parecer al menos difícil que sea por reencarnación; además, ¿por qué Elías, en la Transfiguración, no se habría manifestado bajo los rasgos de Juan Bautista?[173] Después, Juan Bautista, interrogado, no se calla como lo pretende Papus, al contrario, niega formalmente:

---

[170] *Le Livre des Esprits*, pp. 105-107. —Cf. también Léon Denis, *Christianisme et Spiritisme*, pp. 376-378. Ver también *Les Messies esseniens et l'Eglise orthodoxe*, pp. 33-35; esta obra es una publicación de la supuesta secta "esenia" a la que haremos alusión más adelante.

[171] *San Mateo*, XVII, 9-15. —Cf. *San Marcos* IX, 8-12; este texto apenas difiere del otro excepto en que el nombre de Juan Bautista no se menciona en él.

[172] *La Réincarnation*, p. 170.

[173] El otro personaje del Antiguo Testamento que se ha manifestado en la Transfiguración es Moisés, de quien "nadie ha conocido su sepulcro"; Henoch y Elías, que deben volver "al fin de los tiempos", han sido uno y otro "elevados a los cielos"; todo esto no podría invocarse como ejemplo de manifestación de los muertos.

"Ellos le preguntaron: ¿Qué pues? ¿Eres tú Elías? Y él les dijo: Yo no lo soy"[174]. Si se dice que eso prueba solo que no tenía el recuerdo de su precedente existencia, responderemos que hay otro texto que es mucho más explícito todavía; es aquel en que el ángel Gabriel, anunciando a Zacarías el nacimiento de su hijo, declara: "Marchará ante el Señor *en el espíritu y en la virtud de Elías*, para reunir el corazón de los padres con sus hijos y recordar las desobediencias a la prudencia de los justos, para preparar al Señor un pueblo perfecto"[175]. No se podría indicar más claramente que Juan Bautista no sería Elías en persona, sino que pertenecería solamente, si puede expresarse así, a su "familia espiritual"; así pues, es de esta manera, y no literalmente, como es menester entender la "venida de Elías". En cuanto a la historia del ciego de nacimiento, Allan Kardec no habla de ella, y Papus apenas sí parece conocerla, dado que toma por una parábola lo que es el relato de una curación milagrosa; he aquí el texto exacto: "Cuando Jesús pasaba, vio a un hombre que estaba ciego desde su nacimiento; y sus discípulos le hicieron esta pregunta: Maestro, ¿es el pecado de este hombre, o el pecado de los que le han traído al mundo, el que es causa de que haya nacido ciego? Jesús les respondió: No es que él haya pecado, ni aquellos que le han traído al mundo; sino que es a fin de que las obras del poder de Dios brillen en él"[176]. Así pues, aquel hombre no había sido "castigado por sus pecados", pero eso habría podido ser así, a condición de que se hubiera querido forzar el texto agregando una palabra que no se encuentra en él: "por sus pecados anteriores"; sin la ignorancia de la que Papus hace prueba en la ocasión, se podría estar tentado de acusarle de mala fe. Lo que era posible, es que la enfermedad de aquel hombre le hubiera sido infligida como sanción anticipada en vistas de pecados que cometería ulteriormente; esta interpretación no puede ser descartada más que por los que llevan el antropomorfismo hasta querer someter a

---

[174] *San Juan*, I, 21.
[175] *San Lucas*, I, 17.
[176] *San Juan*, IX, 1-3.

Dios al tiempo. En fin, el segundo texto citado por Allan Kardec no es otro que la conversación de Jesús con Nicodemo; para refutar las pretensiones de los reencarnacionistas a este respecto, uno se puede contentar con reproducir el pasaje esencial de la misma: "Si un hombre no nace de nuevo, no puede ver el Reino de Dios... En verdad, yo os digo, si un hombre no renace del agua y del espíritu, no puede entrar en el Reino de Dios. Lo que nace de la carne es carne, y lo que nace del espíritu es espíritu. No os sorprendáis de que os haya dicho, que es menester que nazcáis de nuevo"[177]. Es menester una ignorancia tan prodigiosa como la de los espiritistas para creer que puede tratarse de la reencarnación mientras se trata del "segundo nacimiento", entendido en un sentido puramente espiritual, y que es incluso opuesto claramente aquí al nacimiento corporal; esta concepción del "segundo nacimiento", sobre la que no vamos a insistir al presente, es de las que son comunes a todas las doctrinas tradicionales, entre las cuales no hay ninguna, a pesar de las aserciones de los "neoespiritualistas", que haya enseñado jamás algo que recuerde de cerca o de lejos a la reencarnación.

---

[177] *San Juan*, III, 3-7.

CAPÍTULO VII

EXTRAVAGANCIAS REENCARNACIONISTAS

Hemos dicho que la idea de la reencarnación contribuye enormemente a trastornar a muchas personas en nuestra época; vamos a mostrarlo ahora citando ejemplos de las extravagancias a las que da lugar, y eso será, después de todas las consideraciones metafísicas que hemos debido de exponer, una diversión más bien amena; a decir verdad, hay algo bastante triste en el fondo en el espectáculo de todas esas locuras, pero no obstante es muy difícil impedirse reír algunas veces. Bajo esta relación, lo que se tiene más frecuentemente la ocasión de constatar en los medios espiritistas, es una megalomanía de un género especial: esas gentes se imaginan casi todos que son la reencarnación de personajes ilustres; hemos hecho destacar que, si se juzga al respecto por las firmas de las "comunicaciones", los grandes hombres se manifiestan de mucha mayor buena gana que los demás; es menester creer que se reencarnan también mucho más frecuentemente, e incluso simultáneamente en múltiples ejemplares. En suma, este caso no difiere de la megalomanía ordinaria más que sobre un punto: en lugar de creerse grandes personajes en el presente, los espiritistas remiten su sueño enfermizo al pasado; hablamos de los espiritistas porque son el mayor número, pero hay también teosofistas que no están menos tocados (hemos visto en otra parte a M. Leadbeater asegurar seriamente que el coronel Olcott era la reencarnación de los reyes Gushtasp y Ashoka)[178]. Los hay también en quienes el mismo sueño se transforma en una esperanza para el

---

[178] *El Teosofismo*, p. 105 (ed. francesa).

porvenir, y es quizás una de las razones por las que encuentran la reencarnación tan "consoladora"; en la sección de las enseñanzas de la H. B. of L., de la que hemos reproducido algunos extractos en el capítulo precedente, se hace alusión a gentes que afirman que "aquellos que han llevado una vida noble y digna de un rey (aunque sea en el cuerpo de un mendigo), en su última existencia terrestre, revivirán como nobles, reyes, u otros personajes de alto rango", y se agrega muy justamente que "tales aserciones no son buenas sino para probar que sus autores no hablan más que bajo la inspiración de la sentimentalidad, y que les falta conocimiento".

Los espiritistas antireencarnacionistas de los países anglosajones no se han privado de ridiculizar estas locas imaginaciones: "Los partidarios de los delirios de Allan Kardec, dice Dunglas Home, se reclutan sobre todo en las clases burguesas de la sociedad. Para esas bravas gentes que no son nada, su consolación es creer que han sido un gran personaje antes de su nacimiento y que serán todavía una cosa importante después de su muerte"[179]. Y en otra parte: "Además de la confusión escandalosa a la que esta doctrina conduce lógicamente (en lo que concierne a las relaciones familiares y sociales), hay imposibilidades materiales que es menester tener en cuenta, por muy entusiasta que se sea. Una dama puede creer tanto como quiera que ha sido la pareja de un emperador o de un rey en una existencia anterior. ¿Pero cómo conciliar las cosas si nos encontramos, como ocurre frecuentemente, con una buena media docena de damas, igualmente convencidas, que sostienen haber sido cada una la queridísima esposa del mismo augusto personaje? Por mi parte, he tenido el honor de encontrar al menos doce María Antonieta, seis o siete María Estuardo, una muchedumbre de San Luis y otros reyes, una veintena de Alejandro y de Cesar, pero nunca un simple Juan Nadie"[180]. Por otra parte, hay también, sobre todo entre los ocultistas, partidarios de la reencarnación que han creído deber protestar contra lo

---

[179] Les Lumières et les Ombres du Spiritualisme, p. 111.
[180] *Ibid.*, pp. 124-125.

que consideran como "exageraciones" susceptibles de comprometer su causa; así, Papus escribe esto: "Se encuentra en algunos medios espiritistas pobres desdichados que pretenden fríamente ser una reencarnación de Moliere, de Racine o de Richelieu, sin contar los poetas antiguos, Orfeo y Homero. Por el momento no vamos a discutir si estas afirmaciones tienen una base sólida o son del dominio de alienación mental; pero recordaremos que Pitágoras, al hacer el relato de sus encarnaciones anteriores, no se jactó de haber sido gran hombre[181], y constatamos que es una singular manera de defender el progreso incesante de las almas en el infinito (teoría del espiritismo) la que consiste en mostrar a Richelieu habiendo perdido todo rastro de genio y a Victor Hugo haciendo versos de catorce pies después de su muerte. Los espiritistas serios e instruidos, y hay más de los que se cree, deberían vigilar que tales hechos no se produzcan"[182]. Más adelante dice todavía: "Algunos espiritistas, exagerando esta doctrina, se dan como la reencarnación de todos los grandes hombres un poco conocidos. Un bravo empleado es Voltaire reencarnado... menos el espíritu. Un capitán retirado, es Napoléon vuelto de Santa Elena, aunque habiendo perdido el arte de medrar. En fin, no hay grupo donde María de Médicis, Mme de Maintenon, María Estuardo no hayan vuelto de nuevo en cuerpos de buenas burguesas frecuentemente enriquecidas, y donde Turena, Condé, Richelieu, Mazarino, Moliere, Jean-Jacques Russeau no dirijan alguna pequeña sesión. Ahí está el peligro, ahí está la causa real del estado estacionario del espiritismo desde hace cincuenta años; no es menester buscar otra razón que esa, agregada a la ignorancia y al sectarismo de los jefes de grupo"[183]. En otra obra mucho más reciente, vuelve de nuevo sobre este tema: "El ser humano que tiene consciencia de este misterio de la reencarnación imagina de inmediato el personaje que ha debido ser, y, como por azar, se encuentra que ese personaje ha

---

[181] Esto no es más que la confusión ordinaria entre la metempsicosis y la reencarnación.
[182] Traité méthodique de Science occulte, p. 297.
[183] Traité méthodique de Science occulte, p. 342.

sido siempre un hombre considerable sobre la tierra, y de una alta situación. En las reuniones espiritistas o teosofistas, se ven muy pocos asesinos, borrachos, antiguos comerciantes de legumbres o asistentes (profesiones en suma honorables) reencarnados; es siempre Napoléon, una gran princesa, Luis XIV, Federico el Grande, alguno Faraones célebres, quienes están reencarnados en la piel de bravas gentes que llegan a figurarse haber sido estos grandes personajes que imaginan. Para dichos personajes sería ya un castigo bastante fuerte haber vuelto sobre la tierra en parecidas condiciones… El orgullo es el gran escollo de muchos partidarios de la doctrina de las reencarnaciones, el orgullo juega frecuentemente un papel tan nefasto como considerable. Si se guardan los grandes personajes de la historia para reencarnarse uno mismo, es menester reconocer que los adeptos de esta doctrina conservarán los asesinos, los grandes criminales y frecuentemente los grandes calumniados para hacer que se reencarnen sus enemigos"[184]. Para remediar el mal que ha denunciado así, he aquí lo que Papus ha encontrado: "Se puede tener la intuición de que se ha vivido en tal época, de que se ha estado en tal medio, se puede tener la revelación, por el mundo de los espíritus, de que se ha sido una gran dama contemporánea del grandísimo filósofo Abelardo, tan indignamente comprendido por los groseros contemporáneos, pero no se tiene la certeza del ser exacto que se ha sido sobre la tierra"[185]. Por consecuencia, la gran dama en cuestión no será necesariamente Eloisa, y, si se cree haber sido tal personaje célebre, es simplemente porque se habrá vivido en su medio, quizás en calidad de doméstica; evidentemente, Papus piensa que en esto hay con qué poner un freno a las divagaciones causadas por el orgullo; pero dudamos que los espiritistas se dejen persuadir tan fácilmente de que deben renunciar a sus ilusiones. Desgraciadamente, hay también otros géneros de divagaciones que apenas son menos lastimosas; esa prudencia y esa sabiduría, por lo demás relativas, de las que Papus hace

---

[184] *La Réincarnation*, pp. 138-139 y 142-143.
[185] *Ibid.*, p. 141.

prueba, no le impiden escribir a él mismo, y al mismo tiempo, cosas del cariz de éstas: "Cristo tiene un apartamento (*sic*) donde encierra miles de espíritus. Cada vez que un espíritu del apartamento de Cristo se reencarna, obedece sobre la tierra a la ley siguiente: 1º es el primogénito de su familia; 2º su padre se llama siempre José; 3º su madre se llama siempre María, o la correspondencia numérica de estos nombres en otras lenguas. Finalmente, hay en este nacimiento de los espíritus que vienen del apartamento de Cristo (y no decimos de Cristo mismo) aspectos planetarios completamente particulares que es inútil revelar aquí"[186]. Sabemos perfectamente a quién quiere hacer alusión todo eso; podríamos contar toda la historia de ese "Maestro", o supuesto tal, que decía que era "el espíritu más viejo del planeta", y "el jefe de los Doce que pasaron por la Puerta del Sol, dos años después del medio del siglo". ¡Aquellos que se negaban a reconocer a este "Maestro" se veían amenazados con un "retraso de evolución", antes de traducirse por una penalidad de treinta encarnaciones suplementarias, ni una más ni una menos!

No obstante, al escribir las líneas que hemos reproducido en último lugar, Papus tenía todavía la convicción de que con eso podía contribuir a moderar algunas pretensiones excesivas, puesto que agregaba: "Ignorando todo eso, una muchedumbre de visionarios se han pretendido la reencarnación de Cristo sobre la tierra… y la lista no está cerrada". Esta previsión estaba muy justificada; ya hemos contado en otra parte la historia de los Mesías teosofistas, y hay todavía muchos otros en medios análogos; pero el mesianismo de los "neoespiritualistas" es capaz de revestir las formas más extrañas y más diversas, fuera de esas "reencarnaciones de Cristo", uno de cuyos prototipos fue el pastor Guillaume Monod. A este respecto, no vemos por qué la teoría de los "espíritus del apartamento de Cristo" sería mucho menos extravagante que las otras; sabemos muy bien el papel deplorable que jugó en la

---

[186] La Réincarnation, p. 140.

escuela ocultista francesa, y eso continúa todavía en las agrupaciones diversas que representan hoy día los restos de esta escuela. Por otro lado, hay una "vidente" espiritista, Mlle Marguerite Wolff (podemos nombrarla, puesto que la cosa es pública), que ha recibido de su "guía", en estos últimos tiempos, la misión de anunciar "la próxima reencarnación de Cristo en Francia"; ella misma se cree Catherine de Médicis reencarnada (sin hablar de algunas centenas de otras existencias vividas anteriormente sobre la tierra y en otras partes, y de las cuales habría recuperado el recuerdo más o menos preciso), y ha publicado una lista de más de doscientas "reencarnaciones célebres", en la cual hace saber "lo que los grandes hombres de hoy han sido antaño"; éste es todavía un caso patológico bastante destacable[187]. Hay también espiritistas que tienen concepciones mesiánicas de un género completamente diferente: hemos leído hace tiempo, en una revista espiritista extranjera (no hemos podido encontrar la referencia exacta), un artículo en el que el autor criticaba bastante justamente a aquellos que, al anunciar para un tiempo próximo la "segunda venida" de Cristo, la presentan como debiendo ser una reencarnación; pero era para declarar a continuación que, si no se puede admitir esta tesis, es simplemente porque el retorno de Cristo ya es un hecho cumplido... por el espiritismo: "Ya ha venido, puesto que en algunos centros, se registran sus comunicaciones". Verdaderamente, es menester tener una fe bien robusta para poder creer así que Cristo y sus Apóstoles se manifiestan en sesiones espiritistas y hablan por el órgano de los médiums, sobre todo cuando se ve de qué calidad son las innumerables "comunicaciones" que se les han atribuido[188]. Por otra parte, en algunos

---

[187] Esta calaverada ha tenido un fin triste: caída entre las manos de estafadores que la explotaron odiosamente, la desdichada está hoy, parece, completamente desengañada de su misión.

[188] Una revista espiritista bastante independiente que se publicaba en Marsella, bajo el título de *La Vie Posthume*, dio hace tiempo una divertida reseña de una sesión de "espiritismo pietista" donde se manifestaron San Juan, Jesucristo y Allan Kardec; Papus ha reproducido este relato, no sin alguna malicia, en su *Traité méthodique de Science*

círculos americanos, hubo "mensajes" donde Apolonio de Tiana vino a declarar, haciéndose apoyar por diversos "testigos", que es él mismo quien fue a la vez "el Jesús y el San Pablo de las escrituras cristianas", y quizás también San Juan, y quien predicó los Evangelios, cuyos originales le habían sido dados por los budistas; se pueden encontrar algunos de estos "mensajes" al final del libro de Henry Lacroix[189]. Fuera del espiritismo, hubo también una Sociedad secreta angloamericana que enseñó la identidad de San Pablo y de Apolonio, pretendiendo que la prueba se encontraba "en un pequeño manuscrito que ahora se conserva en un monasterio del Mediodía de Francia"; hay muchas razones para pensar que esta fuente es puramente imaginaria, pero la concordancia de esta historia con las "comunicaciones" espiritistas que acabamos de tratar hace al origen de éstas extremadamente sospechoso, ya que permite pensar que hubo en eso otra cosa que un producto de la "subsconsciencia" de dos o tres desequilibrados[190].

Hay todavía, en Papus, otras historias que equivalen casi a la de los "espíritus del apartamento de Cristo"; citamos este ejemplo: "Del mismo modo que existen cometas que vienen a aportar la fuerza al sol fatigado y que circulan entre los diversos sistemas solares, existen también enviados cíclicos que vienen en algunos periodos a remover a

---

occulte, pp. 332-389. —Mencionamos también, a este propósito, que los "prolegómenos" del *Livre des Esprits* llevan las firmas siguientes: "San Juan el Evangelista, San Agustín, San Vicente de Paul, San Luis, el Espíritu de Verdad, Sócrates, Platón, Fenelón, Franklin, Swedemborg, etc."; ¿no hay ahí con qué hacer excusables las "exageraciones" de algunos discípulos de Allan Kardec?

[189] *Mes expériences avec les esprits*, pp. 259-280. —Los "testigos" son Caifás, Poncio Pilatos, el procónsul Félix, el gnóstico Marción (supuesto San Marcos), Luciano (supuesto San Lucas), Damis, biógrafo de Apolonio, el papa Gregorio VII, y finalmente un cierto Deva Bodhastuata, personaje imaginario que se presentaba como "el vigesimoséptimo profeta a partir de Budha"; ¡Parece que varios de entre ellos habían tomado como intérprete el "espíritu" de Faraday!

[190] La sociedad secreta de que se trata se designaba, de manera más bien enigmática, por la denominación de "Orden S. S. S. y Fraternidad Z. Z. R. R. Z. Z."; estuvo en hostilidad declarada con la H. B. of L.

la humanidad entumecida en los placeres o llena de abulia por una quietud demasiado prolongada... Entre estas reencarnaciones cíclicas, que vienen siempre de un mismo apartamento de lo invisible, si no son del mismo espíritu, citaremos la reencarnación que ha sorprendido a tantos historiadores: Alejandro, Cesar, Napoléon. Cada vez que un espíritu de este plano vuelve, transforma bruscamente, todas las leyes de la guerra; cualquiera que sea el pueblo que esté puesto a su disposición, le dinamiza y hace de él un instrumento de conquista contra el cual nada puede luchar... La próxima vez que venga, este espíritu encontrará el medio de impedir la muerte de más de dos tercios de su efectivo en los combates, por la creación de un sistema defensivo que revolucionará las leyes de la guerra"[191]. La fecha de esta próxima venida no está indicada, siquiera aproximadamente, y es una lástima; pero quizás es menester alabar a Papus por haber sido tan prudente en la circunstancia, ya que, cada vez que quiso ponerse a hacer profecías un poco precisas, los acontecimientos, por una increíble mala suerte, jamás dejaron de darle un desmentido. Pero he aquí otro "apartamento" con el que nos hace tomar conocimiento: "Es también Francia (acaba de hablar de Napoléon) quien tuvo el gran honor de encarnar varias veces a una enviada celeste del apartamento de la Virgen de Luz, que unía a la fragilidad de la mujer la fuerza del ángel encarnado. Santa Genoveva forma el núcleo de la nación francesa. Juana de Arco salva a esta nación en el momento en que, lógicamente, ya no había nada que hacer"[192]. Y, a propósito de Juana de Arco, es menester no dejar escapar la ocasión de una pequeña declaración anticlerical y democrática: "La iglesia romana es hostil a todo enviado celeste, y ha sido menester la formidable voz del pueblo para reformar el juicio de los jueces eclesiásticos que, cegados por la política, martirizaron a la enviada del Cielo"[193]. Si Papus hace venir a Juana de Arco del "apartamento de la Virgen de Luz", hubo

---

[191] *La Réincarnation*, pp. 155-159.
[192] La Réincarnation, p. 160.
[193] *Ibid.*, p. 161.

hace algún tiempo en Francia una secta, sobre todo espiritista en el fondo, que se titulaba "esenia" (esta denominación ha tenido mucho éxito en todos los medios de este género), que la consideraba como el "Mesías femenino", como la igual de Cristo mismo, en fin, como el "Consolador celeste" y el "Espíritu de Verdad anunciado por Jesús"[194]; y parece que algunos espiritistas han llegado hasta considerarla como una reencarnación de Cristo en persona[195].

Pero pasemos a otro género de extravagancias a las que la idea de la reencarnación ha dado lugar igualmente: queremos hablar de las relaciones que los espiritistas y los ocultistas suponen entre las existencias sucesivas; para ellos, en efecto, las acciones cumplidas en el curso de una vida deben tener consecuencias en las vidas siguientes. Se trata de una causalidad de una especie muy particular; más exactamente, es la idea de sanción moral, pero que, en lugar de ser aplicada a una "vida futura" extraterrestre como lo es en las concepciones religiosas, se encuentra reducida a las vidas terrestres en virtud de esta aserción, al menos contestable, de que las acciones cumplidas sobre la tierra deben tener efectos sobre la tierra exclusivamente; el "Maestro" al que hemos hecho alusión enseñaba expresamente que "es en el mundo donde se han contraído deudas donde se viene a pagarlas". Es a esta "causalidad ética" a la que los teosofistas han dado el nombre de *karma* (impropiamente, puesto que esta palabra, en sánscrito, no significa otra cosa que "acción"); en las demás escuelas, si no se encuentra la palabra (aunque los ocultistas franceses, a pesar de su hostilidad hacia los teosofistas, la emplean de buena gana), la concepción es la misma en el fondo, y las variaciones no inciden sino sobre puntos secundarios.

---

[194] Habría que decir cosas bastante curiosas sobre esta secta, que era de un anticatolicismo feroz; las fantasías pseudohistóricas de Jacolliot eran muy honradas allí, y con todo eso se buscaba sobre todo "neutralizar" el cristianismo; hemos dicho algunas palabras en otra parte, a propósito del papel que los teosofistas atribuyen a los antiguos esenios (*El Teosofismo*, página 194 de la edición francesa).
[195] Les Messies esséniens et l'Eglise orthodoxe, p. 319.

Cuando se trata de indicar con precisión las consecuencias futuras de tal o de cual acción determinada, los teosofistas se muestran generalmente bastante reservados; pero espiritistas y ocultistas parecen rivalizar sobre quién dará a este respecto los detalles más minuciosos y más ridículos: por ejemplo, si es menester creer a algunos, si alguien se ha conducido mal hacia su padre, renacerá cojo de la pierna derecha; si ha sido hacia su madre, será cojo de la pierna izquierda, y así sucesivamente. Hay otros que, en algunos casos, ponen también las enfermedades de este género en la cuenta de accidentes ocurridos en existencias anteriores; hemos conocido a un ocultista que era cojo y que creía firmemente que se debía a que en su vida precedente, se había roto la pierna al saltar por una ventana para evadirse de las prisiones de la inquisición. No se podría creer hasta dónde puede llegar el peligro de esta suerte de cosas: ocurre diariamente, sobre todo en los medios ocultistas, que se le dice a alguien que ha cometido antaño tal o cual crimen, y que debe esperar "pagarle" en su vida actual; y se agrega todavía que no debe hacer nada para escapar a este castigo que le alcanzará pronto o tarde, y que será incluso tanto más grave cuanto más se haya retrasado el plazo. Bajo el imperio de una tal sugestión, el desdichado correrá verdaderamente al encuentro del supuesto castigo y se esforzará incluso en provocarle; si se trata de un hecho cuyo cumplimiento depende de su voluntad, las cosas más absurdas no harán vacilar al que ha llegado a este grado de credulidad y de fanatismo. El "Maestro" (siempre el mismo) había persuadido a uno de sus discípulos de que, en razón de no sabemos muy bien cuál acción cometida en otra encarnación, debía casarse con una mujer amputada de la pierna izquierda; el discípulo (era por lo demás un ingeniero, y por consiguiente un hombre que debía tener un cierto grado de inteligencia y de instrucción) hizo aparecer anuncios en diversos periódicos para encontrar una persona que cumpliera la condición requerida, y acabó por encontrarla en efecto. No se trata más que un rasgo entre muchos otros análogos, y le citamos porque es enteramente característico de la mentalidad de las gentes en cuestión; pero los hay que pueden tener resultados más trágicos, y hemos conocido a otro ocultista que, no deseando nada tanto como una muerte accidental que debía liberarle de un pesado *karma*, había tomado simplemente el partido de no hacer nada para evitar los coches que encontraba en su camino; si no llegaba hasta meterse debajo de sus ruedas, es solo porque debía morir por accidente, y no por suicidio que, en lugar de satisfacer su *karma*, le hubiera agravado al contrario más todavía. Que nadie vaya a suponer que exageramos lo más mínimo; estas cosas no se inventan, y, para quien conoce estos medios, la puerilidad misma de algunos detalles es una garantía de autenticidad; por lo demás, si hubiera necesidad de ello, podríamos dar los nombres de los diversos personajes a quienes les han ocurrido estas aventuras. Uno no puede sino compadecerse de aquellos que son víctimas de semejantes sugestiones; ¿pero qué es menester pensar de aquellos que son sus autores responsables? Si actúan de mala fe, merecerían ciertamente ser denunciados como verdaderos malhechores; si son sinceros, lo que es posible en muchos casos, debería tratárseles como a locos peligrosos.

Cuando estas cosas se quedan en el dominio de la simple teoría, no son más que grotescas: tal es el ejemplo, bien conocido entre los espiritistas, de la víctima que lleva hasta otra existencia su venganza contra su asesino; el asesinado de antaño devendrá entonces asesino a su vez, y el asesino, devenido víctima, deberá vengarse a su vez en otra existencia… y así sucesiva e indefinidamente. Otro ejemplo del mismo género es el del cochero que aplasta a un peatón; como castigo, ya que la "justicia" póstuma de los espiritistas se extiende incluso al homicidio por imprudencia, este cochero, devenido peatón en su vida siguiente, será aplastado por el peatón devenido cochero; pero, lógicamente, éste, cuyo acto no difiere del primero, deberá sufrir después el mismo castigo, y siempre por su víctima, de suerte que estos dos desafortunados individuos estarán obligados a aplastarse así alternativamente uno al otro hasta el fin de los siglos, ya que, evidentemente no hay ninguna razón para que eso se detenga; que se pregunte más bien a M. Gabriel Delanne lo que piensa de este razonamiento. Sobre este punto todavía, hay otros "neoespiritualistas" que no tienen que envidiar en nada a los espiritistas, y hemos oído a un ocultista de tendencias místicas contar la historia siguiente, como ejemplo de las consecuencias horrorosas que pueden acarrear actos considerados generalmente como bastante indiferentes: un escolar se entretiene en quebrar una pluma, luego la tira; las moléculas del metal guardarán, a través de todas las transformaciones que tengan que sufrir, el recuerdo de la maldad de la que ese niño ha hecho prueba a su respecto; finalmente, después de algunos siglos, estas moléculas pasarán a los órganos de una máquina cualquiera, y, un día, se producirá un accidente, y un obrero morirá triturado por esta máquina; ahora bien, se encontrará justamente que ese obrero será el escolar en cuestión, que se habrá reencarnado para sufrir el castigo de su acto anterior. Sería ciertamente difícil imaginar algo más extravagante que semejantes cuentos fantásticos, que bastan para dar una justa idea de la mentalidad de aquellos que los inventan, y sobre todo de aquellos que creen en ellos.

En estas historias, como se ve, la cuestión más frecuente son los castigos; eso puede parecer sorprendente en gentes que se jactan de tener una doctrina "consoladora" ante todo, pero sin duda es lo más propio para encender las imaginaciones. Además, como lo hemos dicho, se hacen esperar recompensas para el porvenir; pero, en cuanto a hacer conocer lo que, en la vida presente, es la recompensa de tal o cual buena acción cumplida en el pasado, parece que eso tendría el inconveniente de poder dar nacimiento a sentimientos de orgullo; quizás, después de todo, sería menos funesto que aterrorizar a pobres gentes con el "pago" de sus "deudas" imaginarias. Agregamos que se consideran también algunas veces consecuencias de un carácter más inofensivo: es así como Papus se asegura que "es raro que un ser espiritual reencarnado sobre la tierra no sea conducido, por circunstancias en apariencia fortuitas, a hablar, además de su lengua actual, la lengua del país de su última encarnación anterior"[196]; agrega que "es una precisión interesante de controlar", pero, desafortunadamente, olvida indicar por cuál medio se podría llegar a ello. Ya que citamos todavía una vez más a Papus, no olvidamos, pues es una curiosidad digna de ser notada, decir que enseñaba (pero no creemos que se haya atrevido a escribirlo) que uno puede a veces reencarnarse antes de haber muerto: reconocía que éste debía ser un caso excepcional, pero presentaba de buena gana el cuadro de un abuelo y de su nieto que no tenían más que un único y mismo espíritu, que se encarnaría progresivamente en el niño (tal es en efecto la teoría de los ocultistas, que precisan que la encarnación no está completa sino al cabo de siete años) a medida que el anciano fuera debilitándose. Por lo demás, la idea de poderse reencarnar en su propia descendencia le era particularmente querida, porque veía en ello un medio de justificar, bajo su punto de vista, las palabras por las cuales "Cristo proclama que el pecado puede ser castigado hasta la séptima generación"[197]; la concepción de lo que se podría llamar una "responsabilidad hereditaria" parecía escapársele enteramente, y sin embargo, incluso fisiológicamente, se trata de un hecho que apenas es contestable. Desde que el individuo humano tiene de sus padres algunos elementos corporales y psíquicos, los prolonga en cierto modo parcialmente bajo esta doble relación, y es verdaderamente algo de ellos aunque es él mismo, y así las consecuencias de sus acciones pueden extenderse hasta él; es de esta manera, al menos, como se pueden expresar las cosas despojándolas de todo carácter específicamente moral. Inversamente, se puede decir también que el niño, e incluso todos los descendientes, están potencialmente incluidos desde el origen en la individualidad de los padres, siempre bajo la doble relación corporal y psíquica, es decir, no en lo que concierna al ser propiamente espiritual y personal, sino en lo que constituye la individualidad humana como

---

[196] La Réincarnation, p. 135.

[197] *Ibid.*, p. 35. —Esta frase parece no tener ninguna relación con el resto del pasaje en el que se encuentra intercalada, pero sabemos cuál era el pensamiento de Papus sobre este punto (*cf. ibid.*, pp. 103-105).

tal; y así la descendencia puede ser considerada como habiendo participado, de una cierta manera, en las aciones de los padres, sin existir no obstante actualmente en el estado individualizado. Indicamos ahí los dos aspectos complementarios de la cuestión; no nos detendremos más en ello, pero quizás eso bastará para que algunos entrevean todo el partido que se podría sacar de ahí en cuanto a la "teoría del pecado original".

Los espiritistas, precisamente, protestan contra esta idea del "pecado original", primeramente porque choca contra su concepción especial de la justicia, y también porque tiene consecuencias contrarias para su teoría "progresista"; Allan Kardec no quiere ver en ella más que una expresión del hecho de que "el hombre ha venido sobre la tierra, llevando en sí mismo el germen de sus pasiones y los rastros de su inferioridad primitiva", de suerte que, para él, "el pecado original está en la naturaleza imperfecta del hombre, que no es así responsable más que de sí mismo y de sus propias faltas, y no de las de sus padres"; tal es al menos, sobre esta cuestión, la enseñanza que atribuye al "espíritu" de San Luis[198]. M. Léon Denis se expresa en términos más precisos, y también más violentos: "El pecado original es el dogma fundamental sobre el cual reposa todo el edificio de los dogmas cristianos. Idea verdadera en el fondo, pero falsa en la forma y desnaturalizada por la iglesia. Verdadera en el sentido de que el hombre sufre por la intuición que conserva de las faltas cometidas en sus vidas anteriores, y por las consecuencias que ellas entrañan para él. Pero este sufrimiento es personal y merecido. Nadie es responsable de las faltas de otro, si no ha participado en ellas. Presentado bajo su aspecto dogmático, el pecado original, que castiga a toda la posteridad de Adam, es decir, a la humanidad entera, por la desobediencia de la primera pareja, para salvarla después por una iniquidad mayor, la inmolación de un justo, es un ultraje a la razón y a la moral, consideradas en sus principios

---

[198] Le Livre des Esprits, pp. 446-447.

esenciales: la bondad y la justicia. Ha hecho más para alejar al hombre de la creencia en Dios que todos los ataques y todas las críticas de la filosofía"[199]. Podría preguntársele al autor si la transmisión hereditaria de una enfermedad no es igualmente, según su manera de ver, "un ultraje a la razón y a la moral", lo que no le impide ser un hecho real y frecuente[200]; o podría preguntársele también si la justicia, entendida en el sentido humano (y es en efecto así como la entiende, puesto que su concepción de Dios es completamente antropomórfica y "antropopática"), puede consistir en otra cosa que en "compensar una injusticia por otra injusticia", como lo dicen los chinos; pero, en el fondo, las declamaciones de este género no merecen siquiera la menor discusión. Lo que es más interesante, es notar aquí un procedimiento que es habitual a los espiritistas, y que consiste en pretender que los dogmas de la iglesia, y también las diversas doctrinas de la antigüedad, son una deformación de sus propias teorías; olvidan que éstas son de invención completamente moderna, y tienen eso de común con los teosofistas, que presentan su doctrina como "la fuente de todas las religiones". ¿no ha llegado así M. Léon Denis hasta declarar formalmente que "todas las religiones, en su origen, reposan sobre hechos espiritistas y no tienen otras fuentes que el espiritismo"?[201]. En el caso actual, la opinión de los espiritistas, es que el pecado original es una figura de las faltas cometidas en las vidas anteriores, figura cuyo verdadero sentido no puede ser comprendido evidentemente más que por aquellos que, como ellos, creen en la reencarnación; ¡es lamentable, para la solidez de esta tesis, que Allan Kardec sea algo posterior a Moisés!

---

[199] Christianisme et Spiritisme, pp. 93-96.

[200] A pesar de M. Léon Denis (*ibid.*, pp. 97-98), no es necesario ser materialista para admitir la herencia; pero los espiritistas, por necesidades de su tesis, no vacilan en negar la evidencia misma. —M. Gabriel Delanne, por el contrario, admite la herencia en una cierta medida (*L'Evolution animique*, pp. 287-301).

[201] Discurso pronunciado en el Congreso espiritista de Ginebra, en 1913.

El error espiritista

Los ocultistas dan del pecado original y de la caída del hombre interpretaciones que, si no están mejor fundadas, son al menos más sutiles en general; hay una que no podemos dispensarnos de señalar aquí, ya que se relaciona muy directamente con la teoría de la reencarnación. Esta explicación pertenece en propiedad a un ocultista francés, ajeno a la escuela papusiana, y que reivindica para él solo el derecho a la calificación de "ocultista cristiano" (aunque los demás tengan la pretensión de ser cristianos también, a menos de que prefieran llamarse "crísticos"); una de sus particularidades es que, mofándose a todo propósito de los triples y séptuples sentidos de los esoteristas y de los kabbalistas, quiere atenerse a la interpretación literal de las Escrituras, lo que no le impide, como se va a ver, acomodar esta interpretación a sus concepciones personales. Es menester saber, para comprender su teoría, que este ocultista es partidario del sistema geocéntrico, en el sentido de que considera la tierra como el centro del Universo, si no materialmente, al menos por un cierto privilegio en lo que concierne a la naturaleza de sus habitantes[202]: para él, la tierra es el único mundo donde haya seres humanos, porque las condiciones de la vida sobre los demás planetas o en los demás sistemas son muy diferentes de las de la tierra para que un hombre pueda adaptarse a ellas, de donde resulta manifiestamente que, por "hombre", entiende exclusivamente un individuo corporal, dotado de los cinco sentidos que conocemos, de las facultades correspondientes, y de los órganos necesarios a las diversas funciones de la vida humana terrestre. Por consiguiente, los hombres no pueden reencarnarse mas que sobre la tierra, puesto que no hay ningún otro lugar en el Universo donde les sea posible vivir (no hay que decir que no podría tratarse en eso de salir de la condición espacial), y puesto que siguen siendo siempre hombres al reencarnarse; se agrega incluso que un cambio de sexo les es completamente imposible. En el origen, el hombre, "al salir de las manos

---

[202] Otros ocultistas, que tienen concepciones astronómicas completamente especiales, llegan hasta sostener que la tierra es, incluso materialmente, el centro del Universo.

del Creador" (las expresiones más antropomórficas deben ser tomadas aquí al pie de la letra, y no como los símbolos que son en realidad), fue colocado sobre la tierra para "cultivar su jardín", es decir, según parece, para "evolucionar la materia física", supuesta más sutil entonces que hoy día. Por "el hombre", es menester entender la colectividad humana toda entera, la totalidad del género humano, considerado como la suma de todos los individuos (destáquese esta confusión de la noción de especie con la de colectividad, que es muy común también entre los filósofos modernos), de tal suerte que "todos los hombres", sin ninguna excepción, y en número desconocido, pero ciertamente muy grande, fueron primeramente encarnados al mismo tiempo sobre la tierra. No es la opinión de las demás escuelas, que hablan frecuentemente de las "diferencias de edad de los espíritus humanos" (sobre todo aquellos que han tenido el privilegio de conocer "al espíritu más viejo del planeta"), e inclusive de los medios de determinarlas, principalmente por el examen de los "aspectos planetarios" del horóscopo; pero sigamos. En las condiciones que acabamos de decir, evidentemente no podía producirse ningún nacimiento, puesto que no había ningún hombre no encarnado, y fue así mientras no murió el hombre, es decir, hasta la caída, en la cual debieron participar todos así en persona (éste es el punto esencial de la teoría), y que se considera por lo demás como "pudiendo representar toda una serie de acontecimientos que han debido desarrollarse en el curso de un periodo de varios siglos"; pero se evita prudentemente pronunciarse sobre la naturaleza exacta de estos acontecimientos. A partir de esta caída, la materia física devino más grosera, sus propiedades fueron modificadas, fue sometida a la corrupción, y los hombres, aprisionados en esta materia, comenzaron a morir, a "desencarnarse"; después, comenzaron igualmente a nacer, ya que estos hombres "desencarnados", permaneciendo "en el espacio" (se ve cuan grande es la influencia del espiritismo en todo eso), o en la "atmósfera invisible" de la tierra, tendían a reencarnarse, a retomar la vida física terrestre en nuevos cuerpos humanos, es decir, en suma, a volver de nuevo a su condición normal. Así, según esta concepción, son siempre los mismos seres humanos los que deben renacer periódicamente desde el comienzo al fin de la humanidad terrestre (admitiendo que la humanidad terrestre tenga un fin, ya que hay también escuelas según las cuales la meta que debe alcanzar es entrar en posesión de la "inmortalidad física" o corporal, y cada uno de los individuos que la componen se reencarnará sobre la tierra hasta que llegue finalmente a este resultado). Ciertamente, todo este razonamiento es muy simple y perfectamente lógico, pero a condición de admitir primero su punto de partida, y especialmente de admitir la imposibilidad para el ser humano de existir en modalidades diferentes de la forma corporal terrestre, lo que no es de ninguna manera conciliable con las nociones más elementales de la metafísica; ¡parece no obstante, al menos al decir de su autor, que éste es el argumento más sólido que se pueda proporcionar en apoyo de la hipótesis de la reencarnación![203].

Podemos detenernos aquí, ya que no tenemos la pretensión de agotar la lista de estas excentricidades; hemos dicho suficientemente como para que uno pueda darse cuenta de todo lo que la difusión de la idea reencarnacionista tiene de inquietante para el estado mental de nuestros contemporáneos. Nadie debe sorprenderse de que hayamos tomado algunos de nuestros ejemplos fuera del espiritismo, ya que es a éste a quien ha sido tomada esta idea por todas las demás escuelas que la enseñan; así pues, es sobre el espiritismo donde recae, al menos indirectamente, la responsabilidad de esta extraña locura. Finalmente, nos excusaremos de haber omitido, en lo que precede, la indicación de algunos nombres; no queremos hacer obra de polémica, y, si se puede ciertamente citar sin inconveniente, con referencias en su apoyo, todo lo que un autor ha publicado bajo su propia firma, o incluso bajo un seudónimo cualquiera, el caso es un poco diferente cuando se trata de

---

[203] Esto era escrito cuando no habíamos sabido la muerte del ocultista al que hacíamos alusión; así pues, ahora podemos decir que es del Dr. Rozier de quien se trata en este párrafo.

cosas que no han sido escritas; sin embargo, si nos vemos obligados a dar algún día precisiones mayores, no vacilaremos en hacerlo en el interés de la verdad, y únicamente las circunstancias determinarán nuestra conducta a este respecto.

CAPÍTULO VIII

Los límites de la experimentación

Antes de dejar la cuestión de la reencarnación, nos queda que hablar todavía de las pretendidas "pruebas experimentales"; ciertamente, cuando una cosa se demuestra imposible, como es el caso, todos los hechos que pueden invocarse en su favor son perfectamente insignificantes, y se puede estar seguro de antemano de que estos hechos son malinterpretados; pero a veces es interesante y útil poner las cosas a punto, y vamos a encontrar en ello un buen ejemplo de las fantasías pseudocientíficas en las que se complacen los espiritistas e incluso algunos psiquistas que, frecuentemente sin saberlo, se dejan ganar poco a poco por el contagio "neoespiritualista". Primeramente, recordaremos y precisaremos lo que hemos dicho precedentemente en lo que concierne a los casos que se presentan como casos de reencarnación, en razón de un pretendido "despertar de recuerdos" que se produce espontáneamente: cuando son reales (ya que los hay que están muy mal controlados, y ya que los autores que tratan de este tipo de cosas los repiten uno tras de otro sin tomarse jamás el trabajo de verificarlos), no son más que simples casos de metempsicosis, en el verdadero sentido de esta palabra, es decir, de transmisión de algunos elementos psíquicos de una individualidad a otra. Los hay incluso para los cuales quizás no hay necesidad de ir tan lejos: así, ocurre a veces que una persona sueña con un lugar que no conoce, y que, después, al ir por primera vez a un país más o menos remoto, encuentra allí todo lo que había visto así como por anticipación; si no había guardado de su sueño un recuerdo claramente consciente, y si no obstante se produjera el reconocimiento, esa persona podría, admitiendo que crea en la reencarnación, imaginarse que hay en eso alguna reminiscencia de una existencia anterior; y es así como pueden explicarse efectivamente muchos de los casos, al menos entre aquellos donde los lugares reconocidos no evocan la idea de un acontecimiento preciso. Estos fenómenos, que se pueden relacionar con la clase de los sueños llamados "premonitorios", están lejos de ser raros, pero aquellos a quienes les ocurren evitan lo más frecuentemente hablar de ello por temor a pasar por "alucinados" (una palabra de la que se abusa y que jamás explica nada en el fondo), y se podría decir otro tanto de los hechos de "telepatía" y otros del mismo género; estos hechos ponen en juego algunos prolongamientos obscuros de la individualidad, pertenecientes al dominio de la "subconsciencia", y cuya existencia se explica más fácilmente de lo que se podría creer. En efecto, un ser cualquiera debe llevar en sí mismo algunas virtualidades que sean como el germen de todos los acontecimientos que le ocurrirán, ya que estos acontecimientos, en tanto que representan estados secundarios o modificaciones de sí mismo, deben tener en su propia naturaleza su principio o su razón de ser; éste es un punto que Leibnitz, único entre todos los filósofos modernos, ha visto bastante bien, aunque su concepción se encuentra falseada por la idea de que el individuo es un ser completo y una suerte de sistema cerrado. Se admite bastante generalmente la existencia, desde el origen, de tendencias o de predisposiciones de órdenes diversos, tanto psicológicos como fisiológicos; no se ve pues por qué sería así para algunas cosas solo, entre las que se realizarán o se desarrollarán en el futuro, mientras que las demás no tendrían ninguna correspondencia en el estado presente del ser; si se dice que hay acontecimientos que no tienen más que un carácter puramente accidental, replicaremos que esta manera de ver implica la creencia en el azar, que no es otra cosa que la negación del principio de razón suficiente. Se reconoce sin dificultad que todo acontecimiento pasado que ha afectado a un ser por poco que sea debe dejar en él alguna huella, incluso orgánica (se sabe que algunos psicólogos querrían explicar la memoria por un supuesto "mecanismo" fisiológico), pero, bajo esta relación, apenas se puede concebir que haya una suerte de paralelismo entre el pasado y el futuro; eso se debe simplemente a que uno no se da cuenta de la relatividad de la condición temporal. A este respecto, habría que exponer toda una teoría, que podría dar lugar a largos desarrollos; pero nos basta haber señalado que en eso hay posibilidades que no deberían ser desdeñadas, aunque se pueda sentir alguna molestia en hacerlas entrar en los cuadros de la ciencia ordinaria, que no se aplican más que a una porción muy pequeña de la individualidad humana y del mundo donde se despliega; ¿qué sería pues si tratara de rebasar el dominio de esta individualidad?

En lo que concierne a los casos que no pueden explicarse de la manera precedente, son sobre todo aquellos donde la persona que reconoce un lugar donde no había estado jamás tiene al mismo tiempo la idea más o menos clara de que ya ha vivido allí, o de que allí le ha ocurrido tal o cual acontecimiento, o también de que ha muerto allí (lo más frecuentemente de muerte violenta); ahora bien, en los casos donde se ha podido proceder a algunas verificaciones, se ha podido constatar que lo que esta persona cree que le ha ocurrido así a ella misma le ha ocurrido efectivamente en ese lugar a uno de su antepasados más o menos lejanos. Hay ahí un ejemplo muy claro de esa transmisión hereditaria de elementos psíquicos de la que hemos hablado; se podrían designar los hechos de este género bajo el nombre de "memoria ancestral", y los elementos que se transmiten así son en efecto, en una buena parte, del orden de la memoria. Lo que es singular a primera vista, es que esta memoria puede no manifestarse sino después de varias generaciones; pero se sabe que es exactamente la misma cosa para las semejanzas corporales, y también para algunas enfermedades hereditarias. Se puede admitir muy bien que, durante todo el intervalo, el recuerdo en cuestión ha permanecido en el estado latente y "subconsciente", aguardando una ocasión favorable para manifestarse; si la persona en la que se produce el fenómeno no hubiera ido al lugar requerido, este recuerdo habría continuado más tiempo todavía conservándose como lo había hecho hasta entonces, sin poder devenir claramente consciente. Por lo demás, es exactamente la misma cosa para lo que, en la memoria, pertenece en propiedad al individuo: todo se conserva, puesto que todo tiene, de una manera permanente, la posibilidad de reaparecer, incluso lo que parece más completamente olvidado y lo que es más insignificante en apariencia, como se ve en algunos casos más o menos anormales; pero, para que tal recuerdo determinado reaparezca, es menester que las circunstancias se presten a ello, de suerte que, de hecho, hay muchos de ellos que jamás vuelven al campo de la consciencia clara y distinta. Lo que pasa en el dominio de las predisposiciones orgánicas es exactamente análogo: un individuo puede llevar en él, en el estado latente, tal o cual enfermedad, el cáncer por ejemplo, pero esta enfermedad no se desarrollará sino bajo la acción de un choque o de alguna causa de debilitamiento del organismo; si tales circunstancias no se encuentran, la enfermedad no se desarrollará jamás, pero por eso su germen no existe menos real y presentemente en el organismo, del mismo modo que una tendencia psicológica que no se manifiesta por ningún acto exterior por eso no es menos real en sí misma. Ahora bien, debemos agregar que, puesto que no podría haber circunstancias fortuitas, y puesto que una semejante suposición está incluso desprovista de sentido (que ignoremos la causa de una cosa no quiere decir que esa causa no exista), debe haber una razón para que la "memoria ancestral" se manifieste en tal individuo más bien que en cualquier otro miembro de la misma familia, del mismo modo que debe haber también una razón para que una persona se parezca físicamente a tal o a cual de sus antepasados más bien que a tal otro y que a sus padres inmediatos. Es aquí donde sería menester hacer intervenir esas leyes de la "afinidad" a las que se ha aludido más atrás; pero correríamos el riesgo de alejarnos mucho de nuestro tema si fuera menester explicar cómo una individualidad puede estar ligada más particularmente a otra, tanto más cuanto que los lazos de este género no son forzosamente hereditarios en todos los casos, y cuanto que, por extraño que eso parezca, pueden existir incluso entre un ser humano y seres no humanos; y todavía, además de los lazos naturales, puede haber lazos creados artificialmente por algunos procedimientos que son del dominio de la magia, e incluso de una magia bastante inferior. Sobre este punto como sobre tantos otros, los ocultistas han dado explicaciones eminentemente fantasiosas; es así como Papus ha escrito esto: "El cuerpo físico pertenece a una familia animal de la cual han venido (sic) la mayoría de sus células, después de una evolución astral. La transformación evolutiva de los cuerpos se hace en plano astral; hay pues cuerpos humanos que se relacionan por su forma fisiognomónica, ya sea al perro, al mono, al lobo, incluso a los pájaros o a los peces. Ese es el origen secreto de los tótems de la raza roja y de la raza negra"[204]. Confesamos no comprender lo que puede ser una "evolución astral" de elementos corporales; pero después de todo, esta explicación vale tanto como la de los sociólogos, que se imaginan que el "tótem" animal o incluso vegetal es considerado, literal y materialmente, como el antepasado de la tribu, sin parecer sospechar que el "transformismo" es de invención completamente reciente. En realidad, no es de elementos corporales de lo que se trata en todo eso, sino de elementos psíquicos (hemos visto ya que Papus cometía esta confusión sobre la naturaleza de la metempsicosis); y es evidentemente poco razonable suponer que la mayoría de las células de un cuerpo humano, o más bien de sus elementos constituyentes, tengan una proveniencia idéntica, mientras que, en el orden psíquico, puede haber, como lo hemos dicho, conservación de un conjunto más o menos considerable de elementos que permanecen asociados. En cuanto al "origen secreto de los tótems", podemos afirmar que ha permanecido verdaderamente secreto en efecto para los ocultistas, tanto como para los sociólogos; por lo demás, quizás vale más que sea así, ya que estas cosas no son de aquellas sobre las que es fácil explicarse sin reservas, a causa de las consecuencias y de las aplicaciones prácticas que algunos no dejarían de querer sacar de ello;

---

[204] *La Réincarnation*, pp. 11-12.

hay ya bastantes otras, pasablemente peligrosas también, de las que no se puede sino lamentar que estén a la disposición del primer experimentador que llega.

Acabamos de hablar de los casos de transmisión no hereditaria; cuando esta transmisión no recae sino sobre elementos poco importantes, no se nota apenas, e incluso es casi imposible constatarla claramente. Hay ciertamente, en cada uno de nosotros, elementos de éstos que provienen de la desagregación de las individualidades que nos han precedido (aquí no se trata naturalmente sino de la parte mortal del ser humano); si alguno de entre ellos, ordinariamente "subconscientes", aparecen en la consciencia clara y distinta, uno se apercibe bien de que lleva en sí mismo algo cuyo origen no se explica, pero generalmente no le presta apenas atención, tanto más cuanto que estos elementos parecen incoherentes y desprovistos de relación con el contenido habitual de la consciencia. Es sobre todo en los casos anormales, como en los médiums y los sujetos hipnóticos, donde los fenómenos de este género tienen más probabilidades de producirse con alguna amplitud; y, en ellos también, puede haber manifestación de elementos de proveniencia análoga, pero "adventicios", que no se agregan sino pasajeramente a su individualidad, en lugar de ser parte integrante de ella; pero puede ocurrir también que estos elementos, una vez que han penetrado en ellos, se fijen de una manera permanente, y éste no es uno de los menores peligros de esta suerte de experiencias. Para volver al caso donde se trata de una transmisión que se opera espontáneamente, la ilusión de la reencarnación apenas puede tener lugar sino por la presencia de un conjunto notable de elementos psíquicos de la misma proveniencia, que bastan para representar casi el equivalente de una memoria individual más o menos completa; eso es más bien raro, pero parece que se hayan constatado algunos ejemplos. Verosímilmente, es lo que se produce cuando, habiendo muerto un niño en una familia, nace después otro que posee, al menos parcialmente, la memoria del primero; sería difícil, en efecto, explicar tales hechos por una simple sugestión, lo que, no obstante, no quiere decir que los padres no hayan jugado un papel inconsciente en la transferencia real, que la sentimentalidad contribuirá no poco a interpretar en un sentido reencarnacionista. Ha ocurrido también que la transferencia de la memoria se ha operado en un niño perteneciente a otra familia y a otro medio, lo que va en contra de la hipótesis de la sugestión; en todo caso, cuando ha habido una muerte prematura, los elementos psíquicos persisten más fácilmente sin disolverse, y es por lo que la mayor parte de los ejemplos que se cuentan conciernen a niños. No obstante, también se citan algunos casos donde se trata de personas que han manifestado, en su juventud, la memoria de individuos adultos; pero los hay que son más dudosos que los precedentes, y donde todo podría reducirse muy bien a una sugestión o a una transmisión de pensamiento; naturalmente, si los hechos se han producido en un medio que ha sufrido la influencia de las ideas espiritistas, deben ser tenidos por extremadamente sospechosos, sin que la buena fe de aquellos que los han constatado esté por eso en causa, como tampoco lo está la de los experimentadores que determinan involuntariamente la conducta de sus sujetos en conformidad con sus propias teorías. No obstante, no hay nada imposible "a priori" en todos estos hechos, excepto la interpretación reencarnacionista; hay todavía otros casos donde algunos han querido ver pruebas de la reencarnación, como el caso de los "niños prodigios"[205], que se explican de una manera muy satisfactoria por la presencia de elementos psíquicos previamente elaborados y desarrollados por otras individualidades. Agregamos también que es posible que la desintegración psíquica, incluso fuera de los casos de muerte prematura, sea impedida a veces o al menos retardada artificialmente; pero éste es también un tema sobre el que es preferible no insistir. En cuanto a los verdaderos casos de "posteridad espiritual", en el sentido que hemos indicado precedentemente, no vamos a hablar aquí de ello, ya que estos casos, por su naturaleza misma,

---

[205] Allan Kardec, *Le Livre des Esprits*, p. 101; Léon Denis, *Après la mort*, p. 166; *Christianisme et Spiritisme*, p. 296; Gabriel Delanne, *L'Evolution animique*, p. 282, etc.

escapan forzosamente a los medios de investigación muy restringidos de que disponen los experimentadores.

Hemos dicho ya que la memoria está sometida a la desagregación póstuma, porque es una facultad del orden sensible; conviene agregar que también puede sufrir, en vida del individuo incluso, una especie de disociación parcial. Las múltiples enfermedades de la memoria, estudiadas por los psicofisiólogos, no son otra cosa en el fondo; y es así como deben explicarse, en particular, los supuestos "desdoblamientos de la personalidad", donde hay como un fraccionamiento en dos o varias memorias diferentes, que ocupan alternativamente el campo de la consciencia clara y distinta; estas memorias fragmentarias deben coexistir naturalmente, pero, puesto que sólo una de entre ellas puede ser plenamente consciente en un momento dado, las demás se encuentran entonces relegadas a los dominios de la "subsconsciencia"; por lo demás, hay a veces comunicación entre ellas en una cierta medida. Tales hechos se producen espontáneamente en algunos enfermos, así como en el sonambulismo natural; también pueden ser realizados experimentalmente en los "estados segundos" de los sujetos hipnóticos, a los cuales los fenómenos de "encarnación" espiritista deben ser asimilados en la mayoría de los casos. Sujetos y médiums difieren sobre todo de los hombres normales por una cierta disociación de sus elementos psíquicos, que por lo demás va acentuándose con el entrenamiento que sufren; es esta disociación la que hace posibles los fenómenos de que se trata, y la que permite igualmente que elementos heteróclitos vengan en cierto modo a intercalarse en su individualidad.

El hecho de que la memoria no constituye un principio verdaderamente permanente del ser humano, sin hablar de las condiciones orgánicas a las cuales está más o menos estrechamente ligada (al menos en cuanto a sus manifestaciones exteriores), debe hacer comprender por qué no hemos hecho acuse de una objeción que se opone frecuentemente a la tesis reencarnacionista, y que los defensores de ésta estiman no obstante "considerable": es la objeción sacada del olvido, durante una existencia, de las existencias anteriores. La respuesta que le da Papus es ciertamente todavía más débil que la objeción misma: "Este olvido, dice, es una necesidad ineluctable para evitar el suicidio. Antes de volver de nuevo sobre la tierra o al plano físico, todo espíritu ve las pruebas que tendrá que sufrir, no vuelve de nuevo sino después de la aceptación consciente de todas estas pruebas. Ahora bien, si el espíritu supiera, una vez encarnado, todo lo que tendrá que soportar, su razón se obnubilaría, su coraje se perdería, y el suicidio consciente sería la conclusión de una visión clara... sería menester arrebatar la facultad de suicidio al hombre si se quisiera que guardara con certeza el recuerdo de las existencias anteriores"[206]. No se ve que haya una relación necesaria entre el recuerdo de las existencias anteriores y la previsión de la existencia presente; si esta previsión no ha sido imaginada sino para responder a la objeción del olvido, no merecía verdaderamente la pena; pero es menester decir también que la concepción completamente sentimental de las "pruebas" juega un enorme papel en los ocultistas. Sin buscar la cosa tan lejos, los espiritistas son a veces más lógicos; es así como M. Léon Denis, aunque declara por lo demás que el "olvido del pasado es, para el hombre, la condición indispensable de toda prueba y de todo progreso", y aunque junta a eso todavía algunas otras consideraciones no menos sentimentales, dice simplemente esto: "El cerebro no puede recibir y almacenar más que las impresiones comunicadas por el alma en el estado de cautividad en la materia. La memoria no podría reproducir más que lo que ha registrado. En cada renacimiento, el organismo cerebral constituye, para nosotros, como un libro nuevo sobre el que se graban las sensaciones y las imágenes"[207]. Es quizás un poco rudimentario, porque la memoria, a pesar de todo, no es de naturaleza corporal; pero es bastante plausible, tanto más cuanto que no deja de hacer destacar que hay muchas de las partes de nuestra

---

[206] *La Réincarnation*, pp. 136-137.
[207] *Après la mort*, p. 180.

existencia actual de las cuales parecemos no tener ningún recuerdo. Todavía una vez más, la objeción no es tan grave como quiere decirse, aunque tenga una apariencia más seria que las que no se fundan más que sobre el sentimiento; quizás es incluso lo mejor que pueden presentar a los que ignoran todo de la metafísica; pero, en cuanto a nos, no tenemos en modo alguno necesidad de recurrir a argumentos tan contestables.

Hasta aquí, todavía no hemos abordado las "pruebas experimentales" propiamente dichas; se designan bajo este nombre los diversos casos que acabamos de tratar; pero hay todavía otra cosa que depende de la experimentación en su sentido más estricto. Es aquí sobre todo donde los psiquistas no parecen darse cuenta de los límites en los que sus métodos pueden ser aplicables; aquellos que hayan comprendido lo que precede deben ver ya que los experimentadores, según las ideas admitidas por la "ciencia moderna" (incluso cuando son mantenidos más o menos apartados por sus representantes "oficiales"), están lejos de poder proporcionar explicaciones válidas para todo aquello de lo que se trata: ¿cómo los hechos de metempsicosis, por ejemplo, podrían dar pie a sus investigaciones? Hemos señalado un singular desconocimiento de los límites de la experimentación en los espiritistas que tienen la pretensión de "probar científicamente la inmortalidad"; vamos a encontrar otro que no es menos llamativo para quienquiera que está libre del prejuicio "cientificista", y, esta vez, no será ya siquiera en los espiritistas, sino más bien en los psiquistas. Por lo demás, entre espiritistas y psiquistas, a veces es difícil trazar de hecho una línea de demarcación muy clara, como debería existir en principio, y parece que haya gentes que solo se titulan psiquistas porque no se atreven a llamarse francamente espiritistas, puesto que esta última denominación tiene muy poco prestigio a los ojos de muchos; hay otros que se dejan influenciar sin quererlo, y que se sorprenderían mucho si se les dijera que una toma de partido inconsciente falsea el resultado de sus experiencias; para estudiar verdaderamente los fenómenos psíquicos sin idea preconcebida, los experimentadores deberían ignorar la existencia misma del espiritismo, lo que evidentemente es imposible. Si la cosa fuera así, no se habría pensado en instituir experiencias destinadas a verificar la hipótesis de la reencarnación; y si no se hubiera tenido primeramente la idea de verificar esta hipótesis, jamás se habrían constatado hechos como éstos de los que vamos a hablar, ya que los sujetos hipnóticos, que se emplean en estas experiencias, no hacen nada más que reflejar todas las ideas que les son sugeridas voluntaria o involuntariamente. Basta que el experimentador piense en una teoría, que él considera como simplemente posible, con razón o sin ella, para que esta teoría devenga, en el sujeto, el punto de partida de divagaciones interminables; y el experimentador acogerá ingenuamente como una confirmación lo que no es más que el efecto de su propio pensamiento actuando sobre la imaginación "subconsciente" del sujeto; y esto es cierto hasta tal punto que las intenciones más "científicas" jamás han garantizado a nadie contra algunas causas de error.

Las primeras historias de este género donde se haya tratado de reencarnación son las que hicieron conocer los trabajos de un psiquista ginebrino, el profesor Flournoy, que se tomó el trabajo de reunir en un volumen[208] todo lo que uno de sus sujetos le había contado sobre las diversas existencias que pretendía haber vivido sobre la tierra e inclusive en otras partes; ¡y lo que hay más destacable, es que ni siquiera haya pensado en sorprenderse de que lo que pasa sobre el planeta Marte fuera tan fácilmente expresable en lenguaje terrestre! Eso equivalía exactamente al relato de un sueño cualquiera, y se habría podido estudiar efectivamente bajo el punto de vista de la psicología del sueño provocado en los estados hipnóticos; pero apenas es creíble que se haya querido ver en eso algo más, y sin embargo es lo que tuvo lugar. Un poco más tarde, otro psiquista quiso retomar la cuestión de una manera más metódica: era el coronel de Rochas, reputado generalmente como

---

[208] Des Indes à la planète Mars.

un experimentador serio, pero a quien faltaba muy ciertamente la inteligencia necesaria para saber con qué trataba en este orden de cosas y para evitar algunos peligros; así, partiendo del hipnotismo puro y simple, hizo como muchos otros e, insensiblemente, acabó por convertirse casi enteramente a las teorías espiritistas[209]. Una de sus últimas obras[210] fue consagrada al estudio experimental de la reencarnación: era la exposición de sus investigaciones sobre las pretendidas "vidas sucesivas" por medio de lo que él llamaba los fenómenos de "regresión de la memoria". En el momento de aparición de esta obra (era en 1911), acababa de ser fundado en París un "Instituto de investigaciones psíquicas", colocado precisamente bajo el patronato de M. de Rochas, y dirigido por MM. L. Lefranc y Charles Lancelin; es bueno decir que este último, que se califica casi indiferentemente de psiquista y de ocultista, no es apenas en el fondo otra cosa que un espiritista, y que era ya bien conocido como tal. M. Lefranc, cuyas tendencias eran las mismas, quiso retomar las experiencias de M. de Rochas, y, naturalmente, llegó a resultados que concordaban perfectamente con los que había obtenido éste; lo contrario hubiera sido bien sorprendente, puesto que partía de una hipótesis preconcebida, de una teoría ya formulada, y puesto que no había encontrado nada mejor que trabajar con antiguos sujetos de M. de Rochas mismo. El asunto ha devenido hoy día completamente corriente: hay un cierto número de psiquistas que creen muy firmemente en la reencarnación, simplemente porque tienen sujetos que les han contado sus existencias anteriores; es menester convenir que son poco difíciles en hecho de pruebas, y en eso hay un nuevo capítulo que agregar a la historia de lo que se podría llamar la "credulidad científica". Sabiendo lo que son los sujetos hipnóticos, y también cómo pasan indiferentemente de un experimentador a otro,

---

[209] En 1914, el coronel de Rochas acepto, lo mismo que M. Camille Flammarion, el título de miembro de honor de la "Association des Etudes spirites" (doctrina Allan Kardec), fundada por M. Puvis (Algol), con MM. Léon Denis y Gabriel Delanne como presidentes de honor (*Revue Spirite*, marzo de 1914, p. 140).

[210] Les Vies successives.

llevando así el producto de las sugestiones variadas que ya han recibido, no es dudoso que se hagan, en todos los medios psiquistas, los propagadores de una verdadera epidemia reencarnacionista; así pues, no es inútil mostrar con alguna precisión lo que hay en el fondo de todas esas historias[211].

M. de Rochas ha creído constatar en algunos una "regresión de la memoria"; decimos que ha creído constatarla, ya que, si su buena fe es incontestable, por eso no es menos verdad que los hechos que interpreta así, en virtud de una pura hipótesis, se explican en realidad de una manera diferente y mucho más simple. En suma, estos hechos se resumen a esto: al estar el sujeto en un cierto estado de sueño, puede ser remitido mentalmente a las condiciones donde se encontraba en una época pasada, y ser "situado" así en una edad cualquiera, de la que habla entonces como del presente, de donde se concluye que, en ese caso, no hay "recuerdo" sino "regresión de la memoria": "El sujeto no recuerda, declara categóricamente M. Lancelin, sino que es *remitido* a la época indicada"; y agrega con un verdadero entusiasmo que "para el coronel de Rochas, esta simple precisión ha sido el punto de partida de un descubrimiento absolutamente superior"[212]. Desafortunadamente, esta "simple precisión" contiene una contradicción en los términos, ya que, evidentemente, no puede tratarse de memoria allí donde no hay recuerdo; es incluso tan evidente que es difícil comprender que nadie se haya dado cuenta de ello, y eso hace pensar que no se trata más que de un error de interpretación. Aparte de esta observación, es menester preguntarse ante todo si la posibilidad del recuerdo puro y simple está verdaderamente excluida únicamente por la razón de que el sujeto habla del pasado como si se hubiera vuelto presente, de que, por ejemplo, cuando se le pregunta lo que hacía tal día y a tal hora, no responde: "yo

---

[211] Recordaremos solo de memoria las "investigaciones en el pasado" a las que se libran los "clarividentes" de la Sociedad Teosófica; este caso es completamente análogo al otro, salvo en que la sugestión hipnótica se reemplaza allí por la autosugestión.
[212] *Le Monde Psychique*, enero de 1912.

hacía esto", sino: "yo *hago* esto". A eso, se puede responder inmediatamente que los recuerdos, en tanto que tales, están siempre mentalmente presentes; el hecho de que estos recuerdos se encuentren actualmente en el campo de la consciencia clara y distinta o en el de la "subconsciencia", importa poco, puesto que, como lo hemos dicho, tienen siempre la posibilidad de pasar de la una a la otra, lo que muestra que en eso no se trata más que de una simple diferencia de grado. En lo que concierne a nuestra consciencia actual, lo que caracteriza efectivamente a estos elementos como recuerdos de acontecimientos pasados, es su comparación con nuestras percepciones presentes (entendemos presentes en tanto que percepciones), única comparación que permite distinguir los unos de los otros al establecer una relación temporal, es decir, una relación de sucesión, entre los acontecimientos exteriores de los que son para nosotros las traducciones mentales respectivas; por lo demás, esta distinción del recuerdo y de la percepción depende de la psicología más elemental: si la comparación llega a hacerse imposible por una razón cualquiera, ya sea por la supresión momentánea de toda impresión exterior, ya sea de alguna otra manera, el recuerdo, al no estar ya localizado en el tiempo en relación a otros elementos psicológicos actualmente diferentes, pierde su carácter representativo del pasado, para no conservar ya más que su cualidad actual de presente. Ahora bien, es precisamente eso lo que se produce en el caso de que hablamos: el estado en el que está colocado el sujeto corresponde a una modificación de su consciencia actual, que implica una extensión, en un cierto sentido, de sus facultades individuales, pero en detrimento momentáneo del desarrollo en algún otro sentido que estas mismas facultades poseen en el estado normal. Así pues, si en un tal estado, se impide que el sujeto sea afectado por las percepciones presentes, y si, además, se apartan al mismo tiempo de su consciencia todos los acontecimientos posteriores a un cierto momento determinado, condiciones que son perfectamente realizables con la ayuda de la sugestión, he aquí lo que ocurre: cuando los recuerdos que se refieren a ese mismo momento se presentan distintamente a esta consciencia así modificada en cuanto a su extensión, y que es entonces para el sujeto la consciencia actual, no pueden ser situados de ninguna manera en el pasado, y ni siquiera simplemente considerados bajo este aspecto de pasado, puesto que en el campo de la consciencia (hablamos únicamente de la consciencia clara y distinta) no hay actualmente ningún elemento con el que puedan ponerse en una relación de anterioridad temporal.

En todo eso, no se trata de nada más que de un estado que implica una modificación de la concepción del tiempo, o mejor de su comprehensión, en relación al estado normal; y, por lo demás, estos dos estados no son uno y otro sino modalidades diferentes de la misma individualidad, como lo son igualmente los diversos estados, espontáneos o provocados, que corresponden a todas las alteraciones posibles de la consciencia individual, comprendidos los que se colocan ordinariamente bajo la denominación impropia y falsa de "personalidades múltiples". En efecto, aquí no puede tratarse de estados superiores y extraindividuales en los que el ser estaría exento de la condición temporal, y ni siquiera de una extensión de la individualidad que implique esta misma exención parcial, puesto que, al contrario, se coloca al sujeto en un instante determinado, lo que supone esencialmente que su estado está condicionado por el tiempo. Además, por una parte, estados tales como éstos a los que acabamos de hacer alusión no pueden ser alcanzados evidentemente por medios que son enteramente del dominio de la individualidad actual, y considerada incluso exclusivamente en una porción muy restringida de sus posibilidades, lo que es necesariamente el caso de todo procedimiento experimental; y, por otra, incluso si tales estados fueran alcanzados de una manera cualquiera, no podrían hacerse sensibles de ninguna manera a esta individualidad, cuyas condiciones particulares de existencia no tienen ningún punto de contacto con las de los estados superiores del ser, y que, en tanto que individualidad especial, es forzosamente incapaz de asentir, y con mayor razón de expresar, todo lo que está más allá de los límites de sus propias posibilidades. Por lo demás, en todos los casos de que hablamos, jamás se trata sino de acontecimientos terrestres, o al menos que se refieren únicamente al estado corporal; en eso no hay nada que exija lo más mínimo la intervención de estados superiores del ser, que, bien entendido, los psiquistas no sospechan siquiera.

En cuanto a retornar efectivamente al pasado, eso es una cosa que es manifiestamente tan imposible para el individuo humano como trasladarse al porvenir; es muy evidente que esta idea de un transporte al futuro, en tanto que tal, no sería más que una interpretación completamente errónea de los hechos de "previsión", pero esta interpretación no sería más extravagante que la que se trata aquí, y así mismo podría producirse igualmente un día u otro. Si no hubiéramos tenido conocimiento de las teorías de los psiquistas en cuestión, ciertamente no hubiéramos pensado jamás que la "máquina de explorar el tiempo" de Wells pudiera ser considerada de otro modo que como una concepción de pura fantasía, ni que se llegara a hablar seriamente de la "reversibilidad del tiempo". El espacio es reversible, es decir, que una cualquiera de sus partes, una vez recorrida en un cierto sentido, puede serlo después en sentido inverso, y eso porque es una coordinación de elementos considerados en modo simultáneo y permanente; pero el tiempo, que es al contrario una coordinación de elementos considerados en modo sucesivo y transitorio, no puede ser reversible, ya que una tal suposición sería la negación misma del punto de vista de la sucesión, o, en otros términos, equivaldría precisamente a suprimir la condición temporal. Esta supresión de la condición temporal es perfectamente posible en sí misma, así como la de la condición espacial; pero no lo es en el caso que consideramos aquí, puesto que estos casos suponen siempre el tiempo; por lo demás, es menester tener buen cuidado en hacer destacar que la concepción del "eterno presente", que es la consecuencia de esta supresión, no puede tener nada en común con un retorno al pasado o un transporte al porvenir, puesto que suprime precisamente el pasado y el porvenir, al liberarnos del punto de vista de la sucesión, es decir, de lo que constituye para nuestro ser actual toda la realidad de la condición temporal.

Sin embargo, se han encontrado gentes que han concebido esta idea por lo menos singular de la "reversibilidad del tiempo", y que han pretendido apoyarla incluso por un supuesto "teorema de mecánica" cuyo enunciado creemos interesante reproducirle integralmente, a fin de mostrar más claramente el origen de su fantástica hipótesis. Es M. Lefranc quien, para interpretar sus experiencias, ha creído deber plantear la cuestión en estos términos: "¿Pueden la materia y el espíritu remontar el curso del tiempo, es decir, volver a colocarse en una época de vida supuestamente anterior? El tiempo pasado ya no vuelve; no obstante, ¿no podría volver, sin embargo?"[213]. Para responder a eso, ha ido a investigar un trabajo sobre la "reversibilidad de todo movimiento puramente material", publicado antaño por un cierto M. Breton[214]; es bueno decir que este autor no había presentado la concepción de que se trata sino como una especie de juego matemático, que resultaba en unas consecuencias que él mismo consideraba como absurdas; por eso no es menos cierto que había en eso un verdadero abuso del razonamiento, como lo cometen a veces algunos matemáticos, sobre todo aquellos que no son más que "especialistas", y hay que destacar que la mecánica proporciona un terreno particularmente favorable a cosas de este género. He aquí como comienza el enunciado de M. Breton: "Conociendo la serie completa de todos los estados sucesivos de un sistema de cuerpos, y siguiéndose y engendrándose esos estados en un orden determinado, desde el pasado que hace función de causa, al porvenir que tiene el rango de efecto (*sic*), consideremos uno de estos estados sucesivos, y, sin cambiar nada en las masas componentes, ni en las fuerzas que actúan entre estas masas[215], ni en las leyes de estas fuerzas, como tampoco en las situaciones actuales de las masas en el espacio,

---

[213] *Le Monde Psychique*, enero de 1912.
[214] *Les Mondes*, diciembre de 1875.
[215] "Sobre estas masas" habría sido quizás más comprehensible.

reemplacemos cada velocidad por una velocidad igual y contraria…". Una velocidad contraria a otra, o bien de dirección diferente, a decir verdad, no puede serle igual en el sentido riguroso de la palabra, solo puede serle equivalente en cantidad; y, por otro lado, ¿es posible considerar este reemplazo como no cambiando en nada las leyes del movimiento considerado, puesto que, si estas leyes hubieran continuado siendo seguidas normalmente, no se hubiera producido? Pero veamos la continuación: "Llamaremos a eso *revertir* todas las velocidades; este cambio mismo tomará el nombre de reversión, y llamaremos a su posibilidad, reversibilidad del movimiento del sistema…". Detengámonos un instante aquí, ya que es justamente esta posibilidad la que no podríamos admitir, desde el punto de vista mismo del movimiento, que se efectúa necesariamente en el tiempo: el sistema considerado retomará en sentido inverso, en nueva serie de estados sucesivos, las situaciones que había ocupado precedentemente en el espacio, pero el tiempo jamás volverá a ser el mismo por eso, y basta evidentemente que esta única condición esté cambiada para que los nuevos estados del sistema no puedan identificarse de ninguna manera a los precedentes. Por lo demás, en el razonamiento que citamos, se supone explícitamente (aunque en un lenguaje más que contestable) que la relación del pasado y el porvenir es una relación de causa a efecto, mientras que la verdadera relación causal, al contrario, implica esencialmente la simultaneidad de sus dos términos, de donde resulta que unos estados que se consideran como siguiéndose no pueden, desde este punto de vista, engendrarse los unos a los otros, puesto que sería menester entonces que un estado que ya no existe produjera otro estado que no existe todavía, lo que es absurdo (y de eso resulta también que, si el recuerdo de una impresión cualquiera puede ser causa de otros fenómenos mentales, cualesquiera que sean, es únicamente en tanto que recuerdo presente, puesto que la impresión pasada no puede actualmente ser causa de nada). Pero, prosigamos todavía: "Ahora bien, cuando se haya operado la reversión de las velocidades de un sistema de cuerpos…"; el autor del razonamiento ha tenido la prudencia de agregar aquí entre paréntesis: "no en la realidad, sino en el pensamiento puro"; sin apercibirse de ello, con eso sale enteramente del dominio de la mecánica, y esto de lo que habla ya no tiene ninguna relación con un "sistema de cuerpos" (es verdad que, en la mecánica clásica, se encuentran también suposiciones contradictorias, como la de un cuerpo pesado reducido a un punto matemático, es decir, de un cuerpo que no es un cuerpo, puesto que le falta la extensión); pero hay que retener que él mismo considera la pretendida "reversión" como irrealizable, contrariamente a la hipótesis de los que han querido aplicar su razonamiento a la "regresión de la memoria". Suponiendo operada la "reversión", he aquí cuál será el problema: "Se tratará de encontrar, para este sistema así revertido, la serie completa de sus estados futuros y pasados: ¿será esta investigación más o menos difícil que el problema correspondiente para los estados sucesivos del mismo sistema no revertido? Ni más ni menos...". Evidentemente, puesto que, en uno y otro caso, se trata de estudiar un movimiento del que no se dan todos los elementos; pero, para que este estudio corresponda a algo real o incluso posible, sería menester no engañarse con un simple juego de notación, como el que indica la continuación de la frase: "Y la solución de uno de estos problemas dará la del otro por un cambio muy simple, que consiste, en términos técnicos, en cambiar el signo algebraico del tiempo, para escribir $-t$ en lugar de $+t$, y recíprocamente...". En efecto, es muy simple en teoría, pero, al no tener en cuenta que la notación de los "números negativos" no es sino un procedimiento completamente artificial de simplificación de los cálculos (que no carece de inconvenientes bajo el punto de vista lógico) y que no corresponde a ninguna especie de realidad, el autor de este razonamiento cae en un grave error, que por lo demás es común a buen número de matemáticos, y, para interpretar el cambio de signo que acaba de indicar, agrega de inmediato: "Es decir que las dos series completas de estados sucesivos del mismo sistema de cuerpos diferirán solo en que el porvenir devendrá pasado, y en que el pasado devendrá futuro...". He aquí, ciertamente, una singular fantasmagoría, y es menester reconocer que una operación tan vulgar como un simple cambio de signo algebraico está dotada de un poder bien extraño y verdaderamente maravilloso... a los ojos de los matemáticos de este tipo. "Será la misma serie de estados sucesivos recorrida en sentido inverso. La reversión de las velocidades en una época cualquiera revierte simplemente el tiempo; la serie primitiva de los estados sucesivos y la serie revertida tienen, en todos los instantes correspondientes, las mismas figuras del sistema con las mismas velocidades iguales y contrarias (*sic*)". Desafortunadamente, en realidad, la reversión de las velocidades revierte simplemente las situaciones espaciales, y no el tiempo; en lugar de ser "la misma serie de estados sucesivos recorrida en sentido inverso", será una segunda serie inversamente homóloga de la primera, en cuanto al espacio solo; el pasado no devendrá futuro por eso, y el porvenir no devendrá pasado sino en virtud de la ley natural y normal de la sucesión, así como eso se produce a cada instante. Para que haya verdaderamente correspondencia entre las dos series, será menester que no haya habido, en el sistema considerado, otros cambios que simples cambios de situación; únicamente esos pueden ser reversibles, porque hacen intervenir solo la consideración del espacio, que es efectivamente reversible; para todo otro cambio de estado, el razonamiento ya no se aplicará. Así pues, es absolutamente ilegítimo querer sacar de ahí consecuencias del género de éstas: "En el reino vegetal, por ejemplo, veríamos, por la reversión, una pera podrida que se despudre, que deviene fruto maduro, que se vuelve a unir a su árbol, después fruto verde, que decrece y que vuelve a ser flor marchita, después flor semejante a una flor frescamente abierta, después capullo de flor, después yema de fruto, al mismo tiempo que sus materiales vuelven a pasar, los unos al estado de ácido carbónico y de vapor de agua difundido en el aire, los otros al estado de savia, después al de humus o de abonos". Nos parece que M. Camille Flammarion ha descrito en alguna parte cosas casi parecidas, pero suponiendo un "espíritu" que se aleja de la tierra con una velocidad superior a la de la luz, y que posee una facultad visual capaz de hacerle distinguir, a una distancia cualquiera, los menores detalles de los acontecimientos terrestres[216]; era una hipótesis por lo menos fantástica, pero finalmente no era una verdadera "reversión del tiempo", puesto que los acontecimientos mismos por eso no dejaban de seguir su curso ordinario, y puesto que su desarrollo al revés no era más que una ilusión de óptica. En los seres vivos, se produce a cada instante una multitud de cambios que no son reductibles a cambios de situación; e, incluso en los cuerpos inorgánicos que parecen permanecer más completamente semejantes a sí mismos, se efectúan también cambios irreversibles: la "materia inerte", postulada por la mecánica clásica, no se encuentra en ninguna parte del mundo corporal, por la simple razón de que lo que es verdaderamente inerte está necesariamente desprovisto de toda cualidad sensible u otra. Es verdaderamente muy fácil mostrar los sofismas inconscientes y múltiples que se ocultan en semejantes argumentos; ¡y sin embargo es esto todo lo que se encuentra que se nos presenta para justificar, "ante la ciencia y la filosofía", una teoría como la de las pretendidas "regresiones de la memoria"!

Hemos mostrado que se puede explicar muy fácilmente, y casi sin salir del dominio de la psicología ordinaria, el supuesto "retorno al pasado", es decir, en realidad, simplemente, la llamada a la consciencia clara y distinta de recuerdos conservados en el estado latente en la memoria "subconsciente" del sujeto, y que se refieren a tal o cual periodo determinado de su existencia. Para completar esta explicación, conviene agregar que esta llamada es facilitada por otra parte, bajo el punto de vista fisiológico, por el hecho de que toda impresión deja necesariamente una huella sobre el organismo que la ha sentido; no vamos a investigar de qué manera esta impresión puede ser registrada por algunos centros nerviosos, ya que es ese un estudio que no depende más que de la ciencia experimental pura y simple, lo que no quiere decir, por lo demás, que ésta haya obtenido hasta ahora resultados muy

---

[216] Lumen.

satisfactorios a este respecto. Sea como sea, la acción ejercida sobre los centros que corresponden a las diferentes modalidades de la memoria, ayudada por un factor psicológico que es la sugestión, y que es incluso el que juega el papel principal (ya que lo que es de orden fisiológico no concierne más que a las condiciones de manifestación exterior de la memoria), esta acción, decimos, de cualquier manera que se efectúe, permite colocar al sujeto en las condiciones requeridas para realizar las experiencias de que hablamos, al menos en cuanto a su primera parte, la que se refiere a los acontecimientos en los que ha tomado realmente parte o asistido en una época más o menos remota. Únicamente, lo que contribuye a ilusionar al experimentador, es que las cosas se complican por una suerte de "sueño en acción", del género de los que han hecho dar al sonambulismo su denominación: por poco que esté suficientemente entrenado, el sujeto, en lugar de contar simplemente sus recuerdos, llegará a representarlos, como representará también todo lo que se le quiera sugerir, ya sean sentimientos o impresiones. Es así como M. de Rochas "ha devuelto, *situado* al sujeto a diez, veinte, treinta años atrás; ha hecho de él un niño, un bebe lloriqueante"; debía esperar en efecto, desde que sugería a su sujeto un retorno al estado de infancia, verle actuar y hablar como un verdadero niño; pero si le hubiera sugerido igualmente que era un animal cualquiera, el sujeto no hubiera dejado de comportarse, de una manera análoga, como el animal en cuestión; ¿habría pues concluido de ello que el sujeto había sido efectivamente ese animal en alguna época anterior? El "sueño en acción" puede tener como punto de partida, ya sean recuerdos personales, o ya sea el conocimiento de la manera de actuar de un ser, y estos dos elementos pueden mezclarse en mayor o menor medida; este último caso representa verosímilmente lo que se produce cuando se quiere "situar" al sujeto en la infancia. Puede ocurrir también que se trate de un conocimiento que el sujeto no posee en el estado normal, sino que le es comunicado mentalmente por el experimentador, sin que éste haya tenido la menor intención de ello; es probablemente así como M. de Rochas "ha situado al sujeto anteriormente al nacimiento, haciéndole remontar su vida uterina, donde tomaba, al retrogradar, las posiciones diversas del feto". No obstante, no queremos decir que, incluso en este último caso, no haya en la individualidad del sujeto algunos rastros, orgánicos e incluso psíquicos, de los estados de que se trata; al contrario, debe haberlos, y ellos pueden proporcionar una porción más o menos considerable, aunque difícil de determinar, de su "sueño en acción". Pero, bien entendido, una correspondencia fisiológica cualquiera no es posible más que para las impresiones que han afectado realmente al organismo del sujeto; y del mismo modo, desde el punto de vista psicológico, la consciencia individual de un ser cualquiera no puede contener evidentemente más que elementos que tengan alguna relación con la individualidad actual de este ser. Eso debería bastar para mostrar que es perfectamente inútil e ilusorio buscar proseguir las investigaciones experimentales más allá de ciertos límites, es decir, en el caso actual, anteriormente al nacimiento del sujeto, o al menos al comienzo de su vida embrionaria; ¡sin embargo es eso lo que se ha pretendido hacer, puesto que se ha querido "situarle antes de la concepción", y puesto que, apoyándose sobre la hipótesis preconcebida de la reencarnación, se ha creído poder "remontando siempre más lejos, hacerle revivir sus vidas anteriores", estudiando igualmente, en el intervalo, "lo que pasa por el espíritu no encarnado"!

Aquí, estamos evidentemente en plena fantasía; y sin embargo M. Lancelin nos afirma que "el resultado adquirido puede ser tenido por enorme, no solo por sí mismo, sino por las vías que abre a la exploración de las anterioridades del ser vivo", que "acaba de darse un gran paso, por el sabio de primer orden que es el coronel de Rochas, en la vía seguida por él de la desocultación de lo oculto" (*sic*), y que "acaba de sentarse un principio nuevo, cuyas consecuencias son, desde ahora, incalculables"[217]. ¿Cómo se puede hablar de las "anterioridades del ser vivo", cuando se trata de un tiempo en que este ser vivo no existía

---

[217] *Le Monde Psychique*, enero de 1912.

todavía en el estado individualizado, y querer remitirle más allá de su origen, es decir, a condiciones donde jamás se ha encontrado, y que no corresponden para él a ninguna realidad? Eso equivale a crear en todas sus piezas una realidad artificial, si puede expresarse así, es decir, una realidad mental actual que no es la representación de ninguna suerte de realidad sensible; la sugestión dada por el experimentador proporciona su punto de partida, y la imaginación del sujeto hace el resto. Sin duda, puede ocurrir algunas veces que el sujeto encuentre, ya sea en sí mismo, o ya sea en el ambiente psíquico, algunos de esos elementos de que hemos hablado, y que provienen de la desintegración de otras individualidades; eso explicaría que pueda proporcionar algunos detalles concernientes a personas que hayan existido realmente, y, si tales casos llegaran a ser debidamente constatados y verificados, no probarían más que todos los demás. De una manera general, todo eso es enteramente comparable, aparte de la sugestión inicial, a lo que pasa en el estado de sueño ordinario, donde, como lo enseña la doctrina hindú, "el alma individual crea un mundo que procede todo entero de sí misma, y cuyos objetos consisten exclusivamente en concepciones mentales", para los cuales utiliza naturalmente todos los elementos de proveniencia variada que puede tener a su disposición. Por lo demás, habitualmente no es posible distinguir estas concepciones, o más bien las representaciones en las que se traducen, de las percepciones de origen exterior, a menos que se establezca una comparación entre estos dos tipos de elementos psicológicos, lo que no puede hacerse más que por el paso más o menos claramente consciente del estado de sueño al estado de vigilia; pero esta comparación jamás es posible en el caso del sueño provocado por sugestión, puesto que el sujeto, al despertar, no conserva ningún recuerdo de él en su consciencia normal (lo que no quiere decir que este recuerdo no subsista en la "subconsciencia"). Digamos todavía que, en algunos casos, el sujeto puede considerar como recuerdos imágenes mentales que no lo son realmente, ya que un sueño puede comprender tanto recuerdos como impresiones actuales, sin que estos dos tipos de elementos sean otra cosa que puras creaciones mentales del momento presente; estas creaciones, como todas las de la imaginación, no son, en todo rigor, sino combinaciones nuevas formadas a partir de otros elementos preexistentes. Aquí no hablamos, bien entendido, de los recuerdos de la vigilia que llegan frecuentemente, aunque modificándose y deformándose más o menos, a mezclarse al sueño, porque la separación de los dos estados de consciencia jamás es completa, al menos en cuanto al sueño ordinario; parece serlo mucho más cuando se trata del sueño provocado, y es lo que explica el olvido total, al menos en apariencia, que sigue al despertar del sujeto. No obstante, esta separación es siempre relativa, puesto que no se trata, en el fondo, más que de diversas partes de una misma consciencia individual; lo que lo muestra bien, es que una sugestión dada en el sueño hipnótico puede producir su efecto después del despertar del sujeto, mientras que, sin embargo, éste parece no acordarse ya de ella. Si se llevara el examen de los fenómenos del sueño más lejos de lo que podemos hacerlo aquí, se vería que todos los elementos que ponen en juego entran también en las manifestaciones del estado hipnótico; estos dos casos no representan en suma más que un solo y mismo estado del ser humano; la única diferencia, es que, en el estado hipnótico, la consciencia del sujeto se encuentra en comunicación con otra consciencia individual, la del experimentador, y que puede asimilarse los elementos que están contenidos en ésta, al menos en una cierta medida, como si no constituyeran más que uno de sus propios prolongamientos. Por eso es por lo que el hipnotizador puede proporcionar al sujeto algunos de los datos que éste utilizará en su sueño, datos que pueden ser imágenes, representaciones más o menos complejas, así como eso tiene lugar en las experiencias más ordinarias, y que pueden ser también ideas, teorías cualesquiera, tales como la hipótesis reencarnacionistas, ideas que el sujeto se apresura a traducir igualmente en representaciones imaginativas; y eso sin que el hipnotizador tenga necesidad de formular verbalmente esas sugestiones, y sin que sean siquiera queridas por su parte. Así pues, a un sueño provocado, estado en todo semejante a esos en los que se hace nacer en un sujeto, por sugestiones apropiadas, percepciones parcial o totalmente imaginarias, pero con la única diferencia de que aquí el experimentador es él mismo engañado por su propia sugestión y toma las creaciones mentales del sujeto por "despertares de recuerdos", e incluso por un retorno real al pasado, he aquí a lo que se reduce finalmente la pretendida "exploración de las vidas sucesivas", la única "prueba experimental" propiamente dicha que los reencarnacionistas hayan podido aportar en favor de su teoría.

El "Instituto de investigaciones psíquicas" de París tenía como anexo una "clínica neurológica y pedagógica", donde se intentaba, como se hace en otras parte, aplicar la sugestión a la "psicoterapia", servirse de ella concretamente para curar alcohólicos y maníacos, o para desarrollar la mentalidad de algunos idiotas. Las tentativas de este género no dejan de ser muy loables, y, cualesquiera que sean los resultados obtenidos, ciertamente no se puede encontrar nada que decir al respecto, al menos en cuanto a las intenciones en las que se inspiran; es verdad que estas prácticas, incluso sobre el terreno estrictamente médico, son a veces más perjudiciales que útiles, y que las gentes que las emplean apenas saben adónde van; pero, en fin, se haría mejor quedándose en eso, y, en todo caso, los psiquistas, si quieren que se les tome en serio, deberían dejar de emplear la sugestión en fantasmagorías como éstas de las que acabamos de hablar. Todavía se encuentran, no obstante, junto a eso, gentes que vienen a alabarnos "la claridad y la evidencia del espiritismo", y a oponerla a "la obscuridad de la metafísica", que confunden por lo demás con la más vulgar filosofía[218]; ¡singular evidencia, a menos de que no sea la de la absurdidad! Algunos llegan a reclamar incluso "experiencias metafísicas", sin darse cuenta de que la unión de estas dos

---

[218] Esto se encuentra en un artículo firmado J. Rapicault, que está igualmente contenido en el *Monde Psychique* de enero de 1912, y que es completamente característico de las tendencias propagandistas de los espiritistas: La "simplicidad", es decir, la mediocridad intelectual, se alaba ahí abiertamente como una superioridad; volveremos después sobre ello.

palabras constituye un sinsentido puro y simple; sus concepciones están tan limitadas al mundo de los fenómenos, que todo lo que está más allá de la experiencia no existe para ellos. Ciertamente, todo eso no debe sorprendernos en modo alguno, ya que es muy evidente que espiritistas y psiquistas de las diferentes categorías ignoran todos profundamente lo que es la metafísica verdadera, cuya existencia ni siquiera sospechan; pero nos complace constatar, cada vez que se nos presenta la ocasión, hasta qué punto sus tendencias son las que caracterizan propiamente al espíritu occidental moderno, exclusivamente vuelto hacia el exterior, por una monstruosa desviación cuyo análogo no se encuentra en ninguna otra parte. Por mucho que los "neoespiritualistas" quieran querellarse con los "positivistas" y los sabios "oficiales", su mentalidad es la misma en el fondo, y las "conversiones" de algunos sabios al espiritismo no implican en ellos cambios tan graves o tan profundos como algunos se imaginan, o al menos no implican más que uno: es que su espíritu, aunque permanece siempre tan estrechamente limitado, ha perdido, al menos bajo un cierto aspecto, el equilibrio relativo en el que se había mantenido hasta entonces. Se puede ser un "sabio de primer orden", de una manera mucho más incontestable que el coronel de Rochas, al que no entendemos negar por eso un cierto mérito; se puede incluso ser un "hombre de genio", según las ideas que tienen curso en el mundo "profano"[219], y no estar al abrigo de tales accidentes; todo eso, todavía una vez más, prueba simplemente que un sabio o un filósofo, cualquiera que sea su valor como tal, y cualquiera que sea también su dominio especial, fuera de ese dominio, no es forzosamente por eso notablemente superior a la gran masa del público ignorante y crédulo que proporciona la mayor parte de la clientela espirito-ocultista.

---

[219] Sin embargo, M. Rapicault va quizás un poco más lejos al afirmar que "muchos grandes genios han sido fervientes adeptos del espiritismo"; es ya demasiado que haya habido algunos, pero se estaría equivocado al impresionarse por eso o al darle una gran importancia, porque lo que se ha convenido llamar "genio" es algo muy relativo, y vale incomparablemente menos que la menor parcela del verdadero conocimiento.

CAPÍTULO IX

EL EVOLUCIONISMO ESPIRITISTA

En los espiritistas kardecistas, como en todas las demás escuelas que la admiten, la idea de la reencarnación está estrechamente ligada a una concepción "progresista" o, si se quiere, "evolucionista"; al comienzo, se empleaba simplemente la palabra "progreso"; hoy día, se prefiere la de "evolución": es la misma cosa en el fondo, pero eso tiene un aire más "científico". No se podría creer cuánta seducción ejercen, sobre espíritus más o menos incultos o "primarios", las grandes palabras que tienen una falsa apariencia de intelectualidad; hay una suerte de "verbalismo" que da la ilusión del pensamiento a aquellos que son incapaces de pensar verdaderamente, y una obscuridad que pasa por profundidad a los ojos del vulgo. La fraseología pomposa y vacía que está en uso en todas las escuelas "neoespiritualistas" no es ciertamente uno de sus menores elementos de éxito; la terminología de los espiritistas es particularmente ridícula, porque se compone en gran parte de neologismos fabricados por casi iletrados en contra de todas las leyes de la etimología. Si se quiere saber, por ejemplo, cómo ha sido forjada la palabra "periespíritu" por Allan Kardec, es bien simple: "Como el germen de un fruto está rodeado del *perispermio*, del mismo modo el espíritu propiamente dicho está rodeado de una envoltura que, por comparación, se puede llamar *periespíritu*"[220]. Los aficionados a las investigaciones lingüísticas podrían

---

[220] *Le Livre des Esprits*, p. 38. —Un psiquista ocultizante, el conde Tromelin, ha inventado la palabra *manspíritu* para designar especialmente el "periespíritu" de los vivos; es el mismo autor quien ha imaginado también la "fuerza *biólica*".

encontrar, en esta suerte de cosas, el tema de un curioso estudio; contentémonos con señalarlo de pasada. Frecuentemente también, los espiritistas se adueñan de términos filosóficos o científicos que ellos aplican como pueden; naturalmente, aquellos que tienen sus preferencias son los que han sido difundidos entre el gran público por obras de vulgarización, imbuidas del más detestable espíritu "cientificista". En lo que concierne a la palabra "evolución", que es de esas, es menester convenir que lo que designa está completamente en armonía con el conjunto de las teorías espiritistas: el evolucionismo, desde hace más o menos un siglo, ha revestido muchas formas, pero todas son complicaciones diversas de la idea de "progreso", tal como comenzó a extenderse en el mundo occidental en el curso de la segunda mitad del siglo XVIII; es una de las manifestaciones más características de una mentalidad específicamente moderna, que es en efecto la de los espiritistas, e incluso, más generalmente, la de todos los "neoespiritualistas".

Allan Kardec enseña que "los espíritus no son buenos o malos por su naturaleza, sino que son los mismos espíritus que se mejoran, y que, al mejorarse, pasan de un orden inferior a un orden superior", que "Dios ha dado a cada uno de los espíritus una misión con el propósito de iluminarles y de hacerles llegar progresivamente a la perfección por el conocimiento de la verdad y para aproximarles a él", que "todos devendrán perfectos", que "el espíritu puede permanecer estacionario, pero no retrogrado", que "los espíritus que han seguido la ruta del mal podrán llegar al mismo grado de superioridad que los demás, pero *las eternidades* (sic) serán más largas para ellos"[221]. Es por la "transmigración progresiva" por donde se efectúa esta marcha ascendente: "La vida del espíritu, en su conjunto, recorre las mismas fases que vemos en la vida corporal; pasa gradualmente del estado de embrión al de infancia, para llegar por una sucesión de periodos al

---

[221] *Le Livre des Esprits*, pp. 49-53.

estado de adulto, que es el de la perfección, con la diferencia de que no hay declive y decrepitud como en la vida corporal; que su vida, que ha tenido un comienzo, no tendrá fin; que le es menester un tiempo inmenso, desde nuestro punto de vista, para pasar de la infancia espiritista (*sic*) a un desarrollo completo, y su progreso se cumple, no sobre una sola esfera, sino pasando por mundos diversos. La vida del espíritu se compone así de una serie de existencias corporales, cada una de las cuales es para él una ocasión de progreso, como cada existencia corporal se compone de una serie de días, en cada uno de los cuales el hombre adquiere un aumento de experiencia y de instrucción. Pero, del mismo modo que en la vida del hombre hay días que no dan ningún fruto, en la del espíritu hay existencias corporales que son sin resultado, porque no ha sabido aprovecharlas... La marcha de los espíritus es progresiva y jamás retrograda; se elevan gradualmente en la jerarquía y no descienden del rango al que han llegado. En sus diferentes existencias corporales, pueden descender como hombres (bajo la relación de la posición social), pero no como espíritus"[222]. He aquí ahora una descripción de los efectos de este progreso: "A medida que el espíritu se purifica, el cuerpo que reviste se aproxima igualmente a la naturaleza espiritista (*sic*). La materia es menos densa, no se arrastra ya penosamente por la superficie del suelo, las necesidades físicas son menos groseras, los seres vivos ya no tienen necesidad de destruirse entre ellos para alimentarse. El espíritu es más libre y tiene para las cosas alejadas percepciones que nos son desconocidas; ve por los ojos del cuerpo lo que nosotros no vemos sino por el pensamiento. La purificación de los espíritus acarrea en los seres en los que están encarnados el perfeccionamiento moral. Las pasiones animales se debilitan, y el egoísmo hace sitio al sentimiento fraternal. Es así como, en los mundos superiores a la tierra, las guerras son desconocidas; los odios y las discordias carecen allí de objeto, porque nadie piensa en hacer daño a su semejante. La intuición que tienen de su porvenir, la

---

[222] *Le Livre des Esprits*, pp. 83-85.

seguridad que les da una consciencia exenta de remordimientos, hacen que la muerte no les cause ninguna aprehensión; la ven venir sin temor y como una simple transformación. La duración de la vida, en los diferentes mundos, parece ser proporcional al grado de superioridad psíquica y moral de esos mundos, y eso es perfectamente racional. Cuanto menos material es el cuerpo, menos sujeto está a las vicisitudes que le desorganizan; cuanto más puro es el espíritu, menos son las pasiones que le minan. Eso es también un beneficio de la Providencia, que quiere así abreviar los sufrimientos... Lo que determina el mundo donde el espíritu será encarnado, es el grado de su elevación[223]... Los mundos también están sometidos a la ley del progreso. Todos han comenzado por estar en un estado inferior, y la tierra misma sufrirá una transformación semejante; devendrá un paraíso terrestre cuando los hombres hayan devenido buenos... Es así como las razas que pueblan la tierra hoy desaparecerán un día y serán reemplazadas por unos seres cada vez más perfectos; estas razas transformadas sucederán a la raza actual, como ésta ha sucedido a otras más groseras todavía"[224]. Citamos todavía lo que concierne especialmente a la "marcha del progreso" sobre la tierra: "El hombre debe progresar sin cesar, y no puede retornar al estado de infancia. Si progresa, es que Dios lo quiere así; pensar que puede retrogradar hacia su condición primitiva sería negar la ley del progreso". Eso es muy evidente, pero es precisamente esta pretendida ley lo que negamos formalmente; no obstante, continuemos: "El progreso moral es la consecuencia del progreso intelectual, pero no le sigue siempre inmediatamente... Puesto que el progreso es una condición de la naturaleza humana, no está en el poder de nadie oponerse a él. Es una fuerza viva que las leyes malas pueden retardar, pero no asfixiar... Hay dos especies de progreso que se prestan un mutuo apoyo, y que no obstante no marchan de frente, es el progreso

---

[223] Recordamos que lo que Allan Kardec llama mundos, no son sino planetas diferentes, que, para nos, no son más que porciones del mundo corporal solo.
[224] *Le Livre des Esprits*, pp. 79-80.

intelectual y el progreso moral. En los pueblos civilizados, el primero recibe, en este siglo, todos los ánimos deseables; es así como ha alcanzado un grado desconocido hasta nuestros días. Es menester que el segundo esté al mismo nivel, y, sin embargo, si se comparan las costumbres sociales a algunos siglos de distancia, sería menester estar ciego para negar el progreso. ¿Por qué no iba a haber entre el siglo XIX y el XX tanta diferencia como entre el siglo XIV y el XIX? Dudarlo sería pretender que la humanidad está en el apogeo de la perfección, lo que sería absurdo, o que no es perfectible moralmente, lo que es desmentido por la experiencia"[225]. En fin, he aquí cómo el espiritismo puede "contribuir al progreso": "Destruyendo el materialismo, que es una de las plagas de la sociedad, hace comprender a los hombres dónde está su verdadero interés. Al no estar ya la vida futura velada por la duda, el hombre comprenderá mejor que puede asegurar su porvenir por el presente. Al destruir los prejuicios de sectas, de castas y de colores, enseña a los hombres la gran solidaridad que debe unirles como hermanos"[226].

Se ve cuan estrechamente se emparenta el "moralismo" espiritista con todas las utopías socialistas y humanitarias: todas estas gentes concuerdan en situar en un porvenir más o menos lejano el "paraíso terrestre", es decir, la realización de sus sueños de "pacifismo" y de "fraternidad universal"; pero, además, los espiritistas suponen que ya están realizados actualmente en otros planetas. Apenas hay necesidad de hacer destacar cuan ingenua y grosera es su concepción de los "mundos superiores a la tierra"; en eso no hay nada de qué sorprenderse, cuando se ha visto cómo se representan la existencia del "espíritu desencarnado"; señalamos únicamente la predominancia evidente del elemento sentimental en lo que constituye para ellos la "superioridad". Es por la misma razón por la que ponen el "progreso moral" por encima del "progreso intelectual"; Allan Kardec escribe que "la civilización

---

[225] *Le Livre des Esprits*, pp. 326-329.
[226] *Ibid.*, pp. 336-337.

completa se reconoce en el desarrollo moral", y agrega: "La civilización tiene sus grados como todas las cosas. Una civilización incompleta es un estado de transición que engendra males especiales, desconocidos en el estado primitivo; pero por eso no constituye menos un progreso natural, necesario, que lleva consigo el remedio al mal que hace. A medida que la civilización se perfecciona, hace cesar algunos de los males que ha engendrado, y estos males desaparecerán con el progreso moral. De dos pueblos llegados a la cima de la escala social, solo puede llamarse el más civilizado, en la verdadera acepción de la palabra, aquel donde se encuentra menos egoísmo, codicia y orgullo; donde los hábitos son más intelectuales y morales que materiales; donde la inteligencia puede desarrollarse con más libertad, donde hay más bondad, buena fe, buen talante y generosidad recíprocas: donde los prejuicios de casta y de nacimiento están menos enraizados, ya que estos prejuicios son incompatibles con el verdadero amor del prójimo; donde las leyes no consagran ningún privilegio, y son las mismas tanto para el último como para el primero; donde la justicia se ejerce con menos parcialidad; donde el débil encuentra siempre apoyo contra el fuerte; donde la vida del hombre, sus creencias y sus opiniones son más respetadas; donde hay menos desdicha, y finalmente, donde todo hombre de buena voluntad está siempre seguro de no carecer de lo necesario"[227]. En este pasaje se afirman también las tendencias democráticas del espiritismo, que Allan Kardec desarrolla después largamente en los capítulos donde trata de la "ley de igualdad" y de la "ley de libertad"; bastaría leer estas páginas para convencerse de que el espiritismo es en efecto un puro producto del espíritu moderno.

Nada es más fácil que hacer la crítica de este "optimismo" estúpido que representa, en nuestros contemporáneos, la creencia en el "progreso"; aquí no podemos extendernos en ella, ya que esta discusión nos alejaría mucho del espiritismo, que no representa aquí más que un

---

[227] *Le Livre des Esprits*, pp. 333-334.

caso muy particular; esta creencia está extendida igualmente en los medios más diversos, y, naturalmente, cada uno se figura el "progreso" conformemente a sus propias preferencias. El error fundamental, cuyo origen parece que debe atribuirse a Turgot y sobre todo a Fourier, consiste en hablar de "la civilización", de una manera absoluta; eso es una cosa que no existe, ya que ha habido siempre y hay todavía "civilizaciones", cada una de las cuales tiene su desarrollo propio, y además, entre estas civilizaciones, las hay que se han perdido enteramente, y de las cuales aquellas que han nacido más tarde no han recogido ninguna herencia. Tampoco se podría contestar que, en el curso de una civilización, hay periodos de decadencia, ni que un progreso relativo en un cierto dominio pueda ser compensado por una regresión en otros dominios; por lo demás, sería bien difícil a la generalidad de los hombres de un mismo pueblo y de una misma época aplicar igualmente su actividad a las cosas de los órdenes más diferentes. La civilización occidental moderna es, ciertamente, aquella cuyo desarrollo se limita al dominio más restringido de todos; no es muy difícil encontrar quienes sostienen que "el progreso intelectual ha alcanzado un grado desconocido hasta nuestros días", y aquellos que piensan así muestran que ignoran todo de la intelectualidad verdadera; tomar por un "progreso intelectual" lo que no es más que un desarrollo puramente material, limitado al orden de las ciencias experimentales (o más bien de algunas de entre ellas, puesto que hay ciencias experimentales de las que los modernos desconocen hasta la existencia), y sobre todo de sus aplicaciones industriales, es en efecto la más ridícula de todas las ilusiones. Antes al contrario, a partir de la época que se ha convenido llamar el renacimiento, bien erróneamente según nos, ha habido en occidente una formidable regresión intelectual, que ningún progreso material podría compensar; ya hemos hablado de ello en otra parte[228], y volveremos sobre ello de nuevo en su ocasión. En cuanto al

---

[228] Ver los primeros capítulos de nuestra Introducción general al estudio de las doctrinas hindúes.

supuesto "progreso moral", se trata de un asunto de sentimiento, y por consiguiente de apreciación individual pura y simple; desde este punto de vista, cada uno puede hacerse un "ideal" conforme a sus gustos, y el de los espiritistas y demás demócratas no conviene a todo el mundo; pero los "moralistas", en general, no lo entienden así, y, si tuvieran poder para ello, impondrían a todos su propia concepción, ya que nada es menos tolerante en la práctica que las gentes que sienten la necesidad de predicar la tolerancia y la fraternidad. Sea como sea, la "perfección moral" del hombre, según la idea que se hacen de ella lo más corrientemente, parece ser "desmentida por la experiencia" más bien que al contrario; muchos acontecimientos recientes desmienten aquí a Allan Kardec y a sus adláteres como para que sea útil insistir en ello; pero los soñadores son incorregibles, y, cada vez que estalla una guerra, siempre se encuentran para predecir que será la última; estas gentes que invocan la "experiencia" a todo propósito parecen perfectamente insensibles a todos los "desmentidos" que ella les inflige. En lo que concierne a las razas futuras, siempre se las puede imaginar al gusto de su fantasía; los espiritistas tienen al menos la prudencia de no dar, sobre este punto, esas precisiones que han quedado como monopolio de los teosofistas; se quedan en vagas consideraciones sentimentales, que no valen quizás más en el fondo, pero que tienen la ventaja de ser menos pretenciosas. En fin, conviene destacar que la "ley del progreso" es para sus partidarios una suerte de postulado o de artículo de fe: Allan Kardec afirma que "el hombre debe progresar", y se contenta con agregar que, "si progresa, es que Dios lo quiere así"; si se le hubiera preguntado cómo lo sabía, habría respondido probablemente que los "espíritus" se lo habían dicho; es débil como justificación, pero, ¿se cree que aquellos que emiten las mismas afirmaciones en nombre de la "razón" tienen una posición mucho más fuerte? Es un "racionalismo" que apenas es más que un sentimentalismo disfrazado, y por lo demás no hay absurdidades que no encuentren el medio de recomendarse en la razón; Allan Kardec mismo proclama también que "la fuerza del espiritismo está en su filosofía, en la llamada que hace a la razón, al buen sentido"[229]. Ciertamente, el "buen sentido" vulgar, del cual se ha abusado tanto desde que Descartes ha creído deber alabarle de una manera completamente democrática ya, es bien incapaz de pronunciarse con conocimiento de causa sobre la verdad o la falsedad de una idea cualquiera; e inclusive una razón más "filosófica" apenas garantiza mejor a los hombres contra el error. Así pues, ríase tanto como se quiera de Allan Kardec cuando se encuentra satisfecho de afirmar que, "si el hombre progresa, es que Dios lo quiere así"; ¿pero entonces qué será menester pensar de tal sociólogo eminente, representante muy calificado de la "ciencia oficial", que declaraba gravemente (lo hemos oído nos mismo) que, "si la humanidad progresa, es porque tiene una tendencia a progresar"? Las solemnes necedades de la filosofía universitaria son a veces tan grotescas como las divagaciones de los espiritistas; pero éstas, como lo hemos dicho, tienen peligros especiales, que residen concretamente en su carácter "pseudoreligioso", y es por eso por lo que es más urgente denunciarlas y hacer aparecer su inanidad.

Nos es menester ahora hablar de lo que Allan Kardec llama el "progreso del espíritu", y, para comenzar, señalaremos en él un abuso de la analogía, en la comparación que quiere establecer con la vida corporal: puesto que esta comparación, según él mismo, no es aplicable en lo que concierne a la fase de declive y de decrepitud, ¿por qué iba a ser más válida para la fase de desarrollo? Por otra parte, si lo que llama la "perfección", meta que todos los "espíritus" deben alcanzar pronto o tarde, es algo comparable al "estado de adulto", es esa una perfección bien relativa; y es menester que sea completamente relativa en efecto para que se pueda llegar a ella "gradualmente", inclusive si eso debe requerir "un tiempo inmenso"; volveremos dentro de un momento sobre este punto. En fin, lógicamente y sobre todo metafísicamente, lo que no tendrá fin no puede haber tenido comienzo tampoco, o, en otros

---

[229] *Le Livre des Esprits*, p. 457.

términos, todo lo que es verdaderamente inmortal (no solamente en el sentido relativo de esta palabra) es por eso mismo eterno; es verdad que Allan Kardec, que habla de la "longitud de las eternidades" (en plural), no concibe manifiestamente nada más que la simple perpetuidad temporal, y, porque no ve su fin, supone que la misma no lo tiene; pero lo indefinido es todavía finito, y toda duración es finita por su naturaleza misma. En eso, por lo demás, hay que disipar otro equívoco: lo que se llama "espíritu", y que se supone que constituye el ser total y verdadero, no es en suma más que la individualidad humana; por mucho que se quiera repetir esta individualidad en múltiples ejemplares sucesivos por la reencarnación, por eso no está menos limitada. En un sentido, los espiritistas la limitan incluso demasiado, ya que no conocen sino una débil parte de sus posibilidades reales, y ya que ella no tiene necesidad de reencarnarse para ser susceptible de prolongamientos indefinidos; pero, en otro sentido, le acuerdan una importancia excesiva, ya que la toman por el ser del cual ella no es, con todos sus prolongamientos posibles, más que un elemento infinitesimal. Este doble error no es por lo demás particular a los espiritistas, sino que es común a casi todo el mundo occidental: el individuo humano es a la vez mucho más y mucho menos de lo que se cree; y, si no se tomara equivocadamente este individuo, o más bien una porción restringida de este individuo, por el ser completo, jamás se hubiera tenido la idea de que éste es algo que "evoluciona". Se puede decir que el individuo "evoluciona", si con eso se entiende simplemente que cumple un cierto desarrollo cíclico; pero, en nuestros días, quien dice "evolución" quiere decir desarrollo "progresivo", y eso es contestable, si no para algunas porciones del ciclo, al menos sí para su conjunto; incluso en un dominio relativo como ese, la idea de progreso no es aplicable más que en el interior de límites muy estrechos, y todavía entonces no tiene sentido más que si se precisa bajo cuál relación se entiende que se aplica: eso es verdad tanto de los individuos como de las colectividades. Por lo demás, quien dice progreso dice forzosamente sucesión: por consiguiente, para todo lo que no puede ser considerado en modo sucesivo, esta palabra ya no significa nada; si el hombre le atribuye un sentido, es porque, en tanto que ser individual, está sometido al tiempo, y, si extiende este sentido de la manera más abusiva, es porque no concibe lo que está fuera del tiempo. Para todos los estados del ser que no están condicionados por el tiempo ni por ningún otro modo de duración, no podría tratarse de nada semejante, ni siquiera a título de relatividad o de contingencia ínfima, ya que no es una posibilidad de esos estados; con mayor razón, si se trata del ser verdaderamente completo, que totaliza en sí mismo la multiplicidad indefinida de todos los estados, es absurdo hablar, no solo de progreso o de evolución, sino de un desarrollo cualquiera: puesto que la eternidad excluye toda sucesión y todo cambio (o más bien, puesto que es sin relación con ellos), implica necesariamente la inmutabilidad absoluta.

Antes de acabar esta discusión, tenemos que citar todavía algunos pasajes tomados a escritores que gozan entre los espiritistas de una autoridad incontestada; y, primeramente, M. Léon Denis habla casi como Allan Kardec: "Se trata de trabajar con ardor en nuestro avance. La meta suprema es la perfección; la ruta que conduce a ella, es el progreso. Esta ruta es larga y se recorre paso a paso. La meta parece retroceder a medida que se avanza, pero, a cada etapa que se pasa, el ser recoge el fruto de sus esfuerzos; enriquece su experiencia y desarrolla sus facultades... No hay entre las almas más que diferencias de grado, diferencias que les es lícito llenar en el porvenir"[230]. Hasta aquí no hay nada nuevo; pero el mismo autor, sobre lo que él llama la "evolución periespiritual", aporta algunas precisiones que están visiblemente inspiradas en algunas teorías científicas, o pseudocientíficas, cuyo éxito es uno de los signos más innegables de la debilidad intelectual de nuestros contemporáneos: "Las relaciones seculares de los hombres y de

---

[230] *Après la mort*, pp. 167-168.

los espíritus[231], confirmadas, explicadas por las experiencias recientes del espiritismo, demuestran la supervivencia del ser bajo una forma fluídica más perfecta. Esta forma indestructible, compañera y sirviente del alma, testigo de sus luchas y de sus sufrimientos, participa en sus peregrinaciones, se eleva y se purifica con ella. Formado en las regiones inferiores, el ser periespiritual asciende lentamente la escala de las existencias. Primeramente no es más que un ser rudimentario, un esbozo incompleto. Llegado a la humanidad, comienza a reflejar sentimientos más elevados; el espíritu irradia con más fuerza, y el periespíritu se ilumina con nuevas claridades. De vidas en vidas, a medida que las facultades se extienden, que las aspiraciones se depuran, que el campo de los conocimientos se acrecienta, él se enriquece con sentidos nuevos. Cada vez que una encarnación se acaba, como una mariposa sale de su crisálida, el cuerpo espiritual se desprende de sus harapos de carne. El alma se encuentra, entera y libre, y, al considerar este manto fluídico que la recubre, en su aspecto espléndido o miserable, constata su propio avance"[232]. He aquí lo que se puede llamar "transformismo psíquico"; y algunos espiritistas, si no todos, se adhieren a la creencia en el transformismo entendido en su sentido más ordinario, aunque esta creencia no se concilia apenas con la teoría enseñada por Allan Kardec, que dice que "los gérmenes de todos los seres vivos, contenidos en la tierra, permanecerán en ella en el estado latente e inerte hasta el momento propicio para la eclosión de cada especie"[233]. Sea como sea, M. Gabriel Delanne, que quiere ser el más "científico" de los espiritistas kardecistas, admite enteramente las teorías transformistas; pero entiende completar la "evolución corporal" con la "evolución anímica": "Es el mismo principio inmortal el que anima a todas las criaturas vivas. No manifestándose primero sino bajo modos

---

[231] ¡El autor acaba de citar, como ejemplos de médiums "en relaciones con las altas personalidades del espacio" (*sic*), a "las vestales romanas, las sibilas griegas, las druidesas de la isla de Sein",... y Juana de Arco!

[232] *Après la mort*, pp. 229-230.

[233] *Le Livre des Esprits*, p. 18.

elementales en los últimos estadios de la vida, va poco a poco perfeccionándose, a medida que se eleva sobre la escala de los seres; desarrolla en su larga evolución, las facultades que estaban encerradas en él en el estado de gérmenes, y las manifiesta de una manera más o menos análoga a la nuestra, a medida que se aproxima a la humanidad... Nosotros no podemos concebir, en efecto, por qué Dios iba a crear seres sensibles al sufrimiento, sin acordarles al mismo tiempo la facultad de beneficiarse de los esfuerzos que hacen para mejorarse. Si el principio inteligente que los anima estuviera condenado a ocupar eternamente esta posición inferior, Dios no sería justo al favorecer al hombre a expensas de las demás criaturas. Pero la razón nos dice que la cosa no podría ser así, y la observación demuestra que hay identidad substancial entre el alma de las bestias y la nuestra, que todo se encadena y se liga estrechamente en el Universo, desde el ínfimo átomo hasta el gigantesco sol perdido en la noche del espacio, desde la mónera hasta el espíritu superior que planea en las regiones serenas de la erraticidad"[234]. La llamada a la justicia divina era aquí inevitable; decíamos más atrás que sería absurdo preguntarse por qué tal especie animal no es igual a tal otra, pero es menester creer no obstante que esta desigualdad, o más bien esta diversidad, hiere la sentimentalidad de los espiritistas casi tanto como la de las condiciones humanas; ¡el "moralismo" es verdaderamente una cosa admirable! Lo que es bien curioso también, es la página siguiente, que reproducimos integralmente para mostrar hasta dónde puede llegar, en los espiritistas, el espíritu "cientificista", con su acompañamiento habitual, un odio feroz para todo lo que tiene un carácter religioso o tradicional: "¿Cómo se ha cumplido esta génesis del alma, por cuáles metamorfosis ha pasado el principio inteligente antes de llegar a la humanidad? Es lo que el transformismo nos enseña con una luminosa evidencia. Gracias al genio de Lamarck, de Darwin, de Wallace, de Haeckel y de todo un ejército de sabios naturalistas, nuestro pasado ha sido exhumado de las entrañas del suelo. Los archivos de la

---

[234] L'Evolution animique, pp. 102-103.

tierra han conservado las osamentas de las razas desaparecidas, y la ciencia ha reconstituido nuestra línea ascendente, desde la época actual, hasta periodos mil veces seculares donde la vida ha aparecido sobre nuestro globo. El espíritu humano, liberado de los lazos de una religión ignorante, ha tomado su libre vuelo, y, desprendido de los temores supersticiosos que dificultaban las investigaciones de nuestros padres, se ha atrevido a abordar el problema de nuestros orígenes y ha encontrado su solución. Ese es un hecho capital cuyas consecuencias morales y filosóficas son incalculables. La tierra ya no es ese mundo misterioso que la varita de un encantador hace eclosionar un día, todo poblado de animales y de plantas, presto a recibir al hombre que será su rey; ¡la razón iluminada nos hace comprender, hoy, de cuánta ignorancia y orgullo dan testimonio esas fábulas! El hombre no es un ángel caído, llorando un imaginario paraíso perdido, no debe inclinarse servilmente bajo la férula del representante de un Dios parcial, caprichoso y vindicativo, no hay ningún pecado original que le manche desde su nacimiento, y su suerte no depende de otro. El día de la liberación intelectual ha llegado; ha sonado la hora de la renovación para todos los seres a quienes doblaba todavía bajo su yugo el despotismo del miedo y del dogma. El espiritismo ha iluminado con su llama nuestro porvenir, que se desarrolla en los cielos infinitos; sentimos palpitar el alma de nuestras hermanas, las otras humanidades celestes; remontamos a las espesas tinieblas del pasado para estudiar nuestra juventud espiritual, y, en ninguna parte, encontramos a ese tirano caprichoso y terrible de quien la Biblia nos hace una descripción tan espantosa. En toda la creación, nada arbitrario o ilógico viene a destruir la armonía grandiosa de las leyes eternas"[235]. Estas declamaciones, enteramente semejantes a las de M. Camille Flammarion, tienen por principal interés hacer sobresalir las afinidades del espiritismo con todo lo que hay más detestable en el pensamiento moderno; los espiritistas, temiendo sin duda no parecer jamás bastante "iluminados", se suman también a las

---

[235] L'Evolution animique, pp. 107-108.

exageraciones de los sabios, o supuestos tales, cuyos favores bien quisieran conciliarse, y dan testimonio de una confianza sin límites al respecto de las hipótesis más azarosas: "Si la doctrina evolucionista ha encontrado tantos adversarios, es porque el prejuicio religioso ha dejado huellas profundas en los espíritus, naturalmente rebeldes, por lo demás, a toda novedad... La teoría transformista nos ha hecho comprender que los animales actuales no son más que los últimos productos de una larga elaboración de formas transitorias, las cuales han desaparecido en el curso de las edades, para no dejar subsistir más que aquellos que existen actualmente. Los hallazgos de la paléontología hacen descubrir cada día las osamentas de los animales prehistóricos, que forman los anillos de esta cadena sin fin, cuyo origen se confunde con el de la vida. Y como si no bastara mostrar esta filiación por los fósiles, la naturaleza se ha encargado de proporcionarnos un ejemplo contundente de ello, en el nacimiento de cada ser. Todo animal que viene al mundo reproduce, en los primeros tiempos de su vida, todos los tipos anteriores por los cuales ha pasado la raza antes de llegar a él. Es una historia sumaria y resumida de la evolución de sus ancestros, y establece irrevocablemente el parentesco animal del hombre, a pesar de todas las protestas más o menos interesadas... La descendencia animal del hombre se impone con una luminosa evidencia a todo pensador sin partido tomado"[236]. Y, naturalmente, vemos aparecer después esta otra hipótesis que asimila los hombres primitivos a los salvajes actuales: "El alma humana no podría constituir excepción a esta ley general y absoluta (de la evolución); constatamos sobre la tierra que ella pasa por fases que abarcan las manifestaciones más diversas, desde las humildes y raquíticas concepciones del estado salvaje, hasta las magníficas eflorescencias del genio en las naciones civilizadas"[237]. Pero he ahí suficientes muestras de esta mentalidad "primaria"; lo que queremos retener sobre todo, es la afirmación de la estrecha solidaridad que existe, quiérase o no, entre

---

[236] L'Evolution animique, pp. 113-115
[237] *Ibid.*, p. 117.

todas las formas del evolucionismo.

Bien entendido, no es aquí donde podemos hacer una crítica detallada del transformismo, porque, ahí todavía, nos apartaríamos mucho de la cuestión del espiritismo; pero recordaremos al menos lo que hemos dicho más atrás, que la consideración del desarrollo embrionario no prueba absolutamente nada. Las gentes que afirman solemnemente que "la ontogenia es paralela a la filogenia" no tienen pinta de sospechar que toman por una ley lo que no es más que el enunciado de una simple hipótesis; cometen una verdadera usurpación de principio, ya que sería menester probar primero que hay una "filogenia", y, a buen seguro, no es la observación la que ha mostrado jamás a una especie cambiándose en alguna otra. El desarrollo del individuo es el único constatable directamente, y, para nos, las diversas formas que atraviesa no tienen otra razón de ser que ésta: es que este individuo debe realizar, según modalidades conformes a su naturaleza propia, las diferentes posibilidades del estado al que pertenece; para eso, le basta por lo demás con una sola existencia, y es menester que sea así, puesto que no puede volver a pasar dos veces por el mismo estado. Por lo demás, bajo el punto de vista metafísico, al cual debemos volver siempre, es la simultaneidad lo que importa, y no la sucesión, que no representa más que un aspecto eminentemente relativo de las cosas; así pues, uno podría desinteresarse enteramente de la cuestión, si el transformismo, para quien comprende la verdadera naturaleza de la especie, no fuera una imposibilidad, y no solo una inutilidad. Sea como sea, en eso no hay otro interés en juego que el de la verdad; aquellos que hablan de "protestas interesadas" prestan probablemente a sus adversarios sus propias preocupaciones, que dependen sobre todo de ese sentimentalismo con máscara racional al cual hemos hecho alusión, y que no son siquiera independientes de algunas maquinaciones políticas del orden más bajo, a las que muchos de entre ellos, por lo demás, pueden prestarse de una manera muy inconsciente. Hoy día, el transformismo parece que ya ha cumplido su misión, y ha perdido ya mucho terreno, al menos en los medios científicos un poco serios; pero todavía puede continuar contaminando el espíritu de las masas, a menos que se encuentre alguna otra máquina de guerra que sea capaz de reemplazarle; nos no creemos, en efecto, que las teorías de este género se extiendan espontáneamente, ni que aquellos que se encargan de propagarlas obedezcan en eso a preocupaciones de orden intelectual, ya que ponen en ello demasiada pasión y animosidad.

Pero dejamos ahí estas historias de "descendencia", que no han adquirido una importancia tan grande sino porque son propias a sacudir vivamente la imaginación del vulgo, y volvamos de nuevo a la pretendida evolución de un ser determinado, que plantea cuestiones más graves en el fondo. Recordaremos lo que hemos dicho precedentemente a propósito de la hipótesis según la cual el ser debería pasar sucesivamente por todas las formas de vida: esta hipótesis, que no es otra cosa en suma que la "evolución anímica" de M. Delanne, es primeramente una imposibilidad como lo hemos mostrado; después, es inútil, y lo es incluso doblemente. Es inútil, en primer lugar, porque el ser puede tener simultáneamente en él el equivalente de todas esas formas de vida; y aquí no se trata más que del ser individual, puesto que todas esas formas pertenecen a un mismo estado de existencia, que es el de la individualidad humana; así pues, son posibilidades comprendidas en el dominio de ésta, a condición de que se considere en su integralidad. No es sino para la individualidad restringida únicamente a la modalidad corporal, como ya lo hemos hecho destacar, que la simultaneidad es reemplazada por la sucesión, en el desarrollo embriológico, pero esto no concierne más que a una parte bien débil de las posibilidades en cuestión; para la individualidad integral, el punto de vista de la sucesión desaparece ya, y no obstante no se trata todavía más que un único estado del ser, entre la multiplicidad indefinida de los demás estados; si se quiere hablar a toda costa de evolución, con esto se ve cuan estrechos son los límites en los que esta idea encontrará dónde aplicarse. En segundo lugar, la hipótesis de que hablamos es inútil en cuanto al término final que el ser debe alcanzar, cualquiera que sea por lo demás la concepción que uno se haga de él; y creemos necesario explicarnos aquí sobre la palabra "perfección", que los espiritistas emplean de una manera tan abusiva. Evidentemente, para ellos no puede tratarse de la Perfección metafísica, única que merece verdaderamente este nombre, y que es idéntica al Infinito, es decir, a la Posibilidad universal en su total plenitud; eso les rebasa inmensamente, y ni siquiera tienen ninguna idea al respecto; pero admitamos que se pueda hablar, analógicamente, de perfección en un sentido relativo, para un ser cualquiera: será, para ese ser, la plena realización de todas sus posibilidades. Ahora bien, basta que estas posibilidades sean indefinidas, en no importa cuál grado, para que la perfección así entendida no pueda ser alcanzada "gradual" y "progresivamente", según las expresiones de Allan Kardec; el ser que hubiera recorrido una a una, en modo sucesivo, posibilidades particulares en un número cualquiera, no estaría más avanzado por eso. Una comparación matemática puede ayudar a comprender lo que queremos decir: si se debe hacer la adición de una indefinidad de elementos, jamás se llegará a ello tomando esos elementos uno a uno; la suma no podrá obtenerse sino por una operación única, que es la integración, y así es menester que todos los elementos sean tomados simultáneamente; esto es la refutación de esa concepción falsa, tan extendida en occidente, según la cual no se podría llegar a la síntesis más que por el análisis, mientras que, al contrario, si se trata de una verdadera síntesis, es imposible llegar a ella de esta manera. Todavía se pueden presentar las cosas así: si se tiene una serie indefinida de elementos, el término final, o la totalización de la serie, no es ninguno de estos elementos; ese término final no puede encontrarse en la serie, de suerte que jamás se llegará a él recorriéndola analíticamente; por el contrario, se puede alcanzar esa meta de un solo golpe por la integración, pero para eso poco importa que se haya recorrido ya la serie hasta tal o cual de sus elementos, puesto que no hay ninguna común medida entre no importa cuál resultado parcial y el resultado total. Incluso para el ser individual, este razonamiento es aplicable, puesto que este ser conlleva posibilidades susceptibles de un desarrollo indefinido; no sirve de nada hacer intervenir "un tiempo inmenso", ya que este desarrollo, si se quiere que sea sucesivo, no se acabará jamás; pero, desde que puede ser simultáneo, ya no hay ninguna dificultad; solamente, es entonces la negación del evolucionismo. Ahora bien, si se trata del ser total, y no ya solo del individuo, la cosa es todavía más evidente, primero porque ya no hay ningún lugar para la consideración del tiempo o de alguna otra condición análoga (puesto que la totalización del ser es el estado incondicionado), y después porque entonces hay que considerar algo muy diferente de la simple indefinidad de las posibilidades del individuo, puesto que éstas no son ya, en su integralidad, más que un elemento infinitesimal en la serie indefinida de los estados del ser. Llegados a este punto (pero, bien entendido, esto no se dirige ya a los espiritistas, que son manifiestamente incapaces de concebirlo), podemos reintroducir la idea de la Perfección metafísica, y decir esto: aunque se admitiera que un ser haya recorrido distinta o analíticamente una indefinidad de posibilidades, toda esta evolución, si se quiere llamarla así, jamás podría ser sino rigurosamente igual a cero en relación a la Perfección, ya que lo indefinido, puesto que procede de lo finito y es producido por ello (como lo muestra claramente, en particular, la generación de los números), y puesto que, por tanto, está contenido en ello en potencia, no es en suma más que el desarrollo de las potencialidades de lo finito, y, por consiguiente, no puede tener ninguna relación con el Infinito, lo que equivale a decir que, considerado desde el Infinito, o desde la Perfección que le es idéntica, no puede ser más que cero. La concepción analítica que representa el evolucionismo, si se considera en lo universal, equivale pues, no ya a agregar una a una cantidades infinitesimales, sino rigurosamente a agregar indefinidamente cero a sí mismo, por una indefinidad de adiciones distintas y sucesivas, cuyo resultado final será siempre cero; no se puede salir de esta sucesión estéril de operaciones analíticas más que por la integración (que debería ser aquí una integración múltiple, e inclusive indefinidamente múltiple), e insistimos en ello, ésta se efectúa de un sólo golpe, por una síntesis inmediata y transcendente, que no está precedida lógicamente de ningún análisis.

Los evolucionistas, que no tienen ninguna idea de la eternidad, como tampoco de todo lo que es del orden metafísico, llaman de buena gana por este nombre a una duración indefinida, es decir, a la perpetuidad, mientras que la eternidad es esencialmente la "no duración"; este error es del mismo género que el que consiste en creer que el espacio es infinito, y por lo demás apenas se dan uno sin el otro; la causa de ello está siempre en la confusión de lo concebible y de lo imaginable. En realidad, el espacio es indefinido, pero, como toda otra posibilidad particular, es absolutamente nulo en relación al Infinito; del mismo modo, la duración, incluso perpetua, no es nada al respecto de la eternidad. Pero lo más singular, es esto: para aquellos que, al ser evolucionistas de una manera o de otra, colocan toda realidad en el devenir, la supuesta eternidad temporal, que se compone de duraciones sucesivas, y que es por tanto divisible, parece partirse en dos mitades, una pasada y la otra futura. He aquí, a título de ejemplo (y podrían darse muchos otros), un curioso pasaje que sacamos de una obra astronómica de M. Flammarion: "Si los mundos murieran para siempre, si los soles una vez extinguidos no se reencendieran más, es probable que ya no hubiera estrellas en el cielo. ¿Y por qué? Porque la creación es tan antigua, que podemos considerarla como eterna en el pasado. Desde la época de su formación, los innumerables soles del espacio han tenido ampliamente tiempo de extinguirse. Relativamente a la eternidad pasada (*sic*), son únicamente los nuevos soles los que brillan. Los primeros están extinguidos. La idea de sucesión se impone pues por sí misma a nuestro espíritu. Cualquiera que sea la creencia íntima que cada uno de nosotros haya adquirido en su consciencia sobre la naturaleza del Universo, es imposible admitir la antigua teoría de una creación hecha de una vez por todas. ¿No es la idea de Dios misma, sinónima de la idea de Creador? Tan pronto como Dios existe, crea; si no hubiera creado más que una vez, no habría ya soles en la inmensidad, ni planetas sacando a su alrededor la luz, el calor, la electricidad y la vida. Es menester, de toda necesidad, que la creación sea perpetua. Y, si Dios no existiera, la antigüedad, la eternidad del Universo se impondría con más fuerza todavía"[238]. Es casi superfluo llamar la atención sobre la cantidad de puras hipótesis que hay acumuladas en estas pocas líneas, y que no son siquiera muy coherentes: es menester que haya nuevos soles porque los primeros están extinguidos, pero los nuevos no son más que los antiguos que se han reencendido; es menester creer que las posibilidades se agotan pronto; ¿y qué decir de esa "antigüedad" que equivale aproximativamente a la eternidad? Sería pues igualmente lógico hacer un razonamiento de esto género: si los hombres una vez muertos no se reencarnaran, es probable que ya no los hubiera sobre la tierra, ya que, desde que los hay, han tenido "ampliamente tiempo" de morir todos; he ahí un argumento que ofrecemos de muy buena gana a los reencarnacionistas, cuya tesis no fortificará apenas. La palabra "evolución" no está en el pasaje que acabamos de citar, pero es evidentemente esta concepción, exclusivamente basada sobre la "idea de sucesión", la que debe reemplazar a "la antigua teoría de una creación hecha de una vez por todas", declarada imposible en virtud de una simple "creencia" (la palabra está ahí). Por lo demás, para el autor, Dios mismo está sometido a la sucesión o al tiempo; la creación es un acto temporal: "Tan pronto como Dios existe, crea"; se trata pues de que tiene un comienzo, y probablemente también debe estar situado en el espacio, pretendido infinito. Decir que "la idea de Dios es sinónima de la idea de Creador", es emitir una afirmación más que contestable: ¿se atreverá a sostener que todos los pueblos que no tienen la idea de creación, es decir, en suma todos aquellos cuyas concepciones no son de fuente judaica, no tienen por eso mismo ninguna idea que corresponde a la de la Divinidad? Es manifiestamente absurdo; y destáquese bien que, cuando aquí se trata de creación, lo que se designa así no es nunca más que el mundo corporal, es decir, el contenido del espacio que la

---

[238] *Astronomie populaire*, pp. 380-381.

astronomía tiene la posibilidad de explorar con su telescopio; ¡el Universo es verdaderamente bien pequeño para estas gentes que ponen el infinito y la eternidad por todas partes donde no podría tratarse de ellos! Si ha sido menester toda la "eternidad pasada" para llegar a producir el mundo corporal tal como le vemos hoy día, con seres como los individuos humanos para representar la más alta expresión de la "vida universal y eterna", es menester convenir que se trata de un lastimoso resultado[239]; y, ciertamente, no será demasiado toda la "eternidad futura" para llegar a la "perfección", no obstante tan relativa, con la que sueñan nuestros evolucionistas. Eso nos recuerda la estrafalaria teoría de no sabemos muy bien qué filósofo contemporáneo (si nuestros recuerdos son exactos, debe ser Guyau), que se representaba la segunda "mitad de la eternidad" como debiendo transcurrir reparando los errores acumulados durante la primera mitad; ¡He aquí los "pensadores" que se creen "ilustrados", y que se permiten tomar a irrisión las concepciones religiosas!

Los evolucionistas, decíamos hace un momento, colocan toda realidad en el devenir; por eso es por lo que su concepción es la negación completa de la metafísica, dado que ésta tiene esencialmente como dominio lo que es permanente e inmutable, es decir, aquello cuya afirmación es incompatible con el evolucionismo. La idea misma de Dios, en estas condiciones, debe estar sometida al devenir como todo lo demás, y ese es, en efecto, el pensamiento más o menos confesado, si no de todos los evolucionistas, al menos sí de aquellos que quieren ser consecuentes consigo mismos. Esta idea de un Dios que evoluciona (y que, habiendo comenzado en el mundo, o al menos con el mundo, no podría ser su principio, y que no representa así más que una hipótesis perfectamente inútil) no es excepcional en nuestra época; se encuentra, no solo en filósofos del género de Renan, sino también en algunas sectas

---

[239] Mlle Marguerite Wolff, de quien ya hemos hablado, aseguraba que "Dios se había equivocado al crear el mundo, porque era la primera vez y carecía de experiencia"; y agregaba que, "si tuviera que recomenzar, lo haría ciertamente mucho mejor".

más o menos extrañas cuyos comienzos, naturalmente, no remontan más allá del último siglo. He aquí, por ejemplo, lo que los mormones enseñan sobre el tema de su Dios: "Su origen fue la fusión de dos partículas de materia elemental, y, por un desarrollo progresivo, alcanzó la forma humana... Dios, eso no hay que decirlo (*sic*), ha comenzado siendo un hombre, y, por una vía de continuada progresión, ha devenido lo que es, y puede continuar progresando de la misma manera eterna e indefinidamente. Igualmente, el hombre puede crecer en conocimiento y en poder, tan lejos como le plazca. Así pues, si el hombre está dotado de una progresión eterna, vendrá ciertamente un tiempo donde sabrá tanto como Dios sabe ahora"[240]. Y todavía: "El niño más débil de Dios que existe ahora sobre la tierra, poseerá a su tiempo más dominación, súbditos, poder y gloria de la que posee hoy día Jesucristo o su Padre, mientras que el poder y la elevación de éstos habrán crecido en la misma proporción"[241]. Estas absurdidades no son más fuertes que las que se encuentran en el espiritismo, del que no nos hemos alejado más que en apariencia, y es bueno señalar algunas aproximaciones: la "progresión eterna" del hombre, de la que acabamos de tratar, es perfectamente idéntica a la concepción de los espiritistas sobre el mismo punto; y en cuanto a la evolución de la Divinidad, si no todos están en eso, es no obstante una conclusión lógica de sus teorías, y hay efectivamente algunos que no retroceden ante semejantes consecuencias, que las proclaman incluso de una manera tan explícita como extravagante. Es así como M. Jean Béziat, jefe de la secta "fraternista", ha escrito hace algunos años un artículo destinado a demostrar que "Dios está en perpetua evolución" y al cual ha dado este título: "Dios no es inmutable; Satán, es Dios-Ayer"; se tendrá una idea suficiente al respecto por algunos extractos: "Dios no nos parece todopoderoso en el momento considerado, puesto que hay la lucha del bien y del mal, y no bien absoluto... Del mismo modo que el frío no es más que un grado menor

---

[240] *L'Etoile Millénaire*, órgano del presidente Brigham Young, 1852.
[241] Extracto de un sermón de Joseph Smith, fundador del Mormonismo.

de calor, el mal no es, él también, más que un grado menor del bien; y el diablo o el mal no es más que un grado menor de Dios. Es imposible contestar esta argumentación. Así pues, no hay sino vibraciones calóricas, vibraciones benéficas o divinas más o menos activas, simplemente. Dios es la Intención evolutiva en incesante ascenso; ¿no resulta de eso que Dios estaba ayer menos avanzado que hoy, y Dios-Hoy menos avanzado que Dios-Mañana? Aquellos que han salido del seno divino ayer son pues menos divinos que aquellos que han salido del seno del Dios actual, y así sucesivamente. Los salidos de Dios-Ayer son menos buenos naturalmente que los emanados del Dios-Momento, y es por ilusión, simplemente, por lo que se nombra Satán a lo que no es todavía más que Dios, pero solamente Dios-Pasado y no Dios-Actual"[242]. Semejantes elucubraciones, ciertamente, no merecen que nadie se dedique a refutarlas en detalle; pero conviene subrayar su punto de partida específicamente "moralista", puesto que en todo eso no se trata más que de bien y de mal, y también hacer destacar que M. Béziat argumenta contra una concepción de Satán como literalmente opuesto a Dios, lo que no es otra cosa que el "dualismo" que se atribuye de ordinario, y quizás equivocadamente, a los maniqueos; en todo caso, es del todo gratuitamente como presta esta concepción a otros, a quienes es totalmente extraña. Esto nos conduce directamente a la cuestión del satanismo, cuestión tan delicada como compleja, que es todavía de esas que no pretendemos tratar completamente aquí, pero de la que, no obstante, no podemos dispensarnos de indicar al menos algunos aspectos, aunque sea para nos una tarea muy poco agradable.

---

[242] *Le Fraterniste*, 27 de marzo de 1914.

CAPÍTULO X

LA CUESTIÓN DEL SATANISMO

Se ha convenido que no se puede hablar del diablo sin provocar, por parte de todos los que se jactan de ser más o menos "modernos", es decir, por la inmensa mayoría de nuestros contemporáneos, sonrisas desdeñosas o encogimientos de hombros más despectivos todavía; y hay gentes que, aunque tienen algunas convicciones religiosas, no son los últimos en tomar una semejante actitud, quizás por simple temor de pasar por "atrasados", quizás también de una manera más sincera. Esos, en efecto, están bien obligados a admitir en principio la existencia del demonio, pero estarían muy embarazados si tuvieran que constatar su acción efectiva; eso trastocaría enormemente el círculo restringido de ideas hechas en el que tienen costumbre de moverse. Se trata de un ejemplo de ese "positivismo práctico" al que hemos hecho alusión precedentemente: las concepciones religiosas son una cosa, la "vida ordinaria" otra, y, entre las dos, se tiene buen cuidado de establecer un tabique tan estanco como sea posible; tanto da pues decir que uno se comportará de hecho como un verdadero increyente, en la lógica al menos; ¿pero cómo hacer de otro modo, en una sociedad tan "ilustrada" y tan "tolerante" como la nuestra, sin hacerse tratar por lo menos de "alucinado"? Sin duda, una cierta prudencia es frecuentemente necesaria, pero prudencia no quiere decir negación "a priori" y sin discernimiento; no obstante, en descargo de algunos medios católicos, se debe decir que el recuerdo de algunas mistificaciones muy famosas, como las de Leo Taxil, no es ajeno a esta negación: uno se ha arrojado de un exceso en el exceso contrario; si todavía es una astucia del diablo hacerse negar, es menester convenir que no lo ha hecho demasiado mal. Si no abordamos esta cuestión del satanismo sin alguna repugnancia, no es por razones del género de las que acabamos de indicar, ya que un ridículo de ese tipo, si es que lo es, nos toca muy poco, y tomamos, bastante claramente, posición contra el espíritu moderno bajo todas sus formas como para no tener que hacer uso de algunos miramientos; pero apenas se puede tratar este tema sin tener que remover cosas que se querría mejor dejar en la sombra; no obstante, es menester resignarse a hacerlo en una cierta medida, ya que un silencio total a este respecto correría el riesgo de ser muy mal comprendido.

No pensamos que los satanistas conscientes, es decir, los verdaderos adoradores del diablo, hayan sido jamás muy numerosos; se cita en efecto la secta de los *Yézidis*, pero ese es un caso excepcional, y todavía no es seguro que sea correctamente interpretado; por toda otra parte, apenas se encontrarían más que aislados, que son brujos de la más baja categoría, ya que sería menester no creer que todos los brujos o los "magos negros" más o menos caracterizados responden igualmente a esta definición, y puede haber, entre ellos, quienes no creen de ninguna manera en la existencia del diablo. Por otro lado, hay también la cuestión de los luciferinos: los ha habido, muy ciertamente, fuera de los relatos fantásticos de Leo Taxil y de su colaborador el Dr. Hacks, y quizás los hay todavía, en América o en otras partes; si han constituido organizaciones, eso podría parecer ir contra lo que acabamos de decir; pero no hay nada de eso, ya que, si estas gentes invocan a Lucifer y le rinden un culto, es porque no le consideran como el diablo, es decir, es porque es verdaderamente a sus ojos el "portaluz"[243], e inclusive hemos oído decir que llegaban hasta nombrarle "La Gran Inteligencia

---

[243] Mme Blavatsky, que dio este nombre de *Lucifer* a una revista que fundó en Inglaterra hacia el final de su vida, afectaba tomarle igualmente en este sentido etimológico de "portaluz", o, como ella decía, de "portador de la llama de la verdad"; pero ella no veía ahí más que un puro símbolo, mientras que, para los luciferinos, es un ser real.

Creadora". Sin duda, son satanistas de hecho, pero, por extraño que eso pueda parecer a aquellos que no van al fondo de las cosas, no son más que satanistas inconscientes, puesto que se equivocan sobre la naturaleza de la entidad a la que dirigen su culto; y en lo que concierne al satanismo inconsciente, a diversos grados, está lejos de ser raro. A propósito de los luciferinos, tenemos que señalar un singular error: hemos oído afirmar que los primeros espiritistas americanos reconocían estar en relación con el diablo, al cual daban el nombre de Lucifer; en realidad, los luciferinos no pueden ser de ninguna manera espiritistas, puesto que el espiritismo consiste esencialmente en creerse en comunicación con humanos "desencarnados", y puesto que generalmente niega incluso la intervención de otros seres que esos en la producción de los fenómenos. Incluso si ha ocurrido que algunos luciferinos emplean procedimientos análogos a los del espiritismo, tampoco son espiritistas por eso; la cosa es posible, aunque el uso de procedimientos propiamente mágicos sea más verosímil en general. Si algunos espiritistas, por su lado, reciben un "mensaje" firmado por Lucifer o por Satán, no vacilan un solo instante en cargarle a la cuenta de algún "espiritista bromista", puesto que hacen profesión de no creer en el demonio, y puesto que aportan incluso a esta negación un verdadero apasionamiento; al hablarles del diablo, uno se arriesga no solo a despertar en ellos desdén, sino más bien furor, lo que es por lo demás un signo bastante malo. Lo que los luciferinos tienen en común con los espiritistas, es que son bastante limitados intelectualmente, y parecidamente cerrados a toda verdad de orden metafísico; pero están limitados de una manera diferente, y hay incompatibilidad entre las dos teorías; eso no quiere decir, naturalmente, que las mismas fuerzas no puedan estar en juego en los dos casos, sino que la idea que se hacen al respecto por una parte y por otra es completamente diferente.

Es inútil reproducir las innumerables denegaciones de los espiritistas, así como de los ocultistas y de los teosofistas, relativamente a las existencia del diablo; se llenaría con ellas fácilmente todo un volumen, que sería por lo demás muy poco variado y sin gran interés. Allan Kardec, ya lo hemos visto, enseña que los "malos espíritus" se mejoran progresivamente; para él, ángeles y demonios son igualmente seres humanos, pero que se encuentran en las dos extremidades de la "escala espiritista"; y agrega que Satán no es más que "la personificación del mal bajo una forma alegórica"[244]. Los ocultistas, por su lado, hacen llamada a un simbolismo que apenas comprenden y que acomodan a su fantasía; además, asimilan generalmente los demonios a "elementales" más bien que a "desencarnados"; admiten al menos seres que no pertenecen a la especie humana, y eso es ya algo. Pero he aquí una opinión que se sale un poco de lo ordinario, no en cuanto al fondo, sino por la apariencia de erudición de la que se envuelve: es la de M. Charles Lancelin, de quien ya hemos hablado; resume en estos términos "el resultado de sus investigaciones" sobre la cuestión de la existencia del diablo, a la que ha consagrado por lo demás dos obras especiales[245]: "El diablo no es más que un fantasma y un símbolo del mal. El judaísmo primitivo le ha ignorado; por lo demás, el Jehovah tiránico y sanguinario de los judíos no tenía necesidad de ese repelente. La leyenda de la caída de los ángeles se encuentra en el Libro de Henoch, reconocido apócrifo desde hace mucho tiempo y escrito mucho más tarde. Durante la gran cautividad de Babilonia, el judaísmo recibe de las religiones orientales la impresión de divinidades malas, pero esta idea permanece entonces popular, sin penetrar en los dogmas. Y Lucifer es todavía entonces la estrella de la mañana, y Satán un ángel, una criatura de Dios. Más tarde, si Cristo habla del *Malo* y del demonio, es por pura acomodación a las ideas populares de su tiempo; pero para él, el diablo no existe... En el cristianismo, el Jehovah vindicativo de los judíos deviene un Padre de bondad: desde entonces, las otras divinidades son, junto a él, divinidades del mal. Al desarrollarse, el cristianismo entra en contacto con el

---

[244] *Le Livre des Esprits*, pp. 54-56. —Sobre Satán y el infierno, cf. Léon Denis, *Christianisme et Spiritisme*, pp. 103-108; *Dans l'Invisible*, pp. 395-405.

[245] *Histoire mythique de Shatan* y *Le Ternaire magique de Shatan*.

helenismo y recibe de él la concepción de Plutón y de las Furias, y sobre todo del Tártaro, que él acomoda a sus propias ideas haciendo entrar en ellas confusamente todas las divinidades malas del paganismo grecorromano y de las diversas religiones con las cuales se encontró. Pero es en la Edad Media donde nació verdaderamente el diablo. En este periodo de trastornos incesantes, sin ley, sin freno, el clero, para contener a los poderosos, fue llevado a hacer del diablo el gendarme de la sociedad; retomó la idea del Malo y de las divinidades del mal, fundió el todo en la personalidad del diablo e hizo de él el espanto de los reyes y de los pueblos. Pero esta idea, de la que el clero era el representante, le daba un poder incontestado; rápidamente también cayó él mismo en su propia trampa, y desde entonces existió el diablo; con el correr de los tiempos modernos, su personalidad se afirmó, y en el siglo XVII reinaba como señor. Voltaire y los enciclopedistas comenzaron la reacción; la idea del demonio declinó, y hoy día muchos sacerdotes ilustrados la consideran como un simple símbolo"[246]. No hay que decir que esos sacerdotes "ilustrados" son simplemente modernistas, y que el espíritu que les anima es extrañamente parecido al que se afirma en estas líneas; esta manera más que fantástica de escribir la historia es bastante curiosa, pero, en resumidas cuentas, vale tanto como la de los representantes oficiales de la pretendida "ciencia de las religiones": se inspira visiblemente en los mismos métodos "críticos", y los resultados no difieren sensiblemente; es menester ser bien ingenuo para tomar en serio a estas gentes que hacen decir a los textos todo lo que ellos quieren, y que siempre encuentran medio de interpretarlos conformemente a sus propios prejuicios.

Pero volvamos a lo que llamamos el satanismo inconsciente, y, para evitar todo error, digamos primeramente que un satanismo de este género puede ser puramente mental y teórico, sin implicar ninguna tentativa de entrar en relación con entidades cualesquiera, cuya

---

[246] *Le Monde Psychique*, febrero de 1912.

existencia, en muchos casos, ni siquiera se considera. Es en este sentido como se puede, por ejemplo, considerar como satánica, en una cierta medida, toda teoría que desfigura notablemente la idea de la Divinidad; y sería menester aquí colocar en primer rango las concepciones de un Dios que evoluciona y las de un Dios limitado; por lo demás, las unas no son más que un caso particular de las otras, ya que, para suponer que un ser puede evolucionar, es menester evidentemente concebirle como limitado; decimos un ser, ya que Dios, en estas condiciones, no es el Ser universal, sino un ser particular e individual, y eso no se da apenas sin un cierto "pluralismo" donde el Ser, en el sentido metafísico, no podría encontrar lugar. Más o menos abiertamente, todo "inmanentismo" somete a la Divinidad al devenir; eso puede no ser visible en las formas más antiguas, como el panteísmo de Spinoza, y quizás esta consecuencia es incluso contraria a las intenciones de éste (no hay sistema filosófico que no contenga, al menos en germen, alguna contradicción interna); pero, en todo caso, está muy claro a partir de Hegel, es decir, en suma, desde que el evolucionismo ha hecho su aparición, y, en nuestros días, las concepciones de los modernistas son particularmente significativas bajo esta relación. En cuanto a la idea de un Dios limitado, tiene también, en la época actual, muchos partidarios declarados, ya sea en sectas como esas de las que hablamos al final del capítulo precedente (los mormones llegan hasta sostener que Dios es un ser corporal, a quien asignan como residencia un lugar definido, un planeta imaginario llamado "Colob"), o ya sea en algunas corrientes del pensamiento filosófico, desde el "personalismo" de Renouvier hasta las concepciones de William James, que el novelista Wells se esfuerza en popularizar[247]. Renouvier negaba el Infinito metafísico porque le confundía con el pseudoinfinito matemático; para James, la cosa es diferente, y su teoría tiene su punto de partida en un "moralismo" muy anglosajón: es más ventajoso, desde el punto de vista sentimental, representarse a Dios a la manera de un individuo, que tiene cualidades (en el sentido moral)

---

[247] Dieu, l'Invisible Roi.

comparables a las nuestras; así pues, es esta concepción antropomórfica la que debe tenerse por verdadera, según la actitud "pragmatista" que consiste esencialmente en substituir la verdad por la utilidad (moral o material); y por lo demás James, conformemente a las tendencias del espíritu protestante, confunde la religión con la simple religiosidad, es decir, que no ve en ella nada más que el elemento sentimental. Pero hay otra cosa más grave todavía en el caso de James, y es sobre todo lo que nos hace pronunciar a su propósito esta palabra de "satanismo inconsciente", que, parece, ha indignado tan vivamente a algunos de sus admiradores, particularmente en medios protestantes cuya mentalidad está enteramente dispuesta a recibir semejantes concepciones[248]: es su teoría de la "experiencia religiosa", que le hace ver en el "subconsciente" el medio para que el hombre se ponga en comunicación efectiva con lo Divino; de ahí a aprobar las prácticas del espiritismo, a conferirles un carácter eminentemente religioso, y a considerar a los médiums como los instrumentos por excelencia de esta comunicación, se convendrá en ello, no había más que un paso. Entre elementos bastante diversos, el "subconsciente" contiene incontestablemente todo lo que, en la individualidad humana, constituye los rastros o los vestigios de los estados inferiores del ser, y aquello con lo que pone al hombre en comunicación, es ciertamente todo lo que, en nuestro mundo, representa a esos mismos estados inferiores. Así, pretender que eso es una comunicación con lo Divino, es verdaderamente colocar a Dios en los estados inferiores del ser, *in inferis* en el sentido literal de esta expresión[249]; así pues, se trata de una doctrina propiamente "infernal", una inversión del orden universal, y eso es precisamente lo que

---

[248] Se nos ha reprochado también, por el mismo lado, lo que se ha creído poder llamar un "prejuicio antiprotestante"; nuestra actitud a este respecto es en realidad todo lo contrario de un prejuicio, puesto que hemos llegado a ella de una manera perfectamente reflexionada, y como conclusión de varias consideraciones que hemos indicado ya en diversos pasajes de nuestra *Introducción general al estudio de las doctrinas hindúes*.

[249] Lo opuesto es *in excelsis*, en los estados superiores del ser, que son representados por los cielos, del mismo modo que la tierra representa el estado humano.

llamamos "satanismo"; pero, como está claro que no es querido expresamente y que los que emiten o aceptan tales teorías no se dan cuenta de su enormidad, no es más que satanismo inconsciente.

Por lo demás, el satanismo, incluso consciente, se caracteriza siempre por una inversión del orden normal: toma a contrapie las doctrinas ortodoxas, invierte expresamente algunos símbolos o algunas fórmulas; en muchos casos, las prácticas de los brujos no son sino prácticas religiosas cumplidas al revés. Habría que decir cosas bien curiosas sobre la inversión de los símbolos; no podemos tratar esta cuestión ahora, pero tenemos que indicar que ese es un signo que engaña raramente; solamente, según que la inversión sea intencional o no, el satanismo puede ser consciente o inconsciente[250]. Así, en la secta "carmeliana" fundada antaño por Vintras, el uso de una cruz invertida es un signo que aparece a primera vista como eminentemente sospechoso; es verdad que este signo se interpretaba como indicando que el reino del "Cristo doloroso" debía hacer sitio en adelante al del "Cristo glorioso"; así pues, es muy posible que Vintras mismo no haya sido más que un satanista perfectamente inconsciente, a pesar de todos los fenómenos que se cumplían alrededor de él y que dependen claramente de la "mística diabólica"; pero quizás no se podría decir otro tanto de alguno de sus discípulos y de sus sucesores más o menos legítimos; por lo demás, esta cuestión requeriría un estudio especial, que contribuiría a aclarar singularmente una muchedumbre de manifestaciones "preternaturales" constatadas durante todo el curso del siglo XIX. Sea como sea, hay ciertamente más que un matiz entre "pseudoreligión" y "contrareligión"[251], y es menester guardarse contra algunas

---

[250] Algunos han querido ver símbolos invertidos en la figura de la "cepa de viña dibujada por los espíritus" que Allan Kardec ha colocado, bajo orden suya, en la portada del *Livre des Esprits*; la disposición de los detalles es en efecto lo bastante extraña como para dar lugar a una tal suposición, pero no es de una nitidez suficiente como para que hagamos estado de ello, y no señalamos esto más que a título puramente documental.

[251] En la brujería, la "contrareligión" intencional viene a superponerse a la magia, pero siempre debe ser distinguida de ésta, que, aunque es del orden más inferior, no tiene este

asimilaciones injustificadas; pero, de la una a la otra, puede haber muchos grados por donde el paso se efectúa casi insensiblemente y sin que uno se aperciba de ello: ese es uno de los peligros especiales que son inherentes a toda intrusión, incluso involuntaria, en el dominio propiamente religioso; cuando uno se introduce en una pendiente como esa, apenas es posible saber con certeza dónde se detendrá, y es muy difícil recuperarse antes de que sea demasiado tarde.

Nuestra explicación relativa al carácter satánico de algunas concepciones, que no pasan habitualmente por tales, hace llamada todavía a un complemento que estimamos indispensable, porque muchas gentes no saben hacer la distinción entre dominios que, sin embargo, están esencial y profundamente separados. En lo que hemos dicho, hay naturalmente una alusión a la teoría metafísica de los estados múltiples del ser, y lo que justifica el lenguaje que hemos empleado, es esto: todo lo que se dice teológicamente de los ángeles y de los demonios se puede decir también metafísicamente de los estados superiores e inferiores del ser. Eso es al menos muy destacable, y hay en ello una "clave", como dirían los ocultistas; pero los arcanos que abre esta llave no son para uso. Se trata de un ejemplo de lo que hemos dicho en otra parte[252], de que toda verdad teológica puede ser transpuesta en términos metafísicos, pero sin que la recíproca sea verdad, ya que hay verdades metafísicas que no son susceptibles de ser traducidas en términos teológicos. Por otra parte, jamás se trata más que de una correspondencia, y no de una identidad ni de una equivalencia; la diferencia de lenguaje marca una diferencia real de punto de vista, y, desde que las cosas no se consideran bajo el mismo aspecto, ya no dependen del mismo dominio; la universalidad, que caracteriza únicamente a la metafísica, no se encuentra de ninguna manera en la teología. Lo que la metafísica tiene que considerar propiamente, son las

---

carácter por sí misma; no hay ninguna relación directa entre el dominio de la magia y el de la religión.

[252] Introducción general al estudio de las doctrinas hindúes, pp. 112-115, ed. francesa.

posibilidades del ser, y de todo ser, en todos los estados; bien entendido, en los estados superiores e inferiores, así como en el estado actual, puede haber seres no humanos, o, más exactamente, seres en las posibilidades en las que no entra la individualidad específicamente humana; pero eso, que parece ser lo que interesa más particularmente al teólogo, no importa igualmente al metafísico, a quien le basta admitir que ello debe ser así, desde que eso es efectivamente posible, y porque ninguna limitación arbitraria es compatible con la metafísica. Por lo demás, si hay una manifestación cuyo principio está en un cierto estado, importa poco que esta manifestación deba ser referida a tal ser más bien que a tal otro, entre aquellos que se sitúan en ese estado, e inclusive, a decir verdad, puede ocurrir que no haya lugar a referirla a ningún ser determinado; es únicamente el estado lo que conviene considerar, en la medida en que percibimos, en este otro estado donde estamos, algo que es en suma como un reflejo o un vestigio, según se trate de un estado superior o inferior al nuestro. Importa insistir sobre este punto, de que una tal manifestación, de cualquier naturaleza que sea, no traduce nunca más que indirectamente lo que pertenece a otro estado; por eso es por lo que decimos que ella tiene allí su principio más bien que su causa inmediata. Estas precisiones permiten comprender lo que hemos dicho a propósito de las "influencias errantes", algunas de las cuales pueden tenerse verdaderamente como "satánicas" o "demoniacas", ya sea que se las considere por lo demás como fuerzas puras y simples o como el medio de acción de algunos seres propiamente dichos[253]: ambas pueden ser verdaderas según los casos, y debemos dejar el campo abierto a todas las posibilidades; por lo demás, eso no cambia nada en la naturaleza intrínseca de las influencias en cuestión. Se debe ver por esto hasta qué punto entendemos permanecer fuera de toda discusión de orden teológico; nos abstenemos expresamente de colocarnos bajo ese punto

---

[253] Diversos ocultistas pretenden que lo que se nos aparece como fuerzas, son en realidad seres individuales, más o menos comparables a los seres humanos; en muchos casos, esta concepción antropomórfica es todo lo contrario de la verdad.

de vista, lo que no quiere decir que no reconozcamos plenamente su legitimidad; y, aunque empleamos algunos términos tomados al lenguaje teológico, no hacemos en suma sino adoptar, basándonos sobre correspondencias reales, los medios de expresión que son propios para hacernos comprender más fácilmente, lo que es en efecto nuestro derecho. Dicho esto para poner las cosas a punto y para prevenir tanto como sea posible las confusiones de las gentes ignorantes o mal intencionadas, por eso no es menos verdad que los teólogos podrán, si lo juzgan a propósito, sacar partido, bajo su punto de vista, de las consideraciones que exponemos aquí; en lo que concierne a los demás, si hay quien tiene miedo de las palabras, no tendrá más que llamar de otra manera a lo que, en cuanto a nos, continuaremos llamando diablo o demonio, porque no vemos en ello ningún inconveniente serio, y también porque seremos probablemente mejor comprendido de esta manera que si introducimos una terminología más o menos inusitada, que no sería más que una complicación perfectamente inútil.

El diablo no es solo terrible, es frecuentemente grotesco; que cada quien tome eso como lo entienda, según la idea que se haga de ello; aquellos que podrían estar tentados de extrañarse o incluso de escandalizarse por una tal afirmación que se remitan a los detalles estrafalarios que se encuentran inevitablemente en todo asunto de brujería, y que hagan después una aproximación con todas esas manifestaciones ineptas que los espiritistas tienen la inconsciencia de atribuir a los "desencarnados". He aquí una muestra tomada entre mil: "Se lee una plegaria a los espíritus, y todo el mundo coloca sus manos sobre la mesa o sobre el velador más próximo, después se hace la obscuridad... La mesa oscila un poco, y Mathurin, por este hecho, anuncia su presencia... De repente, un rasponazo violento, como si una garra de acero arañara la mesa bajo nuestras manos, nos hace estremecer a todos. En adelante han comenzado los fenómenos. Golpes violentos son sacudidos sobre el piso junto a la ventana, en un reducto inaccesible para nosotros, después un dedo materializado arrasca fuertemente mi antebrazo; una mano helada viene sucesivamente a tocar mis dos manos. Esta mano deviene caliente; palmotea mi mano derecha e intenta quitarme el anillo, pero no llega a ello... Me quita el manguito y le arroja sobre las rodillas de la persona que está en frente de mí; ya no le recuperaría más que al final de la sesión. Mi muñeca está cogida entre el pulgar y el índice de la mano invisible; mi chaqueta es tirada por abajo, se juega en varias ocasiones al tambor con los dedos sobre mi muslo derecho. Un dedo se introduce bajo mi mano derecha que reposa enteramente sobre la mesa, y encuentra medio, yo no sé cómo, de arañarme la palma de la mano... A cada uno de estos atrevimientos, Mathurin, que parece encantado de sí mismo, viene a ejecutar sobre la mesa, contra nuestras manos, una serie de giros. En varias ocasiones pide canto; explica incluso, por golpes sacudidos, los trozos que prefiere; se le cantan... Un vaso de agua, azúcar, una jarra de agua, un vaso, un botellón de ron, una cucharilla, han sido colocados, antes de la sesión, sobre la mesa del comedor, cerca de la ventana. Oímos de maravilla a la entidad aproximarse a ella, poner agua, después ron en el vaso, y abrir el azucarero. Antes de poner azúcar en el ponche en preparación, la entidad toma de él dos trozos produciendo curiosas chispas, y viene a frotarlos en medio de nosotros. Luego retorna al ponche después de haber arrojado sobre la mesa los trozos frotados, y coge el azucarero para poner azúcar en el vaso. Oímos girar la cuchara, y golpes sacudidos anuncian que se me va a ofrecer a beber. Para aumentar la dificultad, giro la cabeza, de suerte que Mathurin, si busca mi boca, no encontrará más que mi oreja. Pero no he contado con mi huésped: el vaso viene a buscar mi boca donde se encuentra sin una vacilación, y el ponche me es enviado de una manera más bien brusca pero impecable, ya que no se pierde de él ni una sola gota... Tales son los hechos que, desde hace casi quince años, se reproducen todos los sábados con algunas variaciones..."[254]. Sería difícil imaginar algo más pueril; para creer que

---

[254] *Le Fraterniste*, 26 de diciembre de 1913 (artículo de M. Eugène Philippe, abogado de la corte de apelación de París, vicepresidente de la Sociedad francesa de estudios de los

los muertos vuelven para librarse a estas necedades de mal gusto, es menester ciertamente algo más que ingenuidad; ¿y qué pensar de esta "plegaria a los espíritus" por la que comienza una tal sesión? Este carácter grotesco es evidentemente la marca de algo de un orden muy inferior; aunque su fuente está en el ser humano (y comprendemos en este caso las "entidades" formadas artificialmente y más o menos persistentes), eso proviene ciertamente de las regiones más bajas del "subconsciente"; y, en un grado más o menos acentuado, todo el espiritismo, englobando en él prácticas y teorías, está marcado por este carácter. No hacemos excepción para lo que hay de más "elevado", al decir de los espiritistas, en las "comunicaciones" que reciben: las que tienen pretensiones de expresar ideas, son absurdas, o ininteligibles, o de una banalidad que únicamente gentes completamente incultas pueden no ver; en cuanto al resto, es de la sentimentalidad más ridícula. Ciertamente, no hay necesidad de hacer intervenir especialmente el diablo para explicar semejantes producciones, que están enteramente a la altura de la "subconsciencia" humana; si consintiera en mezclarse a ello, con toda seguridad no tendría que hacer mucho esfuerzo para hacerlo mucho mejor que eso. Se dice incluso que el diablo, cuando quiere, es muy buen teólogo; es verdad, sin embargo, que no puede impedirse dejar escapar siempre alguna necedad, que es como su firma; pero agregaremos que no hay más que un dominio que le está rigurosamente prohibido, y es el de la metafísica pura; éste no es el lugar para indicar las razones, aunque los que hayan comprendido las explicaciones precedentes puedan adivinar una parte de ellas sin demasiada dificultad. Pero volvamos a las divagaciones de la "subconsciencia": basta que ésta tenga en ella elementos "demoniacos", en el sentido que hemos dicho, y que sea capaz de poner al hombre en relación involuntaria con influencias que, incluso si no son más que

---

fenómenos psíquicos). —El relato de una sesión casi semejante, con los mismos médiums (Mme y Mlle Vallée) y la misma "entidad" (que ahí es calificado incluso de "guía espiritual"), ha sido dada en *L'Initiation*, octubre de 1911.

simples fuerzas inconscientes por sí mismas, por eso no son menos "demoniacas" también; eso basta, decimos, para que el mismo carácter se exprese en algunas de las "comunicaciones" de que se trata. Estas "comunicaciones" no son forzosamente las que, como las hay frecuentemente, se distinguen por la grosería de su lenguaje; puede ocurrir que sean también, a veces, aquellas ante las cuales los espiritistas caen presas de admiración: bajo esta relación, hay marcas que son bastante difíciles de distinguir a primera vista: en esto, también, puede ser una simple firma, por así decir, constituida por el tono mismo del conjunto, o por alguna fórmula especial, por una cierta fraseología; y hay términos y fórmulas de éstas, en efecto, que se encuentran un poco por todas partes, que rebasan la atmósfera de tal o de cual grupo particular, y que parecen ser impuestos por alguna voluntad que ejerce una acción más general. Constatamos simplemente, sin querer sacar de ello una conclusión precisa; preferimos dejar disertar sobre eso, con la ilusión de que eso confirma su tesis, a los partidarios de la "tercera mística", de esa "mística humana" que imaginó el protestante mal convertido que era Goerres (queremos decir que su sentimentalidad había permanecido protestante y "racionalista" por algunos lados); para nos, si tuviéramos que plantear la cuestión sobre el terreno teológico, no se plantearía de esta manera, desde que se trata de elementos que son propiamente "infrahumanos", y por tanto representativos de otros estados, incluso si están incluidos en el ser humano; pero, todavía una vez más, ese no es de ninguna manera nuestro asunto.

Las cosas a las que acabamos de hacer alusión se encuentran sobre todo en las "comunicaciones" que tienen un carácter especialmente moral, lo que, por lo demás, es el caso del mayor número; muchas gentes no dejarán de indignarse de que se haga intervenir en eso al diablo, por indirectamente que sea, y de que se piense que el diablo puede predicar la moral; eso es incluso un argumento que los espiritistas hacen valer frecuentemente contra aquellos de sus adversarios que sostienen la teoría "demoniaca". He aquí, por ejemplo, en qué términos se ha expresado sobre este punto un espiritista que es al mismo tiempo un pastor protestante, y cuyas palabras, en razón de esta doble cualidad, merecen alguna atención: "Se dice en las iglesias: pero esos espíritus que se manifiestan, son demonios, y es peligroso ponerse en relación con el diablo. Al diablo, yo no he tenido el honor de conocerle (*sic*); pero, en fin, supongamos que existe: lo que yo sé de él, es que tiene una reputación bien establecida, la de ser muy inteligente, muy malo, y al mismo tiempo no ser un personaje esencialmente bueno y caritativo. Ahora bien, si las comunicaciones nos vienen del diablo, ¿cómo es que, muy frecuentemente, tienen un carácter tan elevado, tan hermoso, tan sublime que podrían figurar muy ventajosamente en las catedrales y en la predicación de los oradores religiosos más elocuentes? ¿Cómo es que este diablo, que es tan malhechor y tan inteligente, se aplica en tantas circunstancias a proporcionar a aquellos que comunican con él las directrices más consoladoras y más moralizantes? Así pues, yo no puedo creer que estoy en comunicación con el diablo"[255]. Este argumento no nos hace ninguna impresión, primero porque, si el diablo puede ser teólogo cuando encuentra ventaja en ello, también puede, y "a fortiori", ser moralista, lo que no requiere tanta inteligencia; se podría admitir incluso, con alguna apariencia de razón, que eso es un disfraz que toma para engañar a los hombres y hacerles aceptar doctrinas falsas. Después, esas cosas "consoladoras" y "moralizantes" son precisamente, a nuestros ojos, del orden más inferior, y es menester estar ciego por algunos prejuicios para encontrarlas "elevadas" y "sublimes"; poner la moral por encima de todo, como lo hacen los protestantes y los espiritistas, es todavía invertir el orden normal de las cosas; eso mismo es pues "diabólico", lo que no quiere decir que todos los que piensan así estén por eso en comunicación efectiva con el diablo.

A este propósito, hay que hacer todavía otra precisión: es que los medios donde se siente la necesidad de predicar la moral en toda

---

[255] Discurso del pastor Alfred Bénézech en el Congreso espiritista de Ginebra, en 1913.

circunstancia son frecuentemente los más inmorales en la práctica; explíquese eso como se quiera, pero es un hecho; para nos, la simple explicación, es que todo lo que toca a ese dominio pone en juego inevitablemente lo que hay de más bajo en la naturaleza humana; no es por nada que las nociones morales del bien y del mal son inseparables una de la otra y no pueden existir sino por su oposición. Pero que los admiradores de la moral, si no tienen los ojos cerrados por una toma de partido demasiado incurable, quieran mirar bien al menos si no habría, en los medios espiritistas, muchas de las cosas que podrían alimentar esa indignación que manifiestan tan fácilmente; al decir de las gentes que han frecuentado esos medios, hay ahí fondos muy indecorosos. Respondiendo a ataques aparecidos en diversos órganos espiritistas[256], F. K. Gaboriau, entonces director del *Lotus* (y que debía abandonar la Sociedad Teosófica un poco más tarde), escribía esto: "Las obras espiritistas enseñan y provocan fatalmente la pasividad, es decir, la ceguera, el debilitamiento moral y físico de los pobres seres cuyo sistema nervioso y psíquico se manosea y se muele en sesiones donde todas las pasiones malas y groseras toman cuerpo... Habríamos podido por venganza, si la venganza fuera admitida en teosofía, publicar una serie de artículos sobre el espiritismo, haciendo desfilar en el *Lotus* todas las historias grotescas u horribles que conocemos (y que no se olvide que nosotros, los fenomenalistas, hemos sido casi todos de la casa), mostrar *a todos* los médiums célebres cogidos con las manos en la masa (lo que no les quita más que la santidad y no la autenticidad), analizar cruelmente las publicaciones de los Bérels[257], que son legión, decir, explicándolo, todo lo que hay en el libro de Hucher, *La Spirite*, volver sobre la historia de los fondos del espiritismo, copiar de las revistas

---

[256] Concretamente en la *Revue Spirite* del 17 de septiembre de 1887.

[257] Se trata de un médium llamado Jules-Edouard Bérel, que se titulaba modestamente "el secretario de Dios", y que acababa de hacer aparecer un enorme volumen lleno de las peores extravagancias. — Otro caso patológico análogo, aunque fuera del espiritismo propiamente dicho, es el de un cierto M. Paul Auvard, que ha escrito, "bajo el dictado de Dios", un libro titulado *Le Saint Dictamen*, en el que hay de todo excepto cosas sensatas.

espiritistas americanas anuncios espiritistas de casas de prostitución, contar en detalle los horrores de todo género que han pasado y que pasan todavía en las sesiones obscuras con materializaciones, en América, en Inglaterra, en la India y en Francia, en una palabra, hacer quizás una obra de saneamiento útil. Pero preferimos callarnos y no llevar la turbación a espíritus ya suficientemente perturbados"[258]. He aquí, a pesar de esa reserva, un testimonio muy claro y que no se puede dudar: es el de un "neoespiritualista", y que, al haber pasado por el espiritismo, estaba bien informado. Tenemos otros del mismo género, y más recientes, como el de M. Jolliver-Castelot, un ocultista que se ha ocupado sobre todo de alquimia, pero también de psiquismo, y que por lo demás se ha separado hace mucho tiempo de la escuela papusiana a la que había pertenecido primeramente. Era en el momento en que se hacía un cierto ruido, en la prensa, alrededor de los fraudes incontestables que habían sido descubiertos en las experiencias de materialización que Mme Juliette Alexandre-Bisson, la viuda del célebre vaudevillista, y el Dr. von Schrenck-Notzing proseguían con un médium a quien no se designaba más que por la denominación misteriosa de Eva C...; M. Jollivet-Castelot levantó contra él la cólera de los espiritistas al hacer conocer, en una carta que fue publicada por *La Mañana*, que esta Eva C... o Carriere, que también se había hecho llamar Rosa Dupont, no era en definitiva sino Marthe Béraud, a quien había ya mistificado el Dr. Richet en la villa Carmen de Argel (y es también con la misma persona con quien otros sabios oficiales quieren hoy experimentar en un laboratorio de la Sorbonne)[259]. M. Chevreuil, en particular, cubrió de injurias a M. Jollivet-Castelot[260], que, llevado al extremo, develó bastante brutalmente las costumbres inconfesables de algunos medios espiritistas, "el sadismo que se mezcla al fraude, a la credulidad, a la necedad

---

[258] *Le Lotus*, octubre de 1887.

[259] Estas experiencias, terminadas después de que se escribió esto, han dado un resultado enteramente negativo; es menester creer que esta vez se habían tomado precauciones más eficaces.

[260] *Le Fraterniste*, 9 de enero, 1 y 6 de febrero de 1914.

insondable, en muchos médiums... y experimentadores"; empleó incluso términos demasiado crudos para que los reproduzcamos, y citaremos solamente estas líneas: "Es cierto que la fuente es frecuentemente impura. Esos médiums desnudos, esos exámenes de pequeños "escondrijos", esos palpamientos minuciosos de los fantasmas materializados, traducen más bien el erotismo que un milagro del espiritismo y del psiquismo. ¡Tengo la idea de que si los espíritus volvieran, se mostrarían de una manera diferente!"[261]. Sobre esto, M. Chevreuil exclamaba: "No quiero pronunciar ya el nombre del autor que, Psiquizado por el Odio (*sic*), acaba de ahogarse en la basura; su nombre ya no existe para nosotros"[262]. Pero esta indignación, más bien cómica, no podía ocupar el lugar de una refutación; las acusaciones permanecen enteras, y hay lugar a creer que son fundadas. Durante este tiempo, se discutía, entre los espiritistas, sobre la cuestión de saber si los niños deben ser admitidos a las sesiones: parece que, en el "Fraternista", son excluidos de las reuniones donde se hacen experiencias, pero que, en revancha, se han instituido "cursos de bondad" (*sic*) a su intención[263]; por otra parte, en una conferencia hecha ante la "Sociedad francesa de estudios de los fenómenos psíquicos", M. Paul Bodier declaraba claramente que "nada sería quizás más dañino que hacer asistir a los niños a las sesiones experimentales que se hacen un poco por todas partes", y que "el espiritismo experimental no debe ser abordado sino en la adolescencia"[264]. Los espiritistas un poco razonables temen pues la influencia nefasta que sus prácticas no podrían dejar de ejercer sobre el espíritu de los niños; ¿pero no constituye esta confesión una verdadera condena de esas prácticas, cuyo efecto sobre los adultos apenas es menos deplorable? Los espiritistas, en efecto, insisten siempre para que el estudio de los fenómenos, así como también la teoría por la que los explican, se ponga al alcance de todos indistintamente; nada es más

---

[261] *Les Nouveaux Horizons de la Science et de la Pensée*, febrero de 1914, p. 87.
[262] *Le Fraterniste*, 13 de febrero de 1914.
[263] *Le Fraterniste*, 12 de diciembre de 1913.
[264] *Revue Spirite*, marzo de 1914, p. 178.

contrario a su pensamiento que considerarlo como reservado a una cierta élite, que podría estar mejor preparada contra sus peligros. Por otro lado, la exclusión de los niños, que puede sorprender a aquellos que conocen las tendencias propagandistas del espiritismo, se explica bien cuando se piensa en todas esas cosas más que dudosas que pasan en algunas sesiones, y sobre las cuales acabamos de aportar testimonios innegables.

Otra cuestión que arrojaría una luz extraña sobre las costumbres de algunos medios espiritistas y ocultistas, y que por lo demás se relaciona más directamente con la del satanismo, es la cuestión del incubato y sucubato, a la que hemos hecho alusión al hablar de un encuesta donde se la había hecho intervenir, de una manera más bien inesperada, a propósito del "sexo de los espíritus". Al publicar la respuesta de M. Ernests Bosc sobre este punto, la redacción del *Fraternista* agregaba en nota: "M. Legrand, del Instituto nº 4 de Amiens (es la designación de una agrupación "fraternista"), nos citaba, a comienzos de este marzo corriente (1914), el caso de una joven virgen de dieciocho años que, desde la edad de doce años, sufrió todas las noches la pasión de un íncubo. Se le han hecho confidencias circunstanciadas y detalladas, que llenan de estupor"[265]. Desafortunadamente, no se nos dice si, contrariamente a la regla, esta joven había frecuentado las sesiones espiritistas; en todo caso, se encontraba evidentemente en un medio favorable a tales manifestaciones; en cuanto a nos, no decidiremos si eso no es más que trastorno y alucinación, o si es menester ver en ello otra cosa. Pero este caso no es aislado: M. Ernest Bosc, aunque afirma con razón que en eso no se trata de "desencarnados", aseguraba que "algunas viudas, así como muchachas jóvenes, le habían hecho confidencias absolutamente perturbadoras", a él también; solamente, agregaba con prudencia: "Pero no podríamos hablar de ello aquí, ya que esto constituye un verdadero secreto esotérico no comunicable". Esta última

---

[265] *Le Fraterniste*, 13 de marzo de 1914.

aserción es simplemente monstruosa: los secretos verdaderamente incomunicables, aquellos que merecen llamarse "misterios" en el sentido propio de esta palabra, son de una naturaleza completamente diferente, y no son tales sino porque toda palabra es impotente para expresarlos; y el verdadero esoterismo no tiene absolutamente nada que ver con esas cosas indecorosas[266]. Hay otros ocultistas que, a este respecto, están lejos de ser tan reservados como M. Bosc, puesto que conocemos a uno de ellos que ha llegado hasta publicar, bajo forma de folleto, un "método práctico para el incubato y el sucubato", donde no se trata, es verdad, más que de autosugestión pura y simple; no insistimos más, pero, si hubiera contradictores posibles que pretendieran reclamarnos precisiones, les prevenimos caritativamente que podrían tener que arrepentirse de ello; sabemos mucho sobre algunos personajes que se las dan de "grandes maestros" de tales o cuales organizaciones pseudoiniciáticas, y que harían mucho mejor permaneciendo en la sombra. Los temas de este orden no son de aquellos sobre los que uno se extiende de buena gana, pero no podemos dispensarnos de constatar que hay gentes que sienten la necesidad enfermiza de mezclar esas cosas a estudios ocultistas y supuestos místicos; es bueno decirlo, aunque no sea más que para hacer conocer la mentalidad de esas gentes. Naturalmente, es menester no generalizar, pero estos casos son muy numerosos en los medios "neoespiritualistas" para que eso sea puramente accidental; se trata pues de un peligro que hay que señalar, y parece verdaderamente que esos medios sean aptos para producir todos los géneros de trastorno; y, aunque no hubiera ahí más que eso, ¿se encontrará que el epíteto de "satánico", tomado en un sentido figurado si se quiere, sea demasiado fuerte para caracterizar algo tan malsano?

Hay todavía otro asunto, particularmente grave, del que es necesario

---

[266] Sería menester hablar también de algunos casos de "vampirismo", que dependen de la brujería más baja; incluso si en todo eso no interviene ninguna fuerza extrahumana, apenas vale más por ello.

decir algunas palabras: en 1912, el caballero Le Clément de Saint-Marcq, entonces presidente de la "Federation Spirite Belge" y del "Bureau international du Spiritisme", publicó, bajo pretexto de "estudio histórico", un innoble folleto titulado *L'Eucharistie*, que dedicó a Emmanuel Vauchez, antiguo colaborador de Jean Macé en la "Ligue française de L'Enseignement". En una carta que fue insertada en la portada de este folleto, Emmanuel Vauchez afirmaba, "de parte de espíritus superiores", que "Jesús no está del todo orgulloso del papel que los clérigos le hacen jugar"; se puede juzgar por esto la mentalidad especial de estas gentes que, al mismo tiempo que espiritistas eminentes, son dirigentes de asociaciones de libre pensamiento. El panfleto fue distribuido gratuitamente, a título de propaganda, en miles de ejemplares; el autor atribuía al clero católico, e incluso a todos los cleros, prácticas cuya naturaleza es imposible precisar, y que no pretendía censurar, pero en las que veía un secreto de la más alta importancia bajo el punto de vista religioso e incluso político; eso puede parecer completamente inverosímil, pero es así. El escándalo fue enorme en Bélgica[267]; muchos espiritistas se indignaron, y numerosos grupos abandonaron la Federación; se reclamó la dimisión del presidente, pero el comité declaró que se solidarizaba con él. En 1913, M. Le Clément de Saint-Marcq emprendió en los diferentes centros una gira de conferencias en el curso de las cuales debía explicar todo su pensamiento, pero que no hicieron más que envenenar las cosas; la cuestión fue sometida al Congreso espiritista internacional de Ginebra, que condenó formalmente el folleto y a su autor[268]. Así pues, éste debió dimitir, y, con los que le siguieron en su retirada, formó una nueva secta llamada "Sincerismo", cuyo programa formuló en estos términos: "La verdadera moral es el arte de apaciguar los conflictos: paz religiosa, por

---

[267] Ha habido en ese país otras cosas verdaderamente extraordinarias en este género, como las historias del *Black Flag* por ejemplo; esas no se refieren al espiritismo, pero hay entre todas estas sectas más ramificaciones de las que se piensa.
[268] Discurso pronunciado en el Congreso nacional espiritista belga de Namur por M. Fraikin, presidente, el 23 de noviembre de 1913.

la divulgación de los misterios y la atenuación del carácter dogmático de la enseñanza de las iglesias; paz internacional, por la unión federal de todas las naciones civilizadas del mundo en una monarquía electiva; paz industrial, por la participación en la dirección de las empresas entre el capital, el trabajo y los poderes públicos; paz social, por la renuncia al lujo y la aplicación del excedente de las rentas a las obras de beneficencia; paz individual, por la protección de la maternidad y la represión de toda manifestación de un sentimiento de envidia"[269]. El folleto sobre *La Eucaristía* ya había hecho ver suficientemente en qué sentido era menester entender la "divulgación de los misterios"; en cuanto al último artículo del programa, estaba concebido en términos voluntariamente equívocos, pero que se pueden comprender sin esfuerzo pensando en las teorías de los partidarios de la "unión libre". Es en el "fraternismo" donde M. Le Clément de Saint-Marcq encontró sus más ardientes defensores; sin atreverse no obstante a llegar hasta aprobar sus ideas, uno de los jefes de esta secta, M. Paul Pillault, defendió la irresponsabilidad y encontró esta excusa: "Debo declarar que siendo psicosista, yo no creo en la responsabilidad de M. Le Clément de Saint-Marcq, instrumento muy accesible a las diversas psicosas como todo otro ser humano. Influenciado, debió escribir ese folleto y publicarle; es en otra parte que en la zona tangible y visible donde es menester buscar la causa, donde es menester encontrar la acción productiva del contenido del folleto incriminado"[270]. Es menester decir que el "fraternismo", que no es en el fondo más que un espiritismo de tendencias muy fuertemente protestantes, da a su doctrina especial el nombre de "psicosía" o "filosofía psicósica": Las "psicosas" son las "influencias invisibles" (se emplea también la palabra bárbara de "influencismo"), las hay buenas y malas, y todas las sesiones comienzan por una invocación a la "Buena Psicosa"[271]; esta teoría se lleva tan lejos

---

[269] *Le Fraterniste*, 28 de noviembre de 1913.
[270] *Le Fraterniste*, 12 de diciembre de 1913.
[271] Reseña del primer Congreso de los Fraternales, tenido en Lille el 25 de diciembre de 1913: *Le Fraterniste*, 9 de enero de 1914. —Cf. *ibid.*, 21 de noviembre de 1913.

que llega, de hecho, a suprimir casi completamente el libre albedrío del hombre. Es cierto que la libertad de un ser individual es algo relativo y limitado, como lo es este ser mismo, pero, no obstante, es menester no exagerar; admitimos de muy buena gana, en una cierta medida, y especialmente en casos como éste del que se trata, la acción de influencias que pueden ser de muchos tipos, y que, por lo demás, no son lo que piensan los espiritistas; pero, en fin, M. Le Clément de Saint-Marcq no es médium, que sepamos, para no haber jugado ahí más que un papel de instrumento puramente pasivo e inconsciente. Por lo demás, lo hemos visto, no todo el mundo, incluso entre los espiritistas, le excusó tan fácilmente; por su lado, los teosofistas belgas, es menester decirlo en honor suyo, estuvieron entre los primeros en hacer oír vehementes protestas; desafortunadamente, esta actitud no era completamente desinteresada, ya que eso pasaba en la época de los escandalosos procesos de Madras[272], y M. Le Clément de Saint-Marcq había juzgado bueno invocar, como viniendo en apoyo de su tesis, las teorías que se le reprochaban a M. Leadbeater; así pues, era urgente repudiar una solidaridad tan comprometedora. Por el contrario, otro teosofista, M. Theodor Reuss, Gran Maestre de la "Orden de los Templarios Orientales", escribió a M. Le Clément de Saint-Marcq estas líneas significativas (reproducimos escrupulosamente su jerga): "Le envío dos folletos: *Oriflammes*[273], en los cuales encontrará que la Orden de los Templarios Orientales tiene el mismo conocimiento como se encuentra en el folleto *Eucharistie*". En la *Oriflamme*, encontramos efectivamente esto, que fue publicado en 1912, y que aclara la cuestión: "Nuestra orden posee la clave que abre todos los misterios masónicos y herméticos: es la doctrina de la magia sexual, y esta doctrina explica, sin dejar nada obscuro, todos los enigmas de la naturaleza, toda la simbólica masónica, todos los misterios religiosos". Debemos decir, a este propósito, que M.

---

[272] Ver *El Teosofismo*, pp. 207-211, ed. francesa.
[273] La *Oriflamme*, pequeña revista redactada en alemán, es el órgano oficial de los diversos agrupamientos de masonería "irregular" dirigidos por M. Theodor Reuss, y de los cuales hemos hablado al hacer la historia del teosofismo (pp. 39 y 243-244, ed. francesa).

Le Clément de Saint-Marcq es un alto dignatario de la masonería belga; y uno de sus compatriotas, M. Herman Bouleuger, escribía en un órgano católico: "¿Se ha conmovido la masonería hasta el presente de poseer en su seno a un exegeta tan extraordinario? Yo no sé. Pero como declara que su doctrina es también el secreto de la secta (y a fe mía, si yo no conociera sus procedimientos de documentación, podría creer que está muy bien colocado para saberlo), su presencia en ella es terriblemente comprometedora, sobre todo para aquellos de sus miembros que se han elevado públicamente en contra de tales aberraciones"[274]. Apenas es útil decir que no hay absolutamente nada de fundado en las pretensiones de M. Le Clément de Saint-Marcq y Theodor Reuss; es verdaderamente lamentable que algunos escritores católicos hayan creído deber admitir una tesis análoga a la suya, ya sea en lo que concierne a la masonería, ya sea al respecto de los misterios antiguos, sin apercibirse de que así no podían más que debilitar su posición (del mismo modo que cuando aceptan la identificación fantasiosa de la magia y del espiritismo); era menester no ver en eso más que las divagaciones de algunos espíritus enfermos, y quizás más o menos "psicosados", como dicen los "fraternistas" u "obsesos", como nos diríamos más simplemente. Acaba de hacerse alusión a los "procedimientos de documentación" de M. Le Clément de Saint-Marcq; esos procedimientos, donde brilla la más insigne mala fe, le valieron un cierto número de desmentidos por parte de aquellos a quienes había puesto en causa imprudentemente. Es así como se había prevalido de la adhesión de "un sacerdote católico todavía en ejercicio", citando una frase que entresacaba de su contexto para darle una acepción completamente diferente de la que implicaba, y llamaba a eso "una confirmación formidable"[275]; el sacerdote en cuestión, que era el abad J. A. Petit, del que hemos hablado precedentemente, se apresuró a rectificar, y lo hizo en estos términos: "La frase es ésta: "Vuestra tesis reposa sobre una verdad primordial que

---

[274] *Le Catholique*, diciembre de 1913.
[275] *Le Catholique*, octubre de 1913.

habéis sido el primero, a mi conocimiento, en señalar al gran público". Así presentada, la frase parecía aprobar la tesis sostenida por M. le chevalier de Saint-Marcq. Importa esencialmente que desaparezca todo equívoco. ¿Cuál es esa verdad primordial? Los católicos pretenden que, en la Eucaristía, está el cuerpo mismo de Cristo, nacido de la Virgen María y crucificado, que está presente bajo las apariencias del pan y del vino. M. le chevalier de Saint-Marcq dice: No, y en mi opinión tiene razón. Cristo no podía pretender poner ahí su cuerpo, crucificado sobre todo, puesto que la institución del sacramento ha precedido a la crucifixión. Cristo está presente en la Eucaristía por el principio vital que se ha encarnado en la Virgen: es lo que M. le chevalier de Saint-Marcq ha sido el primero, a mi conocimiento, en señalar al gran público, y lo que yo llamo "una verdad primordial". Sobre este punto, estamos de acuerdo; pero ahí se limita la coincidencia de nuestras ideas. M. le chevalier de Saint-Marcq hace intervenir un elemento humano, y yo un elemento espiritual con todo el alcance que San Pablo atribuye a esta palabra[276], de suerte que estamos en los antípodas uno del otro... Yo soy su adversario declarado, así como lo testimonia la refutación que he hecho de su pequeño folleto"[277]. Las interpretaciones personales del abad Petit, en la ocurrencia, no nos parecen apenas menos heterodoxas que cuando pretende que la "resurrección de la carne" significa la reencarnación; ¿y puede ser enteramente de buena fe, él también, al introducir el término "crucificado", como lo hace, a propósito del cuerpo de Cristo presente en la Eucaristía? En todo caso, pone mucha buena voluntad en declararse de acuerdo, siquiera sobre un punto particular, con M. Le Clément de Saint-Marcq, para quien Jesús no es más que un hombre; pero su respuesta por eso no constituye menos un desmentido formal. Por otra parte, Mgr. Ladeuze, rector de la universidad de Lovaina, dirigió a la *Revue Spirite Belge*, el 19 de abril de

---

[276] *I Corintios*, XV, 44.
[277] *Le Catholique*, diciembre de 1913. —La refutación en cuestión había aparecido en *La Vie Nouvelle*, de Beauvais.

1913, la carta siguiente: "Se me comunica su número del 1º de marzo de 1913, donde se hace alusión a un pasaje del folleto *L'Eucharistie* lanzado por M. Le Clément de Saint-Marcq, en el que éste cita una de mis obras para probar la existencia de las prácticas inmundas que constituirían el sacramento eucarístico. Yo no me rebajaría hasta entrar en discusión con M. Le Clement de Saint-Marcq sobre un tema tan innoble; le ruego solamente que señale a sus lectores... que, para interpretar mi texto como él lo hace, es menester, o bien ser de mala fe, o bien ignorar la lengua latina hasta el punto de no conocer nada de ella. El autor me hace decir, por ejemplo (escojo este ejemplo porque es posible hablar de él sin mancharse, puesto que el autor no introduce aquí en mis palabras la teoría nauseabunda en cuestión): "La mentira jamás puede estar permitida, *si no es* para evitar los mayores males temporales". Yo he dicho, en realidad, en el pasaje apuntado: "La mentira jamás puede estar permitida, *ni siquiera* para evitar los mayores males temporales". He aquí el texto latín: "*Dicendum est illud nunquam, ne ad maxima quidem temporalia mala vitanda, fieri posse licitum*". Un alumno de cuarto de latín no podría equivocarse sobre el sentido de este texto". Después de eso, la denominación de "sincerismo" aparece como más bien irónica, y podemos terminar aquí lo que M. Herman Boulenger ha llamado "una historia escabrosa donde el lector un poco al corriente de los datos de la teología mística ha podido reconocer, en las cosas que se le han revelado, los caracteres tradicionales de la acción diabólica"[278]. Agregaremos solo que la desavenencia sobrevenida en el espiritismo belga con ocasión de este asunto no fue de larga duración: el 26 de abril de 1914 tuvo lugar, en Bruselas, la inauguración de la "Casa de los espiritistas"; la "Liga Kardecista" y la "Federación Sincerista" habían sido invitadas las dos; dos discursos fueron pronunciados, el primero por M. Fraikin, el nuevo presidente de la "Federación Espiritista", y el segundo por M. Le

---

[278] *Le Catholique*, diciembre de 1913.

Clément de Saint-Marcq; así pues, la reconciliación estaba operada[279].

Hemos querido aportar aquí algunos hechos, que cada uno será libre de apreciar como quiera; los teólogos verán en ellos probablemente algo más que lo que podrían encontrar los simples "moralistas". En lo que nos concierne, no queremos llevar las cosas al extremo, y no es a nos a quien pertenece plantear la cuestión de una acción directa y "personal" de Satán; pero poco nos importa, ya que, cuando hablamos de "satanismo", no es necesariamente así como lo entendemos. En el fondo, las cuestiones de "personificación", si se puede expresar así, son perfectamente indiferentes bajo nuestro punto de vista; lo que queremos decir en realidad es completamente independiente de esta interpretación particular así como de toda otra, y no entendemos excluir ninguna, bajo la única condición de que corresponda a una posibilidad. En todo caso, lo que vemos en todo eso, y más generalmente en el espiritismo y los demás movimientos análogos, son influencias que provienen incontestablemente de lo que algunos llaman la "esfera del Anticristo"; esta designación puede tomarse también simbólicamente, pero eso no cambia nada la realidad y no hace menos nefastas estas influencias. Ciertamente, aquellos que participan en tales movimientos, e inclusive aquellos que creen dirigirlos, pueden no saber nada de estas cosas; y eso es en efecto el mayor peligro, ya que muchos de entre ellos, muy ciertamente, se apartarían con horror si pudieran darse cuenta de que se hacen los servidores de las "potencias de las tinieblas"; pero su ceguera es frecuentemente irremediable, y su buena fe misma contribuye a atraer a otras víctimas; ¿no autoriza eso a decir que la suprema habilidad del diablo, de cualquier manera que se le conciba, es hacer negar su existencia?

---

[279] M. Le Clément de Saint-Marcq jamás ha renunciado por eso a sus ideas especiales; incluso ha publicado recientemente un nuevo folleto, en el que sostiene todavía las mismas teorías.

CAPÍTULO XI

VIDENTES Y CURANDEROS

Se sabe que los espiritistas reconocen diferentes tipos de médiums, que clasifican y designan según la naturaleza especial de sus facultades y de las manifestaciones que producen; naturalmente, la enumeraciones que dan son bastante variables, ya que se pueden dividir y subdividir casi indefinidamente. He aquí una de estas enumeraciones, que es bastante completa: "Hay los médiums de efectos físicos que provocan fenómenos materiales, tales como ruidos o golpes en la paredes, apariciones[280], desplazamientos de objetos sin contacto, aportes, etc.[281]; los médiums sensitivos, que sienten, por una vaga impresión, la presencia de los espíritus; los médiums auditivos, que oyen las voces de los "desencarnados", ora claras, distintas, como las de las personas vivas, ora como susurros íntimos en su fuero interior; los médiums habladores[282] y los médiums escritores, que transmiten, por la palabra o la escritura, y siempre con una pasividad completa, absoluta, las comunicaciones de ultratumba; los médiums videntes, que en el estado de vigilia, ven a los espíritus; los médiums músicos, los médiums dibujantes, los médiums poetas, los médiums curanderos, etc., cuyos nombres designan suficientemente la facultad dominante"[283]. Es menester agregar que varios géneros de

---

[280] Este caso, que es el de los "médiums de materializaciones", se separa frecuentemente de los otros, que se consideran como más comunes y como no exigiendo facultades tan desarrolladas.

[281] Sería menester unir a esta lista los fenómenos de levitación.

[282] Es lo que se llama más frecuentemente "médiums de encarnaciones".

[283] Félix Fabart, Histoire philosophique et politique de l'Occulte, p. 133.

mediumnidad pueden encontrarse reunidos en un mismo individuo, y también que la mediumnidad tipo es la que se llama "de efectos físicos", con las diversas variedades que implica; casi todo el resto es asimilable a simples estados hipnóticos, así como ya lo hemos explicado, pero no obstante hay algunas categorías de las cuales conviene hablar y poco más especialmente, tanto más cuanto que algunos les atribuyen una gran importancia.

Los médiums sensitivos, videntes y auditivos, que se pueden reunir en un solo grupo, no son llamados médiums por los espiritistas más que en virtud de sus ideas preconcebidas: son individuos que se supone dotados de algunos "sentidos hiperfísicos", para tomar una expresión que ha sido empleada por algunos; hay quienes llaman a eso el "sexto sentido", sin hacer más distinciones, mientras que otros enumeran, como otros tantos sentidos diferentes, la "clarividencia", la "clariaudiencia", y así sucesivamente. Hay escuelas que pretenden que el hombre, además de sus cinco sentidos externos, posee siete sentidos internos[284]; a decir verdad, son extensiones un poco abusivas de la palabra "sentido", y no vemos que se pueda considerar otro "sentido interno" que lo que se llamaba antaño *sensorium commune*, es decir, en suma, la "mente" en su función centralizadora y coordinadora de los datos sensibles. Admitimos de buena gana que la individualidad humana posee algunas facultades extracorporales, que están en todos en el estado latente, y que pueden estar más o menos desarrolladas en algunos; pero estas facultades no constituyen verdaderamente sentidos, y, si se habla de ellas por analogía con los sentidos corpóreos, es porque sería difícil hablar de ellas de otro modo; esta asimilación, cuando se

---

[284] Hacemos alusión aquí a algunas organizaciones que se pretenden "rosicrucianas", pero que no tienen la menor relación histórica o doctrinal con el rosicrucianismo auténtico; como hemos tenido la ocasión de hacerlo destacar en otra parte (*El Teosofismo*, pp. 40 y 222, ed. francesa), esta denominación es una de esas de las que más se abusa en nuestra época; los ocultistas de toda escuela no tienen absolutamente ningún derecho a reclamarse del rosicrucianismo, como tampoco de todo lo que presenta, bajo cualquier relación que sea, un carácter verdaderamente tradicional, esotérico o iniciático.

toma al pie de la letra, implica una amplia parte de ilusión, que proviene de que aquellos que están dotados de estas facultades, para expresar lo que perciben así, están forzados a servirse de términos que están hechos para designar normalmente las cosas del orden corporal. Pero hay todavía otra causa de ilusión más completa y más grave: es que, en los medios espiritistas y en otras escuelas "neoespiritualistas", se ejercitan de buena gana para adquirir o desarrollar facultades de este género; sin hablar de los peligros que son inherentes a esos "entrenamientos psíquicos", muy propios para desequilibrar a aquellos que se libran a ellos, es evidente que, en estas condiciones, se está expuesto a tomar muy frecuentemente por una "clarividencia" real lo que no es más que el efecto de una sugestión pura y simple. En algunas escuelas, como el teosofismo, la adquisición de la "clarividencia" parece ser considerada en cierto modo como la meta suprema; la importancia acordada a estas cosas prueba todavía que las escuelas en cuestión no tienen absolutamente nada de "iniciático", a pesar de sus pretensiones, ya que en eso no se trata más que de contingencias que aparecen como muy desdeñables a todos aquellos que tienen conocimientos de un orden más profundo; todo lo más es un "resultado colateral" que se guardan bien de buscar especialmente, y que, en la mayor parte de los casos, representa más bien un obstáculo que una ventaja. Los espiritistas que cultivan estas facultades se imaginan que lo que ven y oyen, son los "espíritus", y es por eso por lo que consideran eso como una mediumnidad; en las demás escuelas, se piensa lo más frecuentemente en ver y oír cosas completamente diferentes, pero cuyo carácter no es apenas menos fantasioso; en suma, es siempre una representación de las teorías de la escuela donde se producen estos hechos, y esa es una razón suficiente para que se pueda afirmar, sin temor a equivocarse, que la sugestión juega ahí un papel preponderante, cuando no exclusivo. Se puede tener más confianza en lo que cuentan los "videntes" aislados y espontáneos, los que no pertenecen a ninguna escuela y que jamás se han sometido a ningún entrenamiento; pero, aquí todavía, hay muchas causas de error: está primeramente la imperfección inevitable del modo de expresión que emplean; están también las interpretaciones que mezclan a sus visiones, involuntariamente y sin darse cuenta de ello, ya que eso no ocurre jamás sin tener al menos algunas vagas ideas preconcebidas; y es menester agregar que estos "videntes" no tienen generalmente ninguno de los datos de orden teórico y doctrinal que les permitirían reconocerse a sí mismos y que les impedirían deformar las cosas al dejar intervenir en ellas la imaginación, que, desafortunadamente tienen frecuentemente muy desarrollada. Cuando los "videntes" son místicos ortodoxos, sus tendencias naturales a la divagación se encuentran en cierto modo comprimidas y reducidas al mínimo; a excepción de éstos, se dan libre curso, y el resultado de ello es frecuentemente un revoltijo casi inextricable; los "videntes" más incontestables y más célebres como Swedenborg por ejemplo, están lejos de estar exentos de este defecto, y no se podrían tomar demasiadas precauciones si se quiere desprender lo que sus obras pueden contener de realmente interesante; así pues, vale más recurrir a fuentes más puras, ya que, después de todo, no hay nada en ellos que no pueda encontrarse en otra parte, en un estado menos caótico y bajo formas más inteligibles.

Los defectos que acabamos de indicar alcanzan su grado más alto en los "videntes" iletrados y librados a sí mismos, sin la menor dirección, como ese campesino del Var, Louis Michel de Figanières, cuyos escritos[285] causan la admiración de los ocultistas franceses. Éstos ven en ellos las "revelaciones" más extraordinarias, y es en eso donde es menester buscar, en una buena parte, el origen de la "ciencia viva", una de sus principales ideas fijas; ahora bien, esas pretendidas "revelaciones" expresan, en una jerga tremebunda, las concepciones o más bien las representaciones más groseramente antropomórficas y materializadas que jamás se haya hecho nadie de Dios, a quien se llama el "gran hombre infinito" y el "presidente de la vida" (*sic*), y del Universo, que se ha

---

[285] Clé de la Vie; Vie universelle; Réveil des peuples.

juzgado bueno denominar "omniverso"[286]; en todo eso no se trata más que de "vertederos", de "talleres", de "digestiones", de "aromas", de "fluidos", y así sucesivamente. He ahí lo que los ocultistas nos alaban como una cosmogonía sublime; entre otras cosas maravillosas, hay una historia de la formación de la tierra que Papus ha adoptado y difundido lo mejor que ha sabido; puesto que no queremos entretenernos en este tema, pero teniendo que dar no obstante una idea de esas elucubraciones, citaremos solo el resumen que ha hecho de ello el espiritista belga Jobard[287], donde el lenguaje especial del original ha sido conservado cuidadosamente: "Nuestro globo es relativamente nuevo; está construido con viejos materiales reamasados en el gran vertedero del omniverso, de viejos restos de planetas reunidos por la atracción, la incrustación, la anexión en un solo todo de cuatro satélites de un planeta anterior, que, al haber llegado al estado de madurez, fue cortado por el gran Jardinero para ser conservado en sus graneros y servir para su alimentación material. Ya que, así como el hombre cosecha los frutos maduros de su jardín terrestre, el gran hombre infinito cosecha los frutos maduros de su jardín omniversal, que sirven igualmente a su alimentación. Es lo que explica la desaparición de un cierto número de astros del gran parterre de los cielos, observado desde hace dos siglos. ¿Qué es la digestión de un fruto maduro en el estómago del deículo terrestre[288], sino el despertar y la partida de las poblaciones hominiculares caídas en catalepsia o éxtasis de felicidad sobre los mondículos que ellos (*sic*) han formado y conducido en armonía por sus trabajos inteligentes?... Volvamos de nuevo a la formación de nuestro

---

[286] Las diferentes parte del "omniverso" son llamadas "universo, biniverso, triniverso, cuadriverso", etc.

[287] Este resumen se encuentra en uno de los artículos que han sido reproducidos en cabeza de la *Clé de la Vie*.

[288] Es decir, del hombre: si Dios es un "gran hombre, el hombre es un "deículo"; si se encuentran expresiones del mismo género en otras partes, en Swedenborg por ejemplo, al menos pueden entenderse simbólicamente, mientras que aquí todo debe tomarse al pie de la letra.

planeta incrustativo por la anexión simultánea de los cuatro antiguos satélites: Asia, África, Europa y América, puestos en catalepsia magnética por el alma colectiva celeste de nuestra tierra encargada de esta operación, tan difícil como la unión de varios pequeños reinos en uno solo, de pequeñas explotaciones en una grande. No fue sin largas conversaciones con las almas colectivas espirituales caídas de los cuatro satélites en cuestión como la fusión pudo cumplirse. Únicamente la luna, quinto satélite y el más fuerte tanto como el más malo, resistió a todas las solicitaciones, e hizo así al mismo tiempo su desdicha y la de la aglomeración terrestre, donde su sitio permaneció reservado en el centro del Océano Pacífico[289]. Pero las almas de astros, buenas o malas, tienen como la unidad humana su libre albedrío y disponen de su destino en bien o en mal... Para hacer esta sublime y sensible operación de la *incrustación* menos penosa, el alma celeste de la tierra, o buen germen fluídico del injerto incrustativo, comenzó, digamos, por cataleptizar magnéticamente el mobiliario (*sic*) de los cuatro antiguos satélites de buena voluntad. De este injerto, el Asia era la buena planta material mucho más avanzada que los otros tres, puesto que había vivido ya buen número de siglos con su mobiliario todo despertado, cuando los otros dormían todavía en parte. Los hombres, los animales y todos los gérmenes vivos fueron puestos en estado de anestesia completa durante esta sublime operación de cuatro globos confundidos bajo la presión de las manos de Dios, de sus grandes Mensajeros, sus entrañas, su corteza, sus caras, sus aguas, sus atmósferas, sus almas colectivas". Podemos detenernos aquí; pero esta cita no era inútil para mostrar dónde van a beber los ocultistas su pseudotradición y su esoterismo de pacotilla. Agregamos que a Louis Miguel no debe hacérsele el único responsable de las divagaciones que se han publicado bajo su nombre: él no escribía, sino que dictaba lo que le inspiraba un "espíritu superior",

---

[289] ¡Otros han insistido todavía sobre esta historia pretendiendo que la luna, después de haber ocupado primeramente su sitio como los demás satélites, se había escapado un poco más tarde, pero no había podido huir completamente de la atracción de la tierra, a cuyo alrededor fue condenada a girar en castigo de su rebelión!

y sus "revelaciones" eran recogidas y arregladas por sus discípulos, el principal de los cuales era un cierto Charles Sardou; naturalmente, el medio donde todo eso fue elaborado estaba fuertemente imbuido de espiritismo[290].

Los "videntes" tienen tendencia frecuentemente a formar escuelas, o inclusive las mismas se forman a veces alrededor suyo sin que su voluntad intervenga en ello para nada; en este último caso, ocurre que sean verdaderas víctimas de su entorno, que les explota consciente o inconscientemente, como lo hacen los espiritistas con todos aquellos en quienes descubren algunas facultades mediúmnicas; cuando hablamos aquí de explotación, eso debe entenderse sobre todo en el sentido psíquico, pero las consecuencias no son por ello menos desastrosas. Para que el "vidente" pueda instituirse como "jefe de escuela" en realidad, y no solo en apariencia, no basta con que tenga el deseo de ello; es menester también que tenga, sobre sus "discípulos", alguna otra superioridad que la que le confieren sus facultades anormales; no era ese el caso de Louis Miguel, pero eso se ha visto algunas veces en el espiritismo. Así, hubo antaño en Francia una escuela espiritista de un carácter bastante especial, que fue fundada y dirigida por una "vidente", Mlle Lucie Grange, que se designaba bajo el nombre "místico" de *Habimélah*, o *Hab* por abreviación; este nombre le había sido dado, parece, por Moisés en persona. En esta escuela, se tenía una veneración particular por el famoso Vintras, que era calificado allí de "profeta"[291]; y el órgano del grupo, *La Luz*, que comenzó a aparecer en 1882, contó entre sus colaboradores, en su mayor parte ocultos bajo seudónimos, con más de un personaje sospechoso. Mlle Grange se ocupaba mucho de "profecías", y consideraba como tales las "comunicaciones" que recibía; reunió en un volumen[292] un gran número de esas "producciones

---

[290] Los delirios de Louis Michel han sido desarrollados abundantemente también, en numerosas obras, por Arthur de Anglemont.

[291] Ver un folleto titulado *Le Prophète de Tilly*.

[292] Prophètes et Prophéties.

psicográficas, psicofónicas y de clarividencia natural", así como las nombra para indicar los diversos géneros de mediumnidad que ella poseía (escritura, audición y visión). Esas "comunicaciones" están firmadas por Cristo, por la Virgen María, por los arcángeles Miguel y Gabriel[293], por los principales santos del Antiguo y del Nuevo Testamento, por hombres ilustres de la historia antigua y moderna; algunas firmas son más curiosas todavía, como la de "la sibila Pasipea, de la Gruta del Creciente", o la de "Rafana, alma del planeta Júpiter". En una "comunicación", San Luis nos enseña que él fue el rey David reencarnado, y que Juana de Arco fue Thamar, hija de David; y *Hab* agrega esta nota: "Una aproximación significativa: David ha sido la cepa de una familia predestinada, y fue la de nuestros últimos reyes. San Luis ha presidido en las primeras enseñanzas espiritistas y se ha hecho, en nombre de Dios, Padre del cristianismo regenerado, por su protección especial sobre Allan Kardec". Tales aproximaciones son sobre todo "significativas" en cuanto a la mentalidad de los que las hacen, pero tienen un sentido bastante claro para quien conoce los fondos político religiosos de algunos medios: en ellos se preocupaban mucho de la cuestión de la "supervivencia" de Luis XVII; por otra parte, también se anunciaba, como más o menos inminente, una segunda venida de Cristo; ¿se quería pues insinuar que éste se reencarnaría en la nueva "raza de David", y que sería quizás el "Gran Monarca" anunciado por la "profecía de Orval" y algunas otras predicciones más o menos auténticas? No queremos decir, por lo demás, que esas predicciones estén, en sí mimas, totalmente desprovistas de valor; pero, como están formuladas en términos poco comprensibles, cada uno las interpreta a su manera, y hay cosas muy extrañas en el partido que algunos pretenden sacar de ellas. Más tarde, Mme Grange fue "guiada" por un

---

[293] Mlle Couédon, la "vidente" de la calle de Paradis, que tuvo su hora de celebridad, se creía inspirada por el arcángel Gabriel; su facultad había tenido como origen la frecuentación de sesiones espiritistas habidas en casa de una cierta Mme Orsat; naturalmente, los puros espiritistas consideraban al supuesto arcángel Gabriel como un simple "desencarnado", y a su intérprete como un "médium de encarnaciones".

supuesto "espíritu" egipcio, que se presentaba bajo el nombre compuesto de *Salem-Hermès*, y que le dictó todo un volumen de "revelaciones"; pero eso es mucho menos interesante que las manifestaciones que tienen un lazo más o menos directo con el asunto de Luis XVII, y cuya lista, que comienza desde los primeros años del siglo XIX, sería demasiado larga, pero también muy instructiva para aquellos que tienen la curiosidad bien legítima de investigar las realidades disimuladas bajo ciertas fantasmagorías.

Después de haber hablado de los "videntes", debemos decir también algunas palabras de los "médiums curanderos": si es menester creer a los espiritistas, ésta es una de las formas más altas de la mediumnidad; he aquí, por ejemplo, lo que escribe M. Léon Denis, después de haber afirmado que los grandes escritores y los grandes artistas han sido casi todos "inspirados" y "médiums auditivos": "El poder de curar por la mirada, el tacto, la imposición de las manos, es también una de las formas por las que la acción espiritual se ejerce sobre el mundo. Dios, fuente de vida, es el principio de la salud física, como es el de la perfección moral y la suprema belleza. Algunos hombres, por la plegaria y el impulso magnético, atraen a ellos este influjo, esta irradiación de la fuerza divina que arroja los fluidos impuros, causas de tantos sufrimientos. El espíritu de caridad, la devoción llevada hasta el sacrificio, el olvido de sí mismo, son las condiciones necesarias para adquirir y conservar este poder, uno de los más maravillosos que Dios haya acordado al hombre… Hoy día todavía, numerosos curanderos, más o menos afortunados, cuidan con la ayuda de los espíritus… Por encima de todas las iglesias humanas, al margen de todos los ritos, de todas las sectas, de todas las fórmulas, hay un foco supremo que el alma puede alcanzar por los impulsos de la fe… En realidad, la curación magnética no exige ni pasos ni fórmulas especiales, sino solo el deseo ardiente de aliviar a otro, la llamada sincera y profunda del alma a Dios, principio y fuente de todas las fuerzas"²⁹⁴. Este entusiasmo se explica fácilmente si se piensa en las tendencias humanitarias de los espiritistas; y el mismo autor dice todavía: "Como Cristo y los Apóstoles, como los santos, los profetas y los magos, cada uno de nosotros puede imponer las manos y curar si tiene amor por sus semejantes y la ardiente voluntad de aliviarlos... Recogeos en silencio, solo con el paciente; haced llamada a los espíritus benefactores que planean sobre los dolores humanos. Entonces, desde arriba, sentiréis descender los influjos en vosotros y desde ahí ganar al sujeto. Una onda regeneradora penetrará por sí misma hasta la causa del mal, y, prolongando, renovando vuestra acción, habréis contribuido a aligerar el fardo de las miserias terrestres"²⁹⁵. Aquí se parece asimilar la acción de los "médiums curanderos" al magnetismo propiamente dicho; hay no obstante una diferencia que es menester tener en cuenta: es que el magnetizador ordinario actúa por su propia voluntad, y sin solicitar la intervención de un "espíritu" cualquiera; pero los espiritistas dirán que es médium sin saberlo, y que la intención de curar equivale en él a una suerte de evocación implícita, incluso si no cree en los "espíritus". De hecho, es exactamente la inversa la que es verdad: es el "curandero" espiritista el que es un magnetizador inconsciente; ya sea que sus facultades le hayan venido espontáneamente o ya sea que hayan sido desarrolladas por el ejercicio, no son nada más que facultades magnéticas; pero, en virtud de sus concepciones especiales, él se imagina que debe hacer llamada a los "espíritus" y que son éstos quienes actúan por él, mientras que, en realidad, es únicamente de él mismo de donde provienen todos los efectos producidos. Este género de pretendida mediumnidad es menos dañino que los otros para aquellos que están dotados de él, porque, al no implicar el mismo grado de pasividad (e incluso la pasividad es ahí más bien ilusoria), tampoco entraña un desequilibrio parecido; no obstante, sería excesivo creer que la práctica del magnetismo, en estas condiciones o en las condiciones

---

²⁹⁴ *Dans l'Invisible*, pp. 453-455.
²⁹⁵ Dans l'Invisible, p. 199.

ordinarias (la diferencia está más bien en la interpretación que en los hechos), esté exenta de todo peligro para el que se libra a ella, sobre todo si lo hace de una manera habitual, "profesional" en cierto modo. En lo que concierne a los efectos del magnetismo, son muy reales en algunos casos, pero es menester no exagerar su eficacia: nos no pensamos que pueda curar y ni siquiera aliviar todas las enfermedades indistintamente, y hay temperamentos que le son completamente refractarios; además, algunas curaciones deben ponerse en la cuenta de la sugestión, o incluso de la autosugestión, mucho más que en la del magnetismo. En cuanto al valor relativo de tal o cual manera de operar, eso puede discutirse (y las diferentes escuelas magnéticas no se privan de ello, sin hablar de los hipnotizadores que apenas están más de acuerdo)[296], pero no es quizás tan totalmente indiferente como lo pretende M. Léon Denis, a menos de que no sea el caso de un magnetizador que posea facultades particularmente poderosas y que constituyan una especie de don natural; este caso, que da precisamente la ilusión de la mediumnidad (suponiendo que se conozcan y que se acepten las teorías espiritistas) porque no da lugar a ningún esfuerzo voluntario, es probablemente el de los "curanderos" más célebres, salvo, bien entendido, cuando su reputación es usurpada y cuando a ello se mezcla el charlatanismo, ya que eso se ha visto algunas veces. En fin, en cuanto a la explicación de los fenómenos magnéticos, no vamos a ocuparnos aquí de ella; pero no hay que decir que la teoría "fluídica", que es la de la mayor parte de los

---

[296] No queremos abordar la cuestión controvertida de las relaciones del hipnotismo y del magnetismo: históricamente, el primero ha derivado del segundo, pero los médicos, que habían negado el magnetismo, no podían adoptarle decentemente sin imponerle un nombre nuevo; por otra parte, el magnetismo es más extenso que el hipnotismo, en el sentido de que opera frecuentemente sobre sujetos en el estado de vigilia, y usa menos la sugestión. Como ejemplos de las discusiones a las que hacemos alusión, podemos citar, en los magnetizadores, las disputas entre partidarios y adversarios de la "polaridad"; en los hipnotizadores, la querella de las escuelas de la Salpêtrière y de Nancy; por una y otra parte, los resultados obtenidos por los experimentadores sobre sus sujetos concuerdan siempre con las teorías de cada uno, lo que prueba que la sugestión juega ahí un papel capital, aunque frecuentemente involuntario.

magnetizadores, es inadmisible; hemos hecho destacar ya que es de ahí de donde ha venido, en el espiritismo, la concepción de los "fluidos" de todo tipo: no es más que una imagen muy grosera, y la intervención de los "espíritus", que agregan a eso los espiritistas, es una absurdidad.

Relativamente a los "médiums curanderos", la concepción espiritista está particularmente clara en el "fraternismo", donde los médiums de esta categoría ocupan el primer lugar; parece incluso que esta secta les deba su origen, si se cree lo que escribía al respecto en 1913 M. Paul Pillault: "Apenas hace cinco años, ensayaba en casa, en Auby, en mi pequeña oficina y a veces en mi domicilio, sobre las cualidades de curador que nuestro buen hermano del espacio (*sic*), Jules Meudon, me había descubierto, y que me comprometió a practicar. Logré numerosísimas curas de las más variadas, desde la ceguera al simple dolor de dientes. Feliz de los resultados obtenidos, resolví hacer aprovechar de ello al mayor número posible de mis semejantes. Es entonces cuando nuestro director Jean Béziat se asoció a mí para fundar en Sin-le-Noble (cerca de Douai) el *Instituto general psicósico*, del cual salió el *Instituto de las Fuerzas psicósicas n° 1*, y del cual nació (en 1910) nuestro órgano *El Fraternista*"[297]. Sin dejar de ocuparse de curaciones, pronto se llegó a tener preocupaciones más extensas (no decimos más elevadas, puesto que no se trata más que de "moralismo" humanitario), como lo muestra esta declaración de M. Béziat: "Incitamos a la ciencia a intentar investigaciones en el orden espiritista, y, si determinamos finalmente a la ciencia a ocuparse de este orden, ella encontrará. Y cuando haya encontrado y probado, es la humanidad toda entera la que habrá encontrado la felicidad. Así, el *Fraternista* no solo es el diario más interesante, sino el más útil del mundo. Es de él de quien es menester esperar la quietud y la alegría de la humanidad. Cuando se haya demostrado el buen fundamento del espiritismo, la cuestión social estará

---

[297] *Le Fraterniste*, 26 de diciembre de 1913.

casi resuelta"²⁹⁸. Si es sincero, es de una inconsciencia verdaderamente desconcertante; pero volvamos de nuevo a la teoría de las "curaciones fluídicas psicósicas": fue expuesta en el tribunal de Béthune, el 17 de enero de 1914, en ocasión de un proceso por ejercicio ilegal de la medicina incoado a dos "curanderos" de esta escuela, MM. Lesage y Lecomte, que fueron absueltos porque no prescribían medicamentos; he aquí lo esencial de sus declaraciones: "Cuidan a los enfermos por imposición de las manos, pasos, e invocación mental simultánea a las fuerzas buenas de lo astral²⁹⁹. No dan ningún remedio, ni prescripción: no hay tratamiento en el sentido médico del término, ni masaje, sino cuidados por medio de una fuerza fluídica que no es el empleo del magnetismo ordinario, sino de lo que se podría llamar magnetismo espiritista (psicosismo), es decir, captación por el curandero de fuerzas aportadas por los buenos espíritus, y transmisión de estas fuerzas al enfermo que siente una gran mejoría, u obtiene su curación completa, según el caso, y en un lapso de tiempo igualmente muy variable... En el curso de los interrogatorios, el Sr. Presidente pidió explicaciones sobre el punto del laboratorio, donde se encuentran las cubetas de agua magnetizada, preparada por los curanderos... El agua magnetizada no tiene, bajo el punto de vista de la curación, más que un valor relativo: no es ella la que cura; ayuda a la evacuación de los fluidos malos, pero son los cuidados espiritistas los que arrojan el mal"³⁰⁰. Por lo demás, se busca persuadir a los médicos mismos de que, si les ocurre curar a sus enfermos, ello se debe sin duda también a las "psicosas"; la cosa se les declara solemnemente en estos términos: "Es la psicosa la que cura, señores; el curandero es simplemente su instrumento. Ustedes también, son el objeto de las psicosas; solamente, hay utilidad para ustedes en que las buenas vayan por el lado de ustedes, como han venido por el

---

²⁹⁸ *Ibid.*, 19 de diciembre de 1913. —Señalamos que el pacifismo y el feminismo están especialmente inscritos en el programa de este diario.
²⁹⁹ Se destacará que los "fraternistas", que son bastante "eclécticos", a veces hacen apropiaciones a la terminología ocultista.
³⁰⁰ *Le Fraterniste*, 23 de enero de 1914.

nuestro"[301]. Notemos todavía esta curiosa explicación de M. Béziat: "Podemos afirmar que una enfermedad, cualquiera que sea, es una de las numerosas variedades del Mal, con una *M* mayúscula. Ahora bien, el curandero, por su fluido, que infunde al paciente, por sus buenas intenciones, mata o ahoga al *Mal* en general. Así pues, resulta de ello que, por la misma ocasión, ahoga la variedad, es decir, la enfermedad. He ahí todo el secreto"[302]. Es muy simple en efecto, al menos en apariencia, o más bien muy "simplista"; pero hay otros "curanderos" que encuentran más simple todavía negar el mal: es el caso de las sectas americanas tales como los "Mental Scientists" y los "Christian Scientists", y esta opinión es también la de los antonistas, de quienes hablaremos más adelante. Los "fraternistas" llegan hasta hacer intervenir la "fuerza divina" en sus curaciones, y es todavía M. Béziat quien proclama "la posibilidad de curar las enfermedades por el empleo de las energías astrales invisibles, por la llamada a la Gran Fuerza Dispensadora Universal que es Dios"[303]; si la cosa fuera así, se les podría preguntar por qué sienten la necesidad de hacer llamada a los "espíritus" y a las "fuerzas de lo astral", en lugar de dirigirse a Dios directa y exclusivamente. Pero ya se ha visto lo que es el Dios en evolución en el que creen los "fraternistas"; hay todavía, a este propósito, una cosa muy significativa que tenemos que contar: el 9 de febrero de 1914, Sebastián Faure dio en Arras la conferencia sobre "las doce pruebas de la inexistencia de Dios" que repetía un poco por todas parte; M. Béziat tomó la palabra después de él, declarando "perseguir la misma meta en cuanto al fondo", dirigiéndole "sus más sinceras felicitaciones", y comprometiendo a todos los asistentes a "asociarse sinceramente a él en la realización de su programa tan humanitario". A continuación de la reseña que su diario dio de esta reunión, M. Béziat agregó estas reflexiones: "Aquellos que, como Sebastián Faure, niegan el Dios

---

[301] *Ibid.*, 19 de diciembre de 1913.
[302] *Ibid.*, 19 de diciembre de 1913.
[303] *Ibid.*, 10 de abril de 1914.

Creador de la Iglesia, se aproximan tanto más, según nosotros, al verdadero Dios que es la Fuerza Universal impulsiva de los mundos... Así, no tememos avanzar esta paradoja de que si los Sebastián Faure no creen ya en el Dios de los clérigos, es porque creen más que los demás en el Dios real. Decimos que en el estado actual de la evolución social, estas negaciones son más divinas que otras, puesto que quieren más justicia y felicidad para todos... Concluyo pues que si Sebastián Faure ya no cree en Dios, es únicamente porque ha llegado a conocerle más, o en todo caso a sentirle más, puesto que quiere practicar sus virtudes"[304]. Desde entonces, le han ocurrido a Sebastián Faure desventuras que muestran muy bien cómo entendía "practicar sus virtudes"; los "fraternistas", defensores de M. le Clément de Saint-Marcq, tienen decididamente amistades singulares.

Hubo muchas otras escuelas espiritistas más o menos independientes, que fueron fundadas o dirigidas por "médiums curanderos": Citaremos por ejemplo a M. A. Bouvier, de Lyon, que unía en sus teorías el magnetismo y el kardecismo, y que tenía un órgano titulado *La Paz Universal*, donde fue lanzado ese extravagante proyecto del "Congreso de la Humanidad" del que hemos hablado en otra parte[305]. A la cabeza de esta revista figuraban las dos máximas siguientes: "El conocimiento exacto de sí mismo engendra el amor de su semejante. No hay en el mundo culto más elevado que el de la verdad". No carece de interés destacar que la segunda no es más que la transcripción casi textual (salvo que la palabra "religión" está reemplazado ahí por "culto") de la divisa de la Sociedad Teosófica. Por otra parte, M. Bouvier, que acabó por ligarse al "fraternismo", estaba, contrariamente a lo que tiene lugar más ordinariamente, en muy buenos términos con los ocultistas; es verdad que éstos tienen hacia los "curanderos" una veneración al menos tan excesiva como la de los espiritistas. El famoso "Maestro desconocido" de la escuela papusiana, al que ya hemos hecho alusión,

---

[304] *Le Fraterniste*, 20 de febrero de 1914.
[305] *El Teosofismo*, pp. 171-173, ed. francesa.

no era en suma nada más que un "curandero", y no tenía ningún conocimiento de orden doctrinal; pero ese aparecía sobre todo como una víctima del papel que se le impuso: la verdad es que Papus tenía necesidad de un "Maestro", no para él, ya que él no le quería, sino de alguno que pudiera presentar como tal para dar a sus organizaciones la apariencia de una base seria, para hacer creer que tenía detrás de él "potencias superiores" cuyo representante autorizado era él; toda esa fantástica historia de los "enviados del Padre" y de los "espíritus del apartamento de Cristo" no ha tenido jamás, en el fondo, otra razón de ser que esa. En estas condiciones, nada hay de sorprendente en que los ingenuos, que son muy numerosos en el ocultismo, hayan creído poder contar, en el número de los "doce Grandes Maestros desconocidos de la Rosa-Cruz", a otros "curanderos" tan completamente desprovistos de intelectualidad como el "Padre Antonio" y el Alsaciano Francis Schlatter; ya hemos hablado de ellos en otra ocasión[306]. Hay otros todavía que, sin colocarlos tan alto, se les alaba mucho en la misma escuela; tal es ese a propósito del cual Papus ha deslizado esta nota en una de sus obras: "Al lado del espiritismo, debemos señalar a los adeptos de la teurgia y sobre todo a Saltzman como propagadores de la idea de reencarnación. En su hermoso libro, *Magnetismo espiritual*, Saltzman abre a todo espíritu buscador magníficos horizontes"[307]. Saltzman no es en realidad más que un espiritista cualquiera un poco disidente, que no tiene nada de un "adepto" en el verdadero sentido de esta palabra; y lo que llama "teurgia" no tiene el menor punto común con lo que los antiguos entendían por el mismo término, y que él ignora totalmente.

---

[306] *El Teosofismo*, p. 260, ed. francesa.
[307] *La Réincarnation*, p. 173. —Podríamos hablar también de un agrupamiento instituido bastante recientemente por un ocultista que pretende encerrarse en un misticismo "crístico", como él dice, y donde el supuesto tratamiento "teúrgico" de los enfermos parece ser igualmente una de las preocupaciones dominantes. Hay todavía, en el mismo orden de ideas, una organización auxiliar del martinismo, creada en Alemania por el Dr. Theodor Krauss (Saturnus), bajo la denominación de "Orden terapéutica, alquímica y filantrópica de los Samaritanos Desconocidos"; y recordaremos, en fin, que existe una "Orden de los Curanderos" entre las numerosas filiales de la Sociedad Teosófica.

Eso nos hace pensar en un personaje más bien ridículo que fue antaño una celebridad parisiense, ese a quien se llamaba el zuavo Jacob: él también había creído bueno dar este nombre de "teurgia" a una vulgar mezcla de magnetismo y de espiritismo. En 1888, publicó una suerte de revista cuyo título, a pesar de su longitud inusitada, merece ser transcrito integralmente: "Revista teúrgica, científica, psicológica y filosófica, que trata especialmente de la higiene y de la curación por los fluidos y de los peligros de las prácticas médicas, clericales, magnéticas, hipnóticas, etc., bajo la dirección del zuavo Jacob"; eso da ya una idea bastante clara de su mentalidad. Además, nos limitaremos a reproducir, sobre este personaje, la apreciación de un autor enteramente favorable al espiritismo: "El zuavo curandero estaba en boga. Entré en relación con él, pero no tuve que felicitarme de ello por mucho tiempo. Pretendía operar por la influencia de los espíritus, y, cuando yo arriesgaba alguna objeción, se precipitaba en insultos y en groserías dignas de un batelero *de pro*; pobres argumentos en la boca de un apóstol. ¡Escribo "apóstol", ya que se decía el enviado de Dios para "curar a los hombres físicamente, como Cristo había sido enviado para curarlos moralmente"! Muchas personas se acordarán de esta frase típica. Yo fui, es verdad, testigo de mejorías sorprendentes sobrevenidas instantáneamente en algunos enfermos desahuciados por los médicos. He visto, entre otros casos, un paralítico que se trajo a hombros de un comisionario porque ya no podía mover ni los brazos ni las piernas, ponerse a caminar solo, sin sostén ni muletas,... justo el tiempo de abandonar la sala del curandero, es decir, mientras permaneció en su presencia. Franqueada la puerta, el desdichado recayó inerte y debió ser vuelto a llevar como había venido. A oír decir, tanto como a ver, las curas del famoso zuavo no eran más que pseudocuraciones, y sus clientes recobraban invariablemente, al volver a su casa, todas las enfermedades de las cuales les había desembarazado en la suya, con una más: el desaliento. En todo caso, no llegó a curarme de lo que él llamaba mi "ceguera moral", y, en la hora presente, persisto en creer que el secreto de su influencia sobre las enfermedades residía, no en la asistencia de los espíritus, como lo pretendía, sino en la educación deplorable de la que hacía muestra. Espantaba a sus clientes con miradas furibundas, a las cuales agregaba, en ocasiones, epítetos salaces. Era domador, quizás, pero no taumaturgo"[308]. En suma, había en todo eso, con un cierto poder de sugestión, una fuerte dosis de charlatanería; encontraremos algo bastante análogo en la historia del antonismo, a la que pensamos que es bueno consagrar un capítulo especial, en razón de la llamativa expansión de esta secta, y también porque es ese un caso verdaderamente típico, muy propio para hacer juzgar sobre el estado mental de algunos de nuestros contemporáneos. No queremos decir que todos los "curanderos" estén en eso: los hay, muy ciertamente, cuya sinceridad es muy respetable, y cuyas facultades reales no contestamos, aunque sí deploramos que casi todos busquen explicarlas por teorías más que sospechosas; es bastante curioso constatar también que estas facultades se encuentran desarrolladas sobre todo en gentes poco inteligentes. En fin, aquellos que no son más que "sugestionadores" pueden obtener, en algunos casos, resultados más durables que las curas del zuavo Jacob, y no hay puesta en escena apropiada que no sea susceptible de actuar efectivamente sobre algunos enfermos; uno puede inclusive preguntarse si los charlatanes más manifiestamente tales no acaban por sugestionarse ellos a sí mismos y por creer más o menos en los poderes extraordinarios que se atribuyen. Sea como sea, tenemos que repetir todavía una vez más que todo lo que es "fenómeno" no prueba absolutamente nada bajo el punto de vista teórico: es perfectamente vano invocar, en favor de una doctrina, curaciones obtenidas por gentes que la profesan, y, por lo demás, se podrían apoyar así las opiniones más contradictorias, lo que muestra suficientemente que esos argumentos carecen de valor; cuando se trata de la verdad o de la falsedad de las ideas, toda consideración extraintelectual debe ser tenida por nula y sin valor.

---

[308] Félix Fabart, Histoire philosophique et politique de l'Occulte, pp. 173-174.

CAPÍTULO XII

El antonismo

Louis Antoine nació en 1846 en la provincia de Lieja, de una familia de mineros; fue primero minero él mismo, después se hizo obrero metalúrgico; después de una estancia de algunos años en Alemania y en Polonia, volvió de nuevo a Bélgica y se instaló en Jemeppe-sur-Meuse. Al perder a su único hijo, Antonio y su mujer se pusieron a hacer espiritismo; pronto, el antiguo minero, aunque casi iletrado, se encontró a la cabeza de un agrupamiento llamado de los "Viñadores del Señor", en el que funcionaba una verdadera oficina de comunicación con los muertos (veremos que esta institución no es única en su género); editó también una suerte de catecismo espiritista, hecho por lo demás enteramente de apropiaciones tomadas a las obras de Allan Kardec. Un poco más tarde, Antonio agregaba a su empresa, cuyo carácter no parece haber sido absolutamente desinteresado, un gabinete de consultas "para el alivio de todas las enfermedades y aflicciones morales y físicas", colocado bajo la dirección de un "espíritu" que se hacía llamar el Dr. Carita. Al cabo de algún tiempo después, se descubrió facultades de "curandero" que le permitían suprimir toda evocación y "operar" directamente por sí mismo; este cambio fue seguido de cerca por una desavenencia con los espiritistas, cuyos motivos no están muy claros. Es de este cisma de donde iba a salir el antonismo; en el Congreso de Namur, en noviembre de 1913, M. Fraikin, presidente de la "Federación Espiritista Belga", declaró textualmente: "El antonismo, por razones poco confesables, se niega a marchar ya con nosotros"; está permitido suponer que esas "razones poco confesables" eran sobre todo de orden comercial, si se puede decir, y que Antonio encontraba más ventajoso actuar enteramente a su guisa, fuera de todo control más o menos molesto. Para los enfermos que no podían venir a visitarle a Jemeppe, Antonio fabricaba un medicamento que designaba bajo el nombre de "licor Coune" y al cual atribuía el poder de curar indistintamente todas las afecciones; eso le valió un proceso por ejercicio ilegal de la medicina, y fue condenado a una ligera multa; reemplazó entonces su licor por el agua magnetizada, que no podía ser calificada de medicamento, y después por el papel magnetizado, más fácil de transportar. Sin embargo, los pacientes que acudían a Jemeppe devinieron tan numerosos que fue menester renunciar a tratarlos individualmente por pases o inclusive por una simple imposición de las manos, e instituir la práctica de las "operaciones" colectivas. Es en este momento cuando Antonio, que no había hablado hasta entonces más que de "fluidos", hizo intervenir la "fe", como un factor esencial, en las curaciones que cumplía, y cuando comenzó a enseñar que la imaginación es la única causa de todos los males físicos; como consecuencia, prohibió a sus discípulos (ya que se presentó desde entonces como fundador de secta) recurrir a los cuidados de un médico. En el libro que ha titulado *Revelación*, supone que un discípulo le dirige esta pregunta: "Alguien que había tenido el pensamiento de consultar a un médico viene a su casa diciendo: "Si no mejoro después de esta visita, iré a casa de tal médico". Usted constata sus intenciones y le aconseja que siga su pensamiento. ¿Por qué actúa usted así? Yo he visto enfermos que, después de haber ejecutado este consejo, han debido volver a usted". Antonio responde en estos términos: "Algunos enfermos, en efecto, pueden haber tenido el pensamiento de ir a casa del médico antes de consultarme. Si yo siento que tienen más confianza en el médico, es mi deber enviarles a él. Si no encuentran allí la curación, es porque su pensamiento de venir a mi casa, ha puesto un obstáculo en el trabajo del médico, como el de ir a casa del médico ha podido oponer un obstáculo en el mío. Otros enfermos preguntan también si tal remedio no podría ayudarles. Este pensamiento falsifica en un abrir y cerrar de ojos toda mi operación: es la prueba de que no tienen la fe suficiente, la certeza de que, sin medicamentos, yo puedo darlos lo que reclaman... El médico no puede dar más que el resultado de sus estudios, y éstos tienen como base la materia. Así pues, la causa permanece, y el mal reaparecerá, porque todo lo que es materia no podría curar sino temporalmente". En otros pasajes, se lee todavía: "Es por la fe en el curandero como el enfermo encuentra su curación. El doctor puede creer en la eficacia de las drogas, mientras que éstas no sirven de nada para el que tiene la fe... La fe es el único y universal remedio, penetra a quien se quiere proteger, aunque esté alejado a miles de leguas". Todas las "operaciones" (es el término consagrado) se terminan por esta fórmula: "Las personas que tienen la fe son curadas o aliviadas". Todo eso recuerda mucho las teorías de la "Christian Science", fundada en América, desde 1866, por Mme Baker Eddy; los antonistas, como los "Christian Scientists", han tenido a veces problemas con la justicia por haber dejado morir enfermos sin hacer nada para cuidarlos; en Jemeppe mismo, la municipalidad negó en varias ocasiones permisos para enterrar. Los fracasos no descorazonaron a los antonistas y no impidieron a la secta prosperar y extenderse, no solo en Bélgica, sino también en el Norte de Francia. El "Padre Antonio" murió en 1912, dejando su sucesión a su viuda, que se llamaba la "Madre", y a uno de sus discípulos, el "Hermano" Deregnaucourt (que ya ha muerto también); ambos vinieron a París, hacia el final de 1913, para inaugurar un templo antonista, y después fueron a inaugurar otro en Mónaco. En el momento de estallar la guerra, el "culto antonista" estaba a punto de ser reconocido legalmente en Bélgica, lo que debía tener por efecto poner los tratamientos de sus ministros a cargo del estado; la petición que había sido depositada a este efecto estaba apoyada muy especialmente por el partido socialista y por dos de los jefes de la masonería belga, los senadores Charles Magnette y Goblet de Alviella. Es curioso notar los apoyos que, motivados sobre todo por razones políticas, ha encontrado el antonismo, cuyos adherentes se reclutan casi exclusivamente en los medios obreros; por lo demás, hemos citado en otra parte[309] una prueba de la simpatía que le testimonian los teosofistas, mientras que los espiritistas "ortodoxos" parecen encontrar ahí más bien un elemento de perturbación y de división. Agregamos todavía que, durante la guerra, se contaron cosas singulares sobre la manera en que los alemanes respetaron los templos antonistas; naturalmente, los miembros de la secta atribuyeron estos hechos a la protección póstuma del "Padre", tanto más cuanto que éste había declarado solemnemente: "La muerte, es la vida; no puede alejarme de vosotros, no me impedirá aproximarme a todos aquellos que tienen confianza en mí, al contrario".

Lo que es destacable en el caso de Antonio, no es su carrera de "curandero", que presenta más de una semejanza con la del zuavo Jacob: hubo casi tanta charlatanería en uno como en el otro, y, si obtuvieron algunas curas reales, se debieron muy probablemente a la sugestión, más bien que a facultades especiales; sin duda es por eso por lo que era tan necesario tener la "fe". Lo que es más digno de atención, es que Antonio se haya presentado como fundador de religión, y que haya triunfado a este respecto de una manera verdaderamente extraordinaria, a pesar de la nulidad de sus "enseñanzas", que no son más que una vaga mezcla de teorías espiritistas y de "moralismo" protestante, y que, además, están redactadas frecuentemente en una jerga casi ininteligible. Uno de los trozos más característicos, es una suerte de decálogo que se titula "diez fragmentos en prosa de la enseñanza revelada por Antonio el Curandero"; aunque se pone cuidado en advertirnos que este texto está "en prosa", está dispuesto como los "versos libres" de algunos poetas "decadentes", y se pueden descubrir incluso algunas rimas; vale la pena que sea reproducido[310]: "Dios habla: — *Primer principio*: Si me amáis, — no lo enseñaréis a nadie, — puesto que sabéis que yo no resido — más que en el seno del hombre. — Vosotros no podéis testimoniar que existe — una suprema bondad — mientras que me aisláis del prójimo.

---

[309] *El Teosofismo*, pp. 259-260, ed. francesa.
[310] Para evitar los cortes de párrafos, indicamos los cortes del texto por simples trazos.

— *Segundo principio*: No creáis en el que os habla de mí, — cuya intención sería convertiros. — Si respetáis toda creencia — y al que no tiene ninguna, — sabéis, a pesar de vuestra ignorancia, — más de lo que podría deciros. — *Tercer principio*: Vosotros no podéis hacer moral a nadie, — sería probar — que no hacéis bien, — porque ella no se enseña por la palabra, — sino por el ejemplo, — y no ver el mal en nada. — *Cuarto principio*: No digáis jamás que hacéis caridad — a alguien que os parece en la miseria, — sería hacer entender — que yo carezco de miras, que no soy bueno, — que soy un mal padre, — un avaro, que deja tener hambre a su retoño. — Si actuáis hacia vuestro semejante — como un verdadero hermano, — no hacéis caridad más que a vosotros mismos, — debéis saberlo. — Puesto que nada está bien si no es solidario, — no habéis hecho hacia él — más que desempeñar vuestro deber. — *Quinto principio*: Tratad siempre de amar al que decís — "vuestro enemigo": — es para enseñaros a conoceros — que yo le coloco en vuestro camino. — Pero ved el mal más bien en vosotros que en él: — será su remedio soberano. — *Sexto principio*: Cuando queráis conocer la causa — de vuestros sufrimientos, — que padecéis siempre con razón, — la encontraréis en la incompatibilidad de — la inteligencia con la conciencia, — que establece entre ellas los términos de comparación. Vosotros no podéis sentir el menor sufrimiento — que no sea para haceros observar — que la inteligencia es opuesta a la conciencia; — es lo que es menester no ignorar. — *Séptimo principio*: Tratad de penetraros, — ya que el menor sufrimiento es debido a vuestra — inteligencia que quiere siempre poseer más; — se hace un pedestal de la clemencia, — al querer que todo le esté subordinado. — *Octavo principio*: No os dejéis dominar por vuestra inteligencia — que no busca más que elevarse siempre — cada vez más; — ella pisotea a la conciencia, — sosteniendo que es la materia la que da las virtudes, — mientras que ella no encierra más que la miseria — de las almas que vosotros decís — "abandonadas", — que han actuado solo para satisfacer — su inteligencia que les ha extraviado. — *Noveno principio*: Todo lo que os es útil, para el presente — como para el porvenir, — si no dudáis nada,

— os será dado por añadidura. — Cultivaos, vosotros os recordaréis el pasado, — tendréis el recuerdo — de que se os ha dicho: "Llamad, yo os abriré. — Yo estoy en el conócete"... — *Décimo principio*: No penséis hacer siempre un bien — cuando llevéis asistencia a un hermano; — podríais hacer lo contrario, — poner trabas a su progreso. — Sabed que una gran prueba — será vuestra recompensa, — si le humilláis y le imponéis el respeto. — Cuando queráis actuar, — no os apoyéis jamás sobre vuestra creencia, — porque ella puede extraviaros también; — basaos siempre sobre la conciencia — que quiere dirigiros, ella no puede engañaros". Estas pretendidas "revelaciones" se parecen completamente a las "comunicaciones" espiritistas, tanto por el estilo como por el contenido; es ciertamente inútil buscar darles un comentario seguido o una explicación detallada; no es siquiera muy seguro que el "Padre Antonio" se haya comprendido siempre a sí mismo, y su obscuridad es quizás una de las razones de su éxito. Lo que conviene destacar sobre todo, es la oposición que quiere establecer entre la inteligencia y la conciencia (este último término debe tomarse verosímilmente en el sentido moral), y la manera en la que pretende asociar la inteligencia a la materia; en esto habría con qué regocijar a los partidarios de M. Bergson, aunque una tal aproximación sea bastante poco halagadora en el fondo. Sea como sea, se comprende bastante bien que el antonismo haga profesión de despreciar la inteligencia, y que la denuncie incluso como la causa de todos los males: ella representa el demonio en el hombre, como la conciencia representa a Dios; pero, gracias a la evolución, todo acabará por arreglarse: "Por nuestro progreso, encontraremos en el demonio el verdadero Dios, y en la inteligencia la lucidez de la conciencia". En efecto, el mal no existe realmente; lo que existe, es solo la "visión del mal", es decir que es la inteligencia la que crea el mal allí donde lo ve; el único símbolo del culto antonista es una suerte de árbol que se llama "el árbol de la ciencia de la visión del mal". He aquí por qué es menester "no ver el mal en nada", puesto que desde entonces cesa de existir; en particular, uno no debe verle en la conducta de su prójimo, y es así cómo es menester entender la prohibición de "hacer moral a nadie", tomando esta expresión en su sentido completamente popular; es evidente que Antonio no podía impedir predicar la moral, puesto que él mismo apenas hizo otra cosa. Le agregaba preceptos de higiene, lo que estaba por lo demás en su papel de "curandero"; recordamos a este propósito que los antonistas son vegetarianos, como los teosofistas y los miembros de otras diversas sectas de tendencias humanitarias; sin embargo, no pueden ser considerados como "zoófilos", ya que les está severamente prohibido tener animales en sus casas: "Debemos saber que el animal no existe más que en apariencia; no es más que el excremento de nuestra imperfección (sic)... Cuán inmersos en el error estamos apegándonos al animal; es un gran pecado (en el dialecto walon que hablaba habitualmente, Antonio decía "una duda"), porque el animal no es digno de tener su casa donde residen los humanos". La materia misma no existe más que en apariencia, no es más que una ilusión producida por la inteligencia: "Decimos que la materia no existe porque hemos rebasado su imaginación"; ella se identifica así al mal: "Un átomo de materia nos es un sufrimiento"; y Antonio llega hasta declarar: "Si la materia existe, Dios no puede existir". He aquí cómo explica la creación de la tierra: "Ningún otro que la individualidad de Adán ha creado este mundo (sic). Adán ha sido llevado a constituirse una atmósfera y a construir su habitación, el globo, tal como quería tenerle". Citamos todavía algunos aforismos relativos a la inteligencia: "Los conocimientos no son saber, no razonan más que la materia... La inteligencia, considerada por la humanidad como la facultad más envidiable bajo todos los puntos de vista, no es más que la sede de nuestra imperfección... Yo os he revelado que hay en nosotros dos individualidades, el yo conciencia y el yo inteligencia; uno real, el otro aparente... La inteligencia no es otra que el haz de moléculas que llamamos cerebro... A medida que progresamos, demolemos del yo inteligencia para reconstruir sobre el yo conciencia". Todo eso es pasablemente incoherente; la única idea que se desprende de ello, si se puede llamar a eso una idea, podría formularse así: es menester eliminar la inteligencia en provecho de la "conciencia", es decir, de la sentimentalidad. Los ocultistas franceses, en su último periodo, han llegado a una actitud casi semejante; todavía no tenían, en su mayor parte, la excusa de ser iletrados, pero conviene notar que la influencia de otro "curandero" estuvo sin duda ahí para algo.

Para ser consecuente consigo mismo, Antonio habría debido atenerse al enunciado de preceptos morales del género de éstos, que están inscritos en sus templos: "Un solo remedio puede curar a la humanidad: la fe. Es de la fe de donde nace el amor: es el amor el que nos muestra en nuestros enemigos a Dios mismo. No amar a los enemigos, es no amar a Dios, ya que es el amor que tenemos por nuestros enemigos el que nos hace dignos de servirle; es solo el amor el que nos hace amar verdaderamente, porque es puro y de verdad". Está aquí, parece, lo esencial de la moral antonista; para lo demás, parece más bien elástica: "Sois libres, actuad como bien os parezca, el que hace bien encontrará bien. En efecto, juzgamos desde un tal punto de nuestro libre albedrío, que Dios nos deja hacer de él lo que queramos". Pero Antonio ha creído deber formular también algunas teorías de un orden diferente, y es ahí sobre todo donde alcanza el colmo del ridículo; he aquí un ejemplo de ello, sacado de un folleto titulado *La Aureola de la Conciencia*: "Os voy a decir cómo debemos comprender las leyes divinas y de qué manera ellas pueden actuar sobre nosotros. Vosotros sabéis que se reconoce que la vida está por todas partes; si el vacío existiera, la nada tendría también su razón de ser. Una cosa que puedo afirmar también, es que el amor existe también por todas partes, y del mismo modo que hay amor, hay inteligencia y conciencia. Amor, inteligencia y conciencia reunidos constituyen una unidad, el gran misterio, Dios. Para haceros comprender lo que son las leyes, debo volver de nuevo a lo que ya os he repetido concerniente a los fluidos: existen tantos como pensamientos; tenemos la facultad de manejarlos y de establecer sus leyes, por el pensamiento, según nuestro deseo de actuar. Aquellas que imponemos a nuestros semejantes nos imponen del mismo modo. Tales son las leyes de interior, llamadas ordinariamente leyes de Dios. En cuanto a las leyes de exterior, dichas leyes de la naturaleza, son el instinto de la vida que se manifiesta en la materia, se reviste de todos los matices, toma formas numerosas, incalculables, según la naturaleza del germen de los fluidos ambientes. Es así para todas las cosas, todas tienen su instinto, los astros mismos que planean en el espacio infinito se dirigen por el contacto de los fluidos y describen instintivamente su órbita. Si Dios hubiera establecido leyes para ir a él, ellas serían una traba a nuestro libre albedrio; ya fuesen relativas o ya fuesen absolutas, serían obligatorias, puesto que no podríamos dispensarnos de ellas para llegar a la meta. Pero Dios deja a cada uno la facultad de establecer sus leyes, según la necesidad; es todavía una prueba de su amor. Toda ley no debe tener más que la conciencia por base. Así pues, no decimos "leyes de Dios", sino más bien "leyes de la consciencia". Esta revelación brota de los principios mismos del amor, de ese amor que desborda por todas partes, que se encuentra tanto en el centro de los astros como en el fondo de los océanos, de ese amor cuyo perfume se manifiesta por todas partes, que alimenta a todos los reinos de la naturaleza y que mantienen el equilibrio y la armonía en todo el Universo". A esta cuestión: "¿De dónde viene la vida?", Antonio responde a continuación: "La vida es eterna, está por todas partes. Los fluidos existen también en el infinito y por toda eternidad. Nos bañamos en la vida y en los fluidos como el pez en el agua. Los fluidos se encadenan y son cada vez más etéreos; se distinguen por el amor; por todas partes donde éste existe, hay vida, ya que sin la vida el amor ya no tiene su razón de ser. Basta que dos fluidos estén en contacto por un cierto grado de calor solar, para que sus dos gérmenes de vida se dispongan a entrar en relación. Es así cómo la vida se crea una individualidad y deviene actuante". Si se hubiera pedido al autor de estas elucubraciones se explicara de una manera un poco más inteligible, sin duda habría respondido con esta frase que repetía a todo propósito: "Vosotros no veis más que el efecto, buscad la causa". No olvidamos agregar que Antonio había conservado cuidadosamente, del espiritismo kardecista por el que había comenzado, no solo esta teoría de los "fluidos" que acabamos verle expresar a su manera, sino también, la idea del progreso, y la de la reencarnación: "El alma imperfecta permanece encarnada hasta que haya rebasado su imperfección... Antes de abandonar el cuerpo que se muere, el alma se ha preparado otro para reencarnarse... Nuestros seres queridos supuestamente desaparecidos no lo están más que en apariencia, no dejamos un instante de verlos y de hablar con ellos. La vida corporal no es más que una ilusión".

A los ojos de los antonistas, lo que más importa en la "enseñanza" de su "Padre", es el lado "moralista"; todo lo demás no es más que accesorio. Tenemos la prueba de ello en una hoja de propaganda que lleva este título: "Revelación por el Padre Antonio, el gran curandero de la Humanidad, para el que tiene la fe", y que transcribimos textualmente: "La Enseñanza del Padre tiene por base el amor, revela la ley moral, la conciencia de la humanidad; recuerda al hombre los deberes que tienen que desempeñar hacia sus semejantes; aunque esté atrasado incluso hasta no poder comprenderla, podrá, al contacto de aquellos que la extienden, penetrarse del amor que se desprende de ellos; éste le inspirará mejores intenciones y hará germinar en él sentimientos más nobles. La religión, dice el Padre, es la expresión del amor bebido en el seno de Dios, que nos hace amar a todo el mundo indistintamente. No perdemos jamás de vista la ley moral, ya que es por ella como presentimos la necesidad de mejorarnos. Nosotros no hemos llegado todos al mismo grado de desarrollo intelectual y moral, y Dios coloca siempre a los débiles en nuestro camino para darnos la ocasión de aproximarnos a Él. Se encuentran entre nosotros seres que están desprovistos de toda facultad y que tienen necesidad de nuestro apoyo; el deber nos impone venir en su ayuda en la medida en que creemos en un Dios bueno y misericordioso. Su desarrollo no les permite practicar una religión cuya enseñanza está por encima del alcance de su comprensión, pero nuestra manera de actuar a su respecto les recordará el respeto que le es debido y les conducirá a buscar el medio más ventajoso para su progreso. Si queremos atraerlos a nosotros por una moral que reposa sobre leyes inaccesibles a su entendimiento, los perturbaremos, los desmoralizaremos, y la menor instrucción sobre ésta les será insoportable; acabarán por no comprender ya nada; dudando así de la religión, entonces recurrirán al materialismo. He aquí la razón por la cual nuestra humanidad pierde todos los días la verdadera creencia en Dios en favor de la materia. El Padre ha revelado que antaño era tan raro encontrar un materialista como hoy día un verdadero creyente[311]. Mientras ignoremos la ley moral, por la cual nos dirigimos, la transgrediremos. La Enseñanza del Padre razona esta ley moral, inspiradora de todos los corazones dedicados a regenerar a la Humanidad; no interesa solo a aquellos que tienen fe en Dios, sino a todos los hombres indistintamente, creyentes y no creyentes, en cualquier escalón al cual se pertenezca. No creáis que el Padre pide el establecimiento de una religión que restringe a sus adeptos en un círculo, los obliga a practicar su doctrina, a observar un cierto rito, a respetar cierta forma, a seguir una opinión cualquiera, a dejar su religión para venir a Él. No, la cosa no es así: nosotros instruimos a quienes se dirigen a nosotros en lo que hemos comprendido de la Enseñanza del Padre y los exhortamos a la práctica sincera de la religión en la que tienen fe, a fin de que puedan adquirir los elementos morales en relación con su comprensión. Sabemos que la creencia no puede estar basada sino en el amor; pero debemos esforzarnos siempre en amar y no en hacernos amar, ya que esto es la mayor de las plagas. Cuando estemos penetrados de la Enseñanza del Padre, ya no habrá disensión entre las religiones porque no habrá más indiferencia, nos amaremos todos porque habremos comprendido al fin la ley del progreso, tendremos las mismas consideraciones para todas las religiones e incluso para la increencia, persuadidos de que nadie podría hacernos el menor mal y de que, si queremos ser útiles a nuestros semejantes, debemos demostrarles que nosotros profesamos una buena religión que respeta la suya y que quiere su bien. Entonces estaremos convencidos de que el amor nace de

---

[311] No había verdaderamente necesidad de una "revelación" para eso; pero los antonistas ignoran naturalmente que el materialismo no data más que del siglo XVIII.

la fe que es la verdad; pero no la poseeremos sino cuando no pretendamos tenerla". Y este documento se termina por esta frase impresa en gruesos caracteres: "La Enseñanza del Padre, es la Enseñanza de Cristo revelado a esta época por la fe". Es también por esta asimilación increíble como acababa el artículo, sacado de un órgano teosofista, que hemos citado en otra parte: "El Padre no pretende más que renovar la enseñanza de Jesús de Nazaret, demasiado materializada en nuestra época por las religiones que se reclaman a este gran Ser"[312]. Esta pretensión es de una audacia que únicamente la inconsciencia puede excusar; dado el estado de espíritu que pone de manifiesto en los antonistas, no hay lugar a extrañarse de que hayan llegado a una verdadera deificación de su fundador, y eso incluso en vida; no exageramos nada, y tenemos el testimonio de ello en este extracto de una de sus publicaciones: "¿Hacer de M. Antonio un gran señor, no sería más bien rebajarle? Admitiréis, supongo, que nosotros, sus adeptos, que estamos al corriente de su trabajo, tengamos a su respecto otros pensamientos. Vosotros interpretáis demasiado intelectualmente, es decir, demasiado materialmente, nuestra manera de ver, y, al juzgar así sin conocimiento de causa, no podéis comprender el sentimiento que nos anima. Pero quienquiera que tiene fe en nuestro buen Padre aprecia lo que Él es en su justo valor porque le considera moralmente. Nosotros podemos pedir-Le todo lo que queremos, Él nos lo da con desinterés. No obstante, nos es lícito actuar a nuestra guisa, sin recurrir en modo alguno a Él, ya que Él tiene el mayor respeto por el libre albedrío; jamás nos impone nada. Si tenemos que pedir-Le consejo, es porque estamos convencidos de que Él sabe todo aquello de lo que tenemos necesidad, y que nosotros lo ignoramos. ¿No sería pues infinitamente preferible darse cuenta de su poder antes de querer desacreditar nuestra manera de actuar a su respecto? Como un buen padre, Él vigila sobre nosotros. Cuando debilitados por la enfermedad, vamos a Él, llenos de confianza, Él nos alivia, nos cura. Que caemos aniquilados bajo el golpe de las más

---

[312] *Le Théosophe*, 1º de diciembre de 1913.

terribles penas morales, Él nos levanta y nos conduce a la esperanza en nuestros corazones doloridos. Que la pérdida de un ser querido deja en nuestras almas un vacío inmenso, su amor lo llena y nos llama de nuevo al deber. Él posee el bálsamo por excelencia, el amor verdadero que allana toda diferencia, que rebasa todo obstáculo, que cura toda llaga, y Él le prodiga a toda la humanidad, ya que es más bien médico del alma que del cuerpo. No, nosotros no queremos hacer de Antonio el Curandero un gran señor, hacemos de Él nuestro salvador. Él es más bien nuestro Dios, porque Él no quiere ser más que nuestro servidor".

He aquí suficiente sobre un tema tan totalmente desprovisto de interés en sí mismo; pero lo que es terrible, es la facilidad con la cual estas insensateces se extienden en nuestra época: en algunos años, el antonismo ha juntado adherentes por millares. En el fondo, la razón de este éxito, como el de todas las cosas similares, es que corresponden a algunas de las tendencias que son lo propio del espíritu moderno; pero son precisamente estas tendencias las que son inquietantes, porque son la negación misma de toda intelectualidad, y nadie puede disimularse que ganan terreno actualmente. El caso del antonismo, lo hemos dicho, es enteramente típico; entre las múltiples sectas pseudoreligiosas que se han formado desde hace alrededor de medio siglo, las hay análogas, pero ésta presenta la particularidad de haber tomado nacimiento en Europa, mientras que la mayoría de las demás, de aquellas al menos que han triunfado, son originarias de América. Por lo demás, las hay que, como la "Christian Science", han llegado a implantarse en Europa, e incluso en Francia en estos últimos años[313]; se trata todavía de un síntoma de la agravación del desequilibrio mental cuyo punto de partida marca en cierto modo la aparición del espiritismo; y, aunque estas sectas no se derivan directamente del espiritismo como el antonismo, las tendencias que se manifiestan en ellas son ciertamente las mismas en una amplia medida.

---

[313] *El Teosofismo*, p. 259, ed. francesa.

CAPÍTULO XIII

La propaganda espiritista

Ya hemos señalado las tendencias propagandistas de los espiritistas; es inútil aportar pruebas, ya que estas tendencias, siempre íntimamente ligadas a las preocupaciones "moralistas", se despliegan en todas sus publicaciones. Por lo demás, lo hemos dicho, esta actitud se comprende mucho mejor en los espiritistas que en las demás escuelas "neoespiritualistas" que tienen pretensiones al esoterismo: proselitismo y esoterismo son evidentemente contradictorios; pero los espiritistas, que están imbuidos del más puro espíritu democrático, son mucho más lógicos en eso. No queremos volver más sobre este tema; pero es bueno notar algunos caracteres especiales de la propaganda espiritista, y mostrar como esta propaganda sabe, en la ocasión, hacerse tan insinuante como la de las sectas de inspiración protestante más o menos directa: en el fondo, todo eso procede de una misma mentalidad.

Los espiritistas creen poder invocar la expansión de su doctrina como una prueba de su verdad; Allan Kardec escribía ya: "Aquellos que dicen que las creencias espiritistas amenazan invadir el mundo, proclaman por eso mismo su fuerza, ya que una idea sin fundamento y desprovista de lógica no podría devenir universal; así pues, si el espiritismo se implanta por todas partes, si se recluta sobre todo en las clases ilustradas, así como cada quien lo reconoce, es porque tiene un fondo de verdad"[314]. La llamada a un pretendido "consentimiento universal" para probar la

---

[314] Le Livre des Esprits, p. 454.

verdad de una idea, es un argumento querido por algunos filósofos modernos; nada podría ser más insignificante: primero, la unanimidad sin duda no se realiza jamás, y, si lo fuera, no se tendría ningún medio de constatarla; así pues, de hecho, eso equivale simplemente a pretender que la mayoría debe tener razón; ahora bien, en el orden intelectual, hay muchas probabilidades para que sea precisamente lo contrario lo que tenga lugar lo más frecuentemente, ya que los hombres de inteligencia mediocre son ciertamente los más numerosos, y por lo demás, sobre no importa cuál cuestión, los incompetentes forman la inmensa mayoría. Así pues, temer la invasión del espiritismo, no es reconocerle otra fuerza que la de la multitud, es decir, una fuerza ciega y brutal; para que algunas ideas se extiendan tan fácilmente, es menester que sean de una cualidad muy inferior, y, si se hacen aceptar, no es porque tengan la menor fuerza lógica, es únicamente porque se pone en ellas algún interés sentimental. En cuanto a pretender que el espiritismo "se recluta sobre todo en las clases ilustradas", eso es ciertamente falso; es verdad que sería menester saber justamente lo que se entiende por eso, y que las gentes llamadas "ilustradas" pueden serlo de una manera completamente relativa; nada es más lamentable que los resultados de una instrucción a medias. Por lo demás, ya hemos dicho que la adhesión misma de algunos sabios más o menos "especialistas" no prueba tampoco mucho a nuestros ojos, porque, en las cosas donde les falta competencia, pueden encontrarse exactamente sobre el mismo plano que el vulgo; y todavía, esos no son más que casos excepcionales, puesto que la gran mayoría de la clientela espiritista es incontestablemente de un nivel mental extremadamente bajo. Ciertamente, las teorías del espiritismo están al alcance de todo el mundo, y hay quienes quieren ver en este carácter una marca de superioridad; he aquí, por ejemplo, lo que leemos en un artículo al que hemos hecho alusión precedentemente: "Poned ante un obrero que no ha tenido la fortuna de hacer estudios profundos un capítulo de un tratado metafísico sobre la existencia de Dios, con todo el cortejo de las pruebas ontológicas, físicas, morales y estéticas[315]. ¿Qué comprenderá de ello? Nada de nada. Con semejantes reseñas, estará condenado sin remisión a permanecer en la ignorancia más completa... Por el contrario, si se le hace asistir a una sesión de espiritismo, incluso si se le cuenta, si lee en una revista lo que pasa en ella, captará en seguida, sin ninguna dificultad, sin necesidad de explicación... Gracias a su simplicidad que le permite extenderse por todas partes, el espiritismo cosechará admiradores numerosos... El bien progresará siempre, si todo el mundo comprende la veracidad de la doctrina espiritista"[316]. A esta "simplicidad" que se nos alaba y que se encuentra admirable, la llamamos, por nuestra parte, mediocridad e indigencia intelectual; en cuanto al obrero que se juzga bueno poner en escena, a falta de una instrucción religiosa elemental cuya posibilidad se guarda prudentemente de considerar, pensamos incluso que "la ignorancia más completa" valdría para él mucho más que las ilusiones y las locuras del espiritismo: el que no sabe nada de una cuestión y el que no tiene de ella más que ideas falsas son igualmente ignorantes, pero la situación del primero es muy preferible a la del segundo, sin hablar siquiera de los peligros especiales en el caso de que se trata.

Los espiritistas, en su delirio de proselitismo, emiten a veces pretensiones absolutamente estuporizantes: "La revelación nueva, proclama M. Léon Denis, se manifiesta fuera y por encima de las Iglesias. Su enseñanza se dirige a todas las razas de la tierra. Por todas partes, los espíritus proclaman los principios sobre los que se apoya. Sobre todas las regiones del globo pasa la gran voz que recuerda al hombre el pensamiento de Dios y de la vida futura"[317]. ¡Que los espiritistas vayan

---

[315] Todo eso, naturalmente, no tiene la menor relación con la metafísica verdadera; lo que el autor llama por este nombre, no son más que las banalidades de la filosofía universitaria, y es fácil ver hasta dónde llegan para él algunos "estudios profundos": ¡un manual de bachillerato representa a sus ojos la más alta intelectualidad concebible!
[316] Spiritisme et Métaphysique, por J. Rapicault: Le Monde Psychique, enero de 1912.
[317] Christianisme et Spiritisme, pp. 277-278.

pues a predicar sus teorías a los orientales: ¡verán cómo son acogidos! La verdad es que el espiritismo se dirige exclusivamente a los occidentales modernos, y que no es sino entre ellos únicamente donde puede hacerse aceptar, porque es un producto de su mentalidad, y porque las tendencias que traduce son precisamente aquellas por las que esta mentalidad se diferencia de toda otra: búsqueda del "fenómeno", creencia en el progreso, sentimentalismo y "moralismo" humanitario, ausencia de toda intelectualidad verdadera; esa es toda la razón de su éxito, y es su necedad misma la que constituye su mayor fuerza (en el sentido de esa fuerza brutal de la que hemos hablado hace un momento) y la que le granjea un número tan grande de adherentes. Por lo demás, los apóstoles de la "revelación nueva" insisten sobre todo sobre su carácter sentimental, "consolador" y "moralizador": "Esta enseñanza puede dar satisfacción a todos, dice M. Léon Denis, tanto a los espíritus más refinados como a los más modestos, pero se dirige sobre todo a aquellos que sufren, a aquellos que se inclinan bajo una pesada tarea o penosas pruebas, a todos aquellos que tienen necesidad de una fe viril que les sostenga en su marcha, en sus trabajos, en sus dolores. Se dirige a la muchedumbre de los humanos. La muchedumbre ha devenido incrédula y desconfiada hacia todo dogma y toda creencia religiosa, ya que siente que se ha abusado de ella durante siglos. No obstante, subsisten siempre en ella aspiraciones confusas hacia el bien, una necesidad innata de progreso, de libertad y de luz, que facilitará la eclosión de la idea nueva y su acción regeneradora"[318]. Los espíritus supuestamente "refinados" que puede satisfacer el espiritismo no son verdaderamente muy difíciles; pero retengamos que es sobre todo a la muchedumbre a quien entiende dirigirse, y notemos también de paso esta fraseología pomposa: "progreso, libertad, luz", que es común a todas las sectas del mismo género, y que es en cierto modo una de esas "firmas" sospechosas de las que hemos hablado. Citamos todavía este otro pasaje del mismo autor: "El espiritismo nos revela la ley moral,

---

[318] *Ibid.*, pp. 319-320.

traza nuestra línea de conducta y tiende a aproximar a los hombres por la fraternidad, la solidaridad y la comunidad de pareceres. Indica a todos una meta más digna y más elevada que la que se perseguía hasta entonces. Aporta con él un sentimiento nuevo de la plegaria, una necesidad de amar, de trabajar para los demás, de enriquecer nuestra inteligencia y nuestro corazón... Venid a saciaros a esta fuente celeste, todos vosotros que sufrís, todos vosotros que tenéis sed de la verdad. Ella hará correr en vuestras almas una onda refrescante y regeneradora. Vivificados por ella, sostendréis más alegremente los combates de la existencia; sabréis vivir y morir dignamente"[319]. No, no es de la verdad de lo que tienen sed las gentes a quienes se dirigen llamadas como ésta, es sed de "consolaciones"; si encuentran que algo es "consolador", o si se les persuade de ello, se apresuran a creerlo así, y su inteligencia no tiene en ello la menor parte; el espiritismo explota la debilidad humana, se aprovecha de que, en nuestra época, se encuentra muy frecuentemente privada de toda dirección superior, y funda sus conquistas sobre la peor de todas las decadencias. En estas condiciones, no vemos muy bien lo que autoriza a los espiritistas a declamar, como lo hacen de tan buena gana, contra cosas tales como el alcoholismo por ejemplo: hay también gentes que encuentran en la ebriedad el alivio y el olvido de sus sufrimientos; si los "moralistas", con sus grandes frases huecas sobre la "dignidad humana", se indignan por una tal comparación, les emplazamos a hacer el censo de los casos de locura debidos al alcoholismo por una parte y al espiritismo por la otra; teniendo en cuenta el número total respectivo de los alcohólicos y de los espiritistas y estableciendo la proporción, no sabemos muy bien de qué lado estará la ventaja.

El carácter democrático del espiritismo se afirma por su propaganda en los medios obreros, a quienes su "simplicidad" le hace particularmente accesible: es ahí donde sectas tales como el

---

[319] *Après la mort*, pp. 417-420.

"fraternismo" reclutan casi todos sus adherentes, y el caso del antonismo es muy destacable también bajo este aspecto. Es menester creer, por lo demás, que los mineros de Bélgica y del Norte de Francia constituyen un terreno más favorable que ningún otro; reproducimos todavía, a este propósito, el relato siguiente que encontramos en una obra de M. Léon Denis: "Es un espectáculo reconfortante ver todos los domingos afluir a Jumet (Bélgica), de todos los puntos de la cuenca de Charleroi, numerosas familias de mineros espiritistas. Se agrupan en una vasta sala donde, después de los preliminares de uso, escuchan con recogimiento las instrucciones que sus guías invisibles les hacen oír por la boca de los médiums dormidos. Es por uno de ellos, simple obrero minero, poco letrado, y que se expresa habitualmente en dialecto walon, como se manifiesta el espíritu del canónigo Xavier Mouls, sacerdote de gran valor y de alta virtud, a quien se debe la vulgarización del magnetismo y del espiritismo en los "caseríos mineros" de la cuenca. Mouls, después de crueles pruebas y de duras persecuciones, ha dejado la tierra, pero su espíritu vigila siempre sobre sus queridos mineros. Todos los domingos, toma posesión de los órganos de su médium favorito y, después de una cita de los textos sagrados, con una elocuencia completamente sacerdotal, desarrolla ante ellos, en puro francés, durante una hora, el tema escogido, hablando al corazón y a la inteligencia de sus auditores, exhortándoles al deber, a la sumisión a las leyes divinas. La impresión producida sobre estas bravas gentes es muy grande; es la misma cosa en todos los medios donde se practica el espiritismo de una manera seria por los humildes de este mundo"[320]. Carecería de interés proseguir esta cita, a propósito de la cual no haremos más que una simple precisión: se sabe cuan violento es el anticlericalismo de los espiritistas; pero basta que un sacerdote esté en rebelión más o menos abierta contra la autoridad eclesiástica para que se apresuren a celebrar su "gran valor", su "alta virtud", y así sucesivamente. Es así como M. Jean Beziat tomó

---

[320] *Christianisme et Spiritisme*, pp. 329-330.

antaño la defensa del abad Lemire[321]; y habría que hacer curiosas investigaciones sobre las relaciones más que cordiales que todos los emprendedores de cismas contemporáneos han mantenido con los "neoespiritualistas" de diversas escuelas.

Por otro lado, los espiritistas, como los teosofistas buscan extender su propaganda hasta la infancia; sin duda, como lo hemos visto, muchos de entre ellos no se atreven a admitir a los niños en las sesiones experimentales, pero por eso no se esfuerzan menos en inculcarles sus teorías, que, en suma, son lo que constituye el espiritismo mismo. Ya hemos señalado los "cursos de bondad" instituidos por los "fraternistas"; este título huele incontestablemente a humanitarismo protestante[322]; en el órgano de la misma secta, leemos todavía lo que sigue: "Sabemos que la idea de las secciones infantiles hace camino, y no hemos descuidado la educación fraternista de los niños. Educar al niño, como tan frecuentemente se ha dicho y escrito, es preparar el fraternismo de mañana. El niño mismo se muestra un excelente propagandista en la escuela y en su medio, puede hacer mucho por nuestra obra. Así pues, sepamos dirigirle en esta buena vía y animemos sus buenas disposiciones"[323]. Comparemos estas palabras con las que han sido pronunciadas en otra circunstancia por el director del mismo periódico, M. Jean Béziat: "¿No es intolerable ver en nuestros días inculcar a los niños concepciones religiosas, y sobre todo, lo que es mucho más grave, imponerles el cumplimiento de actos religiosos antes de que tengan entera consciencia de lo que hacen, actos que lamentarán profundamente más tarde?"[324]. Así, es menester no dar instrucción

---

[321] *Le Fraterniste*, 8 de mayo de 1914.

[322] Hemos mencionado en otra parte (*El Teosofismo*, p. 230, ed. francesa) las "Ligas de Bondad", que son de inspiración claramente protestante, y que los teosofistas apoyan calurosamente.

[323] *Le Fraterniste*, 19 de junio de 1914 (discurso del delegado del grupo de Auzin a la Asamblea general de los fraternales, el 21 de mayo de 1914).

[324] *Le Fraterniste*, 27 de marzo de 1914 (conferencia dada en Sallaumines, el 15 de marzo de 1914).

religiosa a los niños, pero es menester darles una instrucción espiritista: el espíritu de concurrencia que anima a estas sectas pseudoreligiosas no podría manifestarse de una manera más evidente. Además, sabemos que hay espiritistas que, a pesar de los avisos que se les han dado, hacen participar a los niños en sus experiencias, y que, no contentos con eso, llegan incluso hasta desarrollar en ellos la mediumnidad y sobre todo la "videncia"; se adivina sin esfuerzo cuáles pueden ser los efectos de semejantes prácticas. Por lo demás, las "escuelas de médiums", incluso para los adultos, constituyen un verdadero peligro público; esas instituciones, que funcionan frecuentemente bajo la cubierta de "sociedades de estudios", no son tan raras como podría creerse, y, si el espiritismo continúa extendiendo sus estragos, se nos hacen entrever a este respecto perspectivas poco tranquilizadoras: "Una organización práctica del espiritismo, dice M. Léon Denis, conllevará en el porvenir la creación de asilos especiales, donde los médiums encontrarán reunidos, con los medios materiales de existencia, las satisfacciones del espíritu y del corazón, las inspiraciones del arte y de la naturaleza, todo lo que puede imprimir a sus facultades un carácter de pureza, de elevación, haciendo reinar alrededor de ellos una atmósfera de paz y de confianza"[325]. Sabemos muy bien lo que los espiritistas entienden por "pureza" y por "elevación", y esos "asilos especiales" corren un gran riesgo de parecerse a asilos de alienados; desafortunadamente, sus pensionarios no estarán en ellos indefinidamente encerrados, y, pronto o tarde, se irán extendiendo al exterior con su locura eminentemente contagiosa. Tales empresas de trastorno colectivo ya se han realizado en América[326], y existen desde hace poco en Alemania; en Francia, no hay todavía más que dos ensayos de proporciones más modestas, pero eso llegará también si no se vigila al respecto cuidadosamente.

Hemos dicho que el espiritismo explota todos los sufrimientos y saca

---

[325] Dans l'Invisible, p. 59.
[326] No hablamos solo de los Estados Unidos, sino también de Brasil, donde en 1902 se ha fundado una "escuela de médiums".

provecho de ellos para ganar adherentes a sus doctrinas; eso es verdad incluso para el sufrimiento físico, gracias a las hazañas de los "curanderos": Los "fraternistas", concretamente, estiman que "las curaciones son un poderoso medio de propaganda"[327]. Se ve como puede producirse eso: un enfermo, que ya no sabe a quien dirigirse, va al encuentro de un "curandero" espiritista; el estado de espíritu en el que está entonces le predispone naturalmente a recibir sin resistencia las "enseñanzas" con las que no dejarán de gratificarle, y que se le presentarán, según necesidad, como propias para facilitar su curación. En efecto, en el proceso de Béthune, del que ya hemos hablado, se declaró esto: "Aunque facilita considerablemente las curaciones, porque eso les hace comprender su mecanismo, los enfermos no están obligados a abonarse al periódico *El Fraternista*"[328]; pero, si no se les obliga a ello, se puede al menos aconsejarles que lo hagan, y por lo demás la propaganda oral es todavía más eficaz. Si no se produce ninguna mejoría, se le dirá al enfermo que vuelva, y se llegará a persuadirle de que, si la cosa es así, es porque no tiene "fe"; quizás llegará a "convertirse" por simple deseo de curarse, y llegará a ello más seguramente todavía si siente el menor alivio que, con razón o sin ella, le parecerá que debe ser atribuido a la acción del "curandero". Publicando las curaciones obtenidas (y se encuentran siempre algunas, tanto más cuanto que se es poco exigente en hechos de control), se atraen otros enfermos, e incluso, entre las gentes que tienen buena salud, hay quienes son impresionadas por semejantes relatos, y que, por poca simpatía que tengan ya por el espiritismo, creen encontrar en eso una prueba de su verdad. Eso es el efecto de una extraña confusión: suponiendo un hombre que posee facultades de "curandero" tan incontestables y tan poderosas como se quiera, eso no tiene ninguna relación con las ideas que profesa ese hombre, y la explicación que da él mismo de sus propias facultades puede ser completamente errónea; para

---

[327] *Le Fraterniste*, 22 de mayo de 1914.
[328] *Ibid.*, 23 de enero de 1914.

que uno esté obligado a insistir sobre cosas tan evidentes, es menester la singular mentalidad de nuestra época, que, llevada únicamente hacia el exterior, querría encontrar en las manifestaciones sensibles el criterio de toda verdad.

Pero lo que atrae a más gentes al espiritismo, y de una manera más directa, es el dolor causado por la pérdida de un familiar o de un amigo: ¿cuántos se dejan seducir así por la idea de que podrán comunicar con los desaparecidos? Recordaremos los casos, ya citados, de dos individualidades tan diferentes como es posible bajo toda otra relación, Sir Oliver Lodge y el "Padre Antonio": fue después de haber perdido a un hijo como uno y el otro devinieron espiritistas; a pesar de las apariencias, la sentimentalidad era pues predominante tanto en el sabio como en el ignorante, como lo es en la gran mayoría de los occidentales actuales. Por lo demás, la incapacidad de darse cuenta de la absurdidad de la teoría espiritista prueba suficientemente que la intelectualidad del sabio no es más que una pseudointelectualidad; nos excusamos de volver tan frecuentemente sobre esto, pero esta insistencia es necesaria para reaccionar contra la superstición de la ciencia. Ahora bien, que nadie venga a alabarnos los beneficios de la pretendida comunicación con los muertos: primero, nos negamos a admitir que una ilusión cualquiera sea, en sí misma, es preferible a la verdad; después, si esta ilusión viene a ser destruida, lo que es siempre posible, se corre el riesgo de que no deje lugar en algunos sino a una verdadera desesperación; en fin, antes de que el espiritismo existiera, las aspiraciones sentimentales encontraban con qué satisfacerse en una esperanza derivada de las concepciones religiosas, y, a este respecto, no había ninguna necesidad de imaginar otra cosa. La idea de entrar en relación con los difuntos, sobre todo por procedimientos como los que emplean los espiritistas, no es de ninguna manera natural al hombre; ella no puede venir más que a aquellos que sufren la influencia del espiritismo, cuyos adherentes no dejan de ejercer en este sentido, por escrito y de palabra, la propaganda más indiscreta. El ejemplo más típico de la ingeniosidad especial que despliegan los espiritistas, es la institución de esas oficinas de comunicación donde cada quien puede dirigirse para obtener noticias de los muertos en los que se interesa; ya hemos hablado de la de los "Viñadores del Señor", que fue el punto de partida del movimiento antonista, pero hay otra mucho más conocida, que funcionó en Londres, durante tres años, bajo el nombre de "Oficina Julia". El fundador de esta última fue el periodista inglés W. T. Stead, antiguo director de la *Pall Mall Gazette* y de la *Review of Reviews*, que debía morir en 1912 en el naufragio del *Titanic*; pero, según él, la idea de esta creación venía de un "espíritu" llamado Julia. He aquí los informes que encontramos en un órgano que se pretende "psíquico", pero que es sobre todo espiritista en el fondo: "Julia era el nombre de Miss Julia A. Ames; ella había formado parte de la redacción de la *Unión Signal* de Chicago, órgano de la *Women's Christian Temperance Union*, Sociedad de temple cristiano (es decir, protestante) y femenina. Nacida en Illinois en 1861, era de pura cepa angloamericana. En 1890, en el curso de un viaje en Europa, fue a ver a M. Stead; devinieron excelentes amigos. El otoño del año siguiente, retornó a América, cayó enferma en Boston y murió en el hospital de esta ciudad. Como muchas otras almas piadosas, Miss Ames había hecho un pacto con su mejor amiga, que fue para ella una hermana durante años. Fue convenido que volvería del más allá y se haría ver para dar una prueba de la sobrevida del alma después de la muerte, y de la posibilidad para los difuntos de comunicar con los supervivientes. Muchos han hecho este compromiso, muy pocos lo han mantenido; Miss Ames, en opinión de M. Stead, fue una de éstas últimas[329]. Fue poco tiempo después de la muerte de Miss Ames cuando la personalidad de "Julia" propuso abrir una *Oficina de comunicación* entre este mundo donde estamos y el otro... Durante doce años o más, M. Stead se encontró completamente incapaz de poner en ejecución esta

---

[329] Recordamos a este propósito la promesa análoga hecha por William James; en cuanto a Stead mismo, apenas hubo muerto cuando diversos médiums comenzaron a recibir sus "comunicaciones" (*Le Monde Psychique*, junio de 1912).

sugestión"³³⁰. Parece que son sobre todo los "mensajes" de su hijo muerto los que le determinaron a abrir finalmente la "Oficina Julia", en abril de 1909, con la ayuda de algunas personas entre las cuales citaremos solamente al teosofista Robert King, que está hoy día a la cabeza de la rama escocesa de la "Iglesia vieja católica"³³¹. Tomamos a otro órgano espiritista estos pocos detalles, que muestran el carácter puramente protestante del ceremonial del que estaban rodeadas las sesiones: "Según las disposiciones que Julia misma había hecho, cada uno tomaba por turno el "servicio", que consistía en plegarias primero, seguidas de la lectura del proceso verbal de la vigilia, después por las peticiones dirigidas a la Oficina, que afluían de todos los puntos del globo. Después de una semana o dos de funcionamiento, Julia pidió que la plegaria, al comienzo de las sesiones, fuera seguida por una corta lectura bíblica. M. Stead leía algunos párrafos del Antiguo o del Nuevo Testamento. Otros se inspiraban de las comunicaciones de Julia o de Stainton Moses³³², otros todavía de Fenelón o de otros autores... Las sesiones de la mañana estaban reservadas exclusivamente al pequeño círculo que formaba la Oficina. Los extraños no eran admitidos en ellas, excepto en casos muy raros. La meta era formar un cenáculo que, así como lo explicaba Julia, al estar compuesto por un grupo de personas simpatizantes las unas con las otras, escogidas por ella misma, debía producir un foco cuya fuerza psíquica iría siempre aumentando. Debía, decía ella, formar un cáliz o una copa de inspiración (*sic*), una pura luz, vibrante entre los siete rayos (haciendo alusión a las siete personas que le componían) que formaban las reuniones místicas"³³³. Y he aquí todavía otra cosa que es muy significativa en cuanto al carácter

---

³³⁰ *Le Monde Psychique*, febrero de 1912.
³³¹ Ver *El Teosofismo*, pp. 237-238, ed. francesa.
³³² Ya hemos hablado en otra parte del Rev. Stainton Moses, conocido también bajo el seudónimo de M. A. Oxon, y de sus relaciones con los fundadores de la Sociedad Teosófica.
³³³ *Echo de la Doctrine spirite* (órgano de la Asociación de los Estudios espiritistas), noviembre de 1916.

pseudoreligioso de estas manifestaciones: "En sus cartas, Julia recomienda el uso del Rosario, pero del Rosario modernizado. He aquí cómo lo entiende ella. Notad los nombres de todos aquellos, muertos o vivos, con los cuales habéis estado en relación. Cada uno de estos nombres representa un grano del Rosario. Recorredle todos los días, enviando a cada uno de los nombres un pensamiento afectuoso. Esta irradiación extendería una corriente considerable de simpatía y de amor, que son como la esencia divina de la humanidad, como las pulsaciones de la vida, y un pensamiento de amor es como un ángel de Dios aportando a las almas una bendición"[334]. Retomamos ahora la continuación de nuestra primera cita: "M. Stead declara que Julia misma ha emprendido dirigir las operaciones del día a día: es ella quien tendrá la invisible dirección de la Oficina… Quienquiera que haya perdido un amigo, un familiar amado, podrá recurrir a la Oficina, que le hará saber en qué condiciones únicamente podrá hacerse la tentativa de comunicación. En caso de adhesión, deberá obtenerse el consentimiento de la dirección (Julia). Este consentimiento les será negado a todos aquellos que no vengan para oír a los seres amados y perdidos. Sobre este punto, Julia se explica muy positivamente… La Oficina de Julia, como ella misma jamás deja de repetirlo, debe atenerse a su objeto propio, que es poner en comunicación a personas queridas después de que han sido separadas por el cambio llamado muerte". Y se reproducen las explicaciones dadas por Julia sobre la meta de su fundación: "El objeto de la Oficina, dice ella, es venir en ayuda de aquellos que quieren encontrarse después del cambio que se llama la muerte. Es una suerte de oficina postal de cartas de sufrimiento, donde se seleccionan, con un nuevo examen, las correspondencias, para hacer su redistribución. Allí donde no hay mensajes de amistad, ni de deseo, por una u otra parte, para mantener una correspondencia, no hay lugar a dirigirse a la Oficina. El empleado encargado del trabajo puede compararse a un bravo sargento de ciudad que pone todo en acción para recuperar a un

---

[334] *Ibid.*, enero-febrero de 1917.

niño perdido en la muchedumbre y le devuelve a su madre en llanto. Una vez que los ha reunido, su tarea ha terminado. Se estará, es verdad, constantemente tentado de ir más lejos y hacer de la Oficina un centro de exploración del más allá. Pero ceder a esta tentación no podría ser sino prematuro. No es que yo tenga alguna objeción que oponer a esta exploración. Es una consecuencia completamente natural, necesaria y de las más importantes, de vuestro trabajo. Pero la Oficina, mi Oficina, no debe encargarse de eso. Debe limitarse a su primer deber, que es tender el puente, renovar los lazos rotos, restablecer la comunicación entre aquellos que están privados de ella"[335]. Se trata en efecto de espiritismo exclusivamente sentimental y "pietista"; ¿pero es tan fácil como eso establecer claramente una línea de demarcación entre este espiritismo y el espiritismo con pretensiones "científicas", o, como dicen algunos, entre el "espiritismo-religión" y el "espiritismo-ciencia", y no es el segundo frecuentemente una simple máscara del primero? A comienzos de 1912, el "Instituto de investigaciones psíquicas" dirigido por MM. Lefranc y Lancelin, y cuyo órgano nos ha proporcionado la mayor parte de las indicaciones precedentes, quiso constituir en París una "Oficina Julia" (eso devino pues una denominación genérica), pero organizada sobre bases más "científicas" que la de Londres; a este efecto, se hizo "una elección definitiva de procedimientos de identificación espiritista", entre los cuales figuraba, en primer lugar, "la antropometría digital de la materialización parcial del fallecido", e incluso se llegó a dar un modelo de "ficha signalética", con cuadros reservados a las fotografías y a las huellas de los "espíritus"[336]: ¿no son pues los espiritistas que quieren jugar a sabios al menos tan ridículos como los otros? Al mismo tiempo, se abría "una escuela de médiums que tenía por cometido: 1º instruir y dirigir en la práctica a los médiums de los dos sexos; 2º desarrollar las facultades especiales de los sujetos mejor dotados en la meta de ayudar

---

[335] *Le Monde Psychique*, febrero de 1912. —Cf. *L'Initiation*, octubre de 1909 y marzo de 1910.
[336] *Le Monde Psychique*, marzo de 1912.

en las investigaciones de identificaciones espiritistas de la "Oficina Julia" de París"; y se agregaba: "Cada sujeto recibirá las instrucciones teóricas y prácticas necesarias al desarrollo de su mediumnidad particular. Los sujetos serán reunidos dos veces por semana a horas determinadas, para su desarrollo. Estos cursos son gratuitos"[337]. Se trataba verdaderamente de una de esas empresas de trastorno colectivo de que hemos hablado más atrás; no creemos que haya tenido mucho éxito, pero es menester decir que el espiritismo, en Francia, no tenía entonces la importancia que ha tomado en estos últimos años[338].

Estos últimos hechos hacen llamada a algunos comentarios: no hay en realidad dos espiritismos, no hay más que uno; pero este espiritismo tiene dos aspectos, uno pseudoreligioso y el otro pseudocientífico, y, según el temperamento de las gentes a quienes se dirija, se podrá insistir con preferencia sobre uno o sobre el otro. En los países anglosajones, el lado pseudoreligioso parece estar más desarrollado que por cualquier otra parte; en los países latinos, parece a veces que el lado pseudocientífico triunfa mejor; por lo demás, eso no es verdad más que de una manera general, y la habilidad de los espiritistas consiste sobre todo en adaptar su propaganda a los diversos medios a los que quieren llegar; de esta manera, cada quien encuentra en qué emplearse según sus preferencias personales, y las divergencias son mucho más aparentes que reales; todo se reduce, en suma, a una cuestión de oportunidad. Es así como, en ocasiones, algunos espiritistas pueden disfrazarse de psiquistas, y no pensamos que sea menester ver otra cosa en ese "Instituto de investigaciones psíquicas" cuyas actuaciones ya hemos rastreado; lo que viene bien para animar esta táctica, es que los sabios que han llegado al espiritismo han comenzado por el psiquismo; esto último es pues susceptible de constituir un medio de propaganda que es útil explotar. No se trata, por nuestra parte, de simples suposiciones:

---

[337] *Le Monde Psychique*, febrero de 1912.
[338] Por su parte, Papus tuvo también la idea de organizar otra "Oficina Julia", pero no llegó a ponerla en ejecución.

como prueba en su apoyo, tenemos los consejos dirigidos a los espiritistas por M. Albert Jounet; éste es un ocultista, pero de un "eclecticismo" inverosímil, que creó, en 1900, una "Alianza Espiritualista" en la que soñaba unir todas las escuelas "neoespiritualistas" sin excepción[339]. En ese mismo año de 1910, M. Jounet asistió al Congreso espiritista internacional de Bruselas, y pronunció allí un discurso del que extraemos lo que sigue: "A falta de organización, el espiritismo no tiene, sobre el mundo, la influencia que merece... Esbocemos esa organización que le falta. Ella debe ser doctrinal y social. Es menester que las verdades espiritistas se agrupen y se presenten para devenir más admisibles para el pensamiento. Y es menester que los espiritistas mismos se agrupen y se presenten para devenir más invencibles en la humanidad... Para los espiritistas, es amargo, humillante, lo confieso, el hecho de ver que cuando se descubrieron y propagaron verdades por el espiritismo, no fueron bien recibidas por los medios oficiales y por el público burgués sino después de pasadas por el psiquismo. No obstante, si los espiritistas aceptaban esta humillación, ella les aseguraba su exaltación. Este retraso aparente desencadenaría el triunfo. Pero entonces, ¿os indignáis, es menester cambiar de nombre, dejar de ser espiritistas, disfrazarnos de psiquistas, abandonar a nuestros maestros, a aquellos que, en el origen del movimiento, han sufrido y descubierto? No es eso lo que os aconsejo. La humildad no es laxitud. No os invito a cambiar de nombre. Yo no os digo: "Abandonad el espiritismo por el psiquismo". No se trata de una substitución, sino de un orden de presentación. Yo os digo: "Presentad el psiquismo *antes* que el espiritismo". Habéis soportado lo más duro de la campaña y de la lucha. Ahora ya no queda más que terminar la conquista. Yo os aconsejo enviar como vanguardia, para terminarla más rápidamente, a algunos habitantes del país ligados a vosotros, pero que

---

[339] Precedentemente, M. P. E. Heidet (Paul Nord) ya había tenido la idea de una "Sociedad Ecléctica Universalista", que apenas tuvo existencia efectiva, y que acabó por fusionarse con el "fraternismo".

hablan la lengua del país. La maniobra es muy simple y capital. En la propaganda y la polémica, en las discusiones con los incrédulos y los adversarios, en lugar de declarar que, desde hace mucho tiempo, los espiritistas enseñan tal verdad y que hoy finalmente algunos sabios psiquistas la confirman, declarad que algunos sabios psiquistas prueban tal verdad y, solamente después, mostrad que, desde hace mucho tiempo, los espiritistas la han descubierto y que la enseñan. Por tanto, la fórmula dominante de la organización doctrinal es: primero el psiquismo, y, después, el espiritismo". Después de haber entrado en el detalle del "orden de presentación" que proponía para las diferentes clases de fenómenos, el orador continuó en estos términos: "Una tal organización sería capaz de conferir a la sobrevida experimental (*sic*) toda la intensidad de invasión que una certeza tan apasionante, y de tan formidables consecuencias, debería tener. Clasificadas y ofertadas de esta guisa, las verdades espiritistas se harán luz a través de las espesuras de los prejuicios, la resistencia de las viejas mentalidades. Será una transformación colosal del pensamiento humano. Las más grandes agitaciones de la historia, pueblos engullidos por otros pueblos, migración de razas, advenimiento de las religiones, titánico desbordamiento de las libertades, parecerán poca cosa junto a esta toma de posesión de los hombres por el alma (*sic*). A la organización doctrinal se agregará la organización social. Ya que, tanto como las verdades espiritistas, es urgente clasificar y agrupar a los espiritistas mismos. Ahí todavía, yo haría intervenir la formula: psiquismo primero, espiritismo después. Elaborad una Federación espiritista universal. Yo apruebo enteramente esta obra. Pero desearía que la Federación espiritista tuviera una sección psiquista donde se podría entrar primero. Ella serviría de antecámara. No os equivoquéis sobre mi proyecto. El título de la sociedad misma no cambiaría. Seguiría siendo Federación espiritista. Pero habría una sección psiquista, a la vez anexa y preliminar. Yo estimo que en el dominio social, no menos que en el doctrinal, esta disposición contribuiría a la victoria. Un arreglo análogo se repetiría en las Sociedades nacionales, miembros de la Federación espiritista universal"³⁴⁰. Se comprenderá toda la importancia de este texto, que es el único, a nuestro conocimiento, donde se haya atrevido a preconizar tan abiertamente una semejante "maniobra" (la palabra es de M. Jounet mismo); se trata de una táctica que es indispensable denunciar, ya que está lejos de ser inofensiva, y puede permitir a los espiritistas anexarse, sin que se den cuenta de ello, a todos aquellos a quienes el atractivo de los fenómenos les acerca a ellos, y a quienes no obstante les repugnaría llamarse espiritistas: sin hacerles ninguna concesión real, se hará sin espantarles, y, a continuación, se hará el esfuerzo de ganarlos insensiblemente a la "causa", como se dice en esos medios. Lo que constituye sobre todo el peligro de una tentativa de este género, es la fuerza del espíritu "cientificista" en nuestra época: es a este espíritu al que se entiende que se hace llamada; en este mismo discurso, que fue calurosamente aplaudido por todos los miembros del Congreso, M. Jounet dijo también: "La proclamación de la inmortalidad, en estas condiciones (es decir, como consecuencia de los trabajos de los psiquistas), es un hecho revolucionario, uno de esos golpes poderosos que obligan a cambiar de camino al género humano. ¿Por qué? Porque aquí la inmortalidad del alma no se establece por la fe o el razonamiento abstracto, sino por la experiencia y la observación, es decir, por la ciencia. Y no la ciencia manejada por espiritistas, sino por sabios de profesión... Podemos gritar a los incrédulos: "No queréis fe, no queréis filosofía abstracta. He aquí experiencia y observación rigurosas, he aquí ciencia". Y podemos gritarles también: "No queréis espiritistas. He aquí sabios". Los incrédulos estarán bien impedidos de responder. La obra de Myers y de su escuela (la "Sociedad de las investigaciones psíquicas" de Londres), es la inmortalidad entrando en el corazón de lo más moderno que existe en el mundo moderno, de lo más positivo de lo positivo. Es el alma anclada en el método de la ciencia oficial y en el sabio de profesión. Es el espiritismo vencedor y señor, incluso fuera del espiritismo. Reconoced que no es una mala táctica presentar primero el

---

³⁴⁰ L'Alliance Spiritualiste, noviembre de 1910.

psiquismo". Hemos visto lo que era menester pensar de una pretendida demostración experimental de la inmortalidad, pero los incrédulos de los que habla M. Jounet no son muy difíciles de convencer; ¡basta invocar la "ciencia" y la "experiencia" para que estén "bien impedidos de responder"! El espiritismo cosechando los frutos del positivismo, he aquí una cosa que Augusto Comte ciertamente no había previsto; y sin embargo, después de todo, se ve bastante bien a los "curanderos" y demás médiums que forman el sacerdocio de la "religión de la Humanidad"... Repetiremos aquí una vez más lo que ya hemos dicho: el psiquismo, si fuera bien comprendido, debería ser totalmente independiente del espiritismo; pero los espiritistas sacan partido de las tendencias que algunos psiquistas tienen en común con ellos, y también de las confusiones que tienen curso en el gran público. Deseamos que los psiquistas serios comprendan finalmente todo el daño que les hacen tales acercamientos, y que encuentren el medio de reaccionar eficazmente; para eso, no les basta con protestar que no son espiritistas, es menester que se den cuenta de la absurdidad del espiritismo, y que se atrevan a decirlo. Que no se nos vaya a objetar que conviene guardar a este respecto una imparcialidad que se pretende científica: vacilar en rechazar una hipótesis cuando se tiene la certeza de que es falsa, es una actitud que no tiene nada de científico en el verdadero sentido de esta palabra; y les ocurre a los sabios, en muchas otras circunstancias, que descartan o que niegan teorías que, sin embargo, son al menos posibles, mientras que esa no lo es. Si los psiquistas no lo comprenden, tanto peor para ellos; la neutralidad, frente a algunos errores, está muy cerca de la complicidad; y, si entienden solidarizarse lo más mínimo con los espiritistas, sería más leal que lo reconocieran, aportando incluso todas las reservas que les plazca; al menos se sabría de qué se está tratando. De todas maneras, en lo que nos concierne, tomaríamos de bastante buena gana nuestro partido, por un descrédito que abarque a todas las investigaciones psíquicas, ya que su vulgarización es probablemente más peligrosa que útil; no obstante, si hay quienes quieren retomarlas sobre bases más sólidas, que se guarden cuidadosamente de toda intrusión espiritista u ocultista, que desconfíen de sus sujetos bajo todos los aspectos, y que encuentren métodos de experimentación más adecuados que los de los médicos y los físicos; pero aquellos que poseen las cualificaciones requeridas para saber verdaderamente lo que hacen en un tal dominio no son muy numerosos, y, en general, los fenómenos no les interesan sino mediocremente.

Es cuando invocan argumentos sentimentales cuando los espiritistas, en su propaganda, muestran mejor sus tendencias esenciales; pero, como pretenden apoyar sus teorías sobre los fenómenos, los dos aspectos que hemos señalado, lejos de oponerse, son en realidad complementarios. Por lo demás, la búsqueda de los fenómenos y el sentimentalismo se ensamblan muy bien, y eso no tiene nada de extraño, ya que el orden sensible y el orden sentimental están muy cerca uno del otro; en el occidente moderno, se unen estrechamente para asfixiar toda intelectualidad. Uno de los temas preferidos por la propaganda propiamente sentimental, es la concepción reencarnacionista; a aquellos que hacen valer que esta concepción ayuda a algunas personas a soportar con resignación una situación penosa, podríamos responder repitiendo casi todo lo que hemos dicho hace un momento sobre los pretendidos beneficios de una comunicación con los "desaparecidos", y les remitimos al capítulo donde hemos contado algunas de las extravagancias a las que da lugar esta idea, que aterroriza a más gentes de las que consuela. En todo caso, solo el hecho de que se insista sobre todo en inculcar estas teorías a "los que sufren" prueba bien que se trata de una verdadera explotación de la debilidad humana: parece que se cuenta con un estado de depresión mental o física para hacerlas aceptar, y eso, ciertamente, no dice nada bueno en su favor. Actualmente, la teoría de la reencarnación es la que parece que se quiere extender más entre la muchedumbre, y, para llegar a ello, todos los medios son buenos; se ha recurrido a los artificios de la literatura, y esta idea se despliega hoy día en las producciones de algunos novelistas. El resultado, es que muchas de las gentes que se creen muy alejadas del espiritismo y del "neoespiritualismo" están no obstante contaminados por las absurdidades que emanan de esos medios; esta propaganda indirecta es quizás la más nociva de todas, porque es la que asegura la mayor difusión a las teorías en cuestión, al presentarlas bajo una forma agradable y seductora, y porque no despierta apenas la desconfianza del gran público, que no va al fondo de las cosas y que no sospecha que, detrás de lo que ve, hay todo un "mundo subterráneo" cuyas ramificaciones se extienden por todas partes enredándose de mil maneras diversas.

Todo eso puede ayudar a comprender que el número de los adherentes del espiritismo vaya acrecentándose de una manera que espanta verdaderamente; y todavía sería menester agregar, a sus adherentes propiamente dichos, todos los que sufren su influencia o su sugestión más o menos indirecta, y todos los que se encaminan a ello por grados insensibles, ya sea que hayan comenzado por el psiquismo o de otra manera. Sería muy difícil establecer una estadística, incluso solo para los espiritistas confesos; la multiplicidad de los grupos, sin hablar de los aislados, es el principal obstáculo que se opone a una evaluación un poco precisa. En 1886, el Dr. Gibier escribía ya "que no creía exagerar diciendo que en París los espiritistas eran cerca de cien mil"[341]; en la misma fecha, Mme Blavatsky evaluaba en veinte millones el número de los espiritistas extendidos en el mundo entero[342], y los Estados Unidos debían contar ellos solos más de la mitad de este número, ya que Russell Wallace ha hablado de once millones para aquel país. Estas cifras deberían considerarse hoy enormemente aumentadas; Francia, donde el espiritismo tenía mucha menos extensión que en América y en Inglaterra, es quizás el país donde ha ganado más terreno en estos últimos años, gracias al estado de perturbación y de desequilibrio general que ha sido causado por la guerra; por lo demás, parece que se pueda decir otro tanto en lo que concierne a Alemania. El peligro

---

[341] Le Spiritisme, p. 35.
[342] Carta a Solovioff, febrero de 1886.

deviene cada día más amenazador; para desconocerle, es menester estar completamente ciego e ignorarlo todo del ambiente mental de nuestra época, o bien estar uno mismo sugestionado, y tanto más irremediablemente cuanto más lejos se esté de sospecharlo. Para remediar un tal estado de cosas, no creemos apenas en la eficacia de una intervención de los poderes públicos, admitiendo que quieran mezclarse en eso, lo que muchas de las complicidades y de las afinidades ocultas hacen aparecer como muy dudoso; una tal intervención no podría alcanzar más que a algunas manifestaciones exteriores, y carecería de acción sobre el estado de espíritu que es su verdadera causa; le corresponde más bien a cada uno reaccionar por sí mismo y en la medida de sus medios, desde que haya comprendido la necesidad de ello.

CAPÍTULO XIV

Los peligros del espiritismo

Ya hemos señalado suficientemente, a medida que se nos presentaba la ocasión, los múltiples peligros del espiritismo, y podríamos dispensarnos de volver de nuevo a ello especialmente, si no tuviéramos que registrar algunos testimonios y algunas confesiones. Y, primero, notamos que hay peligros incluso puramente físicos, que, si no son los más graves ni los más habituales, no obstante no son siempre desdeñables; daremos como prueba de ello este hecho que ha sido contado por el Dr. Gibier: "Tres *gentlemen*, con el propósito de asegurarse de si algunas alegaciones espiritistas eran exactas, se encerraron una tarde sin luz en la habitación de una casa deshabitada, no sin haberse comprometido por un juramento solemne a ser absolutamente serios y de buena fe. La habitación estaba completamente vacía e intencionadamente, no habían introducido en ella más que tres sillas y una mesa alrededor de la cual tomaron sitio sentándose. Se convino que tan pronto como pasara algo insólito, el primero daría la luz con una bujía de la que cada uno se había provisto. Estaban inmóviles y silenciosos desde hacía un cierto tiempo, atentos a los menores ruidos, a los más ligeros estremecimientos de la mesa sobre la cual habían puesto sus manos entrelazadas. Ningún sonido se hacía oír; la obscuridad era profunda, y quizás los tres evocadores improvisados iban a cansarse y a perder la paciencia, cuando repentinamente un grito estridente y desgarrado estalló en medio del silencio de la noche. Inmediatamente se produjo un ruido espantoso y una granizada de proyectiles se puso a llover sobre la mesa, el velador y los operadores. Lleno de terror, uno de los asistentes encendió una bujía así como estaba convenido, y cuando la luz hubo disipado las tinieblas, únicamente dos de ellos se encontraban presentes y se apercibieron con espanto de que faltaba su compañero; su silla estaba vuelta hacia una extremidad de la habitación. Pasado el primer momento de turbación, le encontraron debajo de la mesa, inanimado y la cabeza así como la cara cubiertas de sangre. ¿Qué había ocurrido? Se constató que la cubierta de mármol de la chimenea había sido desencajada primero y que había sido proyectada después sobre la cabeza del desdichado hombre y quebrada en mil pedazos. La víctima de este accidente permaneció cerca de diez días sin conocimiento, entre la vida y la muerte, y no se repuso sino lentamente de la terrible conmoción cerebral que había recibido"[343]. Papus, que reproduce este relato, reconoce que "la práctica espiritista conduce a los médiums a la neurastenia pasando por la histeria", que "esas experiencias son tanto más peligrosas cuanto más inconsciente y desarmado se está", y que "nada impide las obsesiones, las anemias nerviosas y los accidentes más graves todavía"; y agrega: "Personalmente, poseemos una serie de cartas muy instructivas, emanadas de desdichados médiums que se han librado con toda su fuerza a la experimentación y que hoy día están obsesionados peligrosamente por los seres que se han presentado a ellos bajo falsos nombres y acaparando las personalidades de familiares fallecidos"[344]. Eliphas Lévi ya había señalado estos peligros y prevenido que aquellos que se libran a estos estudios, incluso por simple curiosidad, se exponen a la locura o a la muerte[345]; y un ocultista de la escuela papusiana, Marius Decrespe, ha escrito igualmente: "El peligro es cierto; varios han devenido locos, en horribles condiciones, por haber querido llevar demasiado lejos sus experiencias... No es solo su buen sentido el que corre riesgo, es su razón toda entera, su salud, su vida, y a veces inclusive

---

[343] *Analyse des choses*, p. 185.
[344] *Traité élémentaire de Magie pratique*, pp. 505-507.
[345] *La Clef des Grands Mystères*.

su honor... La pendiente es resbaladiza: de un fenómeno se pasa a otro y, pronto, ya no se es capaz de detenerse. No es pues sin motivo que, antaño, la Iglesia prohibía todas estas diablerías"[346]. Del mismo modo, el espiritista Barthe ha dicho: "No olvidemos que por estas comunicaciones nos ponemos bajo la influencia directa de seres desconocidos entre los cuales los hay tan astutos, tan perversos, que no se podría desconfiar demasiado de ellos... Tenemos varios ejemplos de graves enfermedades, de trastornos del cerebro, de muertes súbitas causadas por revelaciones mentirosas que no devinieron verdaderas sino por la debilidad y la credulidad de aquéllos a los cuales se les hacían"[347].

A propósito de esta última cita, debemos atraer la atención sobre el peligro especial de las predicciones contenidas en algunas "comunicaciones", y que actúan como una verdadera sugestión sobre aquellos que son su objeto; por lo demás, este peligro existe también para aquellos que, fuera del espiritismo, han recurrido a las "artes adivinatorias"; pero estas prácticas, por poco recomendables que sean, no pueden ser ejercidas de una manera tan constante como las de los espiritistas, y así corren menos riesgo de girar hacia la idea fija y la obsesión. Hay desdichados, más numerosos de lo que podría creerse, que no emprenderían nada sin haber consultado su mesa, y eso incluso para las cosas más insignificantes, para saber qué caballo ganará en las carreras, qué número saldrá en la lotería, y así sucesivamente[348]. Si las predicciones no se realizan, el "espíritu" encuentra siempre alguna excusa: las cosas debían pasar como él lo había dicho, pero ha sobrevenido tal o cual circunstancia que era imposible de prever, y que lo ha cambiado todo; la confianza de las pobres gentes por eso no se quiebra en modo alguno, y recomienzan hasta que se encuentran finalmente arruinados, reducidos a la miseria, o llevados a transacciones

---

[346] *La Main et ses mystères*, t. II, p. 174.

[347] *Le Livre des Esprits*; citado por Mgr Méric, *L'autre vie*, t. II, p. 425.

[348] M. Léon Denis reconocía estos hechos y protesta contra tales "abusos", que provocan lo que él llama "mistificaciones de ultratumba" (*Dans l'Invisible*, p. 410).

deshonestas que el "espíritu" no deja de sugerirles; y todo eso desemboca ordinariamente en la locura completa o en el suicidio. A veces, también ocurre que las cosas se complican de una manera diferente, y que las víctimas, en lugar de consultar ellas mismas al pretendido "espíritu" por el que se dejan dirigir ciegamente, se dirigen a un médium que estará fuertemente tentado de explotar su credulidad; Dunglas Home mismo narra un destacable ejemplo de ello, que ha pasado en Ginebra, y cuenta la conversación que tuvo, el cinco de octubre de 1876, con una pobre mujer cuyo marido había devenido loco a consecuencia de estos acontecimientos: "Fue en 1853, dice ella, cuando una noticia bastante singular vino a distraernos de nuestras ocupaciones ordinarias. Se trataba de algunas jóvenes que, en casa de un amigo común, habían desarrollado la facultad extraña de médiums escritores. El padre también, se decía, tenía el don de ponerse en relación con los espíritus, por medio de una mesa… Yo fui a una sesión, y, como todo lo que se hacía allí me pareció de buena ley, comprometí a mi marido a venir conmigo… Por tanto, fuimos a casa del médium, que nos dijo que el espíritu de Dios hablaba por su mesa… La mesa acabó por darnos a entender que debíamos sin más tardar instalar en nuestra casa al médium y a su familia, y compartir con ellos la fortuna que había placido a Dios darnos. Las comunicaciones hechas por la mesa se tenían como viniendo directamente de Nuestro Salvador Jesucristo. Yo dije a mi marido: "Démosles más bien una suma de dinero; sus gustos y los nuestros son diferentes, y yo no podría vivir feliz con ellos". Mi marido entonces me contestó, diciendo: "La vida de Aquel que adoramos fue una vida de abnegación, y debemos buscar imitarle en todas las cosas. Repasa tus prejuicios, y este sacrificio probará al Maestro la buena voluntad que tienes de servirle". Yo consentí, y una familia de siete personas se agregó a nuestra casa. Pronto comenzó para nosotros una vida de gastos y de prodigalidades. Se tiraba el dinero por las ventanas. La mesa nos mandó expresamente comprar otro coche, cuatro caballos más, después un barco de vapor. Teníamos nueve domésticas. Vinieron pintores a decorar la casa de arriba a abajo. Se cambiaron varias veces los muebles por un mobiliario cada vez más suntuoso. Eso con el propósito de recibir lo más dignamente posible a Aquel que venía a vernos, y de atraer la atención de las gentes de afuera. Todo lo que se nos pedía, lo hacíamos. Era costoso, teníamos mesa abierta. Poco a poco, personas convencidas llegaron en gran número, jóvenes de los dos sexos la mayor parte, a los cuales la mesa prescribía el matrimonio, que se hacía entonces a nuestras expensas, y si la pareja venía a tener niños, se nos confiaban para enseñarlos. Hemos tenido hasta once niños en la casa. El médium se casó a su vez, y los miembros de su familia se acrecentaron, de suerte que no tardamos en contar treinta personas a la mesa. Eso duró tres o cuatro años. Estábamos ya casi al borde de nuestros recursos. Entonces la mesa nos dijo de ir a París, y que el Señor tendría cuidado de nosotros. Partimos. Tan pronto como llegó a la gran capital, mi marido recibió la orden de especular en la bolsa. Perdió allí lo poco que nos quedaba. Esta vez era la miseria, la miseria negra, pero nosotros siempre teníamos la fe. Vivimos no sé cómo. Muchos días me he visto sin otro alimento que un mendrugo de pan y un vaso de agua. Olvidaba deciros que en Ginebra se nos había prescrito administrar el sagrado sacramento a los fieles. Ahora bien, a veces había hasta cuatrocientos comulgantes. Un monje de Argovie dejó su convento, donde era superior, y abjuró el catolicismo para juntarse a nosotros. Así pues, nosotros no estábamos solos en nuestra ceguera. Finalmente, pudimos abandonar París y volver de nuevo a Ginebra. Fue entonces cuando nos dimos cuenta de toda la extensión de nuestra desdicha. Aquéllos con quienes habíamos compartido nuestra fortuna fueron los primeros en darnos la espalda". Y Home agrega a manera de comentario: "He aquí pues un hombre que, ante una mesa, suelta una serie de blasfemias en la llamada lenta y difícil al alfabeto, y es suficiente para arrojar a una familia piadosa y honesta en un delirio de extravagancia del que no vuelve sino cuando está arruinada. E incluso cuando están arruinados, estas pobres gentes por eso no permanecen menos ciegos. En cuanto al que ha causado su ruina, no es el único que yo haya encontrado. Estos seres extraños, mitad trapaceros mitad convencidos, que se encuentran en todas las épocas, al ilusionar a los demás hombres, acaban por tomar en serio su papel fingido y devienen más fanáticos que las personas de quienes abusan"[349].

Se dirá sin duda que parecidas desventuras no pueden ocurrir más que a espiritistas débiles, y que aquéllos a quienes el espiritismo trastorna debían estar ya predispuestos a ello; eso puede ser verdad hasta un cierto punto, pero, en condiciones más normales, esas predisposiciones hubieran podido no desarrollarse jamás; las gentes que devienen locos a consecuencia de un accidente cualquiera tenían también tales predisposiciones, y no obstante, si ese accidente no hubiera sobrevenido, no habrían perdido la razón; no es pues una excusa válida. Por lo demás las personas que están suficientemente bien equilibrados como para estar seguros de no tener nada que temer en ninguna circunstancia no son quizás muy numerosos; diríamos incluso de buena gana que nadie puede tener una tal seguridad, a menos de estar garantizado contra algunos peligros por un conocimiento doctrinal que haga imposible toda ilusión y todo vértigo mental; y éste no es el caso de los experimentadores, donde, ordinariamente, no se encuentra un tal conocimiento. Hemos hablado de los sabios a quienes las experiencias psíquicas han conducido a aceptar más o menos completamente las teorías espiritistas, lo que, a nuestros ojos, es ya en ellos el indicio de un desequilibrio parcial; uno de ellos, Lombroso, declaró a unos amigos después de una sesión de Eusapia Paladino: "Ahora es menester que me vaya de aquí, porque siento que me volvería loco; tengo necesidad de reposarme el espíritu"[350]. El Dr. Lapponi, citando esta frase significativa, hace destacar con razón que "algunos fenómenos prodigiosos, cuando son observados por espíritus no preparados para algunas sorpresas, pueden tener por resultado un trastorno del sistema nervioso, incluso en sujetos suficientemente sanos"[351]. El mismo autor escribe todavía

---

[349] *Les Lumières et les Ombres du Spiritualisme*, pp. 103-110.
[350] *Osservatore Cattolico*, 23-24 de septiembre de 1892.
[351] *L'Hypnotisme et le Spiritisme*, p. 209.

esto: "El espiritismo presenta para la sociedad y para el individuo todos los peligros, así como todas las consecuencias funestas del hipnotismo; y presenta mil otros más deplorables todavía... En los individuos que desempeñan el papel de médium, y en aquéllos que asisten a sus operaciones, el espiritismo produce ya sea obnubilación o ya sea exaltación mórbida de las facultades mentales; provoca las neurosis más graves, las más graves neuropatías orgánicas. Es cosa notoria que la mayor parte de los médiums famosos, y buen número de aquéllos que han seguido asiduamente las prácticas espiritistas, han muerto locos o tocados por trastornos nerviosos profundos. Pero además de estos peligros y de estos males, que son comunes al hipnotismo y al espiritismo, éste presenta otros infinitamente más penosos... Y no se vaya a pretender que el espiritismo pueda presentar al menos, a cambio, algunas ventajas, tales como la de ayudar al reconocimiento y a la curación de algunas enfermedades. La verdad es que, si a veces las indicaciones así obtenidas se han encontrado exactas y eficaces, casi siempre, por el contrario, las mismas no han hecho más que agravar el estado de los enfermos. Los espiritistas nos dicen que eso se debe a la intervención de espíritus bufones o mentirosos; ¿pero cómo podríamos estar prevenidos contra la intervención y la acción de esos espíritus malhechores? Jamás pues el espiritismo, en la práctica, podría estar justificado, bajo cualquier pretexto que sea"[352]. Por otra parte, un antiguo miembro de la "Sociedad de investigaciones psíquicas" de Londres, M. J. Godfrey Raupert, después de haber experimentado durante largos años, ha declarado que "la impresión que ha sacado de estos estudios es disgusto, y la experiencia le ha mostrado su deber, que es poner en guardia a los espiritistas, particularmente a los que piden a los seres del otro mundo consolaciones, consejos, o incluso enseñanzas... Esas experiencias, dice, desembocan enviando a

---

[352] *L'Hypnotisme et le Spiritisme*, pp. 270-272. —Este autor comete el error de creer que el espiritismo es idéntico a la magia (*ibid.*, pp. 256-257); hemos indicado cuan diferente de ella es en realidad.

centenares de gentes a los sanatorios o a los asilos de alienados. Y sin embargo, a pesar del terrible peligro para la nación, no se hace nada para detener la propaganda de los espiritistas. Estos están quizás inspirados por motivos elevados, por ideales científicos, pero, en definitiva, ponen a los hombres y a las mujeres en un estado de pasividad que abre las puertas místicas del alma a espíritus malévolos; desde entonces, esos espíritus viven a expensas de esos hombres, de esas mujeres de alma débil, les impulsan al vicio, a la locura, a la muerte moral"[353]. En lugar de hablar de "espíritus" como lo hace M. Raupert (que no parece creer que se trate de "desencarnados"), nos hablaríamos simplemente de "influencias", sin precisar su origen, puesto que las hay muy diversas, y que, en todo caso, no tienen nada de "espiritual"; pero eso no cambia de ninguna manera las terribles consecuencias que señala, y que son muy reales.

Hemos citado en otra parte el testimonio de Mme Blavatsky y de otros jefes del teosofismo, que denuncian especialmente los peligros de la mediumnidad[354]; no obstante, reproducimos aquí este pasaje de Mme Blavatsky, que entonces solo habíamos resumido: "Los mejores, los más poderosos médiums, han sufrido todos en su cuerpo y en su alma. Recordad el fin deplorable de Charles Foster, que ha muerto de locura furiosa, en un asilo de alienados; acordaos de Slade, que es epiléptico, de Eglinton, el primer médium de Inglaterra en este momento, que sufre del mismo mal. Ved todavía cuál ha sido la vida de Dunglas Home, un hombre cuyo corazón estaba lleno de amargura, que jamás ha dicho una palabra en favor de aquéllos que creía dotados de poderes psíquicos, y que ha calumniado a todos los demás médiums hasta el fin. Este Calvino del espiritismo ha sufrido, durante años, de una terrible enfermedad de espina dorsal, que había cogido en sus relaciones con los "espíritus"; no era más que una ruina cuando murió. Pensad después en la triste suerte de ese pobre Washintong Irving Bishop. Yo le he conocido en Nueva

---

[353] *Daily Chronicle*, 15 de noviembre de 1913.
[354] *El Teosofismo*, pp. 127-129, ed. francesa.

York, cuando no tenía más que catorce años; no hay la menor duda de que era médium. Es verdad que el pobre hombre jugó una faena a sus "espíritus", que bautizó con el nombre de "acción muscular inconsciente", para gran alegría de todas las corporaciones de sabios y eruditos, y para gran beneficio de su bolsa que llenó de esta manera. Pero… ¡*de mortuis nil nisi bonum*! Su fin fue bien infortunado. Había logrado ocultar cuidadosamente sus ataques de epilepsia (el primero y más seguro síntoma de la verdadera mediumnidad), ¿y quién sabe si estaba muerto o si estaba en "trance", cuando tuvo lugar la autopsia de su cuerpo? Sus padres dicen que vivía todavía, a juzgar por las señales telegráficas de Reuter. En fin, he ahí a las hermanas Fox, las médiums más antiguas, las fundadoras del espiritismo moderno; ¡después de más de cuarenta años de relaciones con los "Ángeles", han devenido, gracias a éstos últimos, locas incurables, que declaran al presente, en sus conferencias públicas, que la obra y la filosofía de su vida entera no han sido más que una mentira! Os pregunto de qué género son los espíritus que les inspiran una conducta semejante… Si los mejores alumnos de una escuela de canto llegan todos a perder la voz, a consecuencia de ejercicios forzados, ¿no se estaría obligado a concluir de ello que siguen un mal método? Me parece que se puede concluir otro tanto por las informaciones que obtenemos del espiritismo, desde el momento en que sus mejores médiums son víctimas de una misma suerte"[355]

Pero hay todavía más: algunos espiritistas eminentes confiesan ellos mismos estos peligros, aunque buscan atenuarlos, y explicarlos naturalmente a su manera. He aquí concretamente lo que dice M. Léon Denis: "Los espíritus inferiores, incapaces de aspiraciones elevadas, se complacen en nuestra atmósfera. Se mezclan en nuestra vida, y, preocupados únicamente por lo que cautivaba su pensamiento durante la existencia corporal, participan en los placeres o en los trabajos de los hombres a los que se sienten unidos por analogías de carácter o de

---

[355] *La Clef de la Théosophie*, pp. 272-274 de la traducción francesa.

hábitos. A veces incluso, dominan y subyugan a las personas débiles que no saben resistir a su influencia. En algunos casos, su imperio deviene tal, que pueden llevar a sus víctimas hasta el crimen y a la locura. Estos casos de obsesión y de posesión son más comunes de los que se piensa"[356]. En otra obra del mismo autor, leemos esto: "El médium es un ser neurótico, sensible, impresionable;... La acción fluídica prolongada de los espíritus inferiores puede serle funesta, arruinar su salud, provocando los fenómenos de obsesión y de posesión... Estos casos son numerosos; algunos llegan hasta la locura... El médium Philippe Randone, llamado la *Medianitá*, de Roma[357] está en la picota por los malos procedimientos de un espíritu, llamado por el nombre de *uomo fui*, que se ha esforzado, varias veces, en asfixiarle de noche bajo una pirámide de muebles que le divierte transportar sobre su cama. En plena sesión, se apodera violentamente de Randon y le arroja a tierra, con riesgo de matarle. Hasta ahora, nadie ha podido desembarazar al médium de ese huésped peligroso. En revancha, la revista *Luz y Unión*, de Barcelona (diciembre de 1902), relata que una desdichada madre de familia, llevada al crimen sobre su marido y sus hijos por una influencia oculta, presa de unos accesos de furor contra los que los medios ordinarios habían resultado impotentes, fue curada en dos meses a consecuencia de la evocación y de la conversión del espíritu obsesor, por medio de la persuasión y de la plegaria"[358]. Esta interpretación de la curación es más bien divertida; sabemos que a los espiritistas les gusta echar discursos "moralizadores" a los pretendidos "espíritus inferiores", pero eso es verdaderamente "predicar en el desierto", y no creemos que eso pueda tener la menor eficacia; de hecho, las obsesiones cesan alguna vez por sí mismas, pero también ocurre que los impulsos criminales como estos de los que acabamos de tratar sean seguidos de efecto. A veces también, se toma por una obsesión verdadera lo que no es más

---

[356] Après la mort, p. 239.

[357] Reproducido por el *Spiritualisme Moderne*, abril de 1903.

[358] *Dans l'Invisible*, pp. 382-384.

que una autosugestión; en este caso, es posible combatirla por una sugestión contraria, y este papel puede ser desempeñado por las exhortaciones dirigidas al "espíritu", que entonces no constituye más que uno con el "subconsciente" de su víctima; es probablemente lo que ha debido pasar en el último hecho que hemos contado, a menos de que haya habido simplemente coincidencia, y no relación causal, entre el tratamiento y la curación. Sea como sea, es increíble que gentes que reconocen la realidad y la gravedad de estos peligros se atrevan todavía a recomendar las prácticas espiritistas, y es menester ser verdaderamente inconsciente para pretender que la "moralidad" constituye un arma suficiente para preservarse de todo accidente de este género, lo que es casi tan sensato como atribuirle el poder de proteger del rayo o de asegurar la inmunidad contra las epidemias; la verdad es que los espiritistas no tienen absolutamente ningún medio de defensa a su disposición, y la cosa no podría ser de otro modo, desde que lo ignoran todo de la naturaleza de las fuerzas con las que tratan.

Podría ser, si no muy interesante, al menos útil, juntar los casos de locura, de obsesión y de accidentes de todo tipo que han sido causados por las prácticas del espiritismo; sin duda no sería muy difícil obtener un buen número de testimonios seriamente controlados, y, como acabamos de verlo, las publicaciones espiritistas mismas podrían proporcionar su contingente; un tal compendio produciría sobre muchas gentes una impresión salutaria. Pero eso no es lo que nos hemos propuesto: si hemos citado algunos hechos, es únicamente a título de ejemplos, y se destacará que los hemos tomado preferentemente, en su mayor parte, de autores espiritistas o que tienen al menos algunas afinidades con el espiritismo, autores a quienes, por consiguiente, no se podría acusar de parcialidad o de exageración en un sentido desfavorable. A esas citas, habríamos podido agregar sin duda muchas otras del mismo género; pero sería bastante monótono, ya que todo eso es muy semejante, y las que hemos dado nos parecen suficientes. Para resumir diremos que los peligros del espiritismo son de varios órdenes y que se podría clasificarlos en físicos, psíquicos e intelectuales; los peligros físicos son los accidentes tales como el que cuenta el Dr. Gibier, y son también, de una manera más frecuente y más habitual, las enfermedades provocadas o desarrolladas en los médiums sobre todo, y a veces en algunos asistentes de sus sesiones. Estas enfermedades, que afectan principalmente al sistema nervioso, se acompañan lo más frecuentemente de perturbaciones psíquicas; las mujeres parecen estar más particularmente expuestas a ellas, pero sería un error creer que los hombres estén exentos; por lo demás, para establecer una proporción exacta, es menester tener en cuenta el hecho de que el elemento femenino es con mucho el más numeroso en la mayor parte de los medios espiritistas. Los peligros psíquicos no pueden separarse enteramente de los peligros físicos, pero aparecen como mucho más constantes y más graves todavía; recordamos aquí, una vez más, las obsesiones de carácter variado, las ideas fijas, los impulsos criminales, las disociaciones y alteraciones de la consciencia o de la memoria, las manías, la locura en todos sus grados; si se quisiera establecer al respecto una lista completa, casi todas las variedades conocidas por los alienistas estarían representadas en ella, sin contar otras varias que ignoran, y que son los casos propiamente dichos de obsesión y de posesión, es decir, los que corresponden a lo que hay de más horrible en las manifestaciones espiritistas. En suma, todo eso tiende pura y simplemente a la desagregación de la individualidad humana, y a veces la alcanza; las diferentes formas de desequilibrio mental mismas no son en eso más que etapas o fases preliminares, y, por deplorables que sean ya, jamás se puede estar seguro de que no irán más lejos; por lo demás, esto escapa en gran parte, si no totalmente a las investigaciones de los médicos y de los psicólogos. Finalmente, los peligros intelectuales resultan de que las teorías espiritistas constituyen, sobre todos los puntos a los que se refieren, un error completo, y que no se limitan como los otros únicamente a los experimentadores; hemos señalado la difusión de estos errores, por la propaganda directa e indirecta, entre gentes que no hacen ningún espiritismo práctico, y que pueden creerse incluso muy alejados del espiritismo; así pues, estos peligros intelectuales son los que tienen el alcance más general. Por lo demás, es sobre este lado de la cuestión donde más hemos insistido en todo el curso de nuestro estudio; lo que hemos querido mostrar sobre todo y ante todo, es la falsedad de la doctrina espiritista, y, en nuestra opinión, es primero porque es falsa por lo que debe ser combatida. En efecto, puede haber también verdades que sería peligroso difundir, pero, si una tal cosa viniera a producirse, ese peligro mismo no podría impedirnos reconocer que son verdades; por lo demás, eso apenas hay que temerlo, ya que las cosas de este género son de las que no se prestan apenas a la vulgarización. Bien entendido, en eso se trata de verdades que tienen consecuencias prácticas, y no del orden puramente doctrinal, donde, en suma, jamás se corre el riesgo de otros inconvenientes que los que resultan de la incomprehensión a la que se expone uno inevitablemente desde que se expresan ideas que rebasan el nivel de la mentalidad común, inconvenientes de los que uno no tiene porque preocuparse demasiado. Pero, para volver de nuevo al espiritismo, diremos que sus peligros especiales, al agregarse a su carácter de error, hacen más imperiosa la necesidad de combatirle; se trata de una consideración secundaria y contingente en sí misma, pero por eso no es menos una razón de oportunidad que, en las circunstancias actuales, no es posible tener por desdeñable.

CONCLUSIÓN

Algunos estarán quizás tentados de reprocharnos haber discutido muy seriamente teorías que son poco serias en el fondo; a decir verdad, nos mismo, hace algunos años, éramos un poco de esa opinión, y, ciertamente, hubiésemos vacilado entonces emprender un trabajo de este género. Únicamente, la situación ha cambiado, se ha agravado considerablemente; se trata de un hecho que no se puede disimular, y que nos ha dado que reflexionar: si el espiritismo deviene cada día más invasor, si amenaza desembocar en un verdadero envenenamiento de la mentalidad pública, es menester resolverse a tomarle en consideración y a combatirle por otros medios que si no fuera más que una aberración de algunas individualidades aisladas y sin influencia. Ciertamente, es una necedad; pero lo que es terrible, es que esta necedad haya llegado a ejercer una acción tan extraordinariamente extensa, lo que prueba que responde a unas tendencias bastante generales, y es por eso por lo que decíamos hace un momento que no se puede desdeñar la cuestión de oportunidad: como no es posible atacar a todos los errores sin excepción, ya que son innumerables, vale más dejar a un lado los que son relativamente inofensivos y que no tienen ninguna posibilidad de éxito; pero el espiritismo, desafortunadamente, no es de esos. Es muy fácil, ciertamente, mofarse de los "giradores de mesas" y de los "exhibidores de espíritus", hacer reír a las gentes sensatas a sus expensas poniendo en candelero todas sus extravagancias (y hemos señalado algunas en la ocasión), denunciar las supercherías de los falsos médiums, describir los personajes grotescos que se encuentran en los medios espiritistas; pero todo eso no es suficiente, se necesitan otras armas que el ridículo, y por lo demás se trata ahí de una cosa que es demasiado malévola para ser francamente cómica, aunque lo sea ciertamente por más de un lado.

Sin duda se dirá también que los argumentos que hemos expuesto son muy difíciles de entender, que tienen el defecto de no estar al alcance de todo el mundo; eso puede ser verdad en una cierta medida, y sin embargo nos hemos esforzado en ser siempre tan claro como es posible; pero no somos de aquellos que piensan que es bueno disimular algunas dificultades, o simplificar las cosas en detrimento de la verdad. Por lo demás, creemos que es menester no exagerar, que se cometería un error si uno se deja desalentar por la apariencia un poco árida de algunas demostraciones, y que cada uno puede comprender suficiente al respecto para convencerse de la falsedad del espiritismo; en el fondo, todo eso es más simple de lo que puede parecer a primera vista a quienes no tienen el hábito de estas cosas. Por lo demás, sobre no importa cuál cuestión, nadie puede exigir que todo sea igualmente comprehensible para todo el mundo sin excepción, puesto que hay necesariamente diferencias intelectuales entre los hombres; aquellos que no comprenden más que parcialmente están pues forzados a remitirse, para lo demás, a la competencia de los que comprenden más. No es una llamada a la "autoridad", puesto que se trata solamente de suplir una insuficiencia natural, y puesto que deseamos que cada quien se esfuerce en llegar por sí mismo tan lejos como le sea posible; no es más que la constatación de una desigualdad contra la cual nadie puede nada, y que no se manifiesta únicamente en lo que concierne al dominio metafísico.

En todo caso, al terminar, tenemos que repetir que es colocándose únicamente en el punto de vista puramente metafísico como se puede establecer absolutamente la falsedad del espiritismo; no hay ningún otro medio de demostrar que sus teorías son absurdas, es decir, que no representan más que imposibilidades. Todo lo demás no son más que aproximaciones, más que razones más o menos plausibles, pero que no son jamás rigurosas ni plenamente suficientes, y que siempre pueden prestarse a discusión; por el contrario, en el orden metafísico, la comprehensión entraña necesariamente, de una manera inmediata, el asentimiento y la certeza. Cuando hablamos de aproximaciones, pensamos en los pretendidos argumentos sentimentales, que no son nada en absoluto, y no podemos comprender que algunos adversarios del espiritismo se obstinen en desarrollar tales pobrezas; esos, al actuar así, corren el riesgo de probar sobre todo que les falta la intelectualidad verdadera casi tan completamente como a aquellos que quieren combatir. Queremos hablar de los argumentos científicos y filosóficos; si los hay que tienen algún valor, ese valor no es todavía sino muy relativo, y nada de todo eso puede ocupar el lugar de una refutación definitiva; es menester tomar las cosas desde más arriba. Así pues, podemos pretender, sin temer ningún desmentido, que no solo hemos hecho otra cosa, sino mucho más que todo lo que había sido hecho hasta aquí en el mismo sentido; y estamos tanto más cierto al decirlo cuanto que el mérito, en suma, no recae en nos personalmente, sino en la doctrina de la que nos inspiramos, doctrina a cuyo respecto las individualidades no cuentan; lo que debe atribuirse a nos, por el contrario, son las imperfecciones de nuestra exposición, ya que las hay ciertamente, a pesar de todo el cuidado que le hemos aportado.

Por otra parte, la refutación del espiritismo, fuera del interés que presenta por sí misma, nos ha permitido, como lo habíamos anunciado al comienzo, expresar algunas verdades importantes; las verdades metafísicas sobre todo, aunque se formulen a propósito de un error, o para responder a objeciones, por eso no tienen menos un alcance eminentemente positivo. Ciertamente, por nuestra parte, preferiríamos mucho más no tener que exponer más que la verdad pura y simplemente, sin preocuparnos del error, y sin enredarnos en todas las complicaciones accesorias que solo suscita la incomprehensión, pero, también a este respecto, es menester tener en cuenta la oportunidad. Por lo demás, en cuanto a los resultados, eso puede tener algunas ventajas; en efecto, el hecho mismo de que se presente la verdad en ocasión de tal o de cual cosa contingente puede llamar la atención de personas que no son incapaces de comprenderla, pero que, al no tener estudios especiales, se imaginaban quizás sin razón que no estaba a su alcance, y no habrían tenido la idea de ir a buscarla en tratados de un aspecto demasiado didáctico. Nunca insistiremos bastante sobre este punto, de que la metafísica verdadera no es cosa de "especialistas", que la comprehensión propiamente intelectual no tiene nada en común con un saber puramente "libresco", que difiere totalmente de la erudición, e incluso de la ciencia ordinaria. Lo que hemos llamado en otra parte la "élite intelectual"[359] no nos parece que deba estar compuesta de sabios y de filósofos, y pensamos incluso que muy pocos de éstos tendrían las cualificaciones requeridas para formar parte de ella; para eso, es menester estar mucho más desprovisto de prejuicios de lo que lo están ordinariamente, y hay frecuentemente más recursos con un ignorante, que puede instruirse y desarrollarse, que con aquél en quien algunos hábitos mentales han impreso ya una deformación irremediable.

Además de las verdades de orden metafísico que han servido de principio a nuestra refutación, hemos indicado también algunas otras, concretamente a propósito de la explicación de los fenómenos; ésas solo son secundarias a nuestros ojos, pero tienen no obstante algún interés. Esperamos que nadie se detenga en la aparente extrañeza de algunas de estas consideraciones, que no deben chocar más que a aquellos que están animados del más deplorable espíritu de sistema, y no es a ésos a quienes nos dirigimos, ya que sería un esfuerzo perdido; por lo demás, temeríamos más bien que se dé a estas cosas una importancia exagerada, ya sea a causa de su carácter desacostumbrado, ya sea sobre todo porque se refieren al orden fenoménico; en todo caso, no tendremos que reprocharnos haber descuidado a este respecto las precauciones y las advertencias, y tenemos la convicción de no haber dicho más de lo que era menester estrictamente para disipar las confusiones y los malentendidos y cortar de raíz las falsas interpretaciones. Al margen de las reservas que se imponen sobre algunos puntos, no hemos tenido la pretensión de tratar completamente todos los temas que hemos sido

---

[359] Ver la conclusión de nuestra Introducción general al estudio de las doctrinas hindúes.

llevado a abordar; hay cuestiones que podremos tener la ocasión de retomar más tarde; las hay también sobre las que nuestras indicaciones, como lo decíamos al comienzo, abrirán quizás a otros vías de investigaciones que no sospechaban. La única cosa que no podamos alentar, es la experimentación, cuyos resultados no valen jamás lo suficiente como para compensar algunos inconvenientes, incluso algunos peligros en muchos de los casos; no obstante, si hay gentes que quieren experimentar a toda costa, es preferible, ciertamente, que lo hagan sobre bases serias, antes bien que partiendo de datos absurdos o al menos erróneos; pero, todavía una vez más, estamos persuadido de que no hay nada, en lo que hemos expuesto, de lo que se pueda sacar partido para lanzarse en aventuras más o menos enojosas, y creemos al contrario que sería más bien de naturaleza de apartar de ellas a los imprudentes, al hacerles entrever todo lo que les falta para triunfar en tales empresas.

No agregaremos más que una última reflexión: a nuestros ojos, la historia del espiritismo no constituye más que un episodio de la formidable desviación mental que caracteriza al occidente moderno; convendría pues, para comprenderla enteramente, colocarla en este conjunto del que forma parte; pero es evidente que para eso sería menester remontar mucho más lejos, a fin de aprehender los orígenes y las causas de esta desviación, y después seguir su curso con sus peripecias múltiples. Se trata de un trabajo inmenso, que jamás ha sido hecho en ninguna de sus partes; la historia, tal como se enseña oficialmente, se queda en los acontecimientos exteriores, que no son sino efectos de algo más profundo, y que se expone por lo demás de una manera tendenciosa, donde se encuentra claramente la influencia de todos los prejuicios modernos. Hay incluso más que eso: hay una verdadera apropiación de los estudios históricos en provecho de algunos intereses de partido, a la vez políticos y religiosos; querríamos que alguien particularmente competente tuviera el coraje de denunciar concretamente, con pruebas en su apoyo, las maniobras por las que los historiadores protestantes han logrado asegurarse un monopolio de hecho, y han llegado a imponer, como una suerte de sugestión, su manera de ver y sus conclusiones hasta en los medios católicos mismos; sería una tarea muy instructiva, y que prestaría servicios considerables. Esta contrahechura de la historia parece haberse llevado a cabo según un plan determinado; pero, si la cosa es así, como tiene por cometido esencialmente hacer pasar por un "progreso", ante la opinión pública, la desviación de la que hemos hablado, todo parece indicar que ésta debe ser, ella misma, como la obra de una voluntad directriz. Por el momento al menos, no queremos ser más afirmativo sobre eso; no podría tratarse, en todo caso, sino de una voluntad colectiva, ya que en eso hay algo que rebasa manifiestamente el campo de acción de los individuos considerados cada uno aparte; y todavía esta manera de hablar de una voluntad colectiva no es quizás más que una representación más o menos defectuosa. Sea como sea, si uno no cree en el azar, se está bien forzado a admitir la existencia de algo que sea el equivalente de un plan establecido de una manera cualquiera, pero que, evidentemente, no tiene necesidad de haber sido formulado jamás en ningún documento; ¿no sería el temor de algunos descubrimientos de este orden una de las razones que han hecho de la superstición del documento escrito la base exclusiva del "método histórico"? Partiendo de ahí, todo lo esencial escapa necesariamente a las investigaciones, y, a aquellos que quieren ir más lejos, se les objeta rápidamente que eso no es ya "científico", lo que dispensa de toda otra discusión; no hay nada como el abuso de la erudición para limitar estrechamente el "horizonte intelectual" de un hombre e impedirle ver claro algunas cosas; ¿no permite eso comprender por qué los métodos que hacen de la erudición un fin en sí misma son rigurosamente impuestos por las autoridades universitarias? Pero volvamos de nuevo a la cuestión que considerábamos: admitido un plan, bajo no importa qué forma, sería menester ver cómo cada elemento puede concurrir a su realización, y cómo tales o cuales individualidades han podido, a este efecto, servir de instrumentos conscientes o inconscientes; recuérdese aquí que hemos declarado, a propósito de los orígenes del espiritismo, que nos es imposible creer en la producción espontánea de movimientos de alguna importancia. En realidad, las cosas son todavía más complejas de lo que acabamos de indicar: en lugar de una voluntad única, sería menester considerar varias voluntades diversas, así como sus resultantes; en eso habría incluso toda una "dinámica" especial cuyas leyes serían bien curiosas de establecer. Lo que decimos a este respecto no es más que para mostrar cuan lejos está la verdad de ser generalmente conocida o incluso simplemente sospechada, en este dominio como en muchos otros; en suma, habría que rehacer casi toda la historia sobre bases enteramente diferentes, pero, desafortunadamente, hay demasiados intereses en juego como para que aquellos que quieran intentarlo no tengan que vencer temibles resistencias. Eso no podría ser nuestra tarea, ya que ese dominio no es propiamente el nuestro; a este respecto, en lo que nos concierne, solo podemos dar algunas indicaciones y apercepciones, y por lo demás una tal obra solo podría ser colectiva. En todo caso, hay en eso todo un orden de investigaciones que, en nuestra opinión, es mucho más interesante y provechoso que la experimentación psíquica; eso requiere evidentemente aptitudes que no todo el mundo tiene, pero no obstante queremos creer que hay al menos algunos que las poseen, y que podrían girar ventajosamente su actividad hacia ese lado. El día en que se obtenga un resultado apreciable en este sentido, muchas de las sugestiones se tornarán en adelante imposibles; quizás es ese uno de los medios que podrán contribuir, en un tiempo más o menos lejano, a reconducir la mentalidad occidental a las vías normales de las que se ha apartado tan enormemente desde hace varios siglos.

Otros libros de René Guénon

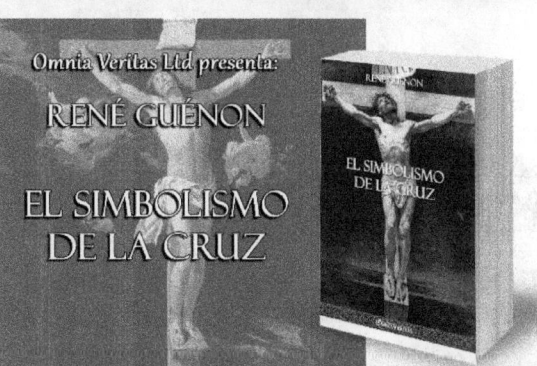

OMNIA VERITAS LTD PRESENTA:

RENÉ GUÉNON

EL TEOSOFISMO

HISTORIA DE UNA SEUDORELIGIÓN

"Nuestra meta, decía entonces Mme Blavatsky, no es restaurar el hinduismo, sino barrer al cristianismo de la faz de la tierra"

El término teosofía sirvió como una denominación común para una variedad de doctrinas

Omnia Veritas Ltd presenta:

RENÉ GUÉNON

INICIACIÓN
Y
REALIZACIÓN ESPIRITUAL

« Necedad e ignorancia pueden reunirse en suma bajo el nombre común de incomprensión »

La gente es como un "reservorio" desde el cual se puede disparar todo, lo mejor y lo peor

OMNIA VERITAS LTD PRESENTA:

RENÉ GUÉNON

INTRODUCCIÓN GENERAL
AL ESTUDIO DE
LAS DOCTRINAS HINDÚES

« Muchas dificultades se oponen, en Occidente, a un estudio serio y profundo de las doctrinas orientales »

... este último elemento que ninguna erudición jamás permitirá penetrar

www.omnia-veritas.com

www.ingramcontent.com/pod-product-compliance
Lightning Source LLC
Chambersburg PA
CBHW071312150426
43191CB00007B/593